일민 윤형섭 박사
구순기념문집

살며 생각하며

인생 구십의 보람과 아쉬움

일민 윤형섭 저
일민 윤형섭 박사 구순기념문집 간행위원회 편

박영사

머리말

    이 책은 일찍이 내게 주어진 정치, 사회, 문화, 교육의 환경 속에서 내가 어떻게 살아왔는지를 밝혀주는 자전적 에세이집이라 할 수 있다.

    누군가는 자기 무덤 앞에 세울 비석에 "내가 인생을 우물 우물거리다가 이 꼴이 되었노라."라고 써 넣었다고 하더니, 나는 야전의 지프차처럼 구십 평생을 격렬하게 달려왔으니 후일 나의 비석에 뭐라고 써 넣어야 할꼬? 나이를 먹으면서 나는 나도 모르는 사이에 영육이원론 쪽으로 기울어지게 된 것 같다.

    12년 전의 일이다. 어느 날 밤 꿈속에서 썼던 시를 갑자기 깨어 일어나 항상 머리맡에 상비해 뒀던 메모지에 쏟아붓듯 옮겨 적었다. 그 시의 제목은 "내가 나의 몸에게"였고 내용은 내가 나의 몸을 평생 너무 혹사한 것에 대한 사과문이었다. 지금 다시 읽어 보니 영육이원론과 일원론 사이에서 일찍이 심각하게 고민해 본 일도 없었는데 어째서 갑자기 자면서 그런 시를 썼는지 모르겠다. 요즘도 가끔 그 시를 꺼내 읽으면 마치 내가 남의 위령탑을 보는 느낌이다. 남에게 함부로 보여줘서는 안 될 나만의 기밀문서 같은 심정으로 지난 세월 고이 간직해 왔건만, 이젠 나이 90이 되고 보니 세상에 털어놔도 크게 허물이 될 것 같지 않아 여기 공개하기로 한다.

내가 나의 몸에게

몸아, 고맙다. 그리고 미안하다.

태어나면서부터 오늘에 이르기까지 네 신세가 너무 크구나.

그만큼 네 고생이 너무 심했구나.

특히 어린 시절 내가 겪었던 두 번의 전쟁과 세 번의 피난생활, 춥고 배고팠던 나날들, 설사 이것들을 세상 탓으로 돌린다 하더라도 나 자신의 불민함과 잘못으로 네가 찢기고 밟히고 죽다 살아났던 일들을 회상하면 정말이지 나는 네게 할 말이 없다.

그로 인해 어머니는 얼마나 우셨으며 아버지는 얼마나 한숨을 몰아 쉬셨겠는가. 몸아, 부디 나를 용서해라. 네가 만일 만백성이 태평연월을 노래하던 시대에 태어나서 나보다 훨씬 더 착하고 양순하며 유복한 주인을 만났더라면 얼마나 편하고 좋았겠느냐.

그러나 이제는 슬슬 너를 풀어줘야 할 때가 다가오는 것 같구나. 너는 너대로 나는 나대로 가야 할 데가 있을 테니까 말이다. 그래도 이대로 너를 보내기에는 내가 너무 염치가 없구나. 어째서 이것을 나이 팔십이 다 되어서야 깨닫는단 말이냐.

이제부터라도 너를 한껏 호강시켜 줄 테니 조금만 더 견디어라. 내게 시간을 다오. 그렇다고 해서 내가 평생토록 네게 진 신세와 고마움을 어찌 다 갚을 수가 있겠느냐. 아무래도 그것은 결국 하나님의 몫이 될 것 같구나.

그 대신 너와 나의 관계가 다 했다고 판단되면 나는 결코 무의미한 생명연장 시술 등을 통해서 너를 끝까지 고통스럽게 하지는 않을 것이다. 너를 해방시켜 주게 된 그날, 만일 내가 네게 미쳐 작별 인사를 못 하더라도, 잘 가거라. 몸이여. 안녕.

(2010.7.18.)

　그렇다고 해서 굳이 독자들의 공감을 구할 생각은 없다. 왜냐하면 영육이원론은 이미 13세기를 전후하여 신학계에서 퇴출된 지 오래되었으니 아직까지 그리 믿을 사람이 얼마나 되겠는가? 더구나 영육이원론이 영혼불멸설로 연계되고 기독교 사상의 바탕이 된다면 현대신학의 부활이론이 어찌 성립될 수 있겠는가? 도리어 "인간은 육체인 동시에 영혼"임을 천명한 토마스 아퀴나스의 영육일원론이 기독교에서 말하는 부활을 이론적으로 가능케 하였으니 말이다. 오늘의 기독교인들은 예배 때마다 암송하는 사도신경의 말미에서 "몸의 부활과 영생을 믿습니다."라고 고백한다. 여기서 말하는 "몸"은 영어 성경에도 "body"로 되어 있으니 몸과 영이 하나라는 뜻이다. 곧 영과 육의 구분이 없다는 영육일원론을 선언하고 있는 셈이다.

　기원전 4~5세기경 플라톤에 의해서 체계화된 영혼불멸설은 영과 육의 구분을 전제한 것이며 사후의 세계를 영적으로 긍정시하는 초대 기독교의 인간관으로 자리잡았다. 이것이 바울에게 전승되고 중세를 거쳐 근세에 이르기까지 기독교의 핵심적 교리가 되어 왔다.

　물론 반대이론도 만만치 않다. 그러나 나는 어떠한 철학적 이론이나 기독교적 교리에 관계없이 내 육신은 죽어서 재가 되고 고향 산천에 뿌려지거나 가문의 봉헌묘에 유골함의 형태로 보관되어 있겠지만 나의 영혼은 따로히 하나님의 심판을 받고 그 결과에 따라 자유롭게 훨훨 날아 하나님 우편에 계신 부모·형제와 벗님네들 모두 함께 재상봉의 행운을 누리게 될 것 같다는 믿음이 요즘 서서히 솟아나고 있다. 그러므로 나는 죽음에 대한 두려움이나 인생에 대한 허무감이 없다. 도리어 영육이원론에 따른 영혼불멸설, 그 덕분에 긍정적인 미래관과 기대와 희망을 품고 마음 편하게 죽음을 향하여 90 고개를 넘어가고 있다.

이는 오로지 나의 정신적 성향과 믿음일 뿐, 플라톤이나 토마스 아퀴나스와는 전혀 무관하다. 나이를 먹으면서 저절로 그렇게 기울어지고 있을 뿐이다. 이것이 도리어 나로서는 머지않아 다가올 죽음의 공포와 허무에서 해방되어 영적인 안정을 찾으며 죽음을 희망적으로 기다리는 천혜의 은총이다. 그래서 그쪽으로 기울어졌는지도 모른다.

나이 90이 되면 흔히 세상에선 단순한 뜻으로 구순(九旬)이라고 높여 부르지만 요즘엔 졸수(卒壽)라는 일본식 별칭이 위세를 떨치고 있는데 듣기에 매우 거북하다. 이제 그만 죽어달라는 뜻이 풍겨 나오는 듯해서 그렇다. 졸업이라는 말이 학업을 끝냈다는 뜻이라면 졸수란 말은 "삶을 끝냈다.", "곧 죽는다.", 또는 "죽으라."는 뜻으로도 느껴질 수 있기 때문이다.

더구나 요즘 같은 100세 시대를 맞아 90년을 살았다고 굳이 크게 축하를 받아야 하는 이유도 명분도 찾을 수 없으니 나 역시 잔치를 받을 생각도 베풀 생각도 없다.

그러나 근래에 내 서재를 정리하다 보니 내가 졸수하기 전, 즉 죽기 전에 특별히 강조해서 세상에 보여주고 싶은 글들과, 세상의 햇볕을 아직도 쐬지 않은 채 구석에 처박혀 있는 글들이 발견되었다. 그 글들에게 미안해서라도 구순을 계기로 이들을 모두 선별하여 한 권의 책으로 엮어 내기로 결심하게 되었다. 그러다 보니 이 책에 실릴 근 50여 편의 글들 중 상당수의 글들, 특히 「한국대학신문」에 연재했던 31편의 글들은 세상에 연속적으로 조명된 반면에 그 밖의 글들은 산발적으로 세상에 얼굴을 내밀었거나 전혀 그렇지도 못한 글들이다.

이 책은 나의 글모음이기 때문에 나의 90 평생을 다시 되돌아보고자 하는 내면적 성찰의 동기가 강하다고 봐야 할 것이다. 「한국대학신문」 칼럼 31편을 신문에 게재했던 연월일 순이 아니라 각각의 글의 주된 내용이 내 생애 속에서 발생했던 순서대로 재편성한 것도 바로 나의 삶을 쉽게 이해케 하기 위함 때문이었다. 이는 내가 겪은 현대사의 기록을 연대기적으로 정돈하기 위함이기도 하다.

　내가 살아온 90 평생 동안 나 자신도 영육 간에 많이 변했겠지만 나를 둘러싼 세상이 변한 것은 이루 다 말할 수 없다. 독자들은 이 책에 실린 나의 글들을 통해서도 나의 일생 동안 세상이 어떻게 변했는지 실감할 수 있을 것으로 본다. 특히 최근에 벌어지고 있는 IT와 메타버스 등의 창출로 딴 세상에서 다시 한번 사는 느낌이다. 앞으로는 그 변화의 내용과 범위와 속도가 더욱 심해질 것이다.

　지난해 봄(2022.4.)에 경기도의 대표적인 특성화 실업계고등학교(경일관광경영고등학교)의 3D융합크리에이터실을 비롯한 여러 실습실을 둘러볼 기회가 있었다. 1946년부터 1952년까지 중·고등학교를 다녔던 나로서는 경탄을 금할 수 없었다. 거의 충격에 가까웠다. 집에 돌아오자마자 내가 받은 충격의 내용을 아래와 같이 조그만 메모지에 담아 교장 선생님께 보냈다.

늙은이와 젊은이

나 같은 90 노인은 과거에서 현재를 찾아내려 하지만,
우리의 젊은이는 현재에서 미래를 찾아낸다.

늙은이는 과거를 뒤지며 자랑과 부끄러움을 만나지만,
젊은이는 미래를 내다보며 꿈을 안고 구체화에 접근한다.

젊은이는 초고속 정보기술과 과학으로 미래에 도전하지만,
늙은이는 3D와 메타버스 앞에 움츠러들며 발걸음을 멈춘다.

그래서 늙은이는 현재의 노예가 되어 미래가 두렵지만,
젊은이는 희망과 의지로 미래에 열광한다.

오늘이 어제의 복사판이어서도 안 되지만,
내일이 오늘의 연장판이어서도 아니 된다.

오늘의 젊은이가 믿음직하고 자랑스럽다. 그리고 부럽다.

이제 노인들이 해야 할 일은 오직 젊은이의 꿈과 도전을 뒷받침하는 일뿐
이다.

(2022.4.16.)

나는 오직 이 책이 나의 자손들과 제자들뿐만 아니라 이 나라의
먼 훗날에 있을 후대들에게까지 그들의 인생 항로에 도움이 되기를
바랄 뿐이다. 만약 독자들이 보시기에 나의 인생관과 세계관이 이 책
의 저변에 흐르고 있다면 부디 저자의 구십 평생이 그래서 그랬구나
하고 이해해 주시기 바란다.

내게 「한국대학신문」의 칼럼 "살며 생각하며"의 집필을 청탁하
면서 처음부터 이 문집을 발간하겠다며 용기를 불어넣어 주신 한국대
학신문사의 이인원 회장님, 그리고 문집의 간행위원장을 맡아 수고하
신 전 동덕여대 총장 김영래 박사, 일향회(一鄕會) 총무인 숙명여대 유
진석 교수와 간행위원 여러분께 대한 고마운 마음, 이루 말로 다 할
수 없다. 그 밖에도 이 책의 출간을 위해서 수고 해 주신 분들, 특히
이 책속에 언급된 모든 분들께 나의 다함 없는 존경과 사랑을 보낸다.

끝으로, 60년이 넘는 세월, 온갖 고난을 견디어 내며 나를 도와 오늘의 나를 있게 해 준 아내 장현경(張賢卿) 권사에게 이 책을 바친다.

2023년 1월
일민 윤형섭

일민의 말·말·말

一民 尹亨燮, 그는 1933년 10월 4일 서울에서 홍문관·예문관 兩大提學과 예조판서(禮曹判書)를 지낸 海平 尹씨 月汀(尹根壽)의 14대손으로 先親 尹福榮의 8남매 중 일곱째로 태어났다. 그리고 선친, 부인, 처조부는 물론 친가·처가의 형제자매 모두 일선 교사로 지내왔으며 삼촌, 사촌들, 매부, 계수들까지 모두 교사들이어서 그는 23명의 교육 가족 중 한 사람이었다. 교육의 家風에서 태어나고 성장하였다. 경복고, 연세대, 미국 Johns Hopkins 대학에서 수학하였다. 그는 정치학 전공으로 석사, 박사학위를 취득한바 있다.

　　　　　　　　　　　　　　　　(한국명사명언사전 편저자 박영호 주)

진실이 허위로 가리워지지 아니하며, 정의가 불의로 왜곡되지 아니하며, 상식이 편견과 아집 앞에 짓밟히지 아니하며, 사리사욕과 소집단 이기주의가 애국심으로 둔갑하지 아니하는 그 속에, 새로운 문화, 새로운 역사가 창조되어야 할 것이다.

(1995년 1월 1일 신년사에서, 건국대학교 총장 재임 시)

불은 타면서 빛을 내고, 榮光은 멍에 속에서 빛을 낸다. 지난날의 불법을 오늘의 새政治로 바로잡고, 어제의 멍에를 오늘의 영광으로 바꾸는 '새 시대의 불꽃'을 더욱 타게 할 때다.

(건국대학교 총장 재임 시)

오늘의 대학졸업은 또 하나의 교육의 시작이다. 요람에서 무덤까지 이르는 평생교육의 시작이다.

(1995년 2월 22일 학위수여식에서, 건국대학교 총장 재임 시)

오늘의 나의 영광은, 내 것이 아니라 나를 만든 조물주의 것이다.

(1994년 건국대학교 14대 총장 취임사 서두에서)

邪心은 파벌을 낳고, 派閥은 분열·갈등 그리고 파멸을 낳는다. 사심을 버리고 서로 용서하고 화합하여 역사의 새로운 장을 열자.

(건국대학교 총장 재임 시)

네 품에 세계를 품어라. 그리고 세계를 품은 너 자신과 싸워 이겨라.

(신입생 격려사 중에서, 건국대학교 총장 재임 시)

대학인은 자신의 말과 행동을 책임져야 한다. 그리고 오늘 아닌 내일을 책임져야 한다.

(1995년 3월 2일 건국대학교 입학식 式辭 중에서)

대학은 젊은이의 꿈과 낭만이 흐르고, 사랑과 화합이 넘실대는 공동운명체다. 그러므로 대학신문은 미래의 청사진이며 꿈과 낭만 그리고 지혜의 광장이어야 한다.

(건대학보 지령 100호 축사 중에서, 건국대학교 총장 재임 중)

왜곡된 역사에는 참된 백성의 소리·지성의 소리·하늘의 소리가 없다. 감춰 놓은 치욕의 역사를 다시 찾아내는 용기 있는 지도자만큼, 더 큰 지도자는 없다.

(정치와 교육(윤형섭 저)의 서문에서, 연세대학교 행정대학원장 재임 중)

교육자는 피교육자로 하여금 그가 최선을 다하여 개성 있고, 품위 있고, 조화로운 꽃을 피우도록 하는 정원사다.

(1985년 2월 11일 '우리교육의 당면과제'에서,
연세대학교 행정대학원장 재임 중)

문화의 꽃은 文民 태평시대에만 활짝 핀다. 죽이는 방법을 배운 사람은 죽이는 방법으로 자기를 죽이고, 살리는 방법을 배운 사람은 살리는 방법으로 자신의 생애를 산다.

(1971년 11월 수필(존이여, 안녕)에서, 연세대학교 정치외교학 교수 재임 중)

학생의 폭력이 문제가 아니라, 문민시대에도 군사문화시대의 방법으로 학생의 폭력을 고치려 하는 그 어른들이 문제이다. 학생은 시대의 거울이다. 학생의 폭력은, 군사문화시대를 주름잡던 어른들의 자화상이다.

(건국대학교 총장 재임 중)

무엇이던지 볼 수 있는 사람에게는 있고, 볼 수 없는 사람에게는 없다. 마음의 문을 닫고는 보아도 보이지 아니하고 들어도 들리지 아니하니, 그것은 있어도 있는 것이 아니다. 그러니 진리 앞에 '마음의 門'을 활짝 열어라.

(연세대학교 행정대학원장 재임 중)

자기 자신의 뿌리에 대한 긍지와 그로 인한 책임의식을 갖는 사람이 있는가 하면, 자기 조상에 대한 혐오감을 갖고 자기 자신을 비하하고 자신을 믿지 못하는 사람도 있다. 그러면 남도 당신을 천시하고 불신한다는 것을 기억하라.

(1991년 月汀集 補遺 발간사 중에서, 교육부 장관 재임 중)

교육을 정치로부터 독립시켜야 한다. 정치는 현재를 위해 존재하지만 교육은 미래를 위해 존재하기 때문이다.

(1988년 12월 대한교육연합회 회장 재임 중)

누구나 글을 발표하면 남의 비판을 불러오게 된다. 그러나 그 비판은 나의 성장을 앞당긴다. 그러므로 남의 비판을 두려워하는 자는 참으로 어리석은 자라 할 것이다.

(1978년 수필 '글과 책임'에서, 연세대학교 학생처장 재임 중)

나는 낚시질을 싫어한다. 자신의 조그만 즐거움을 위하여 속임수로 남의 생명을 빼앗기 때문이다. 서로 속이고 속고 하는 놀음이기에 더욱 그러하다.

(1955년 7월 수필 '낚시질'에서, 연세대학교 정치외교학과 학생시절)

너도 없고, 나도 없는 아공(我空)의 상태, 처음도 없고 끝도 없는 완전 초탈(完全超脫)의 상태, 내가 없어졌으니 나는 완전 자유다. 그것이 곧 쌍민(双泯)의 동그라미다.

(1985년 10월 수필 중에서, 연세대학교 행정대학원장 재임 중)

나의 先親은 이 세상을 헤쳐나가는 데 그렇게 적합한 위인은 아니었다. 그래도 자신의 틀을 끝까지 흐트러뜨리려고 하지 않았다 그야말로 당신의 아호대로 일농(一農), 즉 오로지 하나의 나를 지키면서 세상을 마치셨다. 나는 일농(一農)의 아들 일민(一民)임을 자랑으로 생각한다.

(1973년 5월 수필 '虛舟냐, 一民이냐'에서, 연세대학교 정치외교학과장 재임 중)

위신도 영광도 없는 교사의 가르침 속에서 위신과 영광을 갖춘 2세가 배출되어 나올 수 있을 것인가? 교사를 존중하는 사회·경제적 풍토와 제도가 시급히 마련되어야 한다.

(1979년 5월 24일 '대한교련의 과제'에서,
연세대학교 사회과학대학 교수 재임 중)

정치학은 권력을 비판하면서 스스로 만족하거나, 권력에 종사하면서 보상을 받으려는 학문이 아니다. 정치학은 오로지 인간에 충실하기 위한 것이며 최선아(最善我)의 구현을 목표로 하는 것이다.

(1984년 10월 23일 정치학 교수들에게 보낸 글에서,
연세대학교 행정대학원장 재임 중)

아무리 세상이 변하더라도 결코 교사는 막일꾼이 아니다, 교사는 장사꾼이 아니다, 교사는 정치꾼이 아니다. 이것이 나의 三不主義다.

(1989년 한국교원단체총연합회 회장 재임 중)

교육은 제자의 내일의 이익을 위해서 있지만, 선전은 자신의 오늘의 이익을 위해서 있다. 그러므로 교육은 결코 선전일 수 없다.

(1981년 4월 2일 나의 교단 20년의 신조에서,
연세대학교 사회과학대학 학장 재임 중)

대학은 고등학교의 단순한 연장이 아니다. 대학에는 대학정신이 있고 사명이 있다. 그러므로 대학을 대학답게 이용하는 자에게만 비로소 대학은 대학이다.

(1963년 3월 '대학1학년의 교훈' 중에서, 건국대학교 강사 재임 중)

학문의 수련 없이 인격 함양 없고, 인격의 수련 없이 학문의 대성은 없다.

(1979년 2월 '대학과 과외활동' 중에서, 연세대학교 학생처장 재임 중)

역사는 언제나 용기 있는 사람, 내일에 대한 희망을 가지고 준비하는 사람의 편에 선다.

(1992년 1월 교육부장관 신년사 중에서, 교육부 장관 재임 중)

교육자는 역사의 수레바퀴에 매달리지 않고, 스스로 그 수레바퀴를 움직이는 주인이 되어야 한다. 그러므로 교육자는 오늘이 아니라 내일을 위해 산다.

(1992년 1월 교육부장관 신년사 중에서, 교육부 장관 재임 중)

학교의 것은 학교에, 교사의 것은 교사에게, 학생의 것은 학생에게 돌려주어야 한다. 빼앗았던 자율권을 각자에게 다시 돌려주는 일. 이것이 교육개혁이다.

(1991년 4월 21일 주간한국과의 인터뷰 기사 중에서,
교육부 장관 재임 중)

교권이 무너지면 교육이 무너지고, 교육이 무너지면 나라가 무너진다. 이 땅에 진솔한 스승상을 오늘 바로 배우지 못하면 우리의 내일은 없다.

(1991년 4월 잠실체육관 전국교육자대회 장관격려사에서)

국적·호적은 바꿔도, 학적은 바꿀 수 없다, 무덤까지 가지고 간다.

(건국대학교 총장 재임 중)

스스로 법을 세우고 스스로 지키는 곳에 비로소 자율 있는 자유가 존재한다. 교육은 自律을 실천하는 데서 最善의 결과를 낳는다.

(1983년 7월 1일 '자율화와 학생 생활지도' 중에서,
연세대학교 행정대학원장 재임 중)

씨를 뿌려야만 열매를 거둔다. 先代에서 뿌린 씨앗 오늘 열매되어 우
리가 거두듯이, 오늘 우리는 내일의 세대 위해 씨를 뿌린다. 씨 뿌리고
열매 거두는 창조적 과정에 끊임없는 자기성찰이 있어야만 올바른 열
매를 수확할 수 있다.

(1996년 1월 3일 11시 신년사에서, 건국대학교 교육백서 교육개혁위원회,
21세기위원회, 건국테크노폴리스, 건국과학기술연구단지조성계획, 국제협력센터,
LAN통신망구축, 상허기념도서관의 토탈자동화시스템, 신증축사업 16건
19,000평에 달하는 사업진행 등을 천명,
실천의지를 다짐하면서, 건국대학교 총장 재임 중)

목 차

I

살며 생각하며

II

대학의 발전전략

III

공동체의 발전과 사람들

Ⅳ
일민 윤형섭을 말한다

I

살며
생각하며

하나: 나의 삶, 그 배경

가엾은 나의 아버지 세대와 국운

진정 내가 애통해 하는 분은 암울했던 그 세월의 모진 고통을 겪어낸 나의 아버지, 어머니만이 아니라 그 세월을 함께 겪은 이 땅의 모든 아버지, 어머니들이다. 왜 하필이면 국운이 이미 수평선 너머로 반 이상 가라앉은 망국의 땅에 그처럼 태어나셨는가. 1875년 운요호 사건에 이어 1876년 병자년에는 일본의 강압에 못 이겨 우리에게 심히 불평등한 강화도조약이 체결됐다. 이때부터 이미 이 땅의 대외주권은 극심하게 오므라들기 시작했다.

대내적으로도 대립과 갈등이 노출되기 시작했다. 1882년의 임오군란, 1884년의 갑신정변, 1894년의 동학농민운동, 그리고 1895년의 을미사변과 1896년 병신년에 고종의 아관파천이 연달아 있었다. 국운의 몰락 과정이다.

이 와중에 아버지는 1895년에, 어머니는 1893년에 태어나셨으니 태생적 불운을 어찌 피하시겠는가.

일본은 1904년 러일전쟁에서 승리했다. 여세를 몰아 1905년 가쓰라-태프트 밀약을 체결했다. 이뿐만 아니라 제2차 영일동맹으로 영국과 러시아의 한반도 개입을 미리 막아 놓고, 을사늑약과 1910년 경술국치로 이 땅에서 배타적·독점적 지배권을 확보했다. 약육강식의 국제정치 원리가 한반도라는 밀림 속에서 작동한 것이다.

그때 아버지 연세가 열여섯, 어머니가 열여덟이었다. 그로부터 35년간 나라를 잃고 일본제국주의 식민으로 연명하셨다. 제2차 세계 대전이 종결되면서 우리 민족이 겨우 해방이 됐나 했더니 남북이 분단되고, 건국이 됐나 했더니 불과 2년 뒤인 1950년 북한의 불법 남침으로 또다시 지옥 같은 피난민 세월이 이어졌다. 그러고 나서야 저 세상으로 가셨으니 그 인생 참으로 가엾고 안타깝기 그지없다.

일제 말기까지 나의 생가 통인동 집에 걸핏하면 흰 두루마기에 갓 쓰고 붉은테 안경을 쓰신 '부위 할아버지'라는 분이 자주 오셨다. 그분이 1903년 대한제국 육군무관학교 출신으로서, 우당 이회영 선생께서 설립하신 만주 신흥무관학교 교관이셨던 해관 이관직씨인 줄도 그때는 몰랐다. 아랫방 북경 누님방을 더 부지런하게 드나들던 이규창씨 형제들이 어떤 분인지도 철이 든 다음에야 알아차릴 수 있었다. 그분의 저서《운명의 여진》(이규창, 1992 보련각)을 읽고 나서다.

그의 저서 114페이지를 보면 그가 해방을 맞아 출옥해 우선적으로 부친(우당)의 옛 동지들을 다시 찾았는데 그중 윤복영(필자의 부친), 이관직, 정인보, 김진호, 이득년, 이을규, 이정규 등 이 분들이야말로 변함없는 진정한 부친의 애국 동지였구나 하는 것을 새삼스럽게 확인하게 됐다고 했다.

해방이 되자 내가 서울에 돌아와서 제일 처음에 했던 일은 인사동의 헌책방과 종로통 길바닥 리어카 위에 널브러져 있는 헌책 뒤지기였다. 그때 손에 넣은 책이 일제 강점기에 조선어학회에서 펴낸《조선어 표준말 모음》과《한글 맞춤법 통일안》이었다. 매우 감동적이었다. 속을 펼쳐보고 더욱 놀랐다. 앞의 책 편찬 참여자 몇 분의 명단에 아버지 성함이 적혀 있지 않겠는가. 각각 1933년과 1936년 발행이었다. 그분들이 죄인처럼 숨어서 극비리에 추진했을 그 일이야 말로 비록 해외 망명 생활은 아니더라도 얼마나 진솔한 민족독립운동인가. 더구나 나의 아버지는 국내에 남아서 우당으로부터 받은 소명을 다하려면 누구보다도 신중하게 신변 관리를 하지 않으면 안 되는 몸이었기 때문에 더욱 숨막히는 긴장과 고난의 세월이었을 것이다.

우당 선생의 미망인 이은숙 여사의 저서 《민족 운동가 아내의 수기 – 서간도 시종기》(정음사, 1975) 18페이지를 보면 우당께서 일가권속을 거느리고 망명길에 나설 때 나의 아버지께서 함께 가겠다고 하시자 우당께서 이를 말리시면서 말했다.

"윤 군은 홀어머니 밑의 외아들이니 여기서 비밀운동을 진보시켜 나의 앞을 돕고, 해외로 오는 동지를 계속 발행하도록 하게. 비밀이 누설되면 큰 화가 발생할 것이니 부디 주의하게. 잘 모르는 일은 이득년과 상의하게."

이처럼 천 번 만 번 부탁한 뒤 아연히 작별하셨다고 적혀 있다. 바로 이 말이 평생토록 아버지를 지하 비밀 독립운동에 묶어 놓았음을 나는 그 책을 보고서야 비로소 깨달았다. 이뿐 아니라 이 여사는 "통인동 윤 교장 댁은 우리 때문에 알거지가 됐단다"라고 자손에게 밝히기도 하셨다.

위장복종은 전략 전술 면에서 고수에 속한다. 진정 민족독립운동에 몸 바치려면 우선 살아남아야 하고 영민하게 처신하지 않으면 안 됐을 것이다.

일제강점기에 공립국민학교(현재의 초등학교)에 다니던 어린 나의 눈에는 아버지 학교가 사립국민학교라 그럴 수 있었겠지만 규모도 작거니와 모두들 한국어를 터놓고 사용하고 있는 것이 너무나 눈에 서툴렀다. 나는 아버지께서 일본어를 사용하셨던 것을 들어본 일도 없었다. 학교에서 일본어만 사용해야 했던 나로서는, 그래서 상까지 받았던 나로서는 아버지 학교를 낮춰 볼 수밖에 없을 만큼 몰라도 너무 몰랐다.

하나 더 몰랐던 것은 아버지 학교의 본관 건물 처마 밑의 정원이다. 그곳에는 한반도 모양의 연못이 있었다. 그 주변에는 무궁화 나무를 심어 놓았었다. 그때는 무슨 뜻인지 몰라 무심히 지나쳤을 뿐이었다. 해방 후에 알게 된 사실이지만 그것 때문에 아버지 학교가 일제에게 곤욕을 크게 겪었는데 "한반도 지도는 지리 교과서에도 나온다"는 주장으로 겨우 풀려나셨다고 한다.

또 학교마다 강제로 설치하도록 돼 있는 가미다나(かみだな, 일본 특유의 신단)는 아무도 볼 수 없는 천장 밑 장 너머 구석에 걸쳐 놓았는데 이것 역시 일본 황실에 대한 불경죄라며 문제가 됐다. "그곳이 이 학교에서 가장 정확한 동쪽"이라는 주장으로 겨우 일본 경찰의 봉변을 면했다는 후일담을 들었다.

이 모두가 일제강점기를 살아간 이 땅의 애국지사들의 영민한 생존방식, 즉 위장복종이었던 것 같다. 그 세대야말로 얼마나 가엾은 식민지 세대, C세대(Colonial 世代)인가. 이에 비하면 X세대인 나의 자식 세대와 MZ세대인 나의 손주 세대들은 얼마나 복 많은 행운의 세대인가. 나처럼 성장기에 태평양전쟁과 6·25 남침을 겪고 세 번씩이나 피난민 생활을 해야만 했던 전쟁 세대, 즉 W세대(War 世代)는 오직 후속 세대의 국운이 다시는 할아버지, 증조할아버지 세대의 불운으로 역류하는 일 없도록 빌고 또 빌 뿐이다.

<한국대학신문, 2021.4.5.>

02

준수방과 그 집

    지하철 3호선 경복궁역에서 북악산을 바라보며 청운동을 향해 걷다 보면 불과 5분 만에 비좁은 보도 오른쪽 지극히 초라한 표석(標石)이 내려다보인다.

    그 표석에는 다음과 같은 짧은 글이 새겨져 있다. "세종대왕 나신 곳, 서울 북부 준수방(이 근처)에서 겨레의 성군이신 세종대왕이 태조 6년(1397년) 태종의 셋째 아드님으로 태어나셨다." 세종대왕이 태어나신 곳이 이 근처라는 안내석이 말하는 "이 근처"라는 안내에 나는 아연실색했다.

    '준수방'이란 통인동 일부와 옥인동 일부를 일컫는 옛 지명이다. 분명한 것은 바로 내가 "이 근처", 즉 이 표석이 마주 보고 서 있는 골목 안 20m 지점에서 태어났고, 그 골목 안에서 어린 시절을 보냈다는 사실이다.

    세종대왕 탄생 1년 전 한성부의 행정구역이 동부·서부·남부·북부·중부 등 5부로 개편됐다. 그리고 그 밑에 52방을 뒀다. 그 중 북부에는 광화방, 안국방, 가회방 등 10개 방이 있었다. 그중 하나가 준수방이다.

오늘날 서울은 인구밀도도 높아졌거니와 성저 10리를 뛰어넘어 지극히 광역화됐다. 25개 자치구와 424개 행정동을 포괄하는 세계적인 거대도시가 됐다.

그러다 보니 준수방이 어디에 있는 무엇인지 아는 이가 별로 없는 것 같다. 세종대왕을 민족의 성군이라면서 마치 정확한 위치는 정부도 알 수 없다는 듯 "이 근처"라는 표석을 세워 놓았으니 말이다. 이 근처에서 태어난 나로서는 이 표석의 진의를 이해할 수가 없다.

1944년 9월경 조선총독부의 소개령이 떨어졌다. 아버지는 이에 응할 생각이 전혀 없었다. 하지만 어머니의 강력한 주장을 수용해 통인동 그 집을 팔고 성북동으로 이사를 갔다. 이후 어머니는 8남매 중 나를 포함해 어린 3남매를 데리고 시골로 피난을 갔다. 그때까지 10여 년간 나는 그 골목에서 놀았고, 그 집에서 컸다. 고향집이라 할만하다. 그 집에 관해 나는 신비로운 인연의 기억을 몇 가지 갖고 있다.

1957년 가을 육군 중위가 돼 원주에 위치한 1군사령부 부관감실에서 근무하던 어느 날 육군 사관학교 교수부 사회과학처로 전근 명령이 떨어졌다. 육사 취임 후 얼마나 세월이 흘렀을까. 교관들이 모여 앉아 즐겁게 한담을 나누고 있을 때였다. 법학과의 K소령이 자기 동네와 집에 대해 자랑스럽게 이야기를 이어갔다. 조용히 듣고 있던 나는 드디어 입을 열었다. "혹시 그 댁에 방이 여섯 개 아닙니까?" 이 말 한마디에 K소령은 황당해했다. 나는 한 발짝 더 나아갔다. "그 댁 뒷마당에 미루나무 한그루가 크게 자라고 있을 텐데요?" K소령뿐만 아니라 그 자리에 함께했던 모든 장교들이 새로 부임한 나를 마치 무속인 보듯 의아해했다. "실은 그 댁이 저의 생가입니다." 모두들 어쩌면 이런 인연이 있을까 하면서 탄성을 질렀다. K소령의 어르신은 그 집에 살면서 불과 4년 후 고향에서 1948년 제헌의원으로 당선됐고, K소령은 5·16군사혁명 후 대한민국 수산청장이 됐다.

K씨는 그 후에도 나를 볼 때마다 통인동 그 집, 윤 중위의 생가가 워낙 복집이니 도로 사가라고 했다. 아직 그 집을 소유하고 있지만, 노모만 남겨 놓고 가족이 모두 강남으로 이사갔다면서 지난날의 환매 약속은 아직 유효하다 했다.

다시 세월이 흘러 1990년대에 들어서면서 희한하게도 나는 직책상 고향집 같은 그 골목, 그 집 주변에서 식사할 일이 자주 생겼다. 이게 웬일인가. 앞서 말했던 표석 앞에 삼계탕집 광고판이 걸려 있지 않은가? 생가의 변신이었다. 이제는 삼계탕만 먹어주면, 태어났던 그 집 안방 아랫목에 앉아 식사할 수 있게 된 것이다.

최근에 다시 가 보니 골목 밖 표석은 의구한데 생가는 어떤 재산가에 의해 간곳없이 사라지고 최신식 백악관이 들어섰다. 가슴 속에 구멍이 뚫린 것 같은 허망함이 남았을 뿐이다. K씨와의 환매 약속은 이미 그 효력이 소멸됐다.

또 한 가지 잊지 못할 기억이 있다. 나는 현재 우당 이회영 선생 기념사업회 회장직을 맡고 있다. 우당 선생의 6형제는 우리나라에서 '노블레스 오블리주'를 상징하는 대표적인 명문가 출신의 희생적인 독립운동가 집안이다. 1910년 망명 시 모든 재산을 매각하고 마련한 600억 원(현재 환산액) 상당의 자금이 몇 년 내에 고갈돼 말할 수 없는 재정적인 고통을 겪었다. 군자금 모금 차 감행했던 한성 잠입은 그래서였다. 그때 엄혹한 일경의 눈을 피해 밤늦게 숨어든 곳도 바로 통인동 그 골목 안에 있는 당신의 제자, 나의 선친 댁이었다.

그 어른은 1932년 대련에서 모진 고문 끝에 옥사했지만, 그 후에는 미망인 이은숙 여사가 북경에서 굶주리고 있는 자녀를 위해 국내에 잠입해 내재봉으로 생활자금을 마련·송금했다. 그 내재봉소가 바로 나의 생가 아랫방이었다. 이규창, 이규동 형제가 자기네 어머니 이 여사를 찾아뵈려고 통인동 우리집을 드나들던 모습이 아직도 내 기억에 생생하다.

더욱 놀라운 것은 1948년 8·15해방과 동시에 통인동 그 집이 우당의 미망인을 비롯한 유가족들, 즉 이종찬 전 국정원장, 이종걸 현 의원 등의 본적지로 돼있으니 이 연분을 어떻게 설명해야 할까.

여기가 바로 준수방인데 세종대왕의 생가는 정확하게 어느 지점이며, 지금은 어떤 사연을 거쳐 누가 살고 있을까. 그리고 언제쯤이면 그 표석의 표현이 바로 잡힐까. 나는 그것이 알고 싶다.

<한국대학신문, 2021.2.22.>

03

나의 소년기와 아버지의 비밀

해방되던 그날, 나는 용인군 백암면 근창리에 살고 있었다. 머지 않아 미국의 B-29가 서울을 폭격할 것이라는 소문이 떠돌던 어느 날 조선총독부의 소개령이 떨어졌다. 그러자 아버지의 극력 반대가 있었 으나 어머니의 완강한 고집 때문에 이곳으로 피난 온 것이었다. 얼마 후 아버지께서 내려오셔서 내게 한글 자모음 24자를 가르쳐 주시고 일주일 내에 우리말로 편지를 써 보내라고 하셨다. 별 문제 없이 그리 했다.

그로부터 불과 반 년이 채 되기도 전에 일본의 무조건 항복이 일 본 천황의 육성으로 라디오 방송을 통해 흘러나왔다. 어리둥절할 뿐 이었다. 어른들께 전후좌우 사연을 듣고 보니 어리석을 만큼 천진난 만했던 나의 소년 시절은 온전히 사기당한 인생이었다. 지금 생각해 도 억울하고 부끄럽기 짝이 없다. 무엇보다도 아버지께서는 내가 아 무리 어리더라도 더 일찍이 이런 역사적 진실을 왜 안 알려주셨는가? 그러고 보니 지난 몇 년간 아버지에 대해서 이해 안 되는 일이 더러 있었다.

나는 1940년 3월 서울의 C초등학교에 입학했다. 독일이 폴란드를 침공함으로써 제2차 세계대전이 발발했던 이듬해였다. 학교생활을 내 나름대로는 착실히 했다. 나는 충실한 일본의 황국신민이 돼 가고 있었던 것이다. 독일, 이탈리아와 서둘러 동맹을 체결한 일본은 드디어 1941년 12월 8일 하와이 진주만을 폭격하면서 일본 군국주의의 본색을 드러냈다. 태평양 전쟁이다. 전쟁은 무려 3년 8개월이나 이어졌다. 나 같은 10살 전후의 어린 초등학생들도 근로봉사라는 이름으로 강제노동에 동원됐다. 오늘의 안목으로는 상상조차 할 수 없는 아동학대라 하겠다.

매일 아침 조회 시간에는 전교생이 운동장에 모여 동방요배(일본 황실이 있는 동쪽을 향해 최경례를 하는 행위)를 해야 했다. "우리는 대일본 제국의 신민이다"로 시작되는 삼 절짜리 '황국신민의 선서'를 외쳐야 했다. 지금 생각하니 더욱 기가 막히고 한심한 것은 기원절(일본의 건국기념일)이나 천장절(일본 천황의 생일)에는 교육칙어(1890년 일본 메이지 현황이 공표한 도덕과 교육의 진흥에 관한 지침서)를 교장이 낭독한 다음 봉안전(일본 천황과 황후의 초상과 교육칙어를 넣어 둔 사당 같은 집)에 안치가 끝날 때까지 전교생이 눈을 감고 고개를 땅에 박도록 숙여야 되는 절차다. 그뿐 아니라 학교에 오고 갈 때마다 그 앞에 가서 공손히 최경례를 해야만 했다. 말하자면 신성문화가 지배하던 시기였다. 이게 바로 전체주의적 독재체제를 받쳐 주는 정치종교다. 이러한 문화와 정치종교가 사라지지 않는 한 현대적인 합리적 민주정치 체제는 상상도 할 수 없다.

나는 '고꾸고(こくご, 일본어)'도 남보다 열심히 했다. 여름방학 중에 고꾸고 교과서를 다 외우라는 숙제를 순진하게 다한 학생은 나 하나뿐이었다. 점심시간에 교장실에 불려가 마이크에 대고 교과서를 크게 낭독하고 상으로 큰 배지(벗꽃)를 가슴에 단 일도 있었다. 그런 날

엔 으레 구보로 15분 거리에 있는 H기독교 사립 소학교에 계신 아버
지를 향해 뛰어가기도 했다. 그날도 그랬다. 자랑하고 칭찬을 받기 위
해서였다. 그날도 역시 아버지는 기뻐하지도, 칭찬하지도 않으셨다.
도리어 쓴 오이를 씹는 표정이었다. 나는 무안하기도 했고 서운하기
도 했다. 그 후로는 아무리 큰 상을 받아도 다시는 그렇게 뛰어가지
않았다.

그 밖에도 아버지를 이해할 수 없는 일이 더러 있었다. 가령 매
일 밤 9시에 우리 삼형제에게 놋수저만 들고 적선동 영추문 건너편에
있는 설농탕집에 가서 먹고 외상장부에 달고 오라는 분부셨다. 며칠
간 열심히 가서 먹었다. 더는 먹을 수가 없었다. 겨우 일곱 살 된 내
동생은 졸려서 못 먹겠다며 밤마다 울었다. 아버지께서는 숟가락을
꽂았다가만 와도 좋으니까 계속하라는 것이었다. 참으로 이상했다. 우
리에겐 말할 수 없는 고역인데 왜 이렇게 강제로 먹이시는 걸까? 외상
값은 한 달에 한 번씩 갚는다 하셨다. 이 고역은 1944년 문밖(성북동)
으로 이사 갈 때까지 계속됐다.

그 무렵 우연히도 어머님께서 큰누님(나 보다 20살 위)과 나누는
밀담을 엿들은 일이 있었다. 아버지께서 우리를 적선동 설농탕 집으
로 보내시고는 가끔이지만 혼자서 어딘가를 다녀오신다는 것이다. 그
런데 조심스럽게 살펴본즉 땅문서가 하나씩 없어진다는 것이었다. 그
러면서 "아마 요즘 노름판에 다니시는가 보다"라고 의심하는 것이었
다. 하기야 당신의 아버님께서는 조선조 말에 충청도 문의 군수를 하
셨고, 할아버님께서는 황해도 연백 군수를 지내셨으니 여기저기 땅문
서도 있음직했겠으나 그 모든 것이 내게는 풀리지 않는 수수께끼였다.

그뿐만이 아니다. 언젠가부터는 우리집 아랫방에 일찍이 뵌 일이
없는 부인이 와서 사셨다. 아버지와 어머니에게 아저씨, 아주머니라고
불렀다. 그래서 그랬는지 우리에게는 어머니보다 더 늙어 보이는 그

녀를 누님이라고 부르라 했다. 얼마 동안 지내고 나더니 그 누님께서 그 방에 내재봉소를 차렸다. 이 또한 나에겐 전혀 이해되지 않는 일이었다.

2차 세계대전 종전과 더불어 찾아온 조국의 해방은 우리 민족 재생의 행운이었지만 내게는 앞에서 말한대로 아버지께 대한 의문과 의심이 한꺼번에 풀리는 황금 열쇠였다. 그 모든 것은 아버지께서 국내에 숨어서 위장복종을 하면서까지 독립운동자금을 보내고 국내 비밀 아지트 역할을 하며 끝내 버텼던 독립운동 때문이었다. 이와 관련된 모든 비밀은 하늘 아래 둘도 없을 만한 대표적 독립운동가 우당 이회영 선생(1932년 여순 감옥에서 옥사)의 지시대로 가족들에게까지 철저히 감췄던 것이었다.

내가 학교에서 아무리 큰 상을 받아도 아버지께는 그게 도리어 마음의 고통이었고, 적선동 설농탕 집은 독립운동자금 공급기지였으며, 땅문서 사건은 노름판에서 날린 것이 아니라 팔아서 독립운동자금으로 보내기 위함이었다. 아랫방 내재봉소의 그 누님은 바로 우당의 미망인(이은숙 여사)이었으며 대한민국 초대 부통령 이시영의 형수였다. 이종찬 전 국정원장과 이종걸 전 국회의원이 바로 우당의 손자다. 내가 소년기에 의심했던 아버지의 모든 비밀은 이 나라의 해방과 함께 하늘 아래 말끔하게 풀린 셈이다.

<한국대학신문, 2021.3.22.>

04

내 인생을 한순간에 바꿔 놓은
그 청년은 누구였을까

나는 중학교 시절, 즉 해방 직후부터 이 나라의 사회적인 부조리와 마카오 모리배의 부패상을 척결해야 한다고 외쳤다. 그 때문에 반드시 판검사나 변호사가 돼야겠다고 몇 번씩이나 다짐했다. 3학년 때(당시는 중학교가 6년제였다)는 그런 제목으로 웅변대회에 나가 전교생 앞에서 주먹으로 책상을 내리친 일도 있었다. 그로부터 50여 년 세월을 더 살다 보니까 내가 대통령 직속 반부패 특별위원회 초대 위원장이 돼 있었다. 설립 기초작업만 하고 나왔다. 겪어 보니 인생은 점이 아니고 선이더라.

중학교 5학년이 되자마자(당시는 6월이 신학년 초였다) 한국전쟁(6·25전쟁)이 터졌다. 나는 2년간 집을 떠나 산전수전을 겪었다. 국민방위군 생활을 포함해 고생을 실컷 맛봤다. 급성 맹장염으로 길에 쓰러져 있는 나를 누군가가 이태리 야전병원에 데려가 겨우 살렸다. 그러나 나는 그가 누군지 아직도 모른다. 그 끝에 난 집으로 돌아왔다. 다행히도 우리 가족의 피난지였던 대전에 피난민 고등학교(대전종합고등학교)가 뒤늦게 생겨났다. 나는 고3 편입을 지원했다.

그러나 학교 측(교감 김현명)은 원칙대로 나의 고2로의 편입만을 허용하겠다 했고 나는 고3으로 넣어주지 않으면 차라리 학교를 안 다니고 독학을 하겠다고 고집했다. 결국 늙으신 아버지께서 젊은 교감 앞에 머리를 숙이고 각서를 쓰셨다. 편입 후 아들의 1학기 말 성적이 평균 80점 미만이면 고2로 내려가겠다는 내용이었다. 그때의 내 심정은 유급의 위협이 두려운 것이 아니었다. 엎드려 각서를 쓰시던 아버지의 뒷모습이 너무나 죄송하고 가엾고 분하기까지 했다. 나는 이를 악물었다. 첫 학기에 평균 94점으로 남녀 합쳐 116명 중 수석을 차지했다. 어머니께서는 그때 내게 독종이라는 별명을 애칭으로 부치셨다 한다.

그런 상황 속에서 내가 어찌 학업 이외에 다른 곁눈질을 할 수 있었겠는가. 피곤과 졸음에 못 견딜 때는 촛불(그땐 자주 정전사고가 있었다)에 눈썹을 태운 일도 더러 있었다. 눈썹 타는 그 특이한 냄새를 지금은 웃으면서 재음미한다.

전쟁 말기 내가 했던 피난민 고등학교의 졸업식 답사에는 이런 구절이 들어 있다.

"햇볕이 나면 양지를 찾고 바람이 불면 바라크로 쫓기어가며 수업을 받던 우리들 … (생략) … 저희 졸업생 116명은 오늘부터 낯선 전선으로 총검을 잡고, 혹은 진리의 상아탑으로 펜을 들고, 그렇지 않으면 조국 재건의 생산터로 함마(해머)를 쥐고… "(1953.2.26).

불과 서너 시간 거리에 있는 피의 능선, 백마고지 등 최전방에서 적의 총탄에 쓰러져 가는 우리 또래 친구들의 참상을 생각하면 고등학교를 이렇게라도 졸업하고 크고 넓은 꿈을 안고 대학에 진학한다는 것이 도리어 사치스럽고 죄스러울 뿐이었다.

후일 검사가 돼 부정·부패를 척결하고 파사현정하겠다는 꿈도, 변호사가 돼 농촌에 살면서 그들의 억울함을 풀어주고 막아주겠다는 꿈도 고3 편입 후부터는 당분간 마음속 금고 속에 깊숙이 보관키로 했다. 학교에서 수업이 끝나면 나는 산속으로 들어갔다. 해가 완전히 서산에 지고 책을 읽을 수 없을 때까지 산속에 머물렀다. 아! 지금 생각하니 그게 바로 나의 운명의 순간이었다. 어디선가 멀리서 유창한 영어연설 소리가 들려오지 않겠는가. 나무꾼이 황금새를 따라가듯 나도 영어연설에 이끌리어 산속 깊숙이 끌려들어 갔다. 베이지색 정장 차림의 훤칠한 젊은이가 푸른 숲속 송림 옆의 큰 바위 위에 올라서 있지 않은가. 나는 소나무 뒤에 몸을 숨기고 숨을 죽였다. 황홀경에 빠졌다. 드디어 그가 눈치를 채고 소나무 뒤의 나를 불러냈다. 가까이에서 보니 더욱 준수한 청년 신사였다.

그는 나에게 인생의 꿈을 물었다. 이실직고했다. 그의 반응은 싸늘했다.

"이 친구야, 꿈을 더 크게 품어라. 세계는 넓다. 그 속에 우리가 이 나라와 민족을 위해서 할 일이 너무 많다. 우리는 지금 나라를 반 이상 적에게 빼앗긴 상태다. 그런데 너는 지금 겨우 파사현정(破邪顯正), 농민 보호 등의 한가한 소리를 너의 삶의 목표로 삼고 있다는 건가. 삼천만의 운명은 어찌하라는 건가?"

나는 현기증이 날 정도로 아찔했다. 그는 자기가 모 대학교의 정치외교학과 재학생이라고 했다. 그 청년이 내게 준 충격이 너무나 컸고 나의 좁은 시야와 소영웅주의가 너무나 부끄러웠다.

결국 그 청년이 주장한 대로 방향을 바꿨다. 그렇게도 확고하고 소중했던 소년의 꿈이 이렇게도 속절없이 무너질 수 있는 것인가.

대학 입학 후 나는 그 선배를 여러모로 찾아다녔으나 번번이 헛일이었다. 휴학 중인가? 군에 입대했나? 3학년 때 내가 우리 대학의 학생회장이 돼 대 동문 활동을 많이 했기 때문에 그쪽에서 먼저 나를 알아보게 돼 있었건만 아무 소식도 없었다. 나는 학교 주변 이곳저곳의 하숙촌까지 뒤졌다.

70년 전 일이지만 마음으로는 지금도 찾고 있다. 도대체 내 인생을 산속에서 한순간에 바꿔 놓은 그 청년은 과연 누구였을까? 그가 다니고 있다는 대학은 분명히 부산에 있는데 재학생이 어째서 주중에 서대전의 뒷산에 와서, 더구나 전쟁 중에 정장하고 영어연설을 하고 있었을까? 이게 우연인가, 필연인가. 혹시 내가 환상을 보았던가? 아니면 하나님께서 보내신 사자였나? 참으로 혼란스럽기 짝이 없었다.

1953년에 대학에 입학할 때까지 나는 과외는 물론 입시학원 근처에도 가 본 일이 없다. 얼마나 입시정보가 없었느냐 하면 정외과라는 학과가 있는 줄도 몰랐다. 입시지도라는 말은 들어 본 일도 없었다. 설혹 그 산속의 청년을 다시 만나도 이젠 서로 알아보지 못할 것이다. 나 혼자 가슴속에 고마움을 느끼며 그에 대한 환상적 영상을 신비감으로 바꿔 가슴에 묻어 둘 뿐이다.

<한국대학신문, 2021.5.17. >

05

나를 울리신 오직 한 분의 스승,
한글학자 최현배 교수님

아무리 기억을 더듬어 봐도 나는 부모님께 꾸중을 들어본 기억이 없다. 아버지는 내가 스물세살이던 1956년에 61세의 연세로 어머니는 내가 마흔한살이었던 1974년에 향년 81세로 세상을 뜨셨으나 내가 그처럼 장성했을 때까지도 꾸중을 들은 기억이 없다. 뿐만 아니라 초·중·고·대학에 이르는 16년간에도 대학 졸업 직전의 단 한 번을 빼놓고는 어느 선생님이나 교수님으로부터도 언짢은 말씀조차 들어 본 기억이 없다. 이게 사실일 수 있는가? 믿어지지 않는다.

그러나 오늘날까지 살아오는 동안 내게 고맙게 해 주신 분들은 어쩐 일인지 세월이 흐를수록 더욱 새롭게 기억에 떠오른다.

특히 대학 졸업 후 첫발을 내딛는 데 결정적인 도움을 주신 교수님이 계신다. 당시에 Y대 교무처장을 맡고 계셨던 정외과 조효원 교수님이시다. 평소에 나를 과분하리만치 좋게 보셨던 것 같다. 어느 날 육사에 강의하러 가셨다가 교수부 정치학과 주임 교수를 만나 나를 교관으로 추천하셨다면서 며칠 후 인터뷰하러 가야 한다는 것이었다. 그리고는 조 교수님께서 자신의 초록색 짚차를 손수 운전하시면서 나를 포장도 안 된 2시간 거리의 육사까지 데리고 가셨다. 얼마나 놀랍고 감동적인 제자 사랑인가. 나도 두 대학의 총장직까지 포함한다면 1957년 육사 교관직을 시작으로 근 40년간 교직 생활을 해 봤지만 나로서는 도저히 흉내낼 수 없었던 제자 사랑이었다. 인터뷰를 무난히 끝냈다. 총장추천서만 제출하면 된다는 것이었다.

공교롭게도 당시 백낙준 총장님께서는 미국 출장 중이셨다. 부총장 최현배 교수님께서 그 직무를 대행하셨다. 최현배 부총장님은 국문과 교수님이셨기에 나는 그분에게 한 시간도 배운 일이 없다. 그러므로 사적으로는 일면식도 없다고 하겠으나 어쩌면 그 어른으로서는 나를 기억하실 수도 있는 사건이 있기는 있었다.

1955년 9월, 정치권 일각에서는 이승만의 자유당 독재와 장기 집권에 저항하는 민주화운동이 격심하던 때였다. 때마침 민주국민당은 민주당으로 확대 개편하면서 대표최고위원으로 해공 신익희 선생을 선임했다. 바로 그때 나는 우리 대학인 Y대 정법대학 학생 간부들 수명과 함께 서울 종로2가 YMCA 근처에 있는 민주당 최고위원실을 찾아가 해공을 만났다. "해공 선생님, 민주당의 발족은 나라의 민주 발전에 대단히 중요한 시대적 의미가 있으니 대표최고위원께서 직접 저희 대학에 오셔서 민주당 확대 개편의 목적과 사명, 진로와 정책을 밝혀주십시오." 단도직입적인 당돌한 섭외 활동이었다. 해공은 유석 조병옥을 비롯한 다른 최고위원들과 몇 마디 주고받더니 즉석에서 수락하고 약속 일자를 잡아줬다.

노천극장을 가득 메운 수천명의 전교생과 타교생들 앞에서 개회 연설은 내가 했지만 제1야당 공식대표의 내교에 대한 학교 측의 돌발적인 공식 환영 연설은 총장 직무대행이셨던 외솔께서 하실 수밖에 없었으니 얼마나 당황스럽고 난처하셨겠는가.

나와 외솔 최현배 선생님과는 그런 인연이 1년 수개월 전에 딱

한 번 있었을 뿐이었으므로 나를 아직까지 기억하실 리가 없었다. 추천서를 받기 위해서 찾아뵙기로 약속된 날 아침 9시를 바라보며 일찌감치 성북동 집을 나섰다. 그 당시의 교통 사정은 누구도 예측할 수 없는 상황이었다. 결국 신촌역에 도착하니 이미 9시였다. 100m 경주하듯 뛰었다. 그래도 10여 분 지각이었다. 몸에서는 초겨울인데도 온몸이 땀으로 범벅이었다.

부총장실에 뛰어드는 나를 보시자마자 그 어른께서는 자리에서 벌떡 일어나시더니 나를 세워 놓은 채 "윤 군, 돌아가게! 자네 같은 사람의 추천서는 못 써주겠네. 친구들 사이에도 약속은 엄수해야 하는 법인데 스승과의 약속을 10여 분씩이나 어기는 자네에게 국군의 기간 장교 교육을 어떻게 맡기겠나?" 하시더니, "이 나라가 과거에 자네 같은 조상 때문에 일제 식민지가 되었다" 하시며 이 나라의 망국 과정과 원인, 이 민족의 질병 같은 폐습과 민족 갱생의 원리와 방법을 설파하시는 것이 아닌가! 내 일생을 통해서 그렇게 감동받기는 거의 처음이었다. Y대학에 입학한 보람을 졸업 직전에 느끼는 순간이었다. 너무나 감격적이었다. 졸업이 내일모레인데 이제 와서 제대로 된 교육을 받으니 지난 4년이 아까웠다.

왜 다른 교수님들은 나를 항상 칭찬만 해 주셨나 원망스럽기까지 하였다. 눈물이 내 나이에 안 어울리게 펑펑 쏟아졌다. 일생 처음이며 마지막이다. "잘 알겠습니다. 부총장님, 평생 명심하며 살겠습니다. 감사합니다." 하고 뛰쳐나왔다. 나의 인생 계획이 무너지는 순간이었음에도 그저 감사와 감동뿐이었다. 어디쯤 갔을까 멀리서 "윤 군!"하는 소리가 나기에 돌아다 보았다. 외솔 선생님이었다. 다시 오라는 손짓이었다. 방에 들어서니 호주머니에서 열쇠를 꺼내 책상 서랍을 여셨다. 이미 준비해 놓으신 추천서였다. "보아하니 자네가 크게 반성하는 것 같아 희망을 보았네. 이거 가져가게." 하시는 거였다.

그 덕분에 대학 졸업 후 첫 직장으로 육사 정치학 교관 5년반을 무사히 마쳤다. 이것이 내가 평생을 교육에 몸을 담는 출발점이 되었다. 나도 제자들을 향해서 외솔처럼 엄격하고 감동적으로 교육시켜야겠다고 몇 번씩 다짐했으나 도저히 그 어른을 따라갈 수가 없었다.

나를 울리신 그 고마움을 평생 잊을 수 없어 졸업 후 십여 년간 그 댁에 세배를 다녔다. 그러나 미국 유학 중이던 1970년 3월 23일 슬프게도 그 어른께서 영면하셨다는 비보를 접했다.

외솔께서 나를 크게 꾸짖셨을 때, 어쩌면 뜨거운 열정으로 손수 쓰신 "조선민족 갱생의 도"(1930)와 집필 중이시던 "나라 사랑의 길"(1958)에서 보여주신 우국충정의 무거운 책무감이 그 어른의 가슴을 더욱 크게 짓눌렀던 것 같다.

<한국대학신문, 2021.11.12.>

06

어째서 나는 육군 중위를
5년 반씩이나 했을까?

1957년 3월 23일 용산역에 집합해 군사열차 편으로 드디어 논산에 도착했다. 6년간의 군 생활은 이렇게 시작됐다. 침상에 뛰어올라 식사 중인 후보생의 식기를 구둣발로 걷어찬 박 하사의 악몽도 아직 남아있지만, 군인으로서의 기본교육은 논산에서 끝이 났다. 하지만 우리는 장교 훈련을 받기 위해 광주 육군보병학교에 입교해 근 3개월 추가 교육을 받아야 했다. 그래야만 육군 중위로 임관될 수 있다는 것이었다.

육군보병학교 입교 후 두루 살펴보니 전교 구대장들이 모두 중위였다. 임관을 목전에 둔 선배 기수 보병 128기는 소위로 임관토록 예정돼 있었다. 보병학교 전체에서 오직 우리 통역장교 1기 후보생만이 유일한 중위 임관 예정자였다. 비우호적인 분위기 속에서 나는 통역 1기 대표로 128기 막사에 불려가 납득할 수 없는 기합도 받았다. 내가 1기 회장이었으니 피할 도리도 없었다. 동기들은 날이 갈수록 의기소침해졌다.

나는 두 가지 방안을 내 난국을 극복하기로 했다. 하나는 '통역장

교의 노래' 가사를 공개 현상 모집하는 일이었고, 다른 하나는 육군보
병학교 졸업앨범 간행이었다. 개교 이래 초유의 일이라 했다. 주기적
으로 지급되는 화랑 담배와 건빵을 기증받아 현상금을 대신했다. 앨
범 경비는 별도 갹출하기로 했다. 둘 다 대성공이었다. 훈련 중 휴식
시간에는 통역장교의 노래로 동기생들의 기를 살렸다. 단체 기합을
받을 때에는 앨범위원회를 동원해 험악하고 짜증스러운 분위기를 기
념촬영 현장 분위기로 둔갑시켜버렸다. 기합을 받으면서도 가끔 모두
명랑해질 수 있었다.

　그런데 심각한 돌발변수가 나타났다. 계급 문제다. 같은 해 9월
어느 날 모든 동기생이 내일 임관식에 대비해 중위 계급장을 달아놓
고 잠들기 직전이었다. 담임 구대장 이모 중위가 "기상!" 하면서 입실
하더니 소위 계급장 한 뭉치를 침상 위로 집어던졌다. 모두 소위 계급
장으로 바꿔 달으라는 것이었다.

　나는 급히 나서 "상부 명령에 따른 이 중위를 비난할 문제가 아
니지 않은가."라며 동기생들을 진정시켰다. "어쨌든 내일 아침에는 소
위 계급장을 달고 임관식장에 들어가자. 그리고 서울로 직행해 모레
아침 9시 육군본부 부관감실 앞에 집결하자."고 제안했다.

　나는 반년 만에 집에 돌아와 묵은 신문 스크랩에서 '통역장교 1
기 후보생 모집' 광고문을 찾아냈다. 분명히 '중위 임관', '3년 근무',
'우수자는 외국 유학 파견' 등 국가공약이 명문으로 제시돼 있었다.

　다음 날 아침 약속 시간에 새파란 제복의 신임 장교 40명이 약속
된 장소에 모였다. 내가 대표로 부관감실에 들어서며 큰 목소리로 방
문 사유를 밝혔다. 2성 장군의 격에 안 어울리는 험악한 반응과 천박
한 언어가 내 혈압을 올렸다. "감님, 저 아래를 내려다보십시오. 이 부
당한 계급 강등 조치를 되돌려 놓기 전에 저들은 안 돌아갈 겁니다.
작년에 군에서 발표한 통역장교 1기 후보생 모집광고문을 보십시오.

국민에 대한 약속을 지키지도 않는 국가를 어떻게 믿고 우리가 목숨을 바칩니까?" 하면서 준비해 간 광고문을 제시했다.

"내려가 있으라."라는 명령이 떨어졌다. 한 시간여 동안 동기생들과 함께 '열중쉬어' 자세를 지속했다. 갑작스런 "윤형섭 중위" 하는 소리에 놀라 받아 보니 "육군 소위 임관과 동시에 임시 중위로 진급함"이라는 명령서였다. '임시'? 일부 동기생이 흥분했지만 나는 그쯤에서 끝내는 게 생산적이라고 판단했다. '임시'는 1년 후 자동으로 삭제되기 때문이다. 일제히 길 건너 군장점으로 달려가 소위 계급장을 떼버리고 중위 계급장으로 바꿔 달았다. 3일간의 계급 파동이 막을 내렸다.

그로부터 한 달 후 1군사 부관감실 근무 중인 나는 예상했던 대로 육군사관학교 교수부로 발령이 났다. 철학 1년, 정치학 4년 반을 가르쳤다.

육사 부임 후 2년 반이 지난 1960년 4·19 학생 의거 당일, 육사 교장인 모 장군이 밤에 전교생을 집합시켜 놓고 "군은 정치로부터 독립"이라는 당연한 취지로 연설하면서 "군은 절대로 동요해서는 안 된다."고 강조했다 한다. 4월 26일 이승만 대통령의 하야 성명 직후에는 일과 중 전 장병을 대강당에 소집해 놓고 이승만 정부를 강력히 비난했다. 일주일 전 야간 연설과 상반되는 내용이었다.

그날 저녁 퇴근길에 나는 육사 사회과학처장 박모 소령과 식사를 나누면서 한국군 장성의 자질 문제와 군의 정치적 중립 문제에 대해 열변을 토했다. 바로 옆 좌석에 육군본부 감찰관 모 대령이 부인과 함께 사복을 입고 와서 듣고 있는 줄은 미처 몰랐다. 상급자를 비판한 죄목으로 군법회의에 회부될지도 모른다는 통보를 육사 법무관실로부터 받았다. 그 일은 없었던 일이 됐다는 소식을 간접적으로 들었다.

지인이 내게 물었다. "자네 법적으로 보장된 3년 복무 후 제대도 못 하고 5년 반씩이나 진급도 안 되고 중위 계급장을 달고 있는 원인

을 아는가?" 나는 모르겠다고 답했다. 그는 "자네 육군 인사기록카드
에 빨간 줄이 몇 개 그어져 있을 것 같은데?" 했다. "당연히 그럴 테
지." 하며 둘이 한바탕 웃었다. 그는 이어 "비록 국가가 우리를 속이
거나 잘못을 저지르더라도 국민 특히 군인은 국가를 위해 목숨을 바
치는 수밖에 없다."라면서 나를 위로했다. 나는 그저 끄덕거리는 수밖
에 없었다.

내 죄가 있다면 소위 임관 다음 날 육군본부에서 감행했던 집단
항의 데모의 주동자라는 빨간 줄 하나, 그리고 육사교장 이모 중장의
정치적 언행에 대한 공개비판 죄목으로 그어진 빨간 줄 하나다. 그밖
에 뭐가 있을지도 몰라도 군법회의에 회부 안 된 것만 해도 관용일 텐
데 무슨 진급을 바라겠나. 동기들은 모두 대위가 됐지만 나는 육군 중
위 5년 반. 그저 고맙기만 할 뿐이다.

<한국대학신문, 2020.12.13.>

07

61년 전 4·19혁명,
그때 난 어디에서 뭘 했나

지난 3월 말 본지 1면 상단에 실린 사진과 캡션에 나는 눈이 쏠렸다. 국내 대학에 유학 중인 미얀마 학생들이 촛불을 들고 고국의 민주화 운동 희생자들을 애도하며 평화를 기원하고 있는 눈물겨운 장면이었다. 보면 볼수록 그들의 애달픈 심정이 내 가슴에 와닿는다. 불길한 상황 전개를 예견하면서도 동참하지 못하고 고민할 수밖에 없는 미얀마 국내외 일부 우국 청년들의 이러지도 저러지도 못하는 심정을 나는 누구보다도 절절하게 실감하고 있다. 61년 전 4·19 때 나의 심정도 그러했기 때문이다.

미얀마의 비극이 불붙기 얼마 전까지만 해도 나는 난징 조약에 따라 155년간 영국의 통치와 일국양제(一國兩制)하에 살았던 홍콩의 대학생, 시민들의 반중 궐기에 빠져들었다. 그들은 범죄인 소환법을 반대하고 홍콩의 자치권 확보를 요구하며 캐리 람(Carrie Lam) 행정장관의 사퇴를 주장했다.

나는 그 속에서도 4·19 때 내 모습을 회상했다. 그때 나는 광화문 한복판에 서서 시위대를 태운 트럭이 정부의 부패와 무능을 규탄

하고 이승만 정권의 퇴진을 외치며 동서남북으로 종횡무진하게 질주
하는 모습을 지켜만 보고 있었다. 동시에 지근거리에서 불길에 타오
르고 있는 서울신문사의 방화 현장도 목도하기만 했다. 그로부터 32
년 뒤 내가 바로 그 신문사의 사장으로 취임하리라고는 꿈에도 예상
을 못했다.

4·18 고려대 학생 시위는 마산 김주열군의 처참한 피살 보도로
격양된 젊은이들의 노도와 같은 행렬이었다. 선두에는 당시 고대 학
생처장 현승종 교수가 있었다. 그 분이 이후 34년 세월이 흐르는 동안
에 국무총리를 거치고 K대 이사장이 되면서 나를 그 대학의 총장으로
임명할 줄 누가 알았겠는가.

세월의 힘이란 그리도 무섭다. 그런데 나는 그때 그 현장까지 나
갔으면서도 왜 함께 그 트럭에 올라타지 못했으며 시위 군중 속에 뛰
어들어 스크럼도 함께 짜지 못했는가.

안타깝게도 그때 나의 신분은 군인이었다. 육군사관학교 교수부
사회과학처 정치학과 교관이었다. 현역 육군 중위 신분이었다. 매주
화요일, 목요일에는 군 정복 차림으로 태릉에 위치한 육사에 출근해
하루에 90분 강의를 두 차례씩 해야만 했다. 교재는 허만 뷰크마의
《현대 외국정치론》(1953)이었다. 강의를 통해 내가 육사 4학년 생도들
에게 지속적으로 주창했던 것은 군의 정치적 중립이었다.

다행히 당시 나는 학교 본부의 교수요원 양성 정책과 교수부 관
행에 따라 민간대학원에서 학위과정을 밟고 있었다. 그래서 매주 3일
(월, 수, 금)은 사복으로 갈아입고 학생 신분으로 살았다. 이러한 이유
로 한밤중에 서대문서 형사 두 명이 나를 검은 지프차(jeep)에 실어
강제 연행하는 해프닝도 있었다. 나를 Y대 민주화 운동권의 최고사령
탑으로 오해했던 것이다.

기본 신분이 군인인 이상 어떠한 정치적 행보도 용납될 수 없다

는 것이 나의 신조였다. 바로 그 신조 때문에 정치 편향적 연설을 한 아무개 삼성장군을 비난했다가 적발돼 군법회의 회부 전에 살아난 일도 있었다. 그랬던 만큼 4·19 당시 나는 세종로 한복판에 서서 나 자신을 애써 진정시키고 있는 것이었다.

그날의 세종로 일대는 최근 홍콩, 미얀마에서 보는 민중의 노도와 다를 바 없었다. 민주화를 부르짖는 피맺힌 구호도 다를 바 없다. 그러니 뉴스를 접하면서 어찌 내가 4·19 그날 그 자리를 떠올리지 않을 수 있겠는가.

바로 눈앞에서 대형 화재가 발생했다. 상황으로 보건대 방화임이 틀림없다. 지금의 서울신문사(프레스센터)에서 시뻘건 불길과 검은 연기가 솟아오른 것이다. 틀림없이 어용신문의 비민주적, 관변일변도 언론행태에 대한 민주시민의 징벌적 방화였을 것이다. 4·18 고대생 시위대에 대한 폭력 기습으로 악명 높은 대한반공청년단도 함께 분노한 자유시민들의 징벌 표적이었다.

이승만 대통령의 하야를 외치며 경무대(지금의 청와대)로 진격하고자 했던 4·19 학생, 시민 시위대를 향해 경무대 경찰서장 곽영주의 발포 명령으로 사상자가 속출했다. 사망자 185명, 부상자 1,500명이 발생했다. 숨막히는 상황 속에서 만약 송효찬 계엄사령관이 이승만 정권의 무력동원 요청을 거부하지 않았더라면, 그리고 4월 25일 300명 교수단이 학생들의 반정부 시위에 동참하지 않았더라면, 그리고 월터 매카나기(Walter P. McConaughy) 주한 미국 대사가 이승만 대통령을 마지막 골든타임에 면담·진언하지 않았더라면 이 나라의 운명은 어찌됐을까.

그래서 오늘의 미얀마 상황이 시시때때로 나의 회상을 61년 전 4·19로 되돌리고 있는 것이다. 어쩌면 미얀마 반군부 사태는 군부의 소수민족 학살과 외세를 등에 업은 1936년의 스페인 내전, 1950년 한국

전쟁처럼 확대되지 않을까 걱정이다.

4·19혁명이 4월 28일 민주적이며 합리적인 허정(許政)의 과도정부가 성공적으로 임무를 수행했고 6월 15일 제2공화국의 평화적인 출범, 민주적인 정권 창출로 이어졌음을 우리 민족은 역사적 긍지로 간직해야 한다. 그 중심에 4·19 학생 의거가 있었고 이것이 내각책임제와 양원제라는 새로운 체제의 제2공화국을 탄생시키는 혁명적 동력으로 작동했던 것도 아울러 기억돼야 한다.

그래서 더욱 해마다 이맘때가 되면 그 역사적 격동기에 나는 어디에서 무얼 했는가를 괴롭게 자문자답 하지 않을 수 없는 것이다.

<한국대학신문, 2021.4.19.>

둘: 나의 교수시절

08

10월 유신의 참변 속에
피어난 방송기자와 유신장

1972년 10월 유신, 지금 생각해도 섬뜩하다. 비록 48년 전 일이지만 결코 잊혀서는 안 될 이 땅의 참담한 역사적 사건이다. 실은 몇년 전부터 그 흉조가 나타나기 시작했다. 대통령의 3선 금지 조항을 철폐하기 위한 개헌 파동이 1969년 여름에 이미 터져 나왔다.

1972년 10월 17일 오후 7시, 결국 유신이 선포됐다. 일체의 집회와 시위가 금지됐고 대학에는 휴교령이 내려졌다. 10월 27일 공고된 헌법 개정안에 따르면 △대통령 직선제를 폐지하고 장충체육관에서 통일주체국민회의가 선거를 대행한다. △국회의원의 3분의 1은 대통령이 추천한다. △대통령에게 긴급조치권을 부여해 현행 헌법의 효력을 중지시킬 수도 있다. △모든 법관 임명권과 국회해산권을 대통령에게 부여한다. △대통령의 임기는 6년으로 연장했다. 대통령의 종신집권도 가능케 한 것이다. 유신이란 새롭게 개혁한다는 뜻이다. 하지만 이는 유신이 아니라 개악이요, 민주정치의 포기일 뿐이었다.

한국의 유신헌법, 제7차 개정헌법은 1972년 12월 27일부터 발효됐다. 대학 캠퍼스는 이에 저항하는 학생 측의 투석과 화염병, 경찰

측의 곤봉과 최루탄의 난장판이 되고 말았다. 그럼에도 불구하고 징발된 일부 유명학자와 어용학자들이 연일 TV에 나와 유신헌법의 정당성을 대변하는 모습은 참으로 가엾기도 하고 대학인의 울분을 자아내기도 했다.

바로 유신 다음날인 10월 18일의 일이다. 두 가지 이유로 내 발등에 불이 떨어진 형국이 됐다. 첫째는 내가 학과장으로 있는 정외과 3학년 학생들이 기어이 경상북도 일원으로 수학여행을 다녀오겠다는 고집을 부리기 때문이었다. 둘째는 TV 강제 출연을 위해 나를 찾아다니는 우리 대학 담당 기관원의 투망으로부터 벗어나야 하는 일이었다.

첫 번째 일에 대해서는 학장과 상의한 끝에 학생들의 여행 출발을 제지키로 했다. 우리는 당일 새벽 용산 역전 지하다방에 자리를 잡은 다음 학생대표 조모군을 불렀다. 이처럼 험난한 시점에 집단으로 놀러 간다는 것은 동년배의 계엄군 병사들에게 정서적 반발을 유발시킬 가능성이 있거니와 사생결단 수준의 충돌 위험성도 상존하니 사회 환경이 풀릴 때까지 여행을 늦추라는 설득을 이어나갔다. 조군은 자기 단독으로 결심해 답변드릴 수 없는 사항이므로 클래스 회의를 우선적으로 열어야겠다고 주장했다. 그런 과정이 두 번 되풀이됐다. 결론은 뻔했다. 조군은 그 대신 "매일 밤과 아침 즉 하루 두 차례씩 상세하게 이상 유무 보고를 드리겠사오니 부디 안심하시고 보내 주십시오." 하는 것이었다.

다행히도 조 군이 며칠간 취침 전과 기상 직후 자세하게 보고를 해 줬다. 마치 내가 TV나 라디오 뉴스를 듣고 있는 것이 아닌가 하는 착각을 일으킬 정도였기에 그의 보고는 우리를 안심시키기에 충분했다. 그는 우리의 예감대로 졸업 후 방송기자가 됐다. 방송국에서 25년간 근무하면서 기자, 앵커, 국장을 거쳐 CEO까지 올라갔다. 세월이 흐른 후 TV 화면에서 그를 다시 보니 이번에는 놀랍게도 이름 있는 대형교회의 목사가 돼 있었다.

나를 유신 전도사로 TV에 출연시키고자 했던 관계기관의 투망에서 벗어나는 일에는 순간적으로 묘안이 떠올랐다. 우선 집이나 학과장실로 올지도 모를 모든 연락을 피해야 했다. 그 덕분에 나는 도리어 내 인생의 큰일을 하나 해냈다. 언제 끝날지도 모를 당시 전셋집 신세에서 벗어나 내 손으로 내 집을 짓는 절호의 기회로 삼았다. 나의 오랜 친구 정이 자신의 전문가적 식견과 경험을 무기 삼아 나를 위해 희생적으로 나섰다. 나는 그 땅을 오가며 그 친구 덕분에 3개월 만에 내 집을 장만했다. 천만다행히도 그 시절엔 휴대전화라는 것이 없었다. 공사 현장의 전화는 일체 받지 않았다. 나는 석 달간 집에서 새벽에 나왔다가 밤늦게 돌아갔다.

내가 그러고 있는 동안에 내가 존경하던 원로 교수님들과 동료 교수들이 다수 TV에 출연해 쓴 오이 씹는 모습을 하면서 마음에도 없는 유신찬양에 진땀을 흘렸다. 하지만 나는 집을 지으면서 명문사학의 학과장, 정치학자로서의 양심과 순결성을 지켜낼 수 있었다. 나는 그 집에 24년간 살면서 대학의 처장, 학장과 대학원장, 교총 회장, 교육부 장관, 건국대 총장 등을 역임했다. 남들은 그 집을 복집이라 했다. 만약 10월 유신이 아니었더라면 아마도 오늘날까지 전셋집 신세를 면치 못했을지도 모를 일이다.

위와 같은 숨 가쁘고 조심스러운 고비가 지나간 다음, 나는 학장님을 찾아뵙고 자초지종을 설명하고 깊이 사과를 드렸다. 그리고 이상하게 생긴 나의 새집에 모셨다. 어머니께서는 나의 새집을 마치 라면상자 위에 사과 상자를 올려놓은 것 같다며 나무라셨다. 하지만 학장님은 즐겁게 노시다가 가셨다.

가시면서 "윤 교수, 내가 오늘 풍성한 대접을 받고 가니 이 집의 옥호를 하나 지어줘도 될까?" 하셨다. 나는 오직 감사할 뿐이라고 말씀드렸다. "10월 유신 파동 속 학교에도 안 나오고 숨어서 지었으니 유신옥으로 하세." "학장님, 유신옥이라 하면 꼭 막걸리 대폿집 같으니 유신장으로 해 주시죠?" 우린 실로 오랜만에 온 동네가 떠나가도록 한바탕 목청 높여 웃어댔다.

이 나라의 정치사적 참변 10월 유신. 온 국민이 고통을 겪던 그 기간 중에 참으로 아이러니컬하게도 제자는 TV 방송기자의 길을 열었고, 나는 유신장의 주인이 됐다.

<한국대학신문, 2021.1.24.>

09

총장님, 그땐 두 번 다 정말 죄송했습니다

1970년대는 박정희 대통령의 반민주적 유신헌법 선포와 국민의 기본권을 직접적으로 탄압하는 긴급조치 발동에 대항해 시민들과 대학생들의 전면 투쟁이 격심했던 시기였다. 정치 상황의 격랑 속에서 1975년 4월 3일 아침 박대선 연세대 총장은 재단 이사장인 이천환 성공회 대주교를 찾아가 총장직 사표를 제출했다. 학교로 돌아오자마자 기자회견을 자청하고 담화문을 발표했다. 최근 석방된 교수와 학생들은 당연히 학교가 복직·복학시켜야 하며 자신은 자진 사퇴한다는 것이 골자였다.

즉각 전교생이 들고 일어나 격렬하게 반정부 데모를 벌였다. 서울대는 반정부 선언문을 발표했다. 학생들의 데모 구호는 "유기춘 문교부 장관은 즉각 사퇴하라. 이천환 이사장은 총장 사표를 반려하라."는 요지였다. 출동 경찰과의 대결은 지극히 격렬했다. 4월 7일에는 고려대가 폭발적으로 궐기해 "유신헌법 철폐하라." "독재 정권 물러나라."를 절규했다. 고려대에는 긴급조치 7호 위반으로 휴교령이 내려졌다.

이러한 상황 속에 있었던 두 가지 사건에 대해 나는 오늘 박 총장님께 뒤늦게나마 사과하고 진정으로 경의를 표하려 한다.

하나는 1974년 12월 하순 나를 학생처장으로 임명하려는 총장님의 깊은 뜻을 내가 끝내 고사하고 집으로 돌아와 버렸다는 죄목이다. 그 당시 나는 정치외교학과장으로 교내외 사태를 바라보며 심한 고뇌에 빠져 있었다. 소위 로마 병정이라 불리던 전투경찰대가 군화 소리 요란하게 내면서 곤봉을 휘두르며 광복관(당시 정법대 건물) 안으로 진입해 들어와도 우리 교수들은 손 놓고 바라볼 수밖에 없었던 수모와 치욕의 시대였다.

특히 그 시절에 학생처장을 맡는다는 것은 교수로서의 모든 꿈을 버려야 하는 것으로 생각됐다. 희생과 악역을 감당해야 했기 때문이다. 그래서 더욱 총장 제안을 극력 사양했던 것이다. 어쩔 수 없었던 박 총장은 "그럼 오늘 집에 가서 하루만 더 생각해 보고 내일 다시 만납시다."라고 그날의 만남을 마무리지었다.

인사권자인 총장의 자존심이 얼마나 상했겠는가. 나도 참으로 괴로운 밤을 보냈다. 밤새도록 나의 심령의 저변에서 두 개의 음성이 미세하게 또는 강렬하게 들려왔다. 하나는 "그래, 네가 옳았어. 어떠한 유혹에도 넘어가지 말라. 너는 오직 학자로서의 정도만 걸으면 돼. 학생처장을 맡으면 너의 학자로서의 모든 꿈은 사라질 거야. 너는 감투에 눈먼 속물이 되고 말거야." 그런가 하면 더 강력한 음성이 내 영혼을 때렸다. "너는 그동안 후배들과 제자들 앞에서 애교심을 주장하고 정의를 외쳤어. 그런데 이 험난한 시국에 어렵긴 하겠지만 네 모교를 위해 학생처장을 맡아 달라는데 그렇게 거절할 수가 있느냐. 너무 이기주의 아니냐." 이런 두 개의 음성이 동창이 밝을 때까지 나를 괴롭혔다.

나는 새벽같이 총장 공관 문을 두드렸다. "총장님, 저 밤새도록 생각해 봤습니다. 교문 앞 경비실의 경비를 맡겨도 기쁘게 받아들이겠습니다. 어제의 일은 용서해 주십시오." 그렇게 해서 곤욕의 학생처장 4년 2개월이 시작됐다.

그 후 3개월여 나는 박 총장을 지근거리에서 모셨다. 신뢰와 사랑도 많이 받았다. 그 기간 내내 박 총장은 석방 교수(김찬국, 김동길)와 석방 학생들의 복교 건으로 유기춘 문교부(현 교육부) 장관과 정면으로 충돌했다.

하지만 시간이 흐르면서 박 총장은 점차 위기에 빠지게 되었다. 중앙정보부·문교부·보안사령부·치안국·시경·서대문경찰서 등 연세대 담당 출입 기관원 대책협의 기구의 협공 앞에는 누구도 도저히 당할 도리가 없었다. 모든 정황이 박 총장을 사회적으로 재기 불능할 정도로 비리·부패 누명을 씌워 매장시키기로 기획돼 가고 있었다. 그들은 학교 간판을 떼어버린다는 협박까지 서슴지 않았다.

때마침 처장단 조찬회의 통지가 왔다. 다음날 새벽이라고 했다. 나는 거의 한잠도 못자고 고민했다. 정치학의 게임이론에 따라 상황분석 자료를 만들었다. 그림으로 표를 만들어 봤더니 총장을 구하고 학교를 살리는 길은 결국 박 총장이 전격 자진 사퇴하는 길밖에 없었다. 오전 7시 30분 이미 지친 몸으로 회의장에 도착해 보니 다른 처장들은 모두가 기운차고 행복해 보였다. 속으로 분노와 한숨이 치밀었다. 모두들 화기애애하게 아침 식사를 마쳤다. 총장을 즐겁게 하려고 애쓰는 것 같았다. 나만이 우울하고 심각했다. 알고 보니 바로 오전 10시부터 봉래동 모처에서 재단 이사회가 개최된다고 하지 않는가.

나는 조용히 준비물을 꺼냈다. 차곡차곡 설명했다. 내 숨소리를 내가 들을 수 있을 정도였다. "그러니 총장님, 오늘 아침 이사회에 가시거든 꼭 사의를 표하십시오. 더 이상 늦추면 안 됩니다." 동석자 모두가 새파래졌다. 나를 원수 보듯 했다. 총장님께서 원하시길래 그 차트도 돌돌 말아서 드렸다. 1975년 4월 3일 박 총장의 담화는 그렇게 해서 발표된 것이었다.

1975년 4월의 그날 이후 나는 매년 정월 초하루 아내와 함께 박 총장 댁에 세배를 다녔다. 내가 그날 지은 죄가 있어서 더 열심히 다녔다. 그로부터 26년 후인 1991년 1월 1일에도 나는 현직 교육부 장관으로서 변함없이 아내와 함께 세배를 갔다. 그 자리에서 나는 새삼스럽게 진정한 위인의 모습을 보았다. 총장께서 나의 아내에게 "미세스 윤은 참 시집 잘 가셨습니다. 내가 항상 윤 장관에게 감사하며 살고 있습니다." 하시고는 안채에 들어가시더니 26년 전의 낯익은 나의 브리핑 차트를 가지고 나오시는 게 아닌가! 자진 사퇴를 권유했던 바로 그 차트를! 그리고는 "그때 이렇게 말해 준 사람이 이 세상에 윤 처장 한 사람밖에 없었습니다." 하시는 것이 아닌가! 다시금 감사의 뜻을 표하셨다.

그 후에도 세월은 4반세기가 흘렀다. 그리고 그 어른께서 작고하신지 10년의 세월이 흘렀으나 "총장님, 그땐 두 번 다 정말 죄송했습니다."

<한국대학신문, 2020.11.16.>

10

죄와 벌
-70년대 학생처장의 고뇌

사람은 누구나 크든 작든, 법적으로든 도덕적으로든 죄를 저지르게 돼 있다. 그 죄가 고의였느냐 과실이었느냐에 따라 벌은 달라진다. 미필적 고의였는지, 심신미약 상황이었는지, 또는 예비음모단계가 존재했는지 등에 따라 죄의 질은 달리 판단되고, 벌의 형량도 좌우된다.

이 글은 비록 제목은 똑같지만, 표도르 도스토옙스키의 장편소설 《죄와 벌》과는 아무 연관이 없다. 가난에 찌든 23세 대학생 리스콜리니코프도 없거니와 그에게 살해당한 고리대금업자 전당포 노파도 없다. 똑같이 살해당한 그녀의 동생도 없거니와 매춘부 쏘냐도 없다.

도리어 내가 1981년 4월에 쓴 《학생의 죄와 벌》과 깊은 연관이 있다고 봄이 옳다. 나는 열여덟살 여고생이 부정응시 때문에 처벌을 받고 음독자살한 사건에 충격을 받아 교육 현장의 학생 처벌이 얼마나 신중해야 하는가를 글을 통해 모 일간지에 토로한 바 있다. 나는 그 글에서 퇴학은 학생 신분에 대한 사형선고요, 교육자의 직무 포기임을 역설했다.

박정희 정권의 유신헌법과 긴급 조치하에서 전국 대학생들의 반정부투쟁은 극렬했다. 학생들의 투석과 화염병에 대한 경찰의 최루탄 발사, 그 틈바구니에서 학생처장이 할 수 있는 일이 무엇이었겠는가. 도대체 원인 제공자가 누군데 대학이 이렇게 무너지고 짓밟혀야 하는가.

큰 시위가 끝나고 나면 정부로부터 으레 처벌자 명단이 내려온다. 전원 제적하라는 것이다. 나에게도 한때는 40여 명의 명단이 문교부(현 교육부)에서 내려왔다. 즉석에서 시행하라는 압박이다.

천만의 말씀! 내가 미리 알고 구성해놓은 학생상벌위원회에 회부해 그 의결을 거치고, 총장의 결재를 받아야 한다는 것이 나의 주장이었다. 처벌을 결정하려면 처벌 대상 학생의 출석과 자기 진술(변호)의 기회를 주도록 제도화해 놨기 때문이다. 내 방식대로 하면 처벌까지 2주는 걸린다.

문교부의 처벌 대상 학생 명단을 일일이 확인하다 보니 S대생이 끼어 있었다. 그것을 핑계 삼아 명단을 정부에 반송하며 옥신각신했다. 그러는 동안 세월이 흐르고 사태가 진정되면서 20여 명을 살려냈다. 대학 학생처장은 그런 보람으로 고생을 하는 것이다. 아니었으면 그때 40여 명이 일거에 제적당할 뻔했으니 말이다. 하지만, 그 사실을 학생들은 지금까지 아무도 모른다.

또 다른 사건을 하나 더 추가한다. 어느 날 정부로부터 새마을 연수원 입소대상자 명단이 우리 대학에 내려왔다. 총장·학생처장·학생대표가 그 대상이었다. 그 시절 새마을 연수는 박정희 대통령이 직접 챙기는 역점 사업이기 때문에 지정받은 지도층 인사 누구도 빠질 수 없었다. 하지만, 나는 강의와 겹친다는 이유로 불참계를 냈다. 학생대표로는 학도호국단 인문 사회계 연대장 P군이 참여했다.

문제는 일주일간의 합숙 연수를 끝내고 수료식하는 장소에서 터졌다. 돌아가며 감회를 술회하는 순서였다. 문교부 K차관을 비롯해 모두가 새마을 찬양가를 불렀다. 그런 분위기 속에서 딱 한 학생대표만이 냉혹할 만큼 부정적인 평가를 발표했다는 것이다. 그것이 고위층에 직보돼 처벌 명령이 떨어졌다. 총장께서 귀교와 동시에 나를 불러 그 배경과 사실을 알려주셨다. P군을 제적시키지 않을 수 없을 것이라는 예고였다.

같은 시간 문교부 차관의 명을 받은 L고등교육국장이 학생처장실로 찾아왔다. "P군을 즉각 제적하고 결과보고서를 달라"는 것이었다. 간신히 설득해 하루의 말미를 얻었다.

학생처 전 직원을 동원해 P군을 찾아내 학생처장실로 불러들였다. "자네 연수원에 가서 배워 보니 새마을 운동에 좋은 점은 전혀 없던가?", "물론 좋은 점도 있죠", "그럼 그 좋은 점을 서면으로 써서 내게 보여주게." 받아 봤더니 새마을 예찬론이었다.

즉각 모 일간지에 연락해 다음날 조간에 게재했다. 수십부를 사서 문교부·출입기관원실·총장실에 골고루 뿌렸다. 그리고는 전화로 관계 당국에 큰소리로 항의했다. "새마을 운동을 온 세상에 공개적으로 예찬한 학생을 무슨 죄로 처벌하란 말이냐?" 결국 없었던 일이 돼 버렸다. 괴롭고 숨 막히는 순간을 지냈지만 보람 있는 추억이다.

그보다는 더 노골적인 경우도 있다. 1974년 10월부터 1975년 5월까지 학내문제로 집단시위를 요란하게 벌이던 K모군을 비롯한 일단의 젊은이들이 경찰의 수배 대상이 됐다. 경찰이 교문을 지키고 있으니 귀가할 수도 없고, 학생회관 '푸른샘'에 바리케이트를 쳐놓고 밤샘을 할 참이었다. 야심해지면 경찰이 집단적으로 진입하여 전원을 체포한다는 정보가 입수됐다. 나는 마이크로 버스를 본관 뒤로 불러 학생 전원을 태우고 창가에는 우리 직원들이 앉되 아무 데라도 학생들이 원하는 곳에 내려놓고 돌아오라 일렀다.

어느 날 늦은 밤 그 대표 학생이 집에 찾아왔다. 자신을 서대문 경찰서에 데리고 가 경찰에 넘기라는 것이다. "그렇게 하지 않으면 범인은닉죄 및 도피방조죄로 윤 처장님이 걸린다."는 염려에서였다. 나는 눈물이 날 만큼 감동했고 그들이 자랑스러웠다. 하지만, 되레 "자식을 경찰에 넘기는 아비를 봤느냐."며 크게 꾸짖었다. 결국 그는 다음날 새벽 자기 발로 경찰서에 출두했다. 후일 그는 매우 이름 높은 목사님이 됐다.

죄와 벌은 균형이 잡혀야 한다. 그 주인공이 누구냐의 문제가 신중히 고려돼야 하며, 학생에 대한 모든 처벌은 교육 목적에 부합돼야 한다.

<한국대학신문, 2021.2.8.>

11

한글날이면 생각나는
미국 자동차 면허증 사건

바로 이 순간에도 내 지갑 속에는 이 세상에서 아무도 모르는, 그러나 나만이 아는 귀중품이 있다. 설사 세상 사람들이 그걸 육안으로 확인했다 하더라도 그것이 나의 귀중품이라곤 아무도 생각지 못한다. 오직 나만이 그렇게 귀중한 의미를 부여했기 때문이다. 「S00299526」, 이 번호를 미국 매사추세츠주 경찰에 조회하면 금방 그 실체를 알 수 있다. 즉, 매사추세츠주 보스톤 경찰서 1979년 발행 자동차 운전면허증, 그리고 1983년 10월 4일 시효소멸이라는 사실을 쉽게 알아낼 수 있을 것이다. 그러나 그것이 왜 귀중품인줄은 여전히 이해 못할 것이다. 거기에는 그럴 만한 사연이 있다.

1979년 8월 미국 하버드 옌칭연구소 객원 연구원으로 초빙돼 1년 계약으로 발을 들여놓았다. 그때 마침 제자가 찾아왔다. 자기가 중고차를 샀으니 80년 8월 귀국 때까지만이라도 사용하시고 떠날 때 반환해 주십사하는 것이었다. 나는 극력 사양했다. 그러나 그의 정성을 더 이상 뿌리칠 수 없었다. 그는 난방비를 아끼느라고 가스레인지를 켜 놓고 자는 어려운 형편이었기에 나는 더욱 마음이 불편하였던 것이다. 그는 법이 없어도 살만한 선량한 젊은이었고 차는 불과 250불짜리 덜커덕거리는 폐차 직전의 중고차이었기에 나는 더 이상 그 호의를 거절할 수가 없었다.

자동차 운전면허 학과시험과 실기(시내 운전)시험을 쉽게 통과하였으니 소위 "쯩"(운전면허증)만 받으면 된다. 신청서를 제출했더니 2주 후에 와서 받아 가라는 것이었다. 나는 지인에게 "쯩"을 받는 다음 날 지인에게 운전으로 봉사하겠노라고 약속까지 했다. 그러나 막상 당일 지정된 장소, 즉 보스톤 경찰서 교통과에 가 보니 옛날 초등학교 강당 절반 가량의 큰 사무실에 경찰관들이 질서정연하게 앉아 숙연하게 업무처리를 하고 있었고, 출입구 쪽에는 민원 카운터가 길게 마련되어 있었는데 민원인으로 북적거리고 있었다. 나도 그중의 한사람이 되어 내 차례까지 장시간을 기다렸는데 막상 나를 보더니 "면허증을 내줄 수 없다. 신청서를 다시 쓰되 싸인을 영자 알파벳으로 하라."는 것이 아닌가?

나는 어이가 없어 되물었다. "내 사인이 문제가 된 것이냐?" "그렇다. 이게 어느 나라 글씨냐?" 바로 여기서 내 항의 연설이 터져 나왔다. "너희 나라 사람들은 한국을 비롯해서 세계 도처에 다니면서 너희 문자로 사인해도 되고 다른 나라 사람들은 자기네 문자로 사인을 하면 안 된다는거냐? 사인이란 뭐냐? 동일체임을 증명하면 되는게 아니냐? 그러므로 내 여권의 사인과 운전면허증의 사인이 일치하면 되는것이지 어느나라 문자인가가 왜 문제가 되느냐? 나는 한국인이기 때문에 내 사인을 언제나 한국어 문자로 싸인 하면서 살아왔다. 거기에 무슨 잘못이 있다는 거냐?"

내 목소리는 그 강당을 떠들썩하게 흔들어 댔다. 급기야 제일 안쪽의 어느 방에서 어깨와 가슴이 쇳조각으로 번쩍거리는 고급경찰관이 나타났다. 총책임자임을 직감할 수 있었다. 서서히 걸어오더니 그

담당 경관에게 사연을 물었다. 내가 먼저 같은 요지로 또 한번 소리높여 답하였다. 나는 내가 그토록 아끼고 자랑하는 한글이 이 미국땅에서 엉뚱한 녀석한테 수모당하고 있다는 불쾌감과 동시에, 세종대왕과 성삼문, 신숙주, 정인지 등의 집현전 학사들, 그리고 주시경, 최현배, 허웅 선생 같은 우국충정의 한글학자들을 대신해서 싸워야겠다는 소명감이 불같이 솟아올랐던 것 같다. 그렇지 않고서야 내가 어찌 서투른 남의 땅에서 서투른 남의 언어로 그렇게 열변을 토할 수 있었겠는가? 나를 멀끄럼히 쳐다보며 듣고 있던 그 고급경찰관이 드디어 입을 열었다. "면허증 내줘라."라고 지시하고 사라졌다. 그렇게 해서 받은 바로 그 운전면허증이 무려 40년 동안 내 지갑 안에서 자랑스럽게 숨쉬고 있는 것이다. 그 옛날을 회상해 보니 보스톤 경찰서의 그 담당 경찰관이 그 당시에는 몹시 괘씸했으나 지금에 와서 보니 안쓰럽고 미안할 뿐이다. 교양과 식견이 부족해서 그랬던 걸 어찌하랴.

그와 반대로 나를 웃겼던 미국 할머니 한 분이 있다. 학과의 직원이었다. 1960대 말, 내가 미국 존스 홉킨스대학 정치학과에서 수학하던 때이다. 나만 보면 "미스터 윤" 하더니 언젠가는 내게 "퍼스트 네임"으로 부르면 안 되겠냐 그래서 "안, 좋고 말고요." 했다. 그런데 문제가 있었다. 그 할머니가 "형섭"이라는 발음을 도저히 못 하는 것이다. 그러더니 영어 이름으로 하나를 택하라는 것이었다. 예컨대 "존", "딕", "봅" 등이다. 나는 끝내 거절했다. 내가 어찌 미국 닉네임을 쓸 수 있겠는가? 그리고 대안을 내놓았다. "형"이라 부르게 했다. 나중에는 나보다 20년 연상인 주임교수마저 나만 보면 "형"이라 하더니 하루아침에 학과의 모든 교수들과 학생들이 내 동생이 되어버렸다. 매우 즐거웠다. 그 비서 할머니는 나중에는 한글로 "형"을 쓸 수 있게까지 되었다. 난 한글 자모음 24자도, 그 배합의 원리도 알려주었다.

노벨문학상을 받은 펄벅이 "세종대왕은 한국의 레오나르도 다 빈치"라거나 또는 "한글은 이 세상 어디에서도 볼 수 없는 과학적인 문자"라고 극찬을 하더니 그 여직원 할머니도 비슷한 반응을 보이며 놀랐다. 더구나 일주일만 공부하면 모든 소리를 적어 낼 수 있다 했더니 그것만은 고개를 갸우뚱했다. 아마도 인도네시아에서 자기네의 소수 민족 언어인 "찌아찌아어" 또는 "꽈라아에어"를 표기하는 보조 문자로 학교에서 가르치고 있다는 사실을 들으면 그 할머니는 한층 더 놀랐을 것이 분명하다. 훈민정음이라는 이름으로 창제(1443)되고 반포(1446)된 지 574년, 이를 지켜내다가 목숨까지 바쳤던 조상의 넋이 어쩐지 올해에는 유난히 내 가슴을 친다.

<한국대학신문, 2020.10.7.>

12

전두환 정권은 어째서 나를
학장직에서 밀어내고 국외로 추방했나?

1981년 초겨울, 전두환 12대 대통령이 이끄는 제5공화국의 첫해
이다. Y대학의 이만섭 이사(후일 대한민국 국회의장)로부터 전화가 왔
다. 급하고 심각하나 조용한 음성이었다. "윤형, 지금 이사회 도중에
나와서 전화하는 거요. 총장이 학사보고에 앞서서 말하기를 관계 당국
에서 윤형섭 사회과학대학장을 즉각 해임시키든지 못하겠거든 총장이
사퇴하라 했다는데 그게 무슨 소리요?"

나는 내가 학생처장시절(1975.1~1979.2)부터 정권의 비협조교수,
즉 기피인물이었다는 것은 익히 알고 있었고 심지어 학생처장실에서
모든 교직원이 보는 가운데 중앙정보부(지금의 국가정보원) 요원에게
연행당한 일도 있었지만 전두환 정권 들어서자마자 이처럼 아무런 법
적 절차도 없이 사학의 최고위급 인사 조치를 겁박하는 것은 나로서
는 생전 처음 겪는 불법 처사요, 상식 밖의 일이었다. "이형, 오늘의
이사회에서는 그 문제를 더 이상 논의하지 않도록 해 주시오. 까딱하
면 다른 희생자가 또 생겨납니다. 내가 내일중에 말끔하게 해결해 놓
겠습니다."

나의 처신 여하에 따라 학교와 총장과 다른 동료 학장들이 피해를 입을 수도 있는 상황이었다. 99.9%의 투표율에 90.2%의 득표율을 과시하는 전두환 정권의 위세가 그만큼 험악하고 살벌했기 때문이다. 정통성의 위기(Legitimacy Crisis)는 이미 그의 바로 앞에 다가와 있었다. 권력의 정통성이란 권력 형성과정이나 행사 과정에서 정치적·사회적·윤리적 정당성을 상실하면 필연적으로 붕괴토록 돼 있기 때문이다.

이 이사와의 약속대로 나는 다음날 아침 총장실 문을 두드렸다. 불문곡직하고 학장직 사퇴서를 제출했다. 외형상으로는 내가 자의로 사퇴한 것으로 돼 있으나 실질적으로는 학장직을 박탈당한 것이나 다름없었다. 총장은 놀라고 당황하는 표정이었으나 마음속으로는 고맙고 미안해하는 것 같았다. 복도까지 나와서 나를 전송했다. 그만큼 그는 순박하고 선량한 분이었다.

문제의 발단은 대학의 최고 의사결정기구인 교무위원회에서의 나의 발언에 있었다. 나는 지금도 교수로서 특히 교무위원으로서 당연한 발언이었다고 믿고 있다.

교무위원회가 열리면 관행에 따라 대학 본부의 실·처장들의 보고 순서가 있다. 그런데 경우에 따라서는 보고 내용이 곧 상부 지시의 의미로 둔갑할 때도 있다. 그러므로 보고사항을 청취했다는 것만으로 귀책 사유가 발생하는 경우가 허다하다. 그날의 교무처장의 보고 내용이 그런 경우에 해당된다. 그 내용이 나의 평상심과 학장으로서의 책임감 그리고 교수로서의 자존심에 폭발적인 불을 지폈다. 그 보고 내용이란 이런 것이었다.

"학생들이 집체군사 훈련을 받기 위해서 문무대(성남 소재 학도군사훈련소)로 학과출장할 때 모든 버스에 교수들이 한 사람씩 동승해 현장까지 인솔하라."는 것이었다. 참으로 아연실색할 노릇이었다. 문교부(지금의 교육부) 장관이 사립대학 교수들에게 어찌 감히 그런 가당치도 않은 지시를 내릴 수 있단 말인가? 내 귀를 의심할 정도였다. 한동안 무겁고 어두운 침묵이 회의장을 덮었다. 결국 내가 사회과학대학장으로서 십자가를 질 수밖에 없었다. 나는 무겁게 입을 열었다.

 "이 보고는 접수할 수 없습니다. 학생들이 문무대 학과출장을 하기 위해서는 사전에 학교 운동장에 모여 학도군사훈련단의 군장검열과 이동시의 주의사항을 듣고 출발케 되어있는데 마땅히 그들 학군단 장병들이 직접 인솔하는 것이 옳은 겁니다. 학과출장 자체가 군사교육의 일환이기 때문입니다." 이런 요지의 내 발언에 대해서 교무위원 거의 모두가 고개를 끄덕거렸으나 찬성 발언은 아무도 못했다. 그만큼 엄혹한 시대였다. 결국 15명의 학장들만 총장실에 따로 모여 이 문제를 재론했다. 이 자리에서는 학장들이 만장일치로 내 발언을 지지했다. 교수들을 동원하지 않기로 의결됐다. 총장 주재하의 학장 회의였기 때문에 관계 당국에서 총장인책론을 들고 나왔던 것은 그 때문이었다.

 학장직을 내려놓고는 강의만하고 집에와서 은둔 중이던 어느 날, 문교부 K 실장으로부터 연락이 왔다. 요지는 "1주일 내에 이 나라를 떠나라."는 것이었다. 내가 마치 아돌프 히틀러의 전체주의 독재체제 하에 살고 있는 심정이었다. K 실장의 사유 설명에 따르면 이틀 전부터 우리 학교 총학생회 간부들이 리더십 트레이닝이란 명목으로 설악산 모처에서 합숙중인데 상경후의 첫 대정부 투쟁목표가 "윤형섭 사회과학대학장의 사퇴 경위를 밝혀라!"로 결정됐다는 것이다. 윤 학장이 진정 학교를 사랑한다면 학생들 눈앞에 나타나지 말아야 한다는 것이었다. 그러므로 "이 나라를 떠나라."는 것이었다. 나는 K 실장의 만류를 뿌리치고 장관실로 직행, 문을 두드렸다. L 장관에게 선 채로 소신을 밝혔다. "내가 교무위원회에서 한 발언을 가슴속에 소중히 간

직하고 다시는 학생 군사훈련 버스에 우리 민간 교수들이 동승·인솔
하는 일이 없도록 해 주시오. 그런 군국주의적·후진적 정책이 재현되
지 않도록 장관께서 책임지고 막아주시오. 나는 수일내로 이 나라를
떠날 테니 안심하시오." 그러나 그는 묵묵부답이었다.

나는 나에 대한 그 당시의 정권 차원의 박해가 L 장관의 의지가
아니었음을 확인했을 뿐만 아니라 전두환 당시 대통령의 의사와도 무
관했음을 알게 됐다. 보고조차도 안 됐던것 같다. 그러므로 안기부(지
금의 국정원)의 중간 이하 조직원들과 동급 관계기관원들의 과잉 충성
그리고 70년대 나의 학생처장 시절 맺혔던 나에 대한 기관원들의 원
한이 빚어낸 넌센스였다고 보는 것이 당시의 입장이었다.

게이오대학에서 Y대학 총장의 배려와 노고에 힘입어 내가 방문
교수의 예우를 받았던 한 학기가 끝날 무렵 Y대 사회과학대학 교학부
장 S 교수의 서한이 날아들었다. "정부가 드디어 학장님의 주장을 받
아들여 정책을 바꿨고 이제는 귀국해도 된답니다."라는 내용이었다.
나는 그런 과정을 거쳐 반민주적인 군부 독재의 횡포를 몸으로 겪었
다. 학교로 무사히 돌아오니 더 이상 행복할 수가 없었다.

<한국대학신문, 2021.10.11.>

13

나는 어쩌다가 대한교련 회장이 됐는가
-인생은 선택이냐, 운명이냐

1987년 드디어 6·29 민주화 선언이 발표됐다. 대통령 직선제 약속이었다. 한국 민주정치의 제도적 안착이라 하겠다. 이는 동시에 하나의 정신적 쓰나미가 되어 우리 사회의 모든 조직과 단체를 덮쳤다. 학원의 민주화와 총장의 직선제 도입도 그중의 하나라 하겠다. 대한교육연합회(현 한국교원단체총연합회)라고 해서 예외일 수는 없었다. 1947년에 창설된 대한교육연합회(이하 교련)는 40년간 성장하면서 회원 26만 명을 끌어안은 이 나라 유일의 합법적인 교직단체였다.

바로 그 무렵의 정치적·사회적 격랑 속에서 제21대 정범석 회장이 돌연 사퇴를 선언했다. 며칠 뒤 교련의 열성적인 원로 몇 분이 나를 찾아왔다. 정 회장의 후임자를 물색 중인데 "윤 교수님이 최적의 후보자로 뜻이 모였으니 수락해 달라."는 것이었다.

나는 어안이 벙벙했다. 꿈에도 상상치 못했던 일이었다. 그들은 입을 모아 "교수님이 그간에 쓰신 학술 논문과 언론기고문, 그리고 특강에서 했던 내용, 그대로만 하면 됩니다."를 되풀이했다. 그분들의 대표 H 씨와는 초면, 생면부지의 사이였다. 나보다 연상의 중후한 인격의 인물이었다.

그분이 말한 학술 논문이란 10여 년 전에 발표했던 '대한교련의 구조와 이익표출활동에 관한 연구(1975년)'였다. 이 논문에서 미군정하에서 출범했던 대한교련의 설립 경위와 성장과정, 권위주의 색채가 농후한 구조적 특징, 어용적인 조직행태와 평교사의 참여가 미흡한 내부적 정책 결정 과정, 그리고 효율성이 부족한 이익표출 활동의 양태와 실적 등을 분석하고 부정적으로 결론을 내렸다. 교련은 물론 문교부(현 교육부)에서도 몹시 불쾌하고 불편해했다는 소식이 있었다.

그러나 그 논문을 안 쓸 수 없는 운명적인 사정이 있었다. 1973년 어느 날 Y 대학교 교육대학원장으로부터 소속 원생의 석사학위 논문지도교수 의뢰가 왔다. 그 원생은 서울 모 고등학교의 K 교감이었으며 논문 제목은 '대한교련과 교원 간의 일체성에 관한 연구'였다.

나는 열성껏 지도했다. 그는 서울의 초·중·고 교사에 대한 설문조사 결과를 원자료로 삼고 계량분석접근법을 시도해 지극히 냉정하고 객관적인 결과를 도출했다. 예컨대 "교련이 교원들의 경제적 지위 향상과 교권 옹호 활동을 하고 있느냐?"는 질문에 동의한 교원이 겨우 응답자의 9%에 불과했으니 말이다.

얼마 후 K 교감이 다시 찾아왔다. 그간 몇 차례 교육위원회(지금의 교육청)에 소환됐고, 결국 인사상 불이익처분을 받았다는 것이었다. 바로 그 순간 나는 "좋소, 정 그렇다면 내가 교감 논문의 후속편을 쓰리다."라고 다짐했다. 그렇게 해서 태어난 논문이 바로 앞에서 말한 1975년의 논문이다.

H 씨를 비롯한 교련 충성파들은 내게 회장으로 취임해서 현재의 교련을 논문과 그 밖의 글에서 밝힌 대로 환골탈태해달라고 부탁했다.

이 말은 감격과 함께 부채감으로 다가왔다. 왜냐하면 대한교련에서 간행하는 새한신문에 이미 '교련의 과제'(1979년), '교련 활성화의 조건'(1983년) 등 여러 편의 개혁적 논설을 발표했을 뿐만 아니라 주요 일간지에도 '오염되는 교육'(조선일보 아침논단, 1984년 6월 12일)을 비롯해 여러 차례 교육과 정치에 대한 소신을 밝힌 바 있기 때문이다. 이에 더해 동아일보는 '온 가족 모이면 작은 교련'이라는 제목의 대형 탐방 기사(1983년 1월 4일)를 게재하기도 했다. 우리 집안에 전·현직 교사가 26명이나 된다는 것이다.

이와 같은 글을 보고 교련 내부에서 서로 협의한 끝에 이들이 나를 찾아온 것이었다. 제안을 회피하거나 사양할 명분을 찾을 수 없게 돼 버렸다. 결국 내가 '언행일치하는 지성인다운 교수'로 남을 것이냐, 아니면 '실천도 못 할 탁상공론만 되풀이하면서 독자들과 대중의 말초신경만 자극하는 무책임한 백면서생'이 될 것이냐의 갈림길에 서게 됐다.

500명에 가까운 인원이 참석한 전국 대의원 대회(11월 16일)에서 75%의 득표로 당선이 확정 발표되면서 바로 기자회견이 열렸다. 그 자리에서 거듭 밝혔던 정책 내용은 대략 다음과 같았다.

① 교육의 정치로부터의 독립, ② 교권의 보호, ③ 교원의 경제적, 사회적 지위 향상, ④ 이익표출구조로서의 역할, ⑤ 교원의 지위 향상을 위한 특별법 제정, ⑥ 교련 내부의 권위주의적 문화의 혁파, ⑦ 단체교섭권의 확보, ⑧ 남북한 평화 통일을 위한 교육의 기여 등이 그것이었다.

회장 취임 후 전국의 모든 학교에 분회를 설치하고 분회장을 그 학교 소속 회원들이 직접 선출토록 제도를 개혁했다. 갑자기 전국에 1만 2,000명의 분회장이 탄생했다. 그들에게 학교 분회의 자율권을 부여함으로써 교련 조직의 허약했던 하반신을 강화토록 도모했다.

7,000부를 발행했던 새한신문을 30만 부를 발행하는 한국교육신문으로 확장했다. 교련이 안팎으로 소통하는 통로를 넓혔다. 이런 과정으로 성과를 거둔 것이 서울 잠실체육관에서 개최된 전국교원대표

자대회였다. 참석자가 무려 1만 3,000명이었다. 40년 전 교련 창설 이래 처음 있는 일이었다.

그러나 교련을 환골탈태하는 혁신사업이 그리 쉽게 완결될 수는 없었다. 결국 2년간에 걸쳐 모든 준비 작업을 완결한 다음 교련의 간판을 내리고 전교조에게도 손을 내밀면서 한국교원단체총연합회(교총)를 새로이 탄생시켰던 것이다. 나는 결국 교련의 마지막 회장이 됨과 동시에 교총의 초대 회장으로 추대됐다.

그 기간 참으로 고통스러운 산전수전을 겪었지만, 내가 걸어간 그 길은 앞에서 말한 사연으로 인해 피할 수 없는 선택 즉 운명적인 선택의 길이었다. 오늘날까지의 33년간을 돌아보니 그 운명적인 선택이 스스로 선택했던 운명의 길로 내 생애를 굳혀 간 획기적 사건이었다. 90년 한평생을 겪고 보니, 인생은 결코 선택만도, 운명만도 아니더라는 얘기다.

<한국대학신문, 2021.6.25.>

14

교총이 더 큽니까, 대한민국이 더 큽니까?
어느 쪽이 더 중요합니까?

나는 1988년 11월 대한교육연합회의 회장으로 선출된 후 전임자의 잔여임기 2년을 혼신의 힘을 기울여 봉사했다. 참으로 고통과 보람의 세월이었다.

무엇보다 고통스러웠던 것은 33만 교원 중 26만이 회원으로 가입돼 있는 전국 최대의 유일하고도 합법적인 교직단체임에도 불구하고 그에 걸맞는 사회적 신뢰와 존경이 없다는 것이었다. 대한 교련 설립의 신성한 목적은 아랑곳없이 단지 정권 수호를 위한 외곽단체로써 어용단체일 뿐이라는 비판적 인식이 일부에서나마 번지고 있었다. 전교협과 전교조도 그러한 인식과 정치·사회적 환경의 소산이라 할 수 있다.

그럴수록 대한교련 회장으로서 전국의 경향 각처를 돌며 교원 상대의 강의와 대담을 이어나갔다. 교련 사무국의 통계에 의하면 나와의 대면·접촉 교원의 수가 무려 5,000명에 이른다 했다. 그러다 보니 전무후무한 체험을 겪은 일도 더러 있었다.

어느 날 아침 일어나 보니 목소리가 사라졌다. 가슴이 덜컹했다.

그날도 소속 대학에서 오전에 강의를 끝내고 오후엔 지방의 교원단체 모임에 가서 연설을 해야 할 형편이었는데 음성소멸이라니! 마이크를 입속에 깊숙이 집어넣다시피 했다. 혁혁하며 쉰 목소리로 겨우 임무를 수행했다.

그뿐만이 아니다. 이날도 역시 지방 도시에서 교원대표들과의 대담을 끝내고 오후 늦게 교련회장실이 있는 광화문 시내로 돌아왔다. 어럽쇼! 근 20명의 교사들이 회장 비서실 바닥에 빼곡히 앉아 나를 기다리고 있었다. C여상고의 회원들이라며 교련에서 탈퇴하겠으니 회비를 반환해달라는 것이었다. 크게 실망했다.

"우리 모두 교육자들이니 교육자답게 법과 상식에 따라 냉정하게 논의하자."고 설득했다. 그들은 막무가내였다.

또 하나, 어느 날 야심한 시간에 전화가 걸려왔다. 현직 교장이라 했다. 만취한 상태에서였다. 교원의 62세 정년제(교육공무원법 제47조)와 교장의 4년 임기제(교육공무원법 제29조2항, 1차 중임 가능) 도입으로 인한 피해당사자들의 울분을 그 왁자지껄한 주석에서 곧바로 신임회장인 내게 토해내는 것이었다. 그러나 그 문제는 이미 기정사실화된 정책으로서 어쩔 수 없는 일이었다.

그러한 고통들은 회장인 내가 홀로 몸으로 겪으면 끝난다. 그러나 당면한 중대 현안이 너무 많았다. 무엇보다도 조직의 내부적인 응집력과 대외적인 영향력을 높이는 일이 급선무였다. 그 동력을 전국 1만 2,000개의 학교 분회와 한국교육신문에서 구하고자 했다.

한국교육신문의 전신은 새한신문이었는데 그때나 이때나 발행 부수는 7,000부였다. 무려 26만 명의 회원을 가진 조직의 기관지가 고작 7,000부 발행이라니 아연실색하지 않을 수 없었다. 그래서 ① 신문사 경영의 혁신을 선언하고 발행 부수를 30만 부로 확장토록 지시했다. ② 전 회원에게 두메산골과 어촌에 이르기까지 자택으로 배달할 것, ③ 나머지 4만 부는 전국의 모든 학교와 청와대, 행정부, 국회, 정당을 포함한 정치권과 언론기관 및 우리 사회의 여론 형성층에 무료로 배포토록 했다. 그럴 경우 신문의 우편 배달료만도 연간 7억 원이 소요된다고 했다. 그 밖에 상당액의 부수 경비가 발생해 예산상 불가능하다며 실무진의 반발과 우려가 많았으나 K 사장이 취임해 독립·책임 경영을 하면서 광고 수입과 위탁사업의 수주량이 증가해 불과 2년 내에 기대 이상의 성과를 올렸다.

또 하나의 큰 사업은 교련이 광화문 시대의 막을 내리고 우면동 교련회관의 문을 여는 일이다. 이 일은 내가 취임하기 전에 전임회장들에 의해서 이미 착수돼 상당한 정도의 진척이 이루어진 상태였다. 문제는 건설공사가 중단돼 있었다는 사실이다. 교련의 재정난으로 인해서 건설사에게 기성고 대비 중도지불약속을 이행하지 못했기 때문이었다. 자금을 조달해 겨우 준공은 했으나 46억 원의 채무를 감당해야만 했다. 그나마 교직 사회의 큰 경사가 아닐 수 없었다.

1989년 여름철 들어서면서 회관 2층 세미나실에 전국에서 모인 60여 명의 교련 이사들이 노태우 대통령 일행을 정중히 맞았다. 조순 경제 부총리, 정원식 문교부 장관, 이연택 교육·행정 수석을 비롯한 십여 분의 중요 인사들이 수행했다. 근 20분에 걸친 브리핑의 말미에 "자손 대대로 이용될 이 건물의 건축비 중 120여 억 원을 현직 교련회원들이 감당했으니 채무 46억 원은 국가가 감당해야 마땅하다."고 역설했다. 즉석에서 대통령의 확답을 받았다. 뒤이어 국회 예산 특위 소위원회에 출석해 같은 논리를 주장했다. 채무는 청산됐다.

또한 '교원의 지위 향상을 위한 특별법' 제정도 풀어야 할 숙제였다. 이 법의 성취를 위해서 교련은 다방면에 걸친 로비활동과 입법 압력을 행사했다. 1989년 5월 20일의 전국교육자대회(4,000명 참석)와 1990년 5월 22일의 전국분회장 및 교원대표자대회(1만 2,000명 참석)

등에서 한결같이 내건 정책목표의 첫 번째가 교원지위향상법 제정이
었다. 이 과제는 공교롭게도 내가 교육부 장관에 취임한 후에야 완결
됐다.

1990년 12월 26일 밤 11시 50분, 뜻밖의 전화를 받았다. 노태우
대통령을 최측근에서 보필하고 있는 N 씨였다. "교육부 장관으로 임명
됐으니 내일 아침 9시 반까지 청와대로 들어오라."가 전부였다. 도저히
수락할 수가 없었다. "아니요. 내가 교총전국대의원대회에서 만장일치
로 더구나 기립박수를 받으면서 3년 임기의 교총 회장에 추대된 것이
불과 20여 일 전인데 어찌 내가 그 자리를 떠날 수 있단 말이요?"

말이 끝나기도 전에 그의 분노 섞인 폭발적인 바리톤이 쏟아졌
다. "교총이 더 큽니까, 대한민국이 더 큽니까? 어느 쪽이 더 중요합니
까?" 나는 그만 말문이 막히고 말았다. 밤새도록 고민했다. 도리어 이
길이 교총을 위한 방도일 수도 있다는 판단이 서기도 했다. 새벽 일찍
교총으로 출근해 회장직무대리를 지명하고 회장직 사퇴서를 써놓고
나왔다. 청와대를 향해 급하게 차를 몰았다.

<한국대학신문, 2021.7.29.>

셋: 나의 공직시절

15

교육의 정치적 독립

최근 새삼스럽게 장관 임명장을 꺼내 봤다. 거의 30년 만이다. 내용은 불과 열다섯 글자밖에 없다. "국무위원에 임함. 교육부장관에 보함." 이게 전부다. 1990년 12월 27일 나는 취임식을 마치자마자 소속했던 Y대학교에 교수직 사퇴서를 냈다. 교육부 장관 평균수명이 불과 7개월이라는데 정년까지 무려 8년이나 남아있는 교수직을 내가 원치도 않았던 직책 때문에 사퇴해야 하다니! 그리고 지난 37년간 그토록 열정적으로 내 젊음을 불살랐던 캠퍼스를 끝내 떠나야 하다니! 그러나 어찌하랴. 청와대 N씨의 말대로 대한민국이 더 크고 더 중요한 것을! 그러나 P 총장은 나의 사퇴서 수리를 거부했다. 대학의 관행대로 휴직원으로 바꿔 내라는 것이었다.

그 일로 며칠간 옥신각신하는 사이에 내 임기 중 최초의 결재서류가 감사관실에서 먼저 올라왔다. Y 대학 총장 및 주요 보직교수들에 대한 일괄 징계품의서였다. 나는 지극히 당황스러웠다. 품의 내용을 보니 A안과 B안 중에서 장관이 택일하라는 것이었는데, A안은 총장해임으로 시작되는 가혹처벌안이었고 B안은 총장경고로 시작되는 관용처분안이었다. 사연을 살펴보니 대학측이 입시전형에서 지난 수십 년간의 관행을 잘못 반복한 측면이 있었다. 나의 판단으로는 B안이 옳았다. 그러나 B안 선택이 정당성을 확보하려면 내가 일차적으로 그 대학과의 인연을 시급히 단절해야겠다는 판단이 섰다. K 비서관을 P 총장실에 보내 내 사표가 수리되기 전에는 돌아오지 말라 일렀다. 사표가 수리되고 나서야 B안에 결재했다. 다행히도 뒷말은 없었다.

내가 그러한 결벽증과 고집스런 열정을 지니고 1년 1개월을 동분서주하고 고투하던 어느 날 경기도 부천에 있는 서울신학교에서 대학입학 학력고사 시험문제지를 도난당했다. 나는 그 책임을 지고 장관직에서 물러났다. Y대학에는 휴직원이 아니라 사퇴서를 제출했기 때문에 자동복직이 될 수 없어 평생 처음으로 몇 개월이나마 조용하고 한심한 무직자가 돼 버렸다.

그러나 눈을 감고 삶을 되돌아보는 절호의 기회였다. 1957년부터 육군사관학교 교수부 사회과학과와 1963년부터 Y 대학 정외과 그리고 1992년 교육부 퇴직까지의 긴 세월을 통해서 내가 한결같이 그리고 고집스럽게 주장해 온 한 가지 주제가 있었다. "교육의 정치적 독립"이 바로 그것이었다. 내가 교수직 사퇴를 고집했던 것도 나의 보직이 하필이면 교육부의 수장이었기 때문이었다.

코로나19 팬데믹을 방지하고 국민건강을 담보하기 위해서는 '사회적 거리두기'가 필수과제이듯이 우리의 정치·사회적 부패를 예방하고 이 나라의 민주주의와 정치문화의 선진화를 위해서는 교육의 '정치적 거리두기'가 뭣보다 절실하다는 것이 나의 오랜 신조였다.

나는 평생토록 대학에서 비교정치론과 한국정치론을 강의했다. 그러나 한국 정치의 현장을 주관적으로 해석하고 비판하면서 이를 학생들의 뇌리에 주입시키는 위험을 극도로 피하도록 노력해왔다. 교육이 정치가 되어서는 안 되기 때문이었다. 나의 저서 한국정치론(박영사, 1988)에서도 마찬가지였다. 다만 비교정치학적 접근법을 활용해 한국정치를 객관적으로 분석하되 이에 대한 현실적 판단과 선택은 학생들의 몫으로 보장해 줘야 한다고 주장해 왔던 나다. 그 대신 나의 개인적인 정치적 의견을 월간 사상계를 비롯해 TV, 신문, 잡지 등의 대중매체를 통해서 교실 밖에서 발표했다. 교육은 결코 정치선전이 될 수 없다. 교육은 학생에게 필요한 지식과 정보를 제공하고 올바른 판단력을 육성하는 것이 목적이지만 선전은 자신의 이익을 위해서 학생을 추종자로 만들고자 할 뿐이다.

마찬가지로 정치도 교육에 대해서 불가침의 원칙을 존중해야 하며 스스로 교육과 일정 거리를 유지토록 노력해야 마땅하다는 것이 나의 주장이었다. 나는 "교육의 정치적 독립"을 주장하면서 교수 시절은 물론이고 교련과 교총 회장을 거치면서 오늘에 이르기까지 몸소 실천코자 최선을 다해왔다. 심지어는 입법·사법·행정에 교육을 포함해 4권분립 개헌을 주장하기도 했다.

이 원칙을 현실 속에서 지켜내기 위해 내 딴에는 참으로 눈물겨운 역정을 겪었다. 육사 교관시절 교장(L 삼성장군)의 정치 편향적 훈화를 비판하다가 군법회의에 회부될 뻔했던 것도 그 때문이었고 전두환 신군부 집권시절 Y대학 교무위원회에서 대학의 존엄을 유린하는 정부의 지시를 비판하는 발언을 했다가 학장직을 박탈당하고 외국으로 추방된 것도 그 때문이었다. 장관시절 집권당 대표와 C 의원이 자신들의 정치적 이익을 위해 K대학으로 하여금 C 의원의 지역구에 대학을 설립토록 억압한 것을 내가 뒤늦게 장관으로 취임해 이를 분쇄한 것도 그 때문이었다. 서울신학교의 시험지 도난사건을 핑계로 집권당 대표가 나를 장관직에서 해임토록 청와대에 압력을 가한 것도 따지고 보면 교육의 정치로부터의 독립을 주장하는 나의 집념이 자초한 결과였다(이에 대해서는 동아일보 1998. 3. 18.일자에 "김영삼 정권 5년의 공과, 괘씸죄 걸리면 옷 벗어"란 제목의 전면 기사가 잘 말해주고 있다).

　　장관재임 중 두 차례(1991.1.1.과 1992.1.1.), 국무위원들의 국립묘지(동작) 합동 참배가 있었다. 나도 성심을 다해 참배했다. 그 직후 모든 국무위원이 총리를 앞세우고 집권당의 단배식을 향해 출발했다. 나는 그때마다 이를 거부하고 아웅산 희생자 묘지로 향했다. 나는 평생을 통해서 당에 발을 들여놓은 일이 단 한 번도 없다. 나의 평생의 친우가 당의 총재가 됐어도 마찬가지였다. 장관 퇴임 후에는 누구나 집권당의 국책위원이 된다. 나는 교육부장관 출신임을 이유로 내세워 이에 동참할 수 없다고 선언했다.

　　교육의 정치적 독립! 이 원칙이 나의 공직자로서의 모든 판단과 행동을 좌우했다. 정치는 주로 현실적 가치의 쟁취를 위해서 투쟁하지만 교육은 오직 미래의 가치창조와 계승을 위해서 존재한다. 그러므로 교육은 정치의 존재 양식이나 현실적 이해관계에 좌우돼서는 안 된다. 그렇지 않을 경우에는 정치권력형 변이바이러스가 교육 영역에 침투해 교육을 정치적으로 고열화할 것이며 교육 본래의 건강한 사명 수행을 저해할 것이 분명하다.

<한국대학신문, 2021.8.14.>

16

국무회의와 이삭줍기

　국무회의에 회부되는 모든 주요 안건은 반드시 당해부처에서 또
는 당해부처와 관련된 부처의 실무자 선에서 신중한 검토와 협의를
거친 다음 차관회의의 심의 절차를 통과해야만 총리실(국무조정실)에
서 국무회의에 상정하기 때문에 국무회의에서는 새삼스럽게 논란이
제기되는 일이 거의 없다.

　그러나 1991년의 어느 날, 그날만은 사정이 좀 달랐다. 교통부
제안 법안 중에 견도(肩道)라는 용어가 이어령 문화부 장관의 안목에
거슬렸기 때문이다. 나도 그때서야 그게 눈에 띄었다. 이 장관은 "우
리 말에 견도란 말은 없다."면서 그 대안으로 '갓길'을 제시했다. 이에
대해서 교통부 장관은 "내가 말하는 견도라는 용어 속에는 차량 통행
을 금지한다는 개념이 들어있는데 갓길이라는 용어에는 통행을 허용
하겠다는 개념이 우선하므로 받아들일 수 없다."는 취지의 반론을 폈
다. 나도 입을 열었다. "언어란 흐르는 역사 속에서 개념이 다소 풍부
해지거나 또는 더욱 확실해지게 되어 있다. 견도의 잠재 개념이 일반
차량의 통행을 금지하는 것이라면 갓길이라는 이름으로도 똑같은 내

용이 담겨질수 있지 않으냐?" 했다. 결국 그날의 국무회의는 '갓길'로 낙착됐다.

짐작컨대 교통부 실무자들은 영어의 the shoulder(of a way)를 직역해서 어깨길, 즉 肩道(견도)라고 작명했던 것 같다. 일본에서는 이것을 로가다(路肩), 즉 길어깨라 하며 중국에서도 같은 이름을 쓰고 있다. 이들에 비하면 갓길은 참으로 아름다운 우리말의 재발견이라 하겠다. 이는 누가 뭐래도 이어령 장관이 주은 값진 이삭이다.

밖에서 보는 국무회의와 안에서 몸으로 겪는 국무회의는 사뭇 다르다. 서울 시내 모 대학의 대형 도서관 건립 계획이 관계 당국의 불허로 수포로 돌아갔다. 알고 보니 설계도면상 구조물의 오른쪽 뒷끝 부분이 녹지대를 약간 침범하고 있다는 것이 그 이유였다. 그 대학의 대지가 워낙 협소한지라 앞으로 더 나을 수도 없고 그 때문에 건축 규모를 더 이상 줄일 수도 없다는 것이었다. 나는 이를 국무회의에 상정토록 요구했다. 정원식 총리가 의사봉을 잡았다. 나는 발언권을 요청했다. "녹지법은 누구의 무엇을 위한 것이냐? 국가적으로 막대한 이익이 발생하는 민간의 거대한 교육투자를 녹지대의 끝자락을 약간 침범했다는 이유만으로 국가가 이를 거부함이 현명한 조치인가?" 하는 내용의 반론이었다. 건설부 장관과의 논쟁이 벌어지는 것은 당연한 일이었다. 정원식 총리의 유능한 중간조정으로 그 안건은 나의 뜻대로 국무회의를 통과했다. 나도 국무위원으로서 흔쾌하게 귀한 이삭을 주은 셈이다.

내가 재임중에 목격한 국무회의의 낙수는 그 밖에도 적지 않다. 내가 이를 두고 '낙수'라 함은 헌법이 제89조 제1호에서 제17호에 걸쳐 명시한 국무회의 심의·의결 사항과는 다소 거리가 있는 수확이기 때문이다. 그래도 그 일이 의미 있는 이삭줍기였다고 나는 믿고 있다. 지금도 그 장면을 회상하면 나는 마치 19세기 중엽 프랑스의 사실주의 화가 장 프랑수아 밀레의 대표적인 작품 "이삭 줍는 여인들"(The Gleaners)과 "만종"(L'Angelus)을 겹쳐서 보는 느낌이다.

국무회의는 국정의 기본계획과 정부의 일반정책, 선전포고와 강화조약체결, 기타 중요한 대외정책, 예결산안, 국유재산 처분의 기본계획, 행정 각부의 중요정책의 수립과 조정 등 실로 막중한 책임을 떠안고 있다. 그럼에도 불구하고 국무회의는 언제나 조용하고 신속하게 안건을 처리한다.

국무회의의 낙수 중에는 뜻밖의 수확도 있다. 우연한 기회에 이어령 문화부 장관의 하소연을 들은 일이 있었다. 예술 부분의 영재들에게 걸맞은 특수 교육기관 설립이 자신의 장관취임 목적이었다는 것이다. 그 뜻을 못 이룬채 근 2년의 세월이 흘렀으며 곧 있을 개각시에 자신이 교체 대상 1호이니 그 뜻도 못 이루고 떠나게 되었다는 것이다. 나는 그 자리에서 그 일을 내가 떠맡아 성사시키기로 약속했다. 이 장관은 단독으로 특별법을 만들고자 하여 실패했으나 나는 그와 반대로 내가 주관하는 교육법에 한 조항만 신설했다. 국무회의에서 제안설명을 내가 직접 했다. 모두가 수긍하는 분위기였는데 건설부 장관만이 수도권 인구집중억제법을 내세워 이의를 제기했다. 나는 즉석에서 학교를 수도권밖에 설립하겠으니 이를 조건으로 동의해줄 것을 요청했다.

교육법 개정안은 그 자리에서 통과돼 한국예술종합학교의 출범이 법적으로 확보됐다. 이 장관은 기쁨에 넘쳐 흥분을 감추지 못했다. 그의 2년간의 소원이 이루어진 순간이었다. 참으로 아슬아슬하게도 바로 그날 오후 발표된 개각명단에 그의 이름이 포함됐다.

그런가 하면 국무위원끼리 국무회의 석상에서 정면으로 충돌하는 경우도 있다. 예컨대 상공부에서 상공부 산하에 상공 대학을 직접 설립하겠다는 안건을 상정했을 때의 일이다. 이에 대해서 나는 교육체계가 공중분해할 위험이 있고 현행 교육법에 저촉된다는 내용의 반대 발언을 했다. 그 안건은 심의 보류로 결론이 났다. 그러나 며칠 후 대통령의 호출이 있어 청와대 특별회의실에 출두했더니 놀랍게도 이미 상공부의 이봉서 장관과 최각규 경제 부총리, 이연택 교육문화 수석이 좌정하고 있었다. 대통령께서 관계자 네 명을 앞에 놓고 직접 회의를 주재했다. 교육부와 상공부의 두 장관이 의견을 직접 개진하라는 것이었다. 상공 장관과 나는 국무회의에서의 발언 내용을 되풀이했다. 그랬더니 "이 문제는 없었던 일로 합시다." 이것이 대통령의 결론이었다.

이 사건을 통해서 나는 새삼스럽게 대통령의 합리적인 통치·조정 스타일을 실감하게 됐고 이 과정을 겪어내면서 이봉서 장관이 보여준 유연한 성품과 고매한 인격에 대해서 존경심을 품게 되었다. 이 또한 잊을 수 없는 국무회의의 낙수라 하겠다.

이처럼 국무위원의 이삭줍기는 국무위원이 각자의 개성과 전문성과 열정을 발휘하면서 나라의 정책과 행정의 사각지대를 메꾸며 국가발전에 기여하는 바 크다 하겠다. 본시 국무위원은 본직이요, 장관은 보직이기 때문이다.

<한국대학신문, 2021.11.26.>

17

한·소 교육교류협력각서 체결과 불길한 예감

1991년 늦봄의 어느 날, 나는 모종의 결심을 끝내고 노태우 대통령께 독대를 요청했다.

당시 우리 정부는 오랫동안 금기시했던 공산권과의 수교를 추진하며 신북방정책을 강력히 추진하고 있었던 때였다. 국제환경과 국민의식도 이미 그 방향으로 전환되고 있던 시기였다.

소비에트 연방(소련) 공산당 서기장에 1985년 3월 미하일 고르바초프(Mikhail Gorbachev)가 취임했고 4월에 그는 페레스트로이카(Perestroika, 개혁)와 글라스노스트(Glasnost, 개방), 즉 소련의 전통적인 사회주의 이데올로기의 개혁을 선언했다. 스탈린주의(Stalinism)의 병폐를 개혁한다는 것이었다. 말하자면 탈(脫)이데올로기화, 탈(脫)군사화 바꿔 말하면 지구촌에 새로운 평화 질서를 구축하겠다는 선언이었다.

우리나라 정부가 헝가리, 소련과 국교를 정상화한 것도 이 무렵의 일이었다.

나는 독대를 통해서 대통령께 직접 건의하는 것이 보안 유지와 신속한 결론을 얻어낼 수 있을 것이라는 판단이 들었다. 나는 단도직입적으로 물었다.

"각하, 현 정부의 공산권 수교와 북방정책은 한반도뿐만 아니라 동북아 국제 정치에 커다란 변화를 불러올 것입니다. 그러나 현재로서는 아무런 실체가 안 보입니다. 그러므로 범정부적인 차원에서 실적을 축적해나가야 할 것입니다. 교육부가 우선 소련과 교육교류협력 각서를 체결토록 하겠습니다. 그다음은 중국입니다. 소련과 중국을 우회해서 북한에 진입해 북한의 개방과 개혁을 촉진케 할 생각입니다."

나의 주장에 "윤 장관 소신대로 하시오."라는 대통령의 승낙이 즉석에서 떨어졌다.

일은 급속도로 추진됐다. 소련 국가교육위원장 야가딘의 초청으로 그해 8월 17일 모스크바를 방문하고 19일 아침 10시에 교육교류협력각서를 체결키로 했다. 흥분될 만큼 놀랄 만한 성과가 기대됐다.

그런데 이 어쩐 일인가? 앞에서 말한 기대와 동시에 어쩌면 내가 살아서 돌아가지 못할 것 같은 불길한 예감이 들기 시작했다. 주(駐) 모스크바 북한 대사관 측의 조짐이 심상치 않다는 정보도 있었다. 모종의 각오마저 해야만 했다. 입 밖에 낼 수도 없는 일이었다. 예감이란 원체 과학적 근거와 객관적인 논리의 세계가 아니기 때문이었다.

그러나 나는 예정대로 금승호 사회국제교육국장, 정봉근 교육협력과장, 장기원 사무관, 몇 명의 수행원을 대동하고 모스크바에 도착, 공로명 주소 대사(후일 외무부 장관)와 관계관의 도움을 받으며 각서 체결 약속시간인 19일 아침 10시를 기다렸다.

그런데 아뿔싸, 하필이면 그날 새벽에 붉은 군대의 쿠데타가 발발한 것이다. 새벽까지 텔레비전으로 CNN 뉴스를 듣고 있었는데 갑자기 쿠데타 소식이 급보로 나오다가 순식간에 사라졌다.

나는 급히 내가 묵고 있었던 호텔 옥탸브리스카야(Oktyabrskaya)의 창문을 열고 내려다봤다. 한국전쟁(6·25 전쟁) 때 봤던 것과 비슷한 탱크가 크렘린(Kremlin) 광장으로 계속 진입하고 있었다. 순간적으로 "아하! 이게 바로 내가 출국 전에 까닭 없이 들었던 불길한 예감의 실체구나. 출국 직전에 겨우 매듭진 내 딸의 혼사 결정은 하나님의 역사하심이었구나." 하는 생각이 머리를 스치고 지나갔다.

그러나 다행히 나는 예정대로 야가딘 소련 국가교육위원장 일행을 만나 한·소 교육교류협력각서 서명식을 아슬아슬하게 마칠 수 있었다. 아마도 이것이 소련이 외국과 체결한 마지막 협약이었을 것이다. 내가 본국 정부로부터 급거 귀국하라는 소환령을 전달받은 것은 그 직후의 일이었다.

급하게 금 국장 이하 전 수행원을 모아놓고 나의 비장한 결단을 밝혔다.

"나는 방금 본국 정부의 소환 명령을 받았다. 나는 대통령 명령을 따를 테니 그대들은 내 명령을 따르라. 사후의 모든 책임은 내가 진다."

알마아타(Almaty)로 직행해 예정대로 한국교육원 개원식을 주관케 했다. 금 국장 일행은 성공적으로 임무를 마치고 전원 무사히 귀국했다.

다행히도 소련 붉은 군대의 쿠데타는 예상했던 대로 삼일천하로 끝났다. 보리스 옐친(Boris Yeltsin)은 쿠데타군의 탱크에 올라타고 시민의 환호를 받았다. 1989년 동구 공산권이 무너지기 시작하면서 동서독이 통일되고 소련이 해체돼 독립국가연합(CIS)이 출범하는 데까지 불과 2년밖에 걸리지 않았다.

나는 한·소 교류협약체결로 인해서 귀국 후에도 곤욕을 치렀다. 국정감사장에서 야당의 L 의원은 내게 "쿠데타 정권과 협약을 체결했으니 우리나라는 앞으로 대외관계가 심히 난처하게 됐다. 이에 대한 책임을 지라"며 맹공을 퍼부었다.

나는 L 의원의 주장이 사실과도 다르고 사태를 보는 시각과 해석에도 동의할 수 없다는 내용으로 항변했다. 밤 12시가 넘어서야 종합국정감사가 끝났다. 장관실에 돌아와 탁상 위에 놓인 D 일보 석간을 들여다보는 순간 아차 했다. 조금 전 L 의원이 내게 했던 공격성 발언 내용이 이미 1면에 대서특필로 보도돼 있었다. 국회의원이 자기의 발언 내용을 미리 언론에 제공함으로써 장관의 반론 내용 보도를 사전에 봉쇄해버린 것이다. 나는 그의 비신사적 술책과 여론 왜곡에 분노와 실망을 금할 수 없었다.

어쨌든 불길한 예감은 이처럼 끝까지 나를 괴롭혔다. 그러면서도 위로가 되는 것은 그 후 러시아와 중국에 한국교육원이 도처에 설립됐고 학술·문화·교육의 교류가 연이어 활발해졌다는 사실이다. 1991년 8월 구소련 땅 카자흐스탄 알마아타에서 출범한 한국교육원은 1992년 5월에 우즈베키스탄 타슈켄트(Tashkent), 1995년 블라디보스토크(Vladivostok), 1997년 하바롭스크(Khabarovsk) 등으로 퍼졌다. 그리고 중국에서는 1997년 12월 옌볜(延边)에, 1998년 8월 베이징(北京)에, 1999년 9월 상하이(上海)에, 2001년 3월 톈진(天津)에 속속 한국교육원이 들어섰으니 얼마나 보람 있는 일인가.

그러나 나는 출발 전의 불길한 예감과 체재(滯在) 중의 악몽을, 그리고 귀국 후의 분노와 실망을 그 대가로 지불해야만 했다.

<한국대학신문, 2021.5.3.>

18

YS와의 악연, 한 번의 괘씸죄와
두 번의 보복 그리고 그 은덕

1991년의 정기국회, 그날도 본회의장 국무위원석에 앉아 긴장과 피곤의 시간을 보내고 있었다. 바로 그때 국회 직원이 메모지를 갖고 왔다. "윤 장관님, 본회의 끝나거든 바로 김영삼 당 대표실로 와 주시기 바랍니다. ―원내총무 김종호." YS가 왜 갑자기 나를 부를까? 혹시 조금전에 있었던 야당(평화민주당) L 의원의 교육 관련 질의에 대한 나의 답변이 너무 친야적이었나?

본회의가 끝나자마자 고개를 갸우뚱거리며 당 대표실로 향했다. 들어서는 순간, 아차 했다. YS, 원내총무, C 의원이 이미 와 있었다. C 의원을 보는 순간 나의 예상이 빗나갔음을 직감했다.

YS가 입을 열었다. "윤 장관, K대학의 속초―고성 분교(동제대학) 설립 건은 윤 장관 취임전에 이미 당정협의회에서 합의했던 사항이니 조속히 결재하시오." 나는 내 귀를 의심했다.

나는 조용히 입을 열었다. "대표님, 이 문제는 좀 더 신중히 고려할 사항이 많으니 제게 맡겨주시죠" 했다.

그런데 YS가 "동해안 속초·고성 지역에 대학을 설립하는 일은 우리 집권여당의 선거 공약이었소." 하며 압박하는 바람에 나는 더 이상 물러설 수가 없다. "공약이요? 누구 공약을 말씀하시는 겁니까? 노태우 대통령의 교육 관련 선거공약은 교육부장관으로서 제가 철저히 챙기고 있습니다. 그 안에 그런 공약은 없습니다. 여기 앉아 있는 C 의원 지역구 선거 공약인것 같은데 중앙정부가 어찌 전국에 걸친 지역구 입후보자들의 자의에 의한 공약까지 이행할 수 있겠습니까? 그 대학의 설립계획을 알아봤더니 대학 설립자금을 서울 광진구의 K대학 일부 부지를 매각해 조달한다고 합니다. 그러나 K대학의 내부사정을 조사해 봤더니 교수연구실과 강의실, 교직원 복지, 학생의 복지시설, 도서관 장서 등 자체 내 기준미달사항과 구성원들의 욕구불만 사항이 많습니다. 그런데 그 학교의 땅을 팔아서 엉뚱하게 동해안 C 의원 지역구에 대학을 설립한다면 그게 어찌 사회적 정당성을 인정받겠습니까? 만일 이 사실이 K대학에 알려진다면 현재 대학가의 기류로 보아 1986년의 극렬했던 폭력시위가 재현될 것이 불을 보듯 뻔합니다. 더욱이 K대학은 이미 충주에 분교를 설립·운영하고 있습니다. 그곳도 현재 시설투자와 운영면에서 재정적으로 고전을 면치 못하고 있는데 동해안에 제3의 캠퍼스 설립을 승인하라구요? C 의원의 입장은 충분히 이해합니다만 더욱 신중하게 접근해야 할 것 같습니다." YS는 벌떡 일어나 밖으로 나가버렸다.

　　YS 최측근의 말에 의하면 그날부터 내 이름이 YS의 살생부에 올랐다고 한다. 그리고 C 의원은 나의 고등학교 동기동창이건만 그날이 나와의 마지막 만남이 되고 말았다. 동아일보는 후일의 기획기사 (1998.3.18.)에서 YS에 대한 내 죄목을 '괘씸죄'라 명명했다.

　　그로부터 몇 개월 후, 교육부가 주관하는 후기 대학 입학학력고사 시험문제지를 시험전야 경기도 부천 서울신학교에서 도난당하는 사고가 발생했다. 나는 사태수습과 함께 사후 대책을 발표한 뒤 서둘러 장관직 사표를 냈다.

　사표가 수리된 후의 어느 날, 노태우 대통령의 점심 초대가 있었다. 대통령의 말씀이다. "윤 장관 미안합니다. 내 마음이 아픕니다. 윤 장관은 야밤에 시험지를 도난당한 피해자 아닙니까? 그러므로 그 사태의 책임은 경비와 치안을 책임진 내무부와 경찰에게 있다는 여론도 나는 잘 압니다. 그러나 YS가 이번에 윤 장관을 해임시키지 않으면 자기로서는 눈앞에 다가온 14대 총선을 책임지지 못하겠다고 하니 어쩌겠습니까? 윤 장관이 이해하고 잠시 쉬고 계세요." 하는 것이었다. 나는 "심려를 끼쳐 죄송합니다. 이렇게 쉴 수 있게 해주셔서 도리어 감사할 뿐입니다." 하고 물러났다. 그 후 얼마 안 돼 서울신문사 사장으로 발령이 났다. 직원이 무려 1,600명, 전국 최대의 신문사라는 사실에 나는 아연실색했다.

　나는 신문사 운영체제의 혁신작업과 장기 발전계획에 착수했다. 불과 몇 개월 만에 적자를 흑자로 바꿨다. 때마침 14대 대선의 열풍이 몰아치면서 YS와 DJ의 격돌이 불을 뿜었다. 나는 공영언론으로서 엄정한 정치적 중립을 지킬 것을 사시로 내세웠다. DJ와 YS 측의 비난에도 그 원칙으로 대응했다.

　그러나 YS 캠프는 당선되자마자 서울신문 임원진의 개편에 손을 댔다. 나 한 사람만 남겨 놓고 임원 전원 교체 방침이라는 통보가 왔다. 그러나 주주총회 전날 저녁에 또다시 급하게 통보가 왔다. YS의 지시로 이번 임원교체에 윤 사장도 포함하기로 됐다는 것이다. 나는 도리어 고맙다는 답신을 보내고 그 다음 날 아침 주주총회를 희희낙락 웃음 속에서 마쳤다. YS는 K대학 사건으로 인한 괘씸죄를 물어 내게 두 번째 보복을 가한 셈이다.

　그러나 나는 도리어 감사한 마음을 지울 수 없다. YS의 나에 대한 해임으로 나는 실로 오랜만에 자유의 몸이 돼 몇 년간 별렀던 대

로 급히 모 종합병원에 입원해 최단시간 내에 위험천만한 하마토마
(Hamartoma) 대수술을 아슬아슬하게 마쳤다. 그 후 건강을 회복하고
건국대(1994) 총장과 DJ의 반부패특별위원회위원장(1999) 및 호남대
(2001) 총장을 거치면서 오늘에 이르렀다. 특히 1992년 1월 교육부 장
관 사퇴 후에는 그 덕에 1988년에 발행했던 두 권의 책, 한국정치론
(박영사)과 정치와 교육(박영사)의 증보판을 낼 수 있었다. 이 또한 YS
의 은덕이었다.

지금에 와서 다시 생각해도 나를 이처럼 두 번씩이나 격무에서
해방시켜줘 위태로웠던 생명을 건져낼 수 있게 해 주고 저술 활동의
추가적인 성과를 낼 수 있게 해 준 YS, 그가 내게 그처럼 두 번씩이나
'괘씸죄'를 적용한 것이 내게는 도리어 크나큰 은덕이 됐으니 어찌 감
사해야 할지 모르겠다. 이게 바로 인생의 묘리 아니겠는가.

<한국대학신문, 2021.8.30.>

19

DJ는 반부패특위 초대 위원장에
어째서 나를 택했나?

"윤 위원장님, 혹시 대통령님과 무슨 특별한 관계가 있으신가요?" 1999년 9월 10일 김대중 대통령으로부터 대통령 직속 반부패특별위원장 위촉장을 받던 날, 청와대 비서실장 K씨가 던진 첫 질문이다. "아니요, 천만의 말씀입니다. 그럴 만한 관계가 전혀 없습니다. 왜 그러시죠?" 내가 되물었다. 그의 설명에 따르면 자기들 쪽(당과 청와대를 포함한 듯했다)에서 위원장 후보자를 추리고 또 추려 최종 후보로 세 분을 올렸는데 두 분은 DJ와 인맥과 연분이 있는 당쪽 인사였고 나머지 하나가 나였는데 그중에서 최종적으로 내가 대통령의 낙점을 받았다는 것이었다. DJ가 아무리 포용력이 크고 담력이 대단한 위인이었다 하더라도 어찌 그 조심스럽고 막강한 자리에 정적이라 할 노태우 정권의 교육부장관 출신을 선택할 수 있단 말인가. 이 점에 경악과 감동이 겹치는 모양이었다.

나의 지나온 삶을 아무리 살펴봐도 나는 DJ와는 혈연, 지연, 학연을 포함해서 그 어떤 연분도 정치적 인맥도 없다. 내가 비록 정치학자이긴 해도 평생을 교육자로 살아온지라 현실정치와는 언제나 거리

를 두었기 때문에 DJ의 목숨을 건 정치행보에도 아무런 도움이 된 바
가 없다.

　도리어 DJ도 YS처럼 내게 괘씸죄를 덮어씌울 이유는 몇 가지 갖
고 있었다. 첫째, 서울신문사장 시절(1992~1993)이다. 어느 날 이른 아
침에 누군가가 집으로 전화를 걸어왔다. 받고 보니 DJ였다. "엄정중립
을 외치던 윤 사장이 이렇게 편향된 기사를 내보낼 수 있느냐?" 하는
엄중한 항의 전화였다. "절대로 그런 일 없습니다."라고 항변했다. 그
랬는데도 오전 중에 최측근인 P씨를 사장실로 보내왔다. 그에게도 나
는 서울신문이 지향하고 있는 중립성과 언론의 정치적 독립성을 주장
했다. 알고 보니 그날의 1면 박스기사에 YS 관련 기사가 DJ 관련 기
사보다 더 크게 다뤄졌다는 점이 문제가 됐던 것이다. 그러나 기사의
편향성 여부는 단순히 기사의 크기보다 기사 내용의 질과 지향점을
보고 판단해야 한다는 것이 나의 반론 요지였다.

　두 번째는 한국교총 회장 때(1990)였다. "교원의 지위 향상을 위한
특별법" 제정을 촉구하기 위해서 동분서주하던 때였다. 전교협(전국교
직원협의회)이 전교조(전국교직원노동조합)로 변신한 이후인지라 정치환
경에 예민한 정치권은 여야 할 것 없이 교총의 교원지위향상법안을 2
년(1988~1990)씩이나 국회에 계류시킨 채 방치하고 있던 때였다. 그러
니 정치권의 지도자들을 상대로 하는 나의 설득 작전도 더욱 강성화
될 수밖에 없었다. "정치권은 교사와 교육을 정치적으로 이용하지 말
라. 그럴수록 국운은 쇠퇴한다. 교육의 정치적 독립을 제도화하라. 그
러기 위해서도 교원지위향상법을 조속히 통과시켜라." 하는 점 등이
내 주장의 요지였다. 그 과정에서 정서적으로 내가 틀림없이 야권 지
도자의 심기를 불편케 했던 것 같다.

　특히 비슷한 시기에 서울 잠실체육관에서 전국 학교분회장 및 교
원대표자 대회를 열었다. 전국의 교원대표 1만 3,000명이 운집했다.

모든 언론도 이를 유사 이래 처음이라며 대서특필했다. 나는 DJ와 YS를 연설자로 초빙했다. 나는 대회장으로서 개회 연설을 했다. 다음날 아침에 보니 C 주요일간지(1990.5.23.) 사설에 나의 연설내용만이 그대로 반영됐다. 나도 놀랐다. 그 사설의 제목은 "3불 교사상의 확립"이었다. 나는 그날의 연설에서 교사는 정치꾼이 아님을 역설하면서 교사는 결코 장사꾼도 막일꾼도 아니니 정치적으로 이용하지 말라고 외쳤다. 정치인들을 면전에서 난처케 했으니 그 또한 결례였다 하겠다.

세 번째는 나의 교육부장관시절(1990~1992)이다. 국회 본회의가 있던 어느 날 야당(평화민주당)쪽에서 면담 요청이 있었다. 단숨에 달려갔다. DJ를 중심으로 당의 간부급 의원들이 양쪽으로 줄지어 앉아 있었다. DJ가 입을 열었다. 전남 모 지역의 교육시설 관련 민원이었다. 나는 정중하게 난색을 표명했다. 상세한 이유를 덧붙이기는 했지만 이것 또한 당무위원들 앞에서 DJ의 권위에 대한 불경죄 구성요건이었으리라 본다.

그뿐만 아니다. 비슷한 시기에 대학 기부금입학제 논의가 일부 교육계 특히 사립대학과 시민사회에서 찬반양론으로 갈려 활발하게 일고 있었다. 당시 DJ의 평민당 의원들은 일제히 공정사회의 마지막 보루인 대학마저 돈으로 학생들을 뽑겠다는 거냐며 비분강개했다. 그러나 나는 모 일간지와의 인터뷰에서 "기부금입학제가 아니라 대학발전 기여입학제로 개념을 광범위하게 바꾸고 일정수를 정원외로 입학을 허용함으로서 다른 입시 경쟁자들에게 피해를 주지 않고 성적도 과별 커트라인에서 동점내지 일정 점수 이내로 제한하는 등의 세부조건을 붙이면 부의 재분배와 사학의 발전전략이라는 차원에서 사회정의상 긍정적인 평가를 해줄 여지도 있을 수 있으므로 좀 더 개방적이고 심도 있는 사회적 논의가 허용되어야 할 시기가 도래했다고 본다."며 나의 입장을 완곡하게 밝혔다. 그러나 그 당시로서는 나 자신을 DJ그룹의 정치적 저격의 표적이 되기를 자청한 것이나 다름없는 행위였다.

그처럼 DJ의 심기를 거스린 사안이 많았음에도 불구하고 그는 나를 반부패특별위원장으로 선택·위촉했으니 K 비서실장보다도 내가 더 놀랄 일 아니겠는가.

돌이켜 보니 예비적인 신호였다고 판단할 만한 사건이 일찌감치 있기는 했다. 모 기관에서 내 아우(모 사립고교 교장)와 아들(모 금융신탁회사 근무)의 직장에 와서 각각의 재정 관련 뒷조사를 철저히 하고 갔다는 것이었다.

그러니 내 뒷조사인들 어찌 안 했겠는가. 아내는 내가 여러가지의 고위공직을 거쳐왔으므로 누군가의 모함을 받고 있는 것으로 믿고 불안해했으나 나는 절대적인 자신감을 갖고 아내를 안심시켰다.

그러므로 내가 DJ로부터 받은 위촉장은 도리어 대한민국 정부가 내게 준 "대한민국 청렴 공직자 확인증"이나 다름없다고 믿고 가족들에게 자부심의 근거로 삼으라고도 했다. 오늘까지도 나는 그 일을 자랑거리로 여기고 있으나 DJ가 어째서 그 자리에 나를 택했는지 만22년이 지난 지금에 와서도 나는 그 이유를 모르고 있다.

<한국대학신문, 2021.9.26.>

넷: 삶을 돌아보다

20

이름대로 되소서

코로나19가 기승을 부린 2020년 한 해가 끝나가는 시기에 충격적인 사건을 목도했다. 전과 17범인 조두순의 출소 장면이다. 12년의 형기를 마치고 출소한다고 하기에, 그리고 그가 68세의 노인이라 하기에 빈약한 몸매와 초췌한 얼굴로 비틀거리며 나올 줄 알았다. 천만의 말씀이었다. 마치 격투기 선수 같은 단단한 체격으로 뒷짐을 지고 나타났다. 더욱 나를 놀라게 한 것은 인근 주민들의 격렬한 귀가 반대 시위였다. 자기네 이웃에 그를 받아들이고는 불안과 공포에 시달려 살 수 없다는 것이다.

그는 6·25 한국전쟁이 격렬했던 1952년에 태어났다. 그의 부모는 "두순(斗淳)"이라는 이름을 붙여줬다. 말 두, 순박할 순, 부모의 사랑과 기대가 넘치는 귀한 이름이다. 두(斗) 자를 가진 인물들은 대체로 역사 속에서 별처럼 빛나고 있다. 멀리는 16세기 후반 영의정 윤두수, 17세기 중후반 세기의 선비화가 윤두서, 가까이는 이승만 시대 백두진 국무총리, 박정희 시대의 최두선 국무총리처럼 말이다. 하늘에는 별 일곱 개를 거느린 북두도 있다. 그의 부친이 품었던 거대한 꿈은 그런 것이었을 텐데 안타깝게도 빗나가고 말았다.

이름에는 작명자가 소망하는 정체성과 특성이 드러나 있다. 옛적부터 이를 명전자성(名詮自性)이라 했다. 기원전 4000년 에덴동산의 아담과 하와 이래 오늘날 70억 인간과 그들이 만들어 낸 조직과 기관들까지 어느 하나 이름 없는 것이 없다. 그중 사람의 이름에는 특유의 사연도, 일화도 많다.

제자 중에 최루톤이 있었다. 처음에는 루톤이라는 이름에 당황했다. 톤은 흔히 드링크 약명 끝에 붙는 이름이었기 때문이다. 알고 보니 그의 부친이 독실한 기독교 신자로 젊어서부터 미국 대통령 루즈벨트와 워싱톤을 존경한 나머지 아들이 태어나자 두 이름에서 한 자씩 따서 루톤이라 작명했다는 것이다. 1972년 10월 유신 당시 그는 온몸으로 유신에 저항했다. 이리저리 뛰어다니면서 경찰과 투석전을 벌였다. 몸은 언제나 최루탄 독성으로 젖어 있었다. 출석부를 읽어 내려가던 교수가 무의식 중에 그를 "최루탄"으로 잘못 불러 폭소가 터진 일도 있었다. 그는 후일 학덕이 높은 교수로 제자들의 존경을 받으며 은퇴했다.

근래에 와서는 '빛나' '우리' '하늘'처럼 순수 우리말로 작명하는 경우가 많아졌다. 방금 태어난 주먹 만한 핏덩어리에 가문의 항렬 돌림자라며 늙을 로(老)자를 붙여주지 않아도 되겠기에 조금은 작명이 편해졌을 것이다.

어느 날 조교 이모 군이 딸을 낳았다며 기쁜 얼굴로 달려왔다. "이름은?" 했더니 '루리'라고 했다. 놀라서 "이 사람아, 그건 미국에서 봤던 강아지 이름인데?" 했더니 "아닙니다. 성을 붙이면 이루리입니다."라 했다. 남북통일을 이루라는 민족의 염원을 담았다는 것이었다.

나는 그저 고개를 끄덕였다. 확실히 젊은이들이 나보다는 나았다. 나는 자식 이름에 윈스턴 처칠처럼 태산 같이 크게 늙어라 빌며

클 태(泰) 자, 둘째에게는 경사스럽게 늙기를 빌면서 경사 경(慶) 자를 붙여주는 등 개인적 차원의 염원을 담았다. 하지만 제자들과 젊은 세대들은 민족적인 차원의 수준 높은 염원을 이름에 담고 있었다.

공자는 제자 자로가 "선생님께서 정치를 하신다면 제일 먼저 뭘 하시겠습니까?" 하고 묻는 말에 "이름부터 바로 잡겠느니라."면서 열변을 토했다. 이것이 그의 정명(正名) 사상이다. 이름은 실질과 일치해야 한다는 것이다. 뒤집어 말하면 실질이 이름과 일치해야 정의가 바로 선다는 뜻이다. 명실상부란 이를 두고 하는 말이다. 그러므로 정명은 정의요, 부정명은 불의가 된다는 이치다. 공자가 논어 안연편에서 주장한 군군신신부부자자(君君臣臣父父子子) 이론이 바로 그것이다. 임금은 임금답고 신하는 신하다워야 하며, 아비는 아비답고 자식은 자식다워야 한다는 주장이니 이에 맞춰 모든 정치 사회적 제도나 역할도 명칭대로 운용과 실제 면에서 일치돼야 한다고 주장하는 것이라 하겠다.

이를 현대 사회과학으로 재해석하면 구조분화, 기능의 전문화(역할분담), 문화의 합리화, 하위체계의 자율화 등을 포괄하는 정치 발전 이론과 맥을 같이한다. 그러므로 대한민국은 대한민국다워야 한다. 이름 그대로 자유롭고 민주적인 공화국이어야 한다. 국회는 국회다워야 한다. 국민 대표들의 토론과 합의의 전당이어야 한다. 법원은 법원다워야 한다. 정치로부터 독립해 파사현정을 구현하는 마지막 보루가 돼야 한다. 대통령이 대통령다워야 함은 말할 것도 없다. 대통령은 결코 군주나 총통이 아니며 일부 국민의 수령이나 특정 패거리의 두목이 아니다. 정당은 'Party'라는 이름 그대로 국민 일부분의 집합체이며 이익통합구조다. 부분이 전체의 행세를 하면 결국 일당밖에 존재할 수 없게 되니 전체주의 독재가 이뤄질 것이 불을 보듯 뻔하다. 이익단체들은 각자 집단의 이익을 합법적인 과정을 통해 표출하면 된다.

특히 국민은 국민다워야 한다. 어리석고 난폭한 떼거리여서는 안 된다. 지도층은 이성적이고 공동체 의식이 강한 지도자다워야 한다. 자신들의 집단이익과 감성주의에 빠진 패거리가 돼서는 그 이름을 배반하게 된다. 모든 정치구조나 사회단체가 이름 그대로 역할하고, 모든 구성원들이 부모로부터 받은 이름 그대로만 살아준다면 개인의 행복은 물론 국민의 화합과 자유민주주의 대한민국의 앞날은 낙관해도 좋을 것이다.

조두순은 그의 이름 속에 담긴 부모의 염원에 반해 '두순'답지 않게 살았기 때문에 남에게만 아니라 자신에게도 불행을 안겨주는 삶을 살아왔다. 부디 새사람이 돼 부모님이 지어 주신 이름대로 크고 순박하게 변신함으로써 이웃 주민들의 불안과 공포를 씻어내고 더불어 살아야 할 공동체를 위해 크게 헌신할 수 있기를 바랄 뿐이다.

<한국대학신문, 2020.12.28.>

21

신정과 설날
-문화적 갈등과 혼돈

새해를 맞은지 벌써 열흘이 지났다. 하지만 아직도 "새해 복 많이 받으라."는 인사가 오간다. 마음씨 고운 축복임에는 틀림없지만, 주지도 않으면서 받으라고만 한다. 여기서부터 내 머리는 혼란스러워진다.

달력을 주의 깊이 살펴보면 1월 1일 밑에는 '신정', 2월 12일 밑에는 '설날'이라고 적혀 있다. 어느 쪽이 새해 첫날인가?

1924년 故 윤극영 동요작가는 "까치 까치 설날은 어저께고요, 우리 우리 설날은 오늘이래요."라는 노래를 지어 온 강산에 퍼뜨렸다. 나도 그 노래를 부르면서 어린 시절을 보냈다. 4절까지의 모든 가사를 음미해보건대 떡국, 널뛰기, 윷놀이, 세배, 색동저고리 등 우리나라 고유의 정겨운 설날 풍경이 그림같이 떠오른다. 일제강점기 지극히 억울하고 가난했던 시절에 어떻게 그처럼 여유있고 품위있는 민속을 이어갔는지 감탄스럽다. 다만 "까치 설날은 어저께"라는 대목에서는 고개를 갸우뚱거리게 된다.

까치설날은 무엇이며 어저께는 언제인가? 작사자 생전에 확인해 놓지 못한 게 몹시 아쉽다. 전문가들의 이론을 종합해 보면, 까치설날은 원래 작다는 뜻을 간직했던 '아치설날'이 까치설날로 변음된 것이라며, 설날 하루 전인 섣달 그믐날을 의미한다는 주장이 있다. 그런가 하면, 다른 한편에는 아치란 말에 벼슬아치, 양아치처럼 비하하는 뜻이 내포돼 있어 일제가 강요했던 신정, 즉 양력 1월 1일을 낮추고 비꼬아 까치설날이라 불렀다는 주장이 있다. 그러므로 여기서 말하는 "어저께"는 하루 전이 아니라 이미 지나간 신정을 의미한다는 것이다. 이에 대한 국립국어원의 권위 있는 해석이 아쉽다.

1895년 을미년 일본 미우라 공사 지휘하의 일본 낭인 30여 명이 저지른 명성황후 시해사건을 전후한 일본 측의 내정간섭과 김홍직 내각 개혁정책의 일환으로 시행된 양력도입, 단발파동은 백성들의 정서적 반발과 집단적 저항을 불러 일으켰다. 음력은 우리 것, 양력은 일본 것이라는 곡해가 농민과 도시 서민들의 가슴 속에 파고들었다. 더욱이 농사일을 인도하는 음력 24절기는 농촌사회에서는 결코 놓칠 수 없는 월력이었다.

1896년 1월 1일을 기해 고종황제가 음력 설날을 공식적으로 폐지했다. 1949년 제1공화국 이승만 대통령이 양력설을 3일 연휴로 격상하면서 음력설을 공휴일에서 배제했다. 하지만 실제로는 음력설과 양력설이 오늘날까지 병존해 오고 있다. 이중과세가 토착화됐다 하겠다. 제도와 문화의 갈등이다.

일본은 1868년 메이지 유신 후 양력을 도입했지만, 설날에 관해 깨끗하게 정돈돼 있다. 우리보다 근 30년 앞서 도입했지만, 백성들이 이를 정서적으로 저항할 이유가 우리 같지는 않았기 때문이었다.

제5공화국 전두환 대통령이 공식적으로 소외됐던 음력설을 '민속의 날'이란 이름으로 부활케 한 것이 1985년이다. 을미개혁 이후 90년 만의 일이었다. 이러한 흐름은 노태우 정부에서 진일보해 '설날'로 복원되고 3일 연휴로 확장됐다. 신정은 역으로 위축되고 말았다. 이승만의 3일 연휴로부터 연휴 일수가 점차 축소되더니 1999년 김대중 정부부터는 하루 공휴일로 바뀌어 오늘에 이르렀다.

　과연 오늘과 같은 음력 설(설날) 3일 연휴, 양력 설(신정) 하루 공휴일 제도가 언제까지 안정적으로 지속될 수 있을까? 국제 통신수단의 발달, 국가 간 신속한 문화교류, 글로벌 물류활동 등이 급속하게 지구촌의 동일체 경향을 촉진시키는 마당에 불균형한 현행 신정과 설날의 공휴일 격차를 재조정하지 않아도 좋을까? 설날이 새해 첫날이라는 종전의 인식을 추석 차원의 명절이라는 인식으로 전환토록 문화 캠페인을 전개해 나가는 한편, 신정을 유일한 새해 첫날로 각인시킴으로써 세계화 시대에 걸맞게 양력 대열에 참여하는 정책을 추진함이 불가피한 대세 아닐까? 이는 제도개혁 차원의 작업이기도 하지만 동시에 문화개혁이 수반돼야 하는 작업이므로 상당한 기간이 소요될 것이다. 일방적 질주는 일을 그르친다.

　여기서 한 가지 명심해야 할 것은 제도와 문화의 관계조정이다. 제도와 문화는 서로 맞물린 하나의 톱니바퀴가 돼 함께 돌아가야 한다. 문화에 대한 배려 없이 제도만 바꿔 나가는 것은 파도 위의 배와 같다. 지속적으로 요동치게 되고 불안정해 제도를 안정감 있게 전진시킬 수 없다.

　그럼에도 불구하고 이를 권력자의 힘으로 강행코자 한다면 독재화의 길로 들어서게 된다. 반면 문화는 선진화돼 가는데 제도가 그 자리에 머물러 있기를 고집한다면 국민의 집단적 저항을 만나게 될 것이다. 역사적으로 볼 때 구정과 신정이 싸인커브와 코싸인커브처럼 서로 엇갈리며 요동치는 것도 실은 위와 같은 원인에서 출발한다.

　그뿐 아니라 세상이 변하고 환경이 요동치는데 제도와 문화가 더불어 그 자리에 안주하려 한다면, 그 사회는 정체를 면치 못할 것이다. 세계적 대열에서 소외되고 낙오하게 될 것이다. 그러므로 제도와 문화는 서로 톱니를 맞추고 상승작용을 하면서 전진해야 한다. 전진의 방향은 민주화와 합리화 그리고 세계화다.

요즘 경자년은 가고 신축년이 왔다고 한다. 엄격하게 말하면 아직 아니다. 경자와 신축은 음력 체계에서 나오는 개념이다. 우리들 머릿속으로 따지면 경자년은 2월 11일이 돼야 가고, 신축년은 2월 12일이 돼야 온다. 앞으로도 한 달이 남아 있다.

하지만 우리들 가슴속 정서로는 묵은해는 이미 갔고, 새해는 이제 왔다. 이 논리적 괴리 속에서 우리는 심히 헷갈리고 혼동스럽지 않을 수 없다. 말하자면 개인적으로나 사회적으로나 피할 수 없는 내적 문화갈등이다. 공식적 대외적 설날은 1월1일이고, 비공식적 대내적 설날은 한 달 열흘 후이니 개인적 차원만이 아니라 사회적 차원에서도 양극화된 문화갈등을 피할 수 없다.

지난 한해는 우리 모두가 너 나 없이 참으로 고통스런 한해였다. 코로나 팬데믹이 우리 사회를 거의 공중분해시켜 버렸다. 사회적 네트워크 전반이 뭉개져 버린 느낌이다. 우리 고유의 전통적 미풍양속도 크게 훼손됐다. 국가적으로도 불안하기 짝이 없는 한해였다. 입법·사법·행정의 삼권분립을 기저로 한 헌법질서를 가슴조이며 바라보던 한해였다. 동북아에서 보여주던 북방삼각구조와 남방삼각구조 또는 대륙세력과 해양세력의 틈바구니에서 숨 막히는 한해를 보냈다.

하지만 '새해에는 복 많이 받으라'하니 이제 새해가 시작된 것으로 믿고, 새로운 희망을 품고 신축년의 흰 소처럼 깨끗하고 꿋꿋하게, 그리고 성실하고 충성스럽게 살아야겠다. 매울신(辛), 소축(丑), 윤(尹) 씨가 꼬리를 깔고 앉으면 소가 된다. 이 매운 세상에서 90년 가까이 살다보니 머리가 희어져 나는 이미 흰 소, 즉 신축이 돼버렸다. 코로나 변이 바이러스가 확산되고 있으며, 한국 정치의 지각변동이 우리의 앞길을 어디로 끌고 갈지 심상치 않다. 아무리 새해가 걱정스럽다 하더라도 "독자 여러분, 새해에 복 많이 받으세요."

<한국대학신문, 2021.1.11. >

22

테스형보다 레스형이 어떨까?

지난 주말 아침, 평소와 다름없이 바쁘게 신문을 넘기다가 멈칫했다. 마스크를 쓴 채 함박꽃처럼 활짝 웃고 있는 낯익은 여인의 모습 때문이었다. 다시 살펴보니 김현미 국토부 장관이었다. 부동산 정책 때문에 너무나 오랫동안 곤혹스런 입장에 빠져 있던 김 장관이 야당 의원들의 날선 질문이 쏟아지는 준엄한 국정감사장에서 어떻게 그렇게 웃을 수 있었을까. 나는 도리어 장관이 국정감사장에서라도 여야 의원들과 그렇게 웃으며 국정을 논하는 날이 오기를 꿈꾼다.

그러나 현실은 상반된다. 그래서 참으로 뜻밖이었다. 알고 보니 국민의힘 송석준 의원이 "정부의 잘못된 주택 정책 때문에 상심한 국민의 심정을 알겠느냐."라고 김 장관을 질책하면서 가수 나훈아의 트로트곡 '테스형'을 틀어줬기 때문이었다. "아! 테스형 세상이 왜 이래, 왜 이렇게 힘들어~" 하면서 국감장을 흔들었다.

70대의 가수 나훈아 씨가 작사·작곡하고 손수 노래를 부르며 콘서트 준비를 8개월이나 했다니, 우선 그의 진지함과 성실함에 놀랐고 아직도 청춘 같은 가창력에 감탄했다. 그래서 온 나라가 떠들썩해졌지만, 진정 내가 놀랐던 것은 인간의 한계를 뛰어넘은 것 같은 그의 무변대·무한대의 추상력이다. 추상력은 상상력을 한없이 밀어 올리는 힘이다. 어떻게 그럴 수 있었을까? 저 멀리 만리타향 아테네까지 가서 2420년 전에 죽은 소크라테스를 이 땅 오늘의 무대에 끌어올 발상을 어떻게 할 수 있었단 말인가?

더욱 놀란 것은 아무리 대담무쌍하다 하더라도 고대 희랍철학의 원조를 감히 어떻게 '형'으로 끌어당길 수 있었단 말인가? 우리네 범부는 감히 상상도 할 수 없는 일이다. 그는 역시 천재다. 생각지도 못했던 소크라테스를 부르며 오늘날 나훈아 자신이 대중과 함께 겪고 있는 이 땅, 이 시대의 고뇌와 분노를 터뜨렸으니 이보다 더한 대중의 카타르시스가 어디 있겠는가? 생각건대, 나훈아는 이미 고인이 된 아버지에게 눈물로 호소하며 매달리는 심정으로 테스형을 부른 것이지 테스형에게 현세의 고충을 해결해 달라고 읍소한 것은 아닌 것 같다. 만약에 진실로 그런 마음이었다면 차라리 소크라테스의 제자인 플라톤의 제자 아리스토텔레스를 레스형하고 불러오는 것이 좋을 뻔했기 때문이다.

소크라테스가 기원전 5세기 그리스 아테네에 태어났을 때도 역시 세 치 혀로 세상을 혼돈에 빠뜨리는 소피스트들이 종횡무진의 궤변으로 대단한 바람을 일으켰던 때였다. 이때 나타난 작달막한 키에 괴상한 얼굴의 추남 소크라테스가 지식을 중심가치로 하는 주지주의 철학의 세계를 열었다. 그는 지(知)를 선(善)으로 보고 무지(無知)를 악(惡)으로 봤다. 사람은 누구나 선의 본질을 알면 그대로 행(行)한다고 주장했다. 즉, '지행합일론'이다. 악행의 원인을 무지에서 찾은 것도 그래서였다. 그러므로 아테네에서 악을 추방하려면 시민의 무지를 스스로 깨닫게 하고, 이를 위해서 부단한 대화법을 활용해 지식을 생산케 하는 '산파술'을 이용해야 한다고 주장했다. 그는 또 사람이 행복해

지려면 덕(德)이 있어야 한다며, 덕은 앎에서 온다고 봐 지덕복합설과 함께 '행복윤리론'을 주장해 이상주의적 도덕적 국가관을 주장하면서 시민의 절대적 평등권 이론을 비합리적이라고 비판했다.

결국 그는 신성모독죄와 청년들을 타락시켰다는 죄목으로 기소돼 71세 나이로 악법도 법이라며 독배를 마시고 죽었다. 불행히도 그는 아무런 저서도 남기지 않았기 때문에 그의 많은 사상적 편력을 그의 제자 플라톤에게서 찾을 수밖에 없으나 역시 명확하고 구체적인 개혁의 구상도는 없다. 그러므로 나훈아가 소크라테스에게 형님, 우리 좀 봐주쇼하고 손을 뻗었으나 그의 이상주의와 도덕 제일주의는 얽히고설킨 한국 문제의 현실을 해결하는 데는 한계가 있어 보인다. 그런 점에서 나훈아가 이왕 고대 희랍의 아테네까지 가서 해결사를 찾아오려면 차라리 플라톤을 건너뛰고 아리스토텔레스를 레스형하고 외쳤으면 더 좋았을 것 같다. 테스형에 비하면 아리스토텔레스는 훨씬 더 분석적이고 현실주의적이기 때문이다.

아리스토텔레스는 소크라테스의 주지주의적 지행합일설을 거부하고 의지를 우위에 세웠다. 즉, 앎의 내용이 모두가 선인 것은 아니며, 안다고 모두가 행동으로 옮겨지는 것도 아니라는 것이다. 인간의 비이성적인 감정과 욕망을 이성적인 의지와 노력으로 통제하고 이를 습관화해야 공동선, 즉 국가공동체 안에서 행복한 삶을 누릴 수 있다는 것이다. 그러므로 아리스토텔레스에게 있어서 국가는 시민의 최고 미덕을 통해 윤리와 행복을 구현할 수 있는 최고의 공동체다. 각자가 국가공동체에 기여한 만큼의 몫을 받는 분배적 정의를 주장했다.

그의 학문은 실로 광범위하다. 수학·철학·정치학·법학·생물학·천문학에 이르기까지 오늘날 우리가 말하고 있는 학문의 융·복합적 접근을 가능케 하는 기반을 깔아 놓은 셈이다. 그리고 모든 악행은 몰라서가 아니라 통제력을 갖춘 의지력의 부족에서 비롯된다고 봤다.

국가형태에 있어서도 선의지의 부족으로 국가 목표를 왜곡하고 부패와 불공정으로 국가를 운영하면 권력 장악자의 수에 따라서 두목 정치, 패거리 정치, 떼거리 정치로 전락한다고 했다. 민주정치는 반드시 시민들이 합리적이고 공정한 이성의 소유자일 때 그리고 그들이 모두 국가공동체에 대한 애정이 한결같을 때, 비로소 가능하다는 것이다. 가수 나훈아가 또 한 번 콘서트를 연다면 이번엔 테스형보다 레스형이 어떨까?

<한국대학신문, 2020.11.2.>

23

개인정보의 남용과 보호법의 오용

개인정보란 살아있는 특정인을 식별할 수 있는 데이터를 말하며, 개인정보보호법이란 국가가 개인의 자유와 권익을 보호함으로써 인간의 존엄과 가치를 구현하겠다는 헌법정신을 구체화시킨 것이라 볼 수 있다.

이 법의 목적에 위배되는 행위, 즉 본인의 동의 없이 개인정보를 누설하거나 왜곡·확산시킬 때에는 개인정보보호법 제70조 이하의 규정에 따라 10년 이하의 징역 또는 1억 원 이하의 벌금에 처하도록 돼있다. 이 정보는 공직생활에서 형성됐거나 이미 공개된 개인정보까지도 포함된다고 보는 것이 대법원 판례(2016.3.10.)다. 헌법 제17조에서 규정하고 있는 사생활의 비밀과 자유를 보장하기 위함이라고 봐야 할 것이다.

그러나 현실적으로는 많은 경우 개인정보가 누설되고 남용되고 있다. 최근에 미국에 있는 지인이 카톡을 보내왔다. 어떤 시민이 "피자를 주문한다."고 말하자 피자 가게의 주인이 "지난 12번의 주문내용이 모두 똑같은데 이번부턴 손님의 건강을 위해서 바꿔 보시는 게 어떨까요?"라고 답했다.

"내 건강이 어때서요?"

"손님의 전화번호로 추적되는 지난 7년간의 의료 진단 기록을 보니까 손님의 혈액 콜레스테롤 수치가 안 좋아서 야채를 많이 넣은 피자를 권고해 드리는 것입니다."

"나는 야채를 안 좋아 하거니와 콜레스테롤약을 처방받아서 먹고 있으니 걱정마세요."

"손님, 그 약도 정기적으로 드시지 않았더군요. 그리고 4개월 전에 N 약국에서 알약 30개 들어 있는 약 한 통 사신 게 전부더군요."

"아, 다른 약국에서도 사 먹었습니다."

"손님의 신용카드 기록에는 그런 기록이 없는데요."

"현금으로 샀습니다."

"은행거래 기록에는 그때쯤에 현금을 꺼낸 사실이 없는데요."

"현금을 달리 조달하기도 하니까요."

"그렇다면 손님의 지난해 종합소득세 신고내용에 다른 현금 조달내용을 누락하셨군요. 그건 불법인데요?"

"정말이지 더 이상 못 참겠네. 됐네요. 됐어! 이놈의 세상! 남의 정보 추적에 넌더리가 나네! 차라리 이런 정보통신 기술이 없는 외딴섬에 가서 살든지 해야지, 나 원 참!"

"손님, 그 마음 잘 이해가 가는데요. 손님의 여권이 이미 6개월 전에 만료됐던데요? 우선 여권부터 갱신하셔야겠네요."

결국 피자가게 주인과 손님은 악연으로 끝났다. 개인정보가 전혀 보호받지 못하고 5G 기술에 의해서 더욱 남용되고 있는 사례다.

국가는 개인의 비밀을 더욱 철저하고 정밀하게 보호할 수 있도록 법의 운영과 제도 개선에 세심한 배려를 해야 할 것이다. 이런 관점에서 미국의 프라이버시 보호법(Privacy Protection Act)이나 유럽연합의 일반데이터 보호 규정(General Data Protection Regulation)의 경우도 심각하게 살펴볼 필요가 있다.

반면에 오늘날 우리 사회 도처에서 개인정보보호법이 심히 오용되고 있음을 목격하게 된다. 불과 2개월 전의 일이다. 서울 시내 어떤 대학원에서 창립 50주년을 기념하는 책자가 발간됐다. 무려 100쪽 가까이 그 대학원에서 배출한 석사 3,616명의 학위 논문 리스트였다.

내가 아연실색했던 것은 논문 제목은 명시됐지만 저자의 성명은 김＊섭, 이＊찬 같은 약식으로 돼 있고, 그들의 소속도 졸업년도도 연락처도 일절 배제돼 있었다. 자연히 동일인이 여기저기 발견될 수밖에 없다. 편집자에게 그 사유를 물었다. 개인정보보호법의 제약 때문에 그렇게 할 수밖에 없었다는 것이다. 나는 개인정보보호법의 입법 취지가 완전히 왜곡됐다고 판단돼 실소를 금할 수 없었다.

그 무렵 어느 실업계 고등학교를 방문할 일이 있었다. 교문에 대형 현수막이 걸려 있는 걸 보고 또 놀랐다. 졸업예정자 몇 명이 이미 모두가 선망하는 H 은행과 S 그룹 등에 취직이 됐다는 축하 현수막이었다. 그런데 정작 그 학생들의 이름이 역시 김＊진, 박＊환 등으로 돼 있었다. 그뿐만이 아니라 본관에 들어섰더니 복도에 각종 수상자 명단이 걸려 있었는데 그것 역시 정＊섭, 장＊경 등으로 돼 있었다. 나는 어이가 없어 학교 당국에 물었다. 모두 자랑스럽고 경사스러운 일인데, 어찌 홍보는 못 해줄망정 이렇게 죄인 숨기듯 실명을 감추려 하는거요? 학교측의 답변은 간단했다. "개인정보보호법에 의거한 교육청의 지시에 따랐을 뿐입니다." 개인정보보호법이 이렇게 오·남용되고 있는 것이다.

그러고 보니 또 한 군데 내 눈에 거스른 데가 있었다. 어느 대입 학원 앞으로 우연히 지나다 출입구 유리창마다 A3 용지에 명문대 합격자의 축하 광고를 붙여 놓은 것을 보게 됐다. 이 역시 다른 내용은 모두 명시했으면서 당사자의 이름만은 박＊철, 강＊희 였다. 위의 모든 사례는 개인정보보호법이 시행되는 과정에서 법의 처벌이 두려워 안전 제일주의를 지향하다 보니 입법 취지가 왜곡돼 나타난 그늘이다.

개인정보보호법의 입법취지는 국민 각자의 프라이버시를 보호해 줌으로써 행복추구권을 존중해 주어야겠다는 국가적 의지를 밝힌 것일 뿐이다. 결코 각자의 영광과 명예마저 숨기라는 뜻이 아니다. 설혹 국가안전보장 및 사회질서유지, 또는 공공복리를 위해 사생활의 비밀 추적과 자유의 제약이 불가피하다 할지라도 이는 반드시 법률로서만 제한할 수 있다(헌법 제37조 제2항).

최근의 방송보도에 의하면 범행을 수사하던 경찰이 갑자기 수사를 멈췄다. 왜냐고 기자가 물었다. 돌아온 대답은 "이 이상 추적하면 개인정보보호법에 걸린다."는 것이었다. 이처럼 정보보호법이 오·남용되는 경우가 도처에 있다. 정치적으로 악용될 소지도 많다. 부패의 온상이 될 수도 있다. 진실을 명분 있게 은폐할 수도 있기 때문이다.

그러나 제5세대 이동통신(5G) 기술이 4차 산업혁명 시대의 핵심 기술이 된 오늘에 와서는 개인정보를 보호하겠다지만 어차피 개인 비밀은 이미 5G의 도움으로 백일하에 다 노출돼 있다. 누가 그것을 무슨 목적으로 어떻게 이용하느냐의 문제와 법의 오·남용을 어떻게 막아내느냐의 문제가 남아 있다. 신속히 풀어 나가야 할 우리 사회의 당면과제라 하겠다.

<한국대학신문, 2021.3.8.>

24

노약자석에서 절감한 유·초등교육의 개혁

　얼마 전의 일이다. 뉴스에 실로 내 눈을 의심할 만큼 놀랄 만한 장면이 나왔다. 60대 전후로 보이는 남자 승객이 지하철 3인용 노약자석에 혼자 앉아 캔 맥주를 마시고 양옆에 있던 남녀 노약자들은 피해 가는 장면이었다. 그 취객은 뒤이어 담배를 피워 물었다. 그의 주변은 감히 아무도 근접할 수 없는 일인 천하였다. 소돔·고모라 성은 의인 열 명이 없어 결국 유황불로 멸망당했다. 그 열차 칸 속에는 의롭고 용맹하고 지혜로운 승객이 한 사람도 없었나 보다. 며칠 후 그에 대한 당국의 처분 결과를 보고 또 한 번 실망했다. 역시 가느다란 솜방망이였다.

　얼마 후 지하철 노약자석에서 이번엔 내가 직접 한심한 일을 당했다. 그날따라 나는 유난히도 피곤했다. 하지만 노약자석은 이미 만석이었다. 40여 분 동안 서서 가야 할 판이었다. 다행히도 몇 정거장 지나자 내 바로 앞에 앉았던 손님이 내렸다. 서서히 앉으려는 순간 한 여인이 나를 밀치고 날쌔게 틈새를 파고들어 털썩 앉았다. 어이가 없었다. 얼굴을 내려다보니 막내딸보다 어린 50대로 보였다. 임산부나

병약자는 분명 아니었다. 생존력이 매우 강해 보였다.

그 순간 뇌리에 두 가지 생각이 섬광처럼 스쳐 갔다. 하나는 '옳거니! 앞으로 30여 분간 이 자리에 서서 뒤꿈치 들어올리기 운동을 할 절호의 기회를 이 여인이 내게 주는구나. 감사할 일이로다'하는 생각이었다. 다른 하나는 '과연 누가 이 여인을 이렇게 키웠으며 이 여인의 자녀들은 이 여인으로부터 어떤 교육을 받았을까. 그리고 지금은 어떤 사람들이 되어 있을까?' 하는 심히 불안한 궁금증이었다.

40여 년 전 일본 도쿄에 있는 게이오대 법학부에 한 학기 동안 객원교수로 머물렀던 적이 있다. 그때도 나는 거의 매일 지하철을 이용했다. 하지만 앞서 말했던 두 가지 일은 단 한 번 들어본 일도, 당한 일도 없었다.

왜 양국 간 이런 문화적 차이가 노출되는 것일까? 문화는 가정·학교·직장·사회 등에서 이뤄지는 각종 사회화 교육의 산물이다. 이런 점을 생각할 때 아무래도 가정교육과 유·초등교육 차이에서 생겨난 문화 격차가 아닌가 싶다. 우리의 유·초등교육은 주로 "공동체 속에서 내가 어떻게 해야 남과 싸워 이기고 살아남을 수 있을 것인가?"에 역점을 둔다. "배워야 산다", "아는 게 힘이다"라며 지식 주입에 집중한다. 하지만 일본의 유·초등교육은 "공동체 속에서 우리가 어떻게 해야 서로 이웃에 피해를 안 주고 협력하며 행복하게 공동 번영할 수 있겠는가?"를 중심으로 한 예절·염치 교육 위주다. 이를 통해 공중도덕 제1주의를 어려서부터 몸에 익히는 데에서 차이가 생기는 것이 아닌가 생각된다.

앞에서 언급한 60대 남자 승객, 50대 여자 승객의 두 사례에서 그들은 공히 자기의 권리를 상대방의 권리를 부인해도 되는 절대적 권리로 봤다. 자신의 이익과 자유는 어떠한 경우에도 규제받지 않겠다는 자유방임의 개념으로 인식하고 있는 것 같다. 그들의 자녀에게

도 어려서부터 그렇게 살도록 가르쳤을 것 같다. 그러한 그릇된 교육
을 받고 자란 우리의 후대들은 장차 어찌 될 것이며, 그들이 이 나라
의 주류를 형성하게 될 미래의 이 나라와 사회는 장차 어찌 될 것인
가. 정글의 법칙이 지배하는 약육강식의 현장이 되지 않는다고 누가
보장하겠는가. 과연 이 문제를 어떻게 풀 것인가?

우리 격언에 "세 살 적 버릇이 여든까지 간다."는 말이 있다. 이
격언은 현대사회학의 사회화과정 이론에서 이미 논증된 바 있다.

1991년 어느 날 노태우 대통령이 당시 교육부장관인 나를 청와
대로 호출했다. 독대였다. "내년부터 전국 시·읍·면 단위 고등학교에
무상교육을 실시하라."는 지시를 내리기 위함이었다.

나는 내년 3월에 있을 제14대 총선을 의식한 집권 정당의 정치적
계산에서 나온 정책건의가 이 자리를 만든 게 아닌가 하는 생각이 들
었다. 씁쓸했다. "각하, 그렇다면 국가가 현재 그만한 재정 능력을 가
지고 있다는 얘기 아닙니까? 차라리 그 재정을 이 나라 유·초등교육
발전에 우선적으로 투입하시기 바랍니다. 유아교육을 초등학교(현 초
등학교) 의무교육제도 수준으로 끌어올려 공교육 편제에 편입시켜야
옳습니다. 국민학교 입학 연령을 낮추고, 유아학교를 국민학교에 병설
하거나 독립 설치해 국가가 모든 교과 내용과 교사 공급·재정 등에
일체의 책임을 져야 할 것입니다. 그리하여 '어떤 부모 밑에 태어났는
가?'에 따른 교육의 운명적인 차등화가 생겨나는 일은 없어져야 합니
다. 이것이야말로 국민총화의 출발점입니다. 유·초등학교의 교육 방
향도 오늘과 같은 주지주의 교육에서 벗어나 정의롭고 창의적이며,
민주적이고 건강한 전인교육을 더욱 강화해야 합니다. 고교 무상교육
은 그 뒤로 미뤄야 합니다." 긴 시간 나는 열변을 토했다. 대통령의 경
청은 내가 감동할 정도로 진지했다.

드디어 대통령이 입을 열었다. "윤 장관 말씀이 옳은 것 같습니

다. 내 말은 없던 것으로 하고 윤 장관 소신대로 하시오." 그 길로 나는 교육부로 달려와 관계 실·국장을 불러 모아 자초지종을 설명하고, 즉각 작업에 착수할 것을 지시했다.

우선 유아교육 진흥위원회를 설치했다. 초대 위원장에 이화여대 사범대학 이모 교수를 임명했다. 유아교육 전담 장학관제를 신설하고 신문 공고를 통해 민간 전문가를 공모했다. 유아교육 이론과 실무경력이 뛰어난 반모 원장이 초대 유아교육 장학관으로 임명됐다. 뒤이어 유아교육 강화와 초등학교 입학 연령을 낮추는 작업을 위해 교육법을 비롯한 관계 법령 개정작업에 착수했다.

최근에 와서야 유치원을 유아 학교로 개명한다는 뉴스를 접하고 반가웠다. 개명에 그치지 말고 교과 내용 개편과 교사 양성 방법, 교사자격증 부여 그리고 정부의 적극적인 보통 교육 편제 조정이 뒤따르길 바란다. 30년이 지난 요즘에야 정치권에서 고교 무상교육 정책이 논의되는 것은 그간 확대된 국가재정 규모를 볼 때 도리어 때늦은 감이 있다. 이제라도 앞서 말한 개혁을 단행하면, 지하철 노약자석의 만행도 틀림없이 사라질 것이다.

<한국대학신문, 2020.12.7.>

25

어머니와 나의 탄생도,
그리고 손주들의 선물

최근에 내 생일을 맞았다. 여든여덟번째다. 제자들과 가족들은 작년부터 미수(米壽)잔치 얘기를 꺼냈다. 미수는 별 의미가 없다고 사양했다. 쌀미(米)자를 해체하면 八十八이 될 뿐이고 일본인의 재미스런 발상법이 만들어 낸 그 땅의 관행일 뿐이라고 주장했다.

그래도 애비와 할애비 생일이랍시고 자식들과 손주들이 모여들었다. 그들이 모두 돌아간 다음 주고 간 생일 카드를 꺼내어 다시 한번 읽어보니 몇 아이는 여전히 나의 미수를 축하한다고 써 놓았다. 그래서 작년에 받았던 카드를 꺼내 비교해 보니 역시 다른 몇 아이가 이미 작년에 "할아버지, 미수를 축하해요."라고 했다. 이처럼 우리들의 생활문화 속에는 아직도 정돈되지 않은 풍습이 남아 있다. 우리들의 의식 속에는 아직도 우리 나이, 법적 나이, 만으로 따지는 나이가 혼재해 있다. 예컨대 내 경우를 보면 우리 나이로는 89세, 법적나이는 88세, 만나이로는 내생일 이전까지는 87세(몇개월)이다. 이 산법의 혼돈이 해소되려면 상당한 세월이 흘러야 될 것 같다.

내가 태어났던 그 날이 바로 추석날이었다. 어머니께서는 생전에 부모님을 비롯한 모든 식구들의 생일은 반드시 양력으로 차리시면서 내 생일만큼은 음력으로 차려주셨다. 그러니까 그 가난했던 일제강점기만이 아니라 6·25전쟁 피난 중에도 내 생일상만은 언제나 별도로 준비하지 않아도 풍성했다. 우리 민족이 아무리 가난했던 시대에도 그날만은 문전걸식하는 걸인이 없었다.

어머니는 한국이 일본에 병합된 이듬해 그 엄혹하던 시기 열여덟의 어린 나이에 충청도 안동김씨 이름 있는 문중에서 홀로 한성의 해평윤씨 어느 종가의 맏며느리로 들어오셨다. 얼마나 외롭고 무서우셨겠는가. 그 후 11남매를 낳으셨으니 내가 열 번째다. 그 고생을 어찌 헤아리겠는가. 그러나 내 위로 딸 셋을 연달아 낳다가 내가 나타났으니 그리고 그날이 추석이었으니 대소가의 온 가족이 모여 얼마나 기뻐했겠는가. 그리고 어머니는 종가 맏며느리로서 그 바쁜날 나로 인해 해산구완을 받으며 며칠간 편히 쉬셨다니 난 출생과 더불어 효자 노릇을 톡톡히 한 셈이다.

언제부터인가 생일날만 되면 나의 출생과 관련된 그림 한 폭이 내 뇌리에 되살아난다. 그 그림 속에는 갓 태어난 내가 강보에 싸인채 누워 있고 어머니는 내 머리맡에 조심스레 앉아 있다. 흰색 치마저고리를 입으신 할머니 세 분이 나란히 서서 허리를 굽혀 나를 들여다 보시면서 "어머나 어쩜 이 녀석은 시가 배꼽에 들어 있네." 하면서 감탄하고 계시다. 그때가 바로 팔월 한가위 낮 열두시였기에 어떤 환난지경에도 절대로 양식 걱정은 없으리라는 축복의 말씀이다. 안방문은 활짝 열려있고 대청마루에는 추석 차례상이 준비되어 있다. 나는 마치 숙달된 큐레이터처럼 숨도 안 쉬고 현장을 묘사했다. 심취해서 듣고 있던 누군가가 입을 열었다. "할아버지, 그거 어디선가 보던 그림 같아요. 나사렛 예수께서 베들레헴의 어떤 여관 마굿간의 구유에서 태어나실 때 별을 따라 찾아온 동방의 세 박사가 경배하고 아기 예수를 들여다보는 장면과 구도가 너무 흡사해요. 할아버지의 데자뷰(deja vu) 같아요." 하는 것이었다. 그럴듯하게 들렸다. 그러나 곰곰이 생각해보면 그도 아닌 것이 관찰의 주체인 내가 관찰의 객체인 신생아로 그림속에 내포돼 있기 때문이다. 그렇다고 해서 자메뷰(jamais vu)도 될 수 없다. 아무리 나의 뇌신경 교류 과정에 순간적인 잘못이 발생해 기억이 순간적으로 소멸됐다 하더라도 애초에 그럴 원인이 생길 수조차 없었으므로 잊어버릴 것조차 있을 수 없겠기 때문이다.

이때 대학교 재학중인 손녀가 "할아버지, 그거 혹시 Presque vu 아닐까요?" 하고 문제를 던졌다. 그러나 내 생각으로는 이 역시 정답이 될 수 없을 것 같았다. 데자뷰가 이승철이 "풍경화 속의 거리"에서 노래했듯이 일찍이 못 들었거나 못 봤던 것을 이미 들었거나 보았던 것처럼 그리고 자메뷰는 일찍이 수없이 들었거나 보았던 것을 어느 순간 갑자기 들어본일도 보았던 일도 없었던 것처럼 기억착오를 일으킨 것이라면 설단현상(Presque vu)는 이미 경험했던 것에 대한 기억이 날듯말듯하여 말이 혀끝에서만 맴도는 현상(Tip of the Tongue Phenomenen)이다. 위의 세 유형으로는 나의 탄생도를 설명해 줄 수 없을 것 같았기 때문이다. 결국 전문가의 해답을 구하되 최초로 데자뷰 용어를 만들어 낸 의학자 에밀 보아라크(Emile Boirac)의 신경화학적 접근을 포함해 정신의학적 또는 심리학적 접근에 기대하는 것이 좋을 것 같다.

이날 손주들이 준 큰 생일 선물은 만찬 자리에서 자기들끼리 MBTI (Myers–Briggs Type Indicator) 16개 유형의 성격검사를 내게 적용 시킨 결과를 발표한 것이었다. 미리 은밀하게 나에 대한 MBTI 성격검사를 한 다음 그날 식탁에서는 공개적으로 약 15분간 수십 개 항목의 설문조사를 숨 쉴 틈도 없이 나의 즉답을 요구하며 강행했다. 그러더니 자기네들의 사전 검사 결과의 정확성이 실증적으로 확인됐다며 일

제히 환호성을 올리며 박수를 치는 것이었다. 나는 의아했다. 알고 본
즉 나의 성격유형이 자기들의 예측대로 매우 균형잡히고 건강한 ESTJ
형(외향형, 감각형, 사고형, 판단형)으로서 지도자 내지 엄격한 관리자 타
입으로 나왔다며 예상대로라며 좋아하는 것이었다.

　　오늘날처럼 혼탁하고 불안한 세상 속에서나마 그날 저녁만은 아
내와 아들·딸 내외, 손주들의 삼대가 모여 와자지껄했던 참으로 즐겁
고 격조 높은 생일잔치였다. 무엇보다도 손주들이 MBTI를 이용해
ESTJ 판정을 내린 것은 나에게 더 살아야 할 명분을 부여한 최상의
생일 선물이었다.

<한국대학신문, 2021.10.25. >

26

세대 차와 인식의 차이
-비둘기 이야기

　우리 집 거실의 창틀에 인조석으로 된 하얀 산비둘기 한 마리가 놓여 있다. 어찌나 실물을 닮았는지 "웬 비둘기가 집안에 들어와 있느냐"고 놀란 내방객도 있을 정도다. 희한한 것은 그 앞을 날아다니는 비둘기들이건만 한 마리도 유리창에 부딪히거나 기웃거리는 일이 없다. 신라 진흥왕 때 황룡사 벽에 화가 솔거가 노송을 그려 놨더니 까마귀, 제비, 참새들이 그 그림을 실물로 착각하고 날아들다가 더러는 세게 부딪쳐 땅에 떨어졌다 하거늘 요즘 새들은 매우 영악한가 보다.

　내가 초등학교에 입학해서 제일 처음에 배운 동요가 "뽀뽀뽀, 하도(ハト, 비둘기) 뽀뽀, 콩 먹고 싶으냐, 옜다 줄게, 다같이 사이좋게 노자꾸나."이었다. 사랑과 평화가 넘친다. 그래서 우리 세대는 어려서부터 비둘기를 사랑과 평화의 상징으로 가슴에 품어 왔다.

　오죽하면 우리나라가 1988년 서울올림픽 개회식 때 비둘기 3000마리를 세계 평화를 기원하면서 날려 보냈겠는가. 이명박 대통령은 후진타오(胡錦濤) 중국 주석에게 도자기 비둘기 한 쌍을 선사하기도 했다.

대한민국이 월남전에 관여하면서 1965년 3월 제일 먼저 파병한 부대가 비둘기 부대다. 의무, 공병, 태권도교관단으로 구성된 평화지향의 비전투부대다. 부대표지(마크)에도 올리브 나뭇가지를 물고 나르는 비둘기가 들어 있다.

이 모습은 약 4300년 전 노아의 방주 사건에서 유래한다. 그때부터 그런 모습의 비둘기는 소원의 성취, 평화의 회복을 염원하는 상징으로 애용되며 오늘에 이르렀다. 고대 희랍(希臘, 그리스)에서 말하는 여신 아프로디테(Aphrodite)가 로마에서는 라틴어로 비너스(Venus)로 일컬어졌는데 티 없이 아름답고 사랑스러운 여신을 비둘기로 상징하기도 했다.

이뿐만 아니라 신약성경에 예수께서 세례요한에게 세례를 받는 동안 성령이 비둘기의 형체로 내려왔다고 했다. 그러니 얼마나 존귀한 모습의 비둘기인가.

지난날 구라파(歐羅巴, 유럽) 여행 시 광장이나 동상 앞에서 모이를 받아먹는 비둘기들을 보면 나도 행복했다. 먹이를 주는 사람들이 부럽기도 했다.

그런데 최근에 일생일대에 충격적인 사건이 벌어졌다. 아내와 함께 산책을 나섰다. 마침 먹이를 찾아 서성거리는 비둘기 한 마리를 만났다. 먹다 남은 과자부스러기를 뿌려줬다. 억! 한순간에 어디서, 어떻게 알고 왔는지 십여 마리가 몰려들었다.

그러더니 자웅을 겨룰만한 몸집의 두 마리가 갑자기 사투를 벌였다. 하나가 다른 하나의 목덜미의 깃털을 물고 집단 밖으로 밀고 나가더니 날개를 펴서 상대방을 때리기 시작했다. 그 소리는 젊은이가 격노한 끝에 상대방의 따귀를 힘껏 때리는 소리와 똑같았다. 생전 상상하지도 못했던 장면이었다. 맞은 비둘기보다도 우리 내외가 받은 충격과 실망이 더욱 컸다.

그 후부터는 동네에서 그들을 다시 만나게 되더라도 평화, 사랑, 아름다움이 거의 느껴지지 않았다. 오랜 세월 동안 내 가슴속에 있던 비둘기는 'Dove'(멧비둘기)였는데 이제 보니 그건 허상이었고 내 눈앞에 현실적으로 존재하는 것은 토종 싸움닭 같은 'Pigeon'(닭둘기)이었던 것이다. 감성적 인식과 현실적 인식의 괴리였다.

그 후 나는 내 자식들과 손주들을 만날 때마다 개별적으로 비둘기에 대한 인식내용을 조사했다. 뜻밖에도 하나같이 부정적인 반응이었다. 더럽고, 비위생적이며, 해롭고, 전투적이며 공격적인 해조(害鳥)라는 것이다. 진균류 질병을 옮기고 건물을 부식시키며 날아가면서 균을 흘린다는 것이다. 비둘기에 대한 이러한 이성적 인식과 부정적 반응은 X세대와 MZ세대에게는 거의 보편화돼 있는 것 같다. 영미 각국에서도 이미 반(反) 비둘기적 정책이 채택되는 과정인 것 같다.

우리나라에서는 환경부가 2009년 6월부터 비둘기를 유해야생동물로 지정한 바 있으니 분명 해조라 아니할 수 없게 됐다. 그래서 요즘엔 비둘기 퇴치와 배설물을 제거하고 소독하는 전문업체가 등장하고 있다. 이러한 반 비둘기적 추세는 날이 갈수록 더욱 심해질 것으로 보인다.

그렇지만 최근 통일연구원의 조사 결과에 따르면 '평화'라는 단어를 보고 생각나는 단어가 무어냐는 질문에 '통일'이라는 대답이 9.9%인데 비해 '비둘기'라는 대답이 13%로서 최고빈도라는 결과가 있다. 아직도 나처럼 친 비둘기적인 정서적 인식을 하는 사람이 꽤 있는 모양이다.

이뿐만 아니라 베트남전쟁(1960~1975년) 때에는 미국 정치권에 매파(Hawks)와 비둘기파(Doves)가 대립하고 있었다. 매파는 전쟁의 확대를 주장하는 강경파이며 비둘기파는 역시 온건한 평화주의자들이었다. 우리 역사 속에도 주화파와 척화파가 있었다.

이러한 구분법은 오늘날의 재정정책에도 적용될 수 있다. 재정긴축과 재정안정주의자를 매파라 한다면 시장친화적인 성장우선주의자는 비둘기파로 분류된다. 그러니 비둘기에 대한 감성적 인식이 근 4000년 이상 보편화돼 왔건만 21세기에 들어와서 이성적 인식으로 전환되면서 세대 차를 가속화하고 있는 것이다.

나와 아내는 최근에 목격한 지극히 비평화적인 비둘기 폭행 사건을 계기로 우리 라떼 세대의 감성적 인식에서 벗어나 X세대와 MZ세대의 이성적 인식유형으로 서서히 옮겨가고 있다.

그런데 세대 차에 따르는 인식의 차이는 비단 비둘기 문제에 국한되지 않는다는 사실에 주목해야 한다. 세상만사가 같은 이치이기 때문이다. 그러나 우리 집의 인조석 흰 비둘기는 오늘도 햇병아리와 함께 거실 창가에 여전히 건재하다.

<한국대학신문, 2021.6.11.>

27

운명과 자유의지의 배합
-이것이 인생인가?

　불과 몇 달 전의 일이다. 누군가가 매우 희한하고 감동적인 영상물을 보내왔다. 빠바바바아아, 매우 귀에 익숙한 교향곡 연주가 흘러나왔다. 베토벤의 심포니 5번 '운명'이다. 그가 처음으로 자신의 제자 안톤 신틀러에게 이 곡을 들려주면서 "운명은 이와 같이 문을 두드린다"고 말했다. '운명 교향곡'이라는 별칭은 그렇게 탄생했다. 그 곡을 무려 4년에 걸쳐 작곡했다는데 그 직전부터 난청에 시달렸다고 한다. 그러니 독신의 고독에 더해 청각 장애인이 거둔 "고난 후의 승리"라 할만하다. 그것이 그의 운명교향곡에 잘 녹아 있는 것 같다.

　그 영상물은 한 젊은이가 오토바이를 타고 이미 운명의 여신이 만들어 놓은 길을 달리는 것으로 시작된다. 그 길은 한 없이 솟아올랐다가 갑자기 한없는 나락으로 곤두박질치기도 한다. 길은 끊겼다가 이어지기를 수없이 되풀이한다. 갑자기 두 갈래 세 갈래 길로 갈라졌다가 하나로 모아지기도 하며 도중에 누군가를 만나 동행했다가 곧 헤어지기도 한다. 보면 볼수록 베토벤의 인생을 그려낸 것 같기만 하다. 우리네 인생도 거기서 예외가 될 수 없다.

분명코 그 젊은이는 시종여일하게 매 순간 최선을 다했다. 모든 고난을 뛰어넘고 건너뛰면서 죽음과 부활의 반복 끝에 힘차게 뛰어들어오면서 최후의 승리를 거머쥔다. 당대의 명지휘자 푸르트뱅글러(Furtwaengler)는 얼마나 이 '운명'에 매료되었기에 240여회나 이 곡의 연주를 지휘했겠는가.

돌이켜보니 나의 자유의지에만 의존했던 오만의 세월이 있었다. 그러나 알고 보면 나의 자부심이라 할 자유의지마저도 운명이 허락한 틈새였을 뿐이었다. 평생 예상치도 않았고 원하지도 않았던 K대와 H대, 두 대학교에서 총장직을 수행하면서 나는 여러 차례 그 같은 내적 성찰을 거듭하지 않을 수 없었다.

우선 K 대학의 경우를 보자. 내가 대학원생 시절부터 존경해 왔던 교수님이 어느 날 국무총리를 거쳐 K 대학의 이사장으로 취임하시더니 나를 그 대학의 총장으로 청빙하셨다. 나는 일언지하에 사양했다. 그 대학에는 내가 알기에도 명망과 능력을 갖춘 교수님이 여러분 계실 뿐만 아니라 그분들을 정점에 모신 두 개의 인의 산맥이 공석 중인 총장직을 놓고 심각한 대결 양상을 보이고 있었다. 내부적 결속력과 외부적 저항력이 유난히 강한 문화적 전통을 지닌 대학임을 내가 익히 알고 있는 대학이었다. 그러므로 나 같은 범부가 함부로 그 대학의 총장직을 넘본다는 것은 그 대학의 구성원들에게 심히 결례가 될 뿐만 아니라 이사장께서 기대하시는 성과를 보장할 수 없다는 판단에서 그 제안을 과분하다고 사양했던 것이다.

그러나 결국 나는 1998년 가을 4년간의 임기를 행복하고 보람있게 마치고 약속대로 만 65세로 정년퇴직의 영광을 누렸다. 나는 베토벤 '운명'의 제1악장처럼 과감하고 박진감있게 시작해서 부드러운 여운을 남기며 임기를 마무리했다고 자부한다. 지금도 그 세월이 내 평생의 자부심의 일부를 형성하고 있다. 그런데 내가 K 대학 총장이 된 것이 오로지 나의 자유의지였다고만 할 수 있겠는가?

2000년 봄 대통령직속 반부패위원장직을 사퇴하고 실로 오랜만에 노년의 한적한 은퇴생활을 즐기고 있던 때였다. 그날도 저녁 늦게까지 내 오피스텔에서 독서삼매경에 빠져 있었다. 희미하게 나마 "똑똑·똑똑" 하는 노크 소리가 들렸다. 베토벤은 절친한 친구의 이 노크소리에서 '운명' 작곡의 악상을 얻었다고 했지만 나는 세속적인 경계심으로 귀를 기울였다. 여염집 할머니였다. 의아해졌다. 생면부지이기 때문이다. 정중히 맞아들였다. 차를 대접하면서 용건을 물었다. 알고보니 그 할머니는 전남 광주 H 대학의 설립자였다. 이사장은 남편인 P씨가 맡고 있었다. 자기 대학의 총장으로 모시겠다는 것이었다.

나를 어떻게 알았으며 왜 하필 그 대학 총장이 나여야 하느냐고 물었다. 거기도 6년전의 K 대학 처럼 총장자리가 현재 공석이었다. 바로 취임해달라는 독촉이 심했다. 나는 이번에도 그분이 원하는 대답을 줄 수가 없었다. 전혀 생각해 본 일도 없었거니와 내가 그 대학의 총장으로서 적합한가, 내가 총장으로서 무엇을, 어떻게 기여할 수 있을는지 가늠조차 안 되는데 어떻게 그 자리를 받아들이겠는가. 그녀는 오늘 광주에서 올라왔는데 돌아가는 차표도 끊었으므로 빨리 확답을 듣고 돌아가야 한다는 것이었다. 나는 속으로는 이미 거부했으나 예의상 "당장 확답을 줄 수 없으니 1주일의 여유를 달라."고 설득했다.

그런지 채 사흘이 지나가기도 전에 다시 설립자로부터 전화가 왔다. 즉시 확답을 달라는 독촉이었다. 그 사유를 물어본즉 결국은 정치권에서 누군가를 총장으로 밀고 있으니 나를 내세워 그를 막아 보겠다는 속셈이었다. 교육계 특히 대학이 정치권의 압력에 총장 인선마저 좌우된다면 내가 어찌 이를 좌시할 수 있겠는가. 바로 그것이 충격적인 동기가 돼 나는 즉석에서 총장취임을 승낙하고 그 주말에 그 대학의 설립자의 요구대로 급하게 내려가 생각지도 않았던 H 대학의 총장이 됐다.

고대 희랍의 신화에서 보면 운명의 여신 모이라이(Moirai) 세 자매가 실을 관리하면서 인간의 출생과 죽음에 이르는 과정 그리고 죽음의 세 단계를 각각 분담하고 있다. 나도 그렇게 운명의 여신에게 관리당하고 있는 것인가? 기독교에서는 이를 "하나님의 역사하심"으로 보고 있다.

인간이 어떤 가문의 어떤 부모 밑에서 어떤 DNA를 받고 태어나느냐 하는 것은 각자의 선택사항이 아니다. 자유의지와 무관하다. 또한 언제, 어떤 원인으로, 어떤 형태로 죽느냐 하는 것도 마찬가지다. 결코 내 마음대로가 아니다. 다만 출생에서 죽음에 이르는 여러 틈새들, 즉 중간단계에서만 겨우 인간의 의지적인 노력이 운명의 여신과 그 결정권을 다툴 수 있을 뿐이다. 이것이 인생 아닌가?

<한국대학신문, 2021.9.13.>

28

공동체 발전과 다워야주의

지극히 최근의 일이다. 금년 들어 가장 추웠던 날이라서 그랬는지 지하철 3호선에 빈자리가 많았다. 안국역 출구 엘리베이터 앞에도 오직 한 분의 노신사가 기다리고 있었다. 나는 그에게 먼저 타시도록 권했다. 그러나 그는 "아니요, 어르신께서 먼저…" 하면서 순서를 양보하더니 "일찍이 어르신들께서 고생하면서 우리나라를 이렇게까지 만들어 놓으셨는데…" 하면서 인사를 이어나갔다. 그 순간 내 가슴은 울컥했다. 나는 당황한 나머지 "아니요, 저는 아무것도 한 게 없습니다. 그러나 우리 앞세대 어른들께서 집중적으로 희생됐고 이 나라 발전에 기여한 것은 사실이지요." 하면서 인사동 입구까지 걸어 나왔다. 그날의 영하 11° 혹한을 녹이는 훈훈하고 감동적인 대화였다.

동시에 수년 전에 어떤 TV 채널에서 본 한 정치인의 대중연설 장면이 생생하게 떠올랐다. 그는 "이게 나라입니까? 세상에 이런 나라가 어디 있습니까? 나라가 나라다워야 하지 않겠습니까?" 그는 흥분한 얼굴과 격앙된 어조로 열변을 토했다. 대중의 환호와 박수가 터져 나왔다. 나는 바로 여기에서 정치지도자와 정치선동가의 궤가 다름을 목격했다. 앞에서 말한 안국역의 노신사와 여기서 말하는 정치인의 국가관과 역사관이 확연히 대조적이었다. 조상과 조국을 모욕하는 오만불손한 정치선동가가 대중의 지지를 받는다면 자칫 포퓰리스트 1인체재(monocracy)가 되거나 아니면 그의 측근 세력들의 이해관계에 의해서 국가가 좌우되는 패거리체제(oligarchy)가 되고 말 것이다. 우민 또는 폭민정치(mobocracy)나 금권정치(plutocracy)의 위험성도 배제할 수 없다. 민주정치(democracy)는 그것들과 담 하나 사이의 지근 거리에 있기 때문에 위협을 받을 수밖에 없다.

오늘날엔 불행하게도 하나의 혈연으로 맺어진 우리 민족공동체 안에 두 개의 국가공동체가 병존해 서로 위기감을 조성하며 적대관계를 유지하고 있으나 어떠한 형태의 공동체이든 이를 발전시키기 위해서는 무엇보다도 먼저 구성원들이 자신의 소속공동체를 사랑해야 한다. 그러한 입장에서 자국의 과거사를 긍정적으로 그리고 애국적으로 수용해야 한다. 특히 구성원의 하나같은 동질성, 소속성, 결속성이 높아져야 하며 국가발전에의 참여와 기여의 의무감이 원숙해져야 한다. 또한 국민 모두는 희로애락을 공유하는 공생·공멸의 공동운명체라는 의식이 국가와 시민사회에 의해서 교육돼야 한다. 이 점에서 국민을 자괴와 절망과 수모의 도가니로 몰아넣는 선동형 이기적 정치인보다는 안국역의 노신사가 도리어 우리의 앞날을 밝혀준다.

공동체 발전을 위해서 반드시 덧붙일 것이 있다. "다워야 주의"이다. 대한민국이라고 하는 최고 수준의 지연공동체가 진실로 나라다운 나라가 되려면 모든 지체들, 즉 모든 구조와 기능이 각각 제자리에서 제 몫을 충실히 감당해 줘야 한다. 대통령이 국회의장이나 대법원장처럼 생각하고 행동해서는 안 된다. 수석비서관이 장관다워서도 안 되며 청와대 비서실장이 국무총리다워서도 안 된다. 이익통합 구조인 정당이 이익표출구조인 압력 단체 구실을 해서도 안 된다. 법원은 오직 헌법적 가치를 보호하고 정의를 구현하는 최후 보루다워야 한다. 공무원이 기업체의 임원이나 국회의원 흉내를 내서는 국가공동체가 올바로 살아남을 수 없다. 교수는 교육자다워야 하고 학생은 피교육 자다워야 한다. 그래서 각자의 역할을 존중해야 한다.

1959년의 늦가을 어느 날 나는 지금의 대학원 총학생회장인 Y 대 대학원 원우회장으로서 대학원장과 단독 면담을 했다. 대학원 졸업요건에 관한 대학원 정책을 반대하기 위함이었다. 장시간의 토론이 이어졌다. 그날의 마지막 순간, 대학원장의 단도직입적인 한 말씀이 나를 강타했다. "윤군, 대학원의 학사를 운영함에 있어 대학원장의 의견과 학생회장의 의견이 끝내 이렇게 불일치할 경우에는 누구 의견이 존중되어야 하겠나?" 그 한 말씀에 나는 "원장님 말씀이 옳습니다. 제가 잘못했습니다. 돌아가서 학생들을 잘 설득하겠습니다." 하고 물러나와 전교 대학원 참사회의를 소집하고 사후 정리를 마친 일이 있다. 후에 알고보니 그때가 그 어른, 김윤경 교수의 정년퇴임 직전이었다. 고개가 절로 숙여졌다. 이제 와서 생각하니 그것이 바로 공동체 이론의 실천적 사례로서 자랑스러운 추억이 되어 내 뇌리에 아직까지도 선명하게 남아 있다.

비록 2500년 전의 일이지만 어느 날 제 나라의 경공이 정치에 대하여 물었을 때 공자님의 대답은 간단명료했다. 즉 "임금은 임금다워야 하고, 신하는 신하다워야 하며, 아비는 아비다워야 하고, 자식은 자식다워야 한다. 이것이 정치의 근본이니라(孔子, 『論語』, 「顏淵篇」, 君君臣臣父父子子)." 현대정치학의 구조·기능분화 이론과 다를 바가 없다. 그 밖에도 명(明)나라 여곤(呂坤, 1536~1618)의 저서 신음어 존심 편에서는 "손에는 손의 할 일이 있고, 발에는 발의 할 일이 있으며 이목구비에는 이목구비의 할 일이 따로 있느니라."라는 가르침이 있어 새삼 가슴에 와 닿는다. 바꿔 말하면 국가를 포함한 모든 공동체는 내부적으로 구조를 분화하고 구조마다 기능의 전문화와 자율성을 보장해줘야 한다. 이것은 민주국가 발전의 기본조건이다.

더욱 놀랍게도 2000여 년 전 바울(St. Paul)은 훨씬 더 유기체적으로 설명하고 있다. 눈이 손더러 내가 너를 쓸데없다 하거나 또한 머리가 발더러 내가 너를 쓸데없다 하지 못하리라. 이어서 "만일 한 지체가 고통을 받으면 모든 지체가 함께 고통을 받고 한 지체가 영광을 얻으면 모든 지체가 함께 즐거워 하느니라." 즉, 구조의 분화와 역할의 분담만이 아니라 서로 다른 구조와 역할 상호 간에 존중할 것을 강조하고 있다. 실로 국가공동체가 공동운명체임을 실감케 하는 이론이라 하겠다. 내가 공동체 발전의 다워야주의(Dawuoyaism)를 주장하는 것은 그래서 하는 말이다.

<한국대학신문, 2021.12.26.>

29

내가 겪은 인생은 종이 한 장의 차이

　나는 한동안 TV 프로그램 중 '한국인의 밥상'을 즐겨 봤다. 참으로 마음 편하게 지난날의 향수에 젖으며 감상할 수 있는 흐뭇한 프로그램이었다. 밥상만이 아니라 고향 산천을 집에 앉아서 감상할 수 있어 편안했다. 마음 졸일 이유도 혈압이 오를 이유도 없었다. 적지 않은 연속 프로그램은 나 같은 시청자의 말초신경을 자극하며 중독증에 걸리게 해 그 프로그램의 노예로 만들어 버린다. 그런 점에서도 한국인의 밥상은 매우 격조 있고 우아한 작품이다.

　솔직히 말해 나는 최불암 씨에게 매료돼 그 프로를 그만큼 좋아하게 됐다 해도 과언이 아닐 것 같다. 앞에서 말한 시청자로서의 나의 정서적 안정과 평화가 밥상과 주변의 자연환경 그리고 함께 출연하는 마을 사람들의 아름다운 협연보다는 최불암 씨의 일거수 일투족과 멘트 한마디 한마디가 나를 그렇게 만들었던 것 같다. 참으로 자랑스러운 우리들의 연기자다. 연기를 하고 있다고 느껴 본 일도 없을 만큼 자연스러운 연기자다. 한국인의 밥상을 보면서 아내에게 내가 하는 말이 있다. "아, 나도 그 길을 계속 갔더라면 오늘날 저 양반과 함께 지내며 막걸리 한잔했을 텐데…"라고. 그 길이란 무엇일까.

1953년 가을의 일이다. 6·25전쟁이 휴전되고 서울로 수복하면서 학교 안 게시판에 '극예술연구회'를 창설한다는 회원모집 광고가 나붙었다. 그 무렵 우리에게 셰익스피어를 가르치던 교수님께서 당신이 지도교수시라며 "윤 군, 해 볼 생각 없나." 하셨다. 나는 순진하게도, 아니 바보스럽게도 '영어를 공부하려면 극예술연구회에 입회하는 것이 좋겠다.'고 생각돼 "네." 하고 대답했다.

첫 만남에서 라디오로만 알았던 당대의 명 아나운서 임택근 선배(당시 정외과 3학년)를 만났다. 가슴이 두근거렸다. 머지않아 첫 번째 환도(서울수복) 기념공연을 한다는 것이다. 대본은 미국의 저명한 극작가 유진 오닐의 포경선(고래잡이)이라 했다. 유진 오닐은 안타깝게도 우리의 공연이 있었던 직후(1953년 11월 27일) 세상을 떠났다. 그는 생전 네 번에 걸친 퓰리처상과 노벨상을 받았으며 예일대로부터 문학 명예박사학위를 받았다.

나는 그래서 더욱, 그리고 으레 대학이니까, 영문학 교수님이 지도하시니까 영어로 공연을 하는 줄 알았다. 아무리 신입생이라 하더라도 그렇게 어리석고 순진할 수가 있을까? 지금도 그때 일을 생각하면 고소를 금할 수 없다. 하지만 이미 발을 담갔으니 어찌하랴. 하라는 대로 열심히 했다. 대본은 영문과 3학년 황모 선배가 번역했다는데 영 내 마음과 내 입술에 잘 맞지 않았다. 조연출은 임 선배가 맡았고 회칙 초안은 내가 만들었다. 하지만 국어로 연습하니 매우 실망스러웠다. 그래도 최선을 다해 공연을 마쳤다. 대성황이었다. 매우 성공적이었던 것 같다. 나도 개인적으로 칭찬을 많이 받았다.

며칠 후 교수님의 호출이 있어 달려갔다. 오는 일요일 오후 4시 을지로 입구에 있는 (주)한국전력 뒷마당에 오라는 말씀이었다. 또 "네." 하면서 교수님 분부대로 출두했다. "아, 이 어찌 된 일인가? 나는 교수님께서 나만 부르신 줄 알았는데 장안에 내로라하는 대학 남녀학생 20여 명이 모여 있지 않은가?" 타 대학 교수님들도 여러분 계셨다. 1학년 학생은 나 말고는 별로 없는 것 같았다. 어떤 교수님의 말씀이다. "이 자리에서 오늘 '떼아뜨르 리브르(자유극단)'를 발족한다. 연습은 매주 수, 금 저녁에 한다."는 것이다. 나는 앞이 캄캄하고 가슴이 덜커덩했다. 우리 교수님께 사정을 말씀드렸다. "교수님, 저는 매일 저녁 학원강사 일을 나가는데요?"

　겨우 면제받고 극예술연구회에서도 탈퇴했다. 그 후 교수님 강의 시간만 되면 고개를 들 수 없을 정도로 민망하고 죄송했다. 다른 한편으로는 나를 연기자로서 유망하다 보시고 뽑아주셨으니 얼마나 감사한지. 하지만 수줍은 나는 아무 표현도 못했다. 때마침 우리가 배우고 있던 대목은 바로 셰익스피어의 햄릿이었다. 햄릿의 독백 살아야 할 것이냐, 죽어야 할 것이냐가 그 시절의 나에게 참으로 실감 있게 다가왔다.

　한때 내가 미국에 유학하던 시절 우연히도 바로 이 장면을 연출하는 세기의 명배우 버트 랭카스터의 영화를 본 일이 있었다. 그는 높은 성곽의 베란다에서 아래를 내려다보며 뛰어내려 죽을 듯 말 듯 하는 연기를 펼치면서 햄릿의 독백을 읊어댔다. 투비 오어 낫 투비하면서. 나의 대학 1학년 시절 그 사건이 가슴 여리게 되살아났었다.

　다시 최불암 씨로 돌아오자. 그는 나보다 일곱 살 아래다. 그의 건강과 행보를 보면 역시 나보다 아래인 것 같긴 한데 그의 처신과 멘트를 들을 때는 나보다 연상인 것 같아 형님 같고 존경스럽기까지 하다. 나는 그를 세상에서 제일 성공한 인생의 본보기라고 생각한다. 대학에서 자기가 좋아하는 연극영화학을 전공하고 그 후 일사불란하게 그 길에서 팔순을 맞이했으니. 그러고도 아직까지 변함없이 현역으로 활동하고 있으니 얼마나 성공적인 행복한 인생인가.

내가 만약 67년 전 그날, 한전 뒷마당에서 교수님께 "네" 한마디
만 했더라면 지금쯤 내 인생은 어찌 돼 있을까? 대학 4년간 학원강사
를 꾸준히 성심껏 했기에 그 경력이 인정돼 학부 졸업과 동시에 육사
교관으로 선발됐고 5년 반의 교관 생활을 성공적으로 마칠 수 있었다.
다시 그것이 기반이 돼 오늘날까지 57년간 대학교수로 살아온 것 아
닐까? 생각하면 인생은 종이 한 장의 차이, 어느 순간적 결정의 차이
인 것 같다. 그래서 인생은 참으로 아찔하다. 최 선생이나 나나 오직
하나님께 감사드려야 할 일이 남아 있을 뿐이다.

<한국대학신문, 2020.11.9.>

30

혼추호캉스냐? 마친 보람이냐?

요즈음 나는 우리의 말과 글이 정체성을 잃고 붕괴되어 가는 현장을 보고 있는 것 같아 안타까울 때가 한두 번이 아니다.

추석 연휴를 전후해 언론에서는 '추캉스'란 말을 자주 쓰고 있다. 처음에는 어리둥절했다. 생각해 보니 추석과 바캉스의 합성어였다. 코로나의 여파로 연휴를 호텔에서 지내는 사람들이 꽤나 있는 모양인지 그것은 '호캉스'라 하고, 혼자 바캉스를 떠나는 건 '혼캉스'라 하고 있다. 공식 언론이 공론의 지면을 통해 사설 클럽의 소식지처럼 그렇게 임의로 신조어를 남발해도 되는 것인지 묻지 않을 수 없다.

그렇다면 혼자 호텔에서 추석 연휴를 지내는 것은 '혼추호캉스'라 해도 되는 것인가? 언론사 편집권의 횡포 또는 남용 아닌가? 어째서 국민의 바른 언어생활을 위해 설립된 국립국어원이나 한글학회는 말 한마디 없는가? 오늘 아침 유력한 모 일간지에도 기사 제목에 '턱스크'에 과태료를 물린다 했다. 턱스크란 어느 나라 말인가?

혹자는 이렇게 말하리라. 급속한 세계화 시대를 사는 오늘날, 선진 외국어와의 언어 합성은 당연한 흐름 아닌가? 역사의 세계화적 흐

름에 언어의 쇄국주의는 더 이상 지탱될 수 없다. 도리어 적극적 자세
로 임함이 옳다고. 그래서 더욱 나는 우리 말과 글의 앞날을 염려하면
서 주시경의 마친 보람을 대조적으로 떠올리게 된다.

여기서 말하는 마친 보람은 서술어가 아니다. 하나의 이름씨(명
사)다. 1913년 배달말글모듬 서울 온모듬(조선언문회 서울 총회)에서 한
힌샘 주시경 선생이 고등과 제1회 졸업생들에게 준 졸업증서를 일컫
는 말이다. 제목만이 아니라 내용에서도 순수한 우리말을 찾아내거나
새로 만들어 내려는 혁명적 사고와 주체적 노력이 엿보인다. 예컨대
난대(출생지) 난제(출생일) 다나(교과과정) 어른(원장) 스승(지도교사) 등
이 그것이다. 원장 남형우는 솔벗메, 교사 주시경은 한힌샘으로 본인
들의 이름까지 순수 우리말로 바꿔 놓았다. 혁명이다. 하지만 안타깝
게도 그는 그 이듬해에 세상을 떠났다.

마친 보람을 받은 제1회 졸업생 33명의 명단을 훑어 보면 최현
배, 이병기, 이용설, 윤복영, 정충시, 현상윤, 이병헌, 김두봉, 권덕규
등 역사적으로 낯익은 얼굴들이 보인다. 모두가 이 나라의 개혁과 항
일과 독립운동을 이끈 민족적 지도자들이다.

주시경의 혁신 사상은 그가 수여한 졸업장을 순수한 우리말로 바
꿔 부른 실험정신과 새 명칭에서도 드러난다. 가령, 익힘주글(익힘에
주는 글) 나남(나와 남, 즉 자타가 공인함) 배혼 보람(배운 보람) 닦은 보
람(수료증), 부지런 보람(근면상) 등이 그것이다. 참신한 우리말을 줄기
차게 발굴한 셈이다. 그는 무엇보다도 한글전용과 풀어쓰기 및 가로
쓰기를 시도했으니 이는 분명히 세종대왕도 놀랄 만한 혁명이라 아니
할 수 없다.

오늘날 주시경의 문자혁명은 가로쓰기에 관한한 이미 어느 정도
성취됐다 할 것이며, 풀어쓰기는 각종의 디자인을 통해 한글의 예술
성과 함께 그 시동이 걸렸다 하겠다. 문자의 발전은 언어의 발전으로,

그것은 다시 우리의 사고방식과 문화생활의 발전으로 이어질 것이다. 실로 조용한 혁명이라 할 만하다.

　다만 나의 개인적 소망은 훈민정음 창제 당시(1544년)의 자모음 28자 중 소외된 넉자를 다시 살려내어 재활용해서라도 지구상의 모든 언어를 발음 그대로 표기할 수 있도록 개발함으로써 표음문자로서의 능력을 극대화할 수 있게 되기를 바란다. 그렇게 되면 v, f, θ, r, ə, l 등의 발음까지도 정확히 표기할 수 있게 되리라 믿는다.

　한때 젊은 현역 교수 시절 나는 주시경의 '마친 보람'에 감격한 나머지 매 학기 종강할 때마다 서재에 걸려 있던 '마친 보람'을 강의실에 갖고 들어가 '조용한 혁명'이라는 제목으로 종강 특강을 대신하기도 했다. '조용한 혁명'은 총포나 민중의 함성으로 유혈과 폭력을 수반하는 '시끄러운 혁명'에 비하면 겉보기에 그 성과가 미약하고 지지부진한 것처럼 보이기는 하지만 그 사회의 근본을 바로잡고 문화를 변혁하는 데는 도리어 무엇과도 비길 수 없을 정도의 위력을 가지고 있음을 강조하기도 했다.

　1789년의 프랑스 혁명, 1917년의 러시아 멘셰비키 및 볼셰비키 혁명을 비롯하여 1960년의 한국 4·19혁명, 1961년의 한국 군사혁명 등은 모두 포성과 총성, 탱크의 굉음과 민중의 외침 등을 수반한 시끄러운 혁명이었지만, 그 역사적 성과는 체제변동과 권력의 재편성 등의 제한성과 한시성을 태생적으로 지니고 있었다. 하지만 세종대왕의 한글 창제, 스위스 페스탈로치의 교육혁명, 덴마크 그룬트비히의 인간 개조와 국토 개혁 등은 진실로 조용한 혁명으로서 모든 인간으로 하여금 새로운 자아를 발견하고 신세계를 만나게 했다. 이 반열에서 나는 주시경을 결코 빼놓을 수 없다는 것이며 그 산 증거로 '마친 보람'을 제시하고 있는 것이다.

　혼추호캉스냐? 마친 보람이냐? 우리의 갈 길은 어디인가? 만약 이

시점에서 세종대왕, 주시경, 특히 '조선민족 갱생의 도'를 쓰신 이 시
대의 대표적인 한글학자 최현배님이 살아 계신다면 뭐라고 말씀하실
것인지 한글날을 맞아 도리어 두려움을 금할 수 없다.

<한국대학신문, 2020.10.19.>

31

매화 그리고 선구자

우리 내외가 애지중지하며 30여 년째 간직하고 있는 액자가 하나 있다. 우리 시대의 한글 서예가로서 역대급 명필이라고 칭송받는 꽃뜰 이미경님의 작품 매화이다. 한글 서예가로서 쌍벽을 이루고 있는 갈물 이철경님과는 자매가 된다. 그 두 분은 모두 일제 강점기에 이화여전(지금의 이화여대)을 졸업하고 아버님 이만규 배화여고 교장의 발길을 따라 다년간 고교 교사로서 교육자의 삶을 살아가는 한편 한글 사랑과 나라사랑의 불꽃을 한글 서예로 지펴나가기도 했다.

"아프게 겨울을 비집고/ 봄을 점화한 매화/ 동트는 아침 앞에/ 혼자서 피어있네/ 선구는 외로운 길/ 도리어 총명이 설워라." 이는 꽃뜰이 써 내려 간 이호우 시조시인의 "매화"이다. 그는 28세이던 1940년 일제 강점기에 시조 「달밤」으로 등단했다. 아마도 그는 매화를 바라보면서 불운한 우리 민족의 선구자들을 떠올리며 애달픈 심정으로 통한의 눈물을 흘렸던 것 같다.

매화는 하얗게 눈 덮인 겨울 끝자락에 피어나 홀로 외로움과 추위를 견디며 은은하게 매향을 풍긴다. 매화, 대나무, 소나무의 세한삼우(歲寒三友)의 으뜸도 매화요, 매화, 난초, 국화, 대나무 사군자(四君子)의 으뜸도 매화이다. 구양수, 소동파 등을 포함한 당송팔대가(唐宋八大家)의 한 분인 북송의 법개혁주의자 왕안석(王安石)의 "매화"를 보면 이호우의 매화가 더욱 특이함을 알 수 있다.

"담 모퉁이의 매화 몇 가지/ 추위를 이기고 홀로 피었네/ 멀리서도 눈이 아님을 알겠나니/ 은은한 향기 풍겨오누나." 왕안석의 매화는 이호우에 비하면 잔잔한 안정감과 평화가 있다. 주어진 현실에 대한 울분도 통한도 없다. 매화로 선구자를 암시하는 우국충정의 부담감도 없다.

무엇보다도 나는 백설 위에 예쁘고 상큼하게 피어난 매화를 보면서 외롭고 서러운 그 시대 그 땅의 불운한 선구자들을 연상하며 괴로워하는 이호우 시인이 더욱 가엾고 존경스럽다.

윤해영 작사, 조두남 작곡의 민족 가곡, "선구자"를 보면 더욱 공감이 간다. 일송정 푸른솔은 늙어늙어 갔어도… 하고 시작되는 이 노랫말은 절마다 후렴처럼 선구자들을 눈물로 추모하고 있다. 1절에선 "지난날 강가에서 말 달리던 선구자, 지금은 어느곳에 거친 꿈이 깊었나." 2절에선 "이역하늘 바라보며 활을 쏘던 선구자, 지금은 어느곳에 거친 꿈이 깊었나.", 그리고 3절에선 "조국을 찾겠노라 맹세하던 선구자 지금은 어느곳에 거친 꿈이 깊었나."로 매듭짓고 있다. 누구도 눈물 없이는 이 노래를 끝까지 부를 수 없으리라. 이것이 매화꽃 속에 숨어 있는 선구자의 영혼이다.

실은 나도 여러해 전 해란강을 끼고 펼쳐지는 해란벌을 달려 애국시인 윤동주 생가를 다녀오면서 그의 "하늘과 바람과 별과 시"의 서시 "죽는 날까지 하늘을 우러러 한점 부끄럼이 없기를…" 하고 읊어댔다. 용정시로 돌아오면서 왼편 하늘 밑에 솟아있는 산마루의 일송정을 올려다보며 사진 한 장 찍는 것으로 나의 거친 숨을 몰아쉬었던 기억이 지금도 생생하다. 일제시대 많은 선구자들을 배출한 용정 중학을 한 바퀴 둘러본 것도 그때의 일이다. 지금까지도 깊은 감동으로 남아있다. 특히 그 학교의 입구 계단옆에 걸려 있는 백두산 천지 그림은 두만강변을 달렸을 선구자들의 영상과 함께 좀처럼 잊혀지지 않는다.

그러나 이 민족의 선구자들도 역사속을 뒤져 보면 각인각색이다. 매화가 각양각색인 것과 같다. 나는 근년에 와서 세 점의 매화를 감상하는 행운을 가졌다. 하나는 동곡(東谷, 李彰文, 1932)의 것인데 나는 그와 아무런 인연이 없다. 대한민국 미술대전에 네 번 입선하였다는 그의 매화(1986년작)에서 나는 아름다움과 평화로움을 느끼기는 하였으나 불운하면서도 강인한 이 민족의 선구자 모습은 연상될 수가 없었다.

난사 정영조(蘭史, 鄭榮朝)님의 매화도 동곡의 그것만큼 화려하고 아름답다. 그녀 역시 본인의 외양과 성품을 닮아 가장 선량하고 여성적인 매화를 그려냈다. 이 험한 세상에서 싸워 이겨내야 할 선구자를 매화로 형상화하기에는 그들이 그린 꽃잎의 색깔이 너무 화사하고 여성적이며 마치 나비 같아 외롭고 서러운 선구자의 모습이 좀처럼 묻어나지 않는다. 그러나 현곡 조덕행(玄谷 趙悳行)님의 매화를 보면 남자중의 남자다운 작가의 성품을 닮았다. 그의 매화 꽃잎에는 고달프고 외로운 시대를 뚜벅뚜벅 걷다가 힘차게 뛰어 나가려는 선구자의 강력한 의지와 열정이 빨간 잎새와 강인한 나뭇줄기에서 묻어난다. 난사(蘭史)와 현곡(玄谷)은 모두 국전 입선 또는 초대 작가 이며 80대 후반의 동시대 문인화가 들이다. 그러나 그들이 그려낸 매화가 모두 서로 다르듯이 그 속에 담긴 선구자의 영상과 염원도 결코 같을 수 없다.

어떤 대학의 이사장께서는 일찍부터 남아공의 넬슨 만델라(Nelson Mandela)를 인류의 정신적 지도자로 존경하는 나머지 그를 위한 기념관을 교내에 건설할 계획을 세우고 있다. 만델라는 남아공 최초의 흑인 운동가 출신이자 초대 흑인 대통령으로서 27년간의 감옥 생활을 용서와 화해로 극복한 사랑과 평화의 상징이다. 그야말로 참혹한 엄동설한 같은 정치적 지평을 뚫고 나온 매화요, 인류평화의 선구자라는 것이다.

모든 매화가 같지 않듯이 선구자도 결코 같을 수 없다. 개척자형 선구자(Pioneer)가 있는가 하면 전조(前照)형 선구자(Forerunner)도 있고 전달형 선구자(Herald)도 있다. 매화로 그려낸다면 모양과 색깔과 표정이 저마다 다를 것이다. 마틴 루터(Martin Luther), 미국 플리머스에 정착한 영국 청교도단(Pilgrim Fathers), 에이브러햄 링컨(Abraham Lincoln), 세종대왕, 다산 정약용 등을 매화로 그린다면 어떤 모습으로 표현해야 할 것인지? 문외한인 나로서는 그 요구에 맞는 그림을 그려내기보다 차라리 해란강변에 말을 달리며 이국 하늘에 활을 쏘는 게 도리어 수월할 것 같다.

이 나라의 겨울은 언제까지일까? 얼마나 더 기다려야 이 땅에 흰 눈을 뚫고 매화가 피어오르려는가? 이때 우리의 매화는 우리 민족에게 어떤 모습의 선구자를 보여주려는가? 전조형 선구자와 개척자형 선구자를 가슴 조이며 기다리는 이가 비단 나만은 아닐 것이다.

<한국대학신문, 2021.12.19.>

Ⅱ

대학의 발전전략

국제교육진흥원의 창설과 정책의지*

I. 들어가는 말

저는 오늘 11년 만에 이 자리에 다시 발을 들여놓았습니다. 그때도 교육부 전 직원 앞에서 한국교육에 대한 저의 철학과 정책을 약 한 시간에 걸쳐 역설했던 기억이 납니다.

돌이켜보면, 저는 장관 취임 초부터 서울대학교 음대 입시부정사건으로 말할 수 없이 시달렸습니다. 말하자면 저의 장관직은 서울대학 입시부정사건으로부터 시작해서 1년 1개월 만에 서울신학대학에서의 시험지 도난사건으로 끝이 난 셈이죠. 그동안에도 별의별 일이 다 있었습니다. 명지대의 강경대군 피살사건뿐만 아니라 정원식 국무총리에 대한 외국어대학에서의 계란·밀가루 투척사건 등 참으로 어이없는 사건이 많았습니다. 그래서 남보다는 고생을 많이한 셈입니다.

말하자면 수난의 세월을 겪었는데 재임기간을 따지면 평균수명

---

* 이 글은 교육부 국제교육진흥원 강당에서 시행된 오성삼 원장 취임 맞이 특강(2003 .4.1.)의 녹취록임.

은 거뜬히 넘겼습니다. 사실 저는 시험지를 도둑맞으리라고는 꿈에도 생각 못했고 의례히 대통령 임기 말까지 함께하려니 했습니다. 시험지 도둑맞은 후에도 도난사건은 치안에 구멍이 뚫렸다는 증거이므로 그것은 치안당국 귀책사항이지 도둑을 맞은 교육부의 인책사항이 될 수 없다는 여론도 있었으나 당시의 정치권의 정황으로 봐서 빨리 사태를 수습하기 위해서는 제가 사표를 내고 물러나는 것이 좋겠다고 생각했습니다. 역사의 바퀴가 굴러가다가 보면 더러는 엉뚱한 사람이 그 바퀴에 어이없이 깔리는 경우도 있게 마련입니다. 1991년 6월에는 외대에서 정원식 총리 폭행 사건이 터졌는데 그때는 정말 참담한 심정으로 다 버리고 떠나고 싶었습니다만 웬일인지 대통령께서 사표 수리를 끝내 안 하시더군요. 지난날 짧은 기간에 있었던 이러저러한 생각들이 오늘 이 자리에 들어서게 되니까 머릿속을 주마등처럼 스치고 지나가네요.

II. 오성삼 신임원장과 나

제가 오늘 이 자리에 오기로 마음을 먹었던 특별한 이유가 있다면 그것은 여러분들이 새로이 원장으로 모시게 된 오성삼 교수님과 나와의 특별한 관계 때문이라 할 것입니다.

오성삼 원장님은 제가 건국대학교 총장으로 재임하고 있을 때 그때 제 눈에 상당히 돋보였던 교수입니다. 아무 보직도 안 하고 연구에만 전념하고 있었지만 많은 분들이 오성삼 교수를 총장인 저에게 본부 요직에 앉히라고 강력하게 추천하더군요. 그 당시에 오성삼 교수는 섭섭했을지도 모릅니다만 내가 왜 추천을 받아들이지 않았느냐 하면 저분은 내가 봤을 때 누구의 참모로 만족할 타입이기보다는 지휘관 타입입니다. 그런데 대학 본부의 처장으로 임명되면 밤낮 총장 주변에서 총장의 의중을 살펴야 하고 총장의 정책과 의견을 집행하는 것이 주 임무가 될 것입니다. 그러나 오성삼 교수는 자기 나름의 독특한 철학과 발상법이 있어서 그것을 바탕으로 능력을 발휘하면 대단한 성과를 올릴 수 있을 분인데, 본부 처장으로 앉혀 놓으면 그러한 역량을 발휘할 수가 없다고 내가 판단했기 때문이었습니다.

그 대신 누구도 생각하지 않은 자리에 발령을 냈습니다. 그게 건국대학교의 평생교육원 초대 원장직입니다. 오성삼 교수는 건국대학교 초대 평생교육원장으로서 몇 차례씩이나 세상을 깜짝깜짝 놀라게 했습니다. 평생교육원에 대한 사회 일반의 고정관념에서 벗어나서 차원이 다른 이벤트들을 벌려 나갔기 때문입니다. 예를 들면 우리나라 경향각지에 와 있는 외국 노동자들에 대한 각종의 특별교육 및 복지 프로그램이 그것입니다. 그때마다 건국대학교 평생교육원은 매스컴을 통해서 다른 대학의 평생교육원과 전혀 색깔을 달리하면서 명성을 한참 떨치기도 했습니다.

그처럼 자기역량을 최대한으로 발휘하는 것을 보고 그를 교육대학원 원장으로 임명하고 조금 있다가 저는 퇴임했습니다. 그러니까 그때부터 지금까지 변하지 아니하는 오성삼 교수에 대한 나의 평가는 그가 매우 합리적이며 민주적이며 창의적인 그리고 구성원의 전 역량을 총집결할 줄 아는 능력을 가진 탁월한 리더십의 소유자이라는 점입니다. 그래서 오성삼 교수님께서 최근에 이 기관의 원장님으로 오신 것이 저는 얼마나 기쁜지 알 수가 없습니다. 그래서 저의 축하의 뜻과 함께 당부의 말씀을 전하고자 오늘 이 자리에 온 것입니다.

저는 교육부를 떠난 후 십여 년 동안 교육부에 발을 들여놓은 일이 거의 없습니다. 그사이에 역대 장관님들을 밖에서 이런 일 저런 일로 자주 만나 뵙기는 했어도 내가 수장으로 있던 기관에는 발을 안 들여 놓는 것을 원칙으로 삼았기 때문입니다. 그러므로 저는 오늘 파격을 하고 있는 셈입니다. 제가 오늘 파격을 아니 할 수 없었던 것은 앞에서 말한 것처럼 처음으로 공개모집을 통해서 발탁된 오성삼 원장님에 대한 저의 축하의 뜻, 그리고 국제교육진흥원에 대한 저의 바람이 그만큼 깊고 진지했기 때문이라 할 것입니다.

III. 국제교육진흥원 창설 목적과 정책의지

국제교육진흥원에 대한 저의 입장을 말한다면 그것은 참으로 각별한 바 있습니다. 국제교육진흥원에는 교육부 장관으로서의 저의 철학과 정책이 스며 있기 때문입니다. 국제교육진흥원은 제가 창설했다 해도 지나침이 없을 것입니다. 그러므로 국제교육진흥원을 왜 만들었는가, 어떻게 해서 만들게 되었는가 하는 것을 세월이 더 흐르기 전에 제가 제 입으로 말해 두는 것이 좋겠다고 생각하게 되었고 오성삼 원장님께서도 그 필요성을 공감하셨기 때문에 제가 오늘 이곳에 오게 된 것입니다. 즉, 산파역을 맡았던 사람으로서 그 창설의 목적과 저의 정책의지를 밝혀둘 의무를 느끼게 되어 여기 나온 것입니다.

1. 재외교포에 대한 재인식

저는 교육부 장관 취임이후 한국교육의 당면과제로서 몇 가지를 제시했는데 ① 민주시민으로서의 자질함양과 도덕성 함양교육, ② 교원의 사회적·경제적 지위 향상, ③ 교단의 민주화, ④ 고등학교 교육의 정상화, ⑤ 대학의 자율성 신장 등이 그것입니다. 그밖에도 국제교육, 특수교육, 유아교육의 진흥을 당면과제로 설정했습니다. 제가 국제교육진흥원의 설치에 손을 댄 것도 그런 맥락에서였습니다.

저는 재외국민이라는 용어사용에 신중할 것을 요구했습니다. 우리나라 국적을 가진 사람이 상사 요원으로서 해외에 당분간 주재 중이거나 또는 유학생의 신분으로 체류 중이라면 그건 틀림없이 재외국민이라 해야 할 것입니다. 그러나 미국, 소련, 중국, 일본 등의 거주국 국적을 가지고 있는 해외거주 2~3세 등의 교포라면 그분들은 법적으로 그 나라의 국민이기 때문에 한국이 그들을 우리 국민이라 할 수가 없습니다. 일이 잘못되면 관련 당사국들과 국제법상의 마찰이 생길 수도 있습니다. 그들을 대한민국 정부가 해외에 체류 중인 자국민이라 주장하면 주장할수록 그 사람들은 그 나라에서 도리어 융합되지 못하고 생활의 정신적 기반을 잡지 못하게 되어 영원한 소외족이 되어버릴지도 모르기 때문입니다. 도리어 그들에게 불편과 불이익을 줄 염려가 있으니 앞으로는 재외국민이라고 하는 용어를 재외동포로 바꿔 쓰도록 조처한 것입니다.

그다음에, 지금 세계로 뻗어 나가야 할 대한민국이 이처럼 거대한 600만의 재외동포를 대상으로 국가적 차원의 심대한 프로젝트를 펼쳐 나가야 하는데 이것이 국가가 직접 책임지는 사업이 되어야지 일개 대학의 부설기구로 둘 수는 없다는 판단에서 법을 바꾸어 교육부에 국제교육진흥원을 설치하도록 한 것입니다. 내가 퇴임하고 나서 한 달여 후에 국제교육진흥원 현판식이 거행되었습니다. 그래서 제가 국제교육진흥원의 산모라고 언급했던 겁니다.

2. 나의 기본철학과 정책구상

이제는 국제교육진흥원과 관련된 저의 기본철학과 정책구상이 무엇이었는지 밝혀야 할 차례가 된 것 같습니다. 91년 봄에 나는 노태우 대통령께 독대를 청했고 기회가 주어졌습니다. 그래서 대통령께 국제교육진흥책에 대한 나의 기본적인 철학을 한반도의 평화통일전략과 연계하여 설명을 드렸고 국제교육진흥의 중요성과 함께 그 방안을 진지하게 건의했습니다. 어차피 우리가 나아갈 길은 국제화와 평화통일, 그 길밖에 없습니다. 그런데 평화통일의 가장 근본은 민족의 동질성 회복입니다. 동질성 회복은 어떤 것으로도 안 되고 오직 교육과 문화교류로만 비로소 가능하다는 나의 주장이 대통령께 받아들여졌던 것입니다. 통일에 관한 사항이라고 해서 통일부나 외무부만의 업무라고 볼 수는 없습니다. 이거야말로 교육부를 포함해서 범정부적으로 다루어야 하는 가장 중요한 민족적인 과업입니다. 그래서 저는 교육부 장관으로서 민족의 평화통일과 관련지어 쌍방통행적인 정책을 곁들린 국제교육진흥정책을 건의했던 것입니다. 다행히 호의적인 반응을 얻었습니다. 그래서 저는 지난날 우리 역사의 슬픈 흔적으로 남아 있는 해외동포 600만에 대해서 한국이 모국으로서의 도리를 다해야 할 것도 곁들여 건의했습니다.

그리고 구체적인 작업계획의 하나로서 소연방과 교육에 관한 교류와 협력각서를 체결할 것을 건의했습니다. 이 또한 승낙을 받았습니다.

그때 제가 대통령께 말씀드렸던 논지는 이렇습니다. "소련 안에 우리 조선족이 많이 몰려 있는 카자흐스탄의 알마티, 그곳보다 더 많은 지역이 우즈베키스탄의 타슈켄트, 그리고 동쪽으로 가서 블라디보스톡, 하바로브스크, 사할린 이러한 곳이 조선족들이 흩어져 살고 있는 서러운 우리 역사의 현장입니다. 그러니 거기에 각각 한국교육원을 만들고 우선적으로 그들에게 모국의 글과 문화와 역사를 가르침으로서 우리로서는 민족의 동질성을 확보해 나가는 한편 그들에게는 정신적으로 기댈 수 있는 모국이 있다는 안정감을 갖게 함으로써 현지에서 성공적으로 적응할 수 있도록 지원해 줘야 하는 두 가지 임무를 감당해야 할 것입니다. 그래서 제가 가장 접근하기 좋은 카자흐스탄의 알마티를 제1후보지로 선정했습니다. 왜냐하면 카자흐스탄 대통령 경제 상임고문이 한국인 방찬영 박사로서 이 문제에 관하여 대단한 열의를 가지고 있기 때문에 그의 도움을 받아 성사시키기가 용이할 것으로 생각했기 때문입니다. 그래서 우선 알마티를 앞에서 말한 몇 군데를 위한 거점으로 확보해 놓고 소련에서의 교류 사업을 성공시킨 다음 중국으로 들어갈 것입니다. 중국에서도 우선 상해를 비롯한 조선족 집결지에 각각 한국교육원을 개설해 나가면 중국에서도 같은 성과를 올릴 수 있을 것입니다. 그러려면 중국과도 교류협력 각서를 체결해야 될 것입니다. 그것이 끝나면 북쪽으로는 소련에 의해서 그리고 서쪽으로는 중국에 의해서 완전히 둘러싸인 속에 북한에 대하여 언젠가는 교육협력을 제안할 수 있게 될것입니다. 물론 상당한 세월이 흘러가야 할 것입니다만 동북아의 대세가 기울다 보면 북한이 교육교류협력 각서의 체결을 거부할 도리가 없을 날이 오게 될 것입니다. 그렇게 되면 교과서교류, 교사교류, 예체능교류, 문화행사교류 등의 활발한 쌍방교류를 통해서 민족의 동질성을 회복하는 가장 차원 높은 평화통일 전략이 되지 않겠습니까?" 그렇게 말씀드렸습니다.

그랬더니 노 대통령께서도 흔쾌히 동의를 하시고 장관 소신대로 하라는 승낙이 떨어졌습니다. 그래서 바로 그해 여름에 소련에 가서 일을 성사시켰던 것입니다.

3. 소련과의 교육 교류

제가 오늘 이 자리를 빌어 여러분께 부탁드리고 싶은 것은 국제교육진흥원에 몸담고 있는 분으로서 적어도 이 한 분만은 기억해 달라는 것입니다. 그게 누구냐 하면 그 당시의 소련의 국가교육위원장, 여기로 말하면 소연방 교육부 장관이었던 야가딘 박사인데 그분이 아니었다면 협정체결은 불가능했을 것이기 때문입니다. 우연히 만나게 된 하바로브스크의 파 이스턴 내셔널 유니버스티, 즉 극동국립대학의 쯔리코프 총장의 말에 의하면 최근에 야가딘 박사가 모스크바 휴머니

테리안 유니버시티의 총장으로 있다는데 아직은 확인을 못했습니다. 오늘 그분의 명함을 원장님께 드리고 갈테니 여러분이 그분을 찾아내어 한국인의 따뜻한 우의와 굳은 의리를 표해 줄 수 있기 바랍니다. 그리고 한·소 교육교류의 문열이를 한 그의 공로를 치하해 주기 바랍니다.

소련과의 협정체결을 위해서 교육부 국제협력과 실무진도 고생 많이 했습니다. 그 사업을 뒷받침한 분들, 특히 당시의 금승호 사회국제 교육국장, 실무를 총괄했던 정봉근 당시 국제협력과장, 그 밑에서 이 일을 뒷바라지하고 자료준비와 실무를 담당했던 장기원 당시 사무관, 그리고 알마티 초대 교육원장 심계철 선생 등 많은 분들이 수고를 해줬습니다. 지금 생각해도 교육부에 유능한 엘리트들이 많았습니다. 그런 인물들의 헌신적인 노력으로 성공적인 첫발을 내디딜 수 있었다고 생각합니다.

만약에 그 사업이 실패였다고 평가되었다면 그 후속 사업이 진행이 안 되었을 텐데 내가 떠난 후에도 처음에 내가 노 대통령께 말씀드렸던 그 순서대로 진행이 되었습니다. 즉, 91년 8월에 알마티에 한국교육원이 개원되었습니다만, 불과 9개월 후인 그 다음해 5월에는 타쉬켄트에, 95년에 블라디보스톡과 사할린에, 그리고 2년 후인 97년 8월에는 하바로브스크에, 그러니까 소련 안에 있을 만한 곳에 교육부가 계획했던 대로 한국교육원이 모두 들어선 겁니다. 알마티가 실패 케이스로 평가되었다면 이렇게 확장되었을 리가 없지 않겠습니까. 그래서 나는 지금도 매우 흐뭇하게 회상하고 있는 겁니다.

제가 더욱 흐뭇하게 생각하는 것은 97년 12월에는 이 사업이 드디어 중국 땅에 상륙했다는 사실입니다. 즉, 97년 12월 연변에 그리고 98년 8월에는 베이징에 그 다음 해인 99년 9월에는 상해에, 그로부터 일년 반 후인 2001년 3월에는 톈진(天津)에, 그러니까 중국에도 베이

징과 톈진(天津)을 포함해서 상해, 연변 등 중요한 곳에 한국교육원이
생긴 겁니다.

돌이켜 보건대, 91년에 알마티에서부터 시작해서 10년 동안에 전
개된 성과들입니다. 교육부 관계관들이 고생을 많이 했으나 그 대신
얼마나 보람이 많습니까? 애초에 생각했던 대로 소련과 중국 사업이
어느 정도 성공적으로 끝났으므로 이제는 북한만 남은 셈입니다. 어
차피 이라크전이 끝나고 북핵문제가 해결되면 한미 관계가 새롭게 조
율되고 남북한과 미국 사이에 새로운 관계유형이 전개될 것이므로 그
때 가서 우리 교육부가 일찍부터 생각했던 민족의 평화통일의 차원에
서 북한을 상대로 하는 교육교류협력 사업에 탄력이 붙게 될 겁니다.

4. 한·소 교육교류협정 체결 시의 비화

여러분, 저는 잠시 막간을 이용해서 1991년의 한·소 교육교류협
력각서 체결에 관련된 비화 한 토막을 털어놓을까 합니다. 양국 간에
약속이 되어 있기는 8월 19일 아침 10시에 소연방 정부청사에서 가야
딘 소연방 국가교육위원장과 협정 서명을 하기로 되어 있었습니다. 그
런데 바로 그날 새벽에 붉은 군대(Red Army)의 쿠데타가 일어났습니
다. 여기서는 그때의 현장상황과 대표단의 심정을 이해하기가 좀 어
려울 것입니다. 우리 대표단이 묵었던 곳은 옵챠브리스카야라고 하는
호텔인데 말이 호텔이지 꼭 수용소 같습니다. 김영삼 대통령이 묵었
던 곳이기도 한데 철 대문이 굳게 닫혀있어 마음대로 들어갈 수도 없
고 나올 수도 없는 곳입니다. 사람도 우리 말고는 없는 것 같았습니
다. 거기서는 사람이 죽어도 모르겠더군요. "아, 여기서 우리가 죽겠
구나!" 하는 불길한 생각까지도 할 정도로 매우 음산한 곳입니다. 심
야에 계속적으로 중장비가 이동하는 굉음이 들려오기에 내려다보니까
혁명군의 탱크가 크레므린 광장으로 몰려들고 TV방송은 CNN까지도

끊어지고 암흑이 되어 버리더군요.

그러나 협정 서명은 예정대로 아침 10시에 강행했습니다. 서명이 끝나면 사전에 준비해 놓은 대로 알마티에 가서 협정문서에 따라 한국교육원 개원식을 해야 됩니다. 이미 양국사이에는, 특히 카자흐스탄 공화국의 대통령 측까지도 행사 준비가 완료된 상태였습니다.

그런데 우리 정부로부터 조규향 차관(지금의 한국방송통신대학교총장)을 통해서 "장관은 즉시 귀국하라"는 통보가 왔습니다. 대한민국 교육부의 원대한 국제교육진흥의 꿈이 위기에 봉착하는 순간입니다. 나는 할 수 없이 같이 간 일행을 불러 모아 놓고 나의 비장한 결심을 밝혔습니다. "모든 계획을 예정대로 진행한다. 다만 장관은 즉시 귀환하라는 구체적인 훈령이 와 있으므로 나는 대통령 명령에 따를 수밖에 없으나 당신들은 내 명령을 받아 알마티로 출발하라. 그것에 대해서 문책이 내려진다면 그 모든 책임은 내가 질 것이다." 하면서 전원을 계획대로 출발시켰습니다. 부하를 사지로 보내는 심정이었습니다. 그러나 그때 만약 내가 알마티 계획을 취소하고 주저 앉아 버렸다면 한국교육의 국제화는 상당한 차질이 생겼을 것이라고 생각합니다.

그랬음에도 불구하고 저는 귀국 후 이 일로 인해서 대통령으로부터는 위로를 받았으나 국정감사장에서 야당의 이철 의원과 심한 논전을 펴야만 했었습니다. 사실은 나도 어떻게 판단을 해야 할지 하룻밤 잠을 설치며 고민 많이 했습니다. 무엇보다도 공산 군사혁명이 진행되는 와중에 금승호 국장이하 우리 일행을 알마티로 보내는 것이 잘못하면 목숨을 빼앗기는 일이 될지도 모른다는 생각 때문이었습니다. 그러나 이번의 붉은 군대 쿠데타로 인해서 소연방이 해체되고 카자흐스탄이 독립된다면 도리어 장차의 우리 국익을 위해서도 이번에 카자흐스탄에 대한 약속을 지키고 우호 관계를 증진시키는것이 우리 국익에 부합될 수 있겠다는 생각을 동시에 했기 때문이기도 했습니다. 케

네디가 쿠바 침공을 결심할 때 침대 속에서 혼자 결정하는 외로움을 겪어야만 했다는 말이 비로소 내 가슴에 와닿았습니다.

교육부에 대한 국정감사장에서 이철 의원이 집요하게 심문에 가까운 질의를 퍼부었습니다. 이철 의원의 논리는 "붉은 군대의 쿠데타가 이미 발발한 후에 윤 장관이 양국간의 외교문서에 서명 날인했으니 우리나라의 외교적 입장을 난처하게 만들었다. 그 책임을 지라."는 것이며 그런 훈령을 혹시 노태우 대통령으로부터 받지 않았느냐는 추궁이었습니다. 그날의 국감장에는 교육부 간부들이 다 와 있었으니까 모두 기억이 날 것입니다. 그러나 내 입장은 정반대였습니다. 나는 직설적으로 반론을 제기했습니다. "그 쿠데타는 절대로 성공할 수 없다는 것이 나의 전문적인 판단이었다. 그리고 내가 서명한 문서의 상대방은 그 순간까지도 유일하게 국가정통성을 가졌던 소연방(USSR)의 국가교육위원장 야가딘이었지 군사 쿠데타의 주체세력이 아니었다. 그러므로 붉은 군대의 군사혁명 발발과 서명 사이의 여섯 시간의 시차가 있었음을 유일한 논거로 삼고 내가 쿠데타를 승인했다는 이 의원의 주장은 결코 받아들일 수 없다." 이것이 나의 반론 요지이었습니다.

그날 밤 12시 넘어서 장관실에 돌아와 신문을 보고서야 이철 의원의 주장만이 이미 석간(동아일보)에 대서특필되어 있음을 비로서 알았습니다. 그 쿠데타는 3일 만에 실패로 끝났습니다. 그때 들어선 게 옐친 정권입니다. USSR이 CIS로 바뀌었습니다. 그러니까 아마도 나와 야가딘 위원장이 소연방(USSR)의 최후의 대외문서에 서명 날인한 사람일지도 모르겠습니다.

그런데요. 닥터 야가딘 참 훌륭한 분입니다. 혁명군의 탱크굉음을 들으면서도 의연하게 약속대로 서명한 것도 감탄할만하거니와 그처럼 혼란스런 위기 상황 속에서 끝까지 내 곁을 떠나지 않고 나를 보호해주고 편의를 봐 주었으니 말입니다. 자기도 틀림없이 신변의 위협을 느꼈을 텐데 말입니다. 고르바초프 정권의 개혁과 개방정책을 반대하는 군사 쿠데타인데 연방 국가교육위원장이 올바르게 살아남을 수 있겠습니까? 그런데도 그분은 끝까지 나를 혼자 내버려 두지 않았습니다. 사실은 나도 몹시 불안했습니다.

교육부 직원은 전원 이미 알마티로 떠났고, 모스크바 발 태평양 항공노선 즉 한국·중국·일본 쪽으로 가는 비행기는 모두 출항이 취소되었으며 현지 한국대사관은 충격을 받아 위축되었고 본국 정부와는 이미 교신이 끊어졌는데, 북한 대사관이 인접에 있으니 내가 불안하지 않을 리가 있겠습니까. 할 수 없이 모스크바 비행장에 앉아 반대 방향, 즉 파리로 가는 비행기를 얻어 타기 위해서 4시간을 기다렸습니다. 피가 마르지요. 그런데도 닥터 야가딘은 내 곁을 끝내 떠나지 않았습니다.

그 후 본격적으로 양국 간에 교육교류가 추진된 것은 옐친 정권이 들어서고 나서의 일입니다. 그래서 내 소원을 말하자면 국제교육진흥원이 그런 숨은 공로자를 찾아내어 대한민국 정부의 이름으로 그를 높이 포상하고 국가가 할 수 있는 예우를 했으면 좋겠습니다.

IV. 국제교육진흥원 발전을 위한 당부

여기서 다시 본론으로 돌아갑시다. 앞에서 말씀드린 그런 목적으로 1992년에 국제교육진흥원을 만들었습니다만 이것은 서울대학교 부설 재외국민교육원에 안주할 시대는 이미 지나갔다는 문제의식에서 출발한 것입니다. 말하자면 외국유학생 데려다가 한국말 가르치는 차원을 뛰어넘어 더 높은 차원의 작업을 전개해야 되겠다는 생각에서였습니다. 한국에 관심이 있는 외국인과 재외동포에 대한 교육, 물론 이것이 첫 번째 생각이죠. 그리고 두 번째는 그런 교류협력각서 체결이

라는 절차를 통해서 우리 교포가 있는 해외 도처에 한국교육원들을
설립·운영함으로서 한국교육의 국제화의 지평을 넓혀 나가고자 한
것이었습니다. 셋째는 교육산업의 교역입니다. 교육공학과 교육정보
통신공학을 통한 각종의 새로운 교육기자재와 시설을 개발·교류함으
로써 대외경쟁력을 갖추고 피차간에 교역을 할 수 있다면 국제교류
확대의 기본 목적에도 크게 부응할 것입니다. 그러므로 국제교육진흥
원이 그에 대한 아이디어를 계속 취합하고 개발하는 방향으로 머리를
쓰지 않으면 안 될 시점에 도달했다는 뜻입니다.

그동안 교육부 직속 기관이었던 국제교육진흥원이 2000년에 대
통령령으로 책임운영기관으로 승격되었고 2001년부터 그렇게 운영하
는 것으로 알고 있습니다. 그러므로 앞으로는 여러분의 창의적인 발
상으로 얼마든지 진취적인 사업을 해 나갈 수 있을 것입니다. 말하자
면 아주 일하기 좋은 때가 돌아온 셈입니다. 다만 교육의 국제교류진
흥사업을 전개함에 있어서, 특히 외국인과 재외동포에 대한 교육서비
스를 전개함에 있어서 나로서는 신임 오성삼 원장님을 모신 자리에서
각별히 당부할 것이 있습니다.

누구를 위해서 이 일을 해야 할 것인가? 그것을 분명히 하라는
부탁입니다. 여러분, 대한민국만을 위해서라고 생각하면 안 된다는 얘
기입니다. 서두에서도 언급을 했습니다만 일차적으로는 재외동포 그
들 자신을 위해서 모국이 동포애와 인도주의적인 입장에서 봉사해야
합니다. 그들이 거주국의 국민으로서 성공할 수 있도록 도와주는 것
을 첫 번째 임무로 삼아야 한다는 뜻입니다. 중국 사람들의 눈으로 봤
을 때는 조선족은 장족이나 회족과 다름없이 중국을 구성하고 있는
자국민이며 45개 소수민족 중의 하나입니다. 대한민국 정부로서는 그
들을 대한민국의 재외국민이라고 주장하지 않는 것이 그들을 위해서
도 이롭다는 얘기입니다.

　두 번째는 우리가 국가를 운영해 나가는 입장에서 한국의 국익을 생각하는 대외전략적 차원에서 그들에게 해 줄 수 있는 것을 해 주면 장차 한국은 그들의 뿌리의식에서 우러나오는 애정과 헌신을 받게 될 것이라는 점입니다. 그들이 한국이나 현지의 한국교육원에 가서 교육을 받고 한국의 문화와 역사를 배우며 한국이 자기 핏줄의 뿌리임을 깨닫고 애정을 갖게 되었을 때 그들 이상으로 더 훌륭한 애국자, 외교관, 해외 홍보요원이 어디 있겠습니까. 자그마치 600만 명입니다. 국제교육진흥원이 그러한 과업에서 성과를 올릴 수 있다면 결과적으로 여러분은 국가발전과 국익 신장을 위해서 말할 수 없이 중요한 공헌을 하는 셈이 됩니다.

　세 번째로는 국제교육진흥원 근무자 여러분의 수준에 맞고 새로운 시대에 맞는 그런 프로그램들을 계속 개발해 나가시기 바랍니다. 국제교육과 교류는 대학교에서만 하는 것이 아닙니다. 그런 일은 초·중·고등학교의 차원에서도 얼마든지 개발할 수 있습니다. 예컨대, 경상북도의 구미에 경구고등학교라고 있습니다. 제가 그 얘기를 듣고 현장에 가서 확인하고 돌아온 일이 있습니다. 특강도 했습니다. 러시아에서 약 60명의 고등학생이 와있더군요. 모두 개량 한복을 입고 대단히 좋아하더군요. 조선족이 아닌 학생과 선생님까지도 함께 어울려서 행복하게 지내다 간답니다. 매해 60명씩 여름에 와서 교육을 받고 간답니다. 우리도 모르는 사이에 그 고등학교가 그 일로 머지않은 장래에 우리 역사 속에서 엄청난 기여를 하게 될 날이 온다고 나는 믿고 있습니다.

　경기도 안산에 경일관광경영고등학교라고 있습니다. 그 고등학교가 중국 절강성 항주시에 있는 절강관광고등학교 그리고 미국의 라스베가스에 있는 고등학교, 그리고 일본의 야마가타가쿠인고등학교와 서로 삼각으로 자매결연을 해서 매년 세 학교 학생들과 교사들이 만

나서 교류하고 토론회를 엽니다. 순번제로 돌아가면서 주최합니다. 이
것을 신문·TV에서는 트라이앵글 컨퍼런스라고 보도합니다. 이처럼
국제교육진흥정책을 이제는 고등학교에서도 자발적으로 시행하고 있
다는 사실에 주목하고 정부가 그런 일에서 한발 앞서가면서 지원하겠
다는 의지와 노력이 있어야 할 것입니다. 바로 이 국제교육진흥원이
각급학교와 민간의 노력을 강력하게 뒷받침하는 국가적 중심기관이
된다면 이 나라의 국제화의 교육 사업이 크고 신속하게 진작될 것입
니다.

V. 나가는 말

제가 1991년에 보니까 소련과 중국의 한글학교 학생들과 선생님
들이 모두 고려인이거나 조선족인 것은 아니더군요. 그러니까 그런
분들은 국제교육진흥원이 특별한 프로그램을 개발하고 투자를 해서라
도 한국에 자주 초빙하여 국제교육진흥원 책임하에 국내에서 교사교
육을 계속해 나간다면 장차 우리나라를 위해서 매우 유익한 후원자가
될 것이라고 생각합니다.

신임원장 오성삼 박사님의 취임을 진심으로 축하하고 환영하면
서 오 원장의 지도하에 여러분 모두 이 나라의 국제교육진흥사업의
발전을 위해서 더욱 창의적으로 정책을 개발하고 열성적으로 실천에
옮김으로서 이 나라의 국제화와 외교력의 확장, 그리고 한민족의 동
질성 회복을 통해서 한반도의 평화통일을 앞당기는 일에 크게 기여해
주시기를 진심으로 기원합니다.

대학의 발전전략*

I. 대학발전과 국가의 책무

오늘의 대학은 제가 대학생시절 또는 교수생활 초년에 보고 느꼈던 그런 대학과는 판이하게 달라져 버렸습니다. 총장은 더 이상 정신적으로 학문적으로 존경받는 선비의 표상이 아니며 다만 정치적 역량과 경영능력을 갖춘 CEO이기를 요구받고 있습니다. 교수는 더 이상 군사부일체론에서 말하는 사(師)가 아니며 다만 학생에게 지식을 공급하는 전문직 종사자일 뿐이며 학생은 더 이상 스승의 분신도 도제도 아니고 다만 등록금 내고 학점을 따는 고객일 뿐이라는 자조섞인 목소리가 우리를 한숨짓게 하고 있습니다. 오늘의 대학에는 스승도 없고 제자도 없으며 다만 지식의 공급자와 수요자가 있을 뿐이라는 탄식을 자주 듣게 되었습니다. 그러므로 이제는 우리의 패러다임을 바꿔야합니다. 그래야만 오늘의 대학이 제대로 보일 것이며 살아 나갈

---

* 이 글은 필자에 대한 중국문화대학 명예법학박사학위 수여식(2003.2.27.)에서 본인이 행한 기념특강의 녹취록을 수정하고 정리한 것임(2022.12.).

길을 찾아낼 수 있을 것입니다.

대학도 더 이상 사회로부터 초연한 상아탑이 아닙니다. 사회의
한복판에서 기업계를 비롯한 사회안의 여러 구조들과 협력하여 국가
경쟁력을 구성하는 하나의 요소일 뿐입니다. 그럼에도 불구하고 우리
사회는 대학을 통해서 새로운 시대정신과 가치체계 그리고 최첨단의
과학기술을 공급받을 뿐만 아니라 사회구조 전반에 걸쳐 필요한 고급
인력을 공급받기 때문에 대학이야말로 국가경쟁력의 근본이라 할 것
입니다. 정부와 기업이 대학에 대해서 행정지원과 재정지원을 계속하
고 있는 것도 모두 그러한 명분에서 비롯된 것이라고 해야 할 것입니
다. 거듭 말하거니와 대학경쟁력은 곧 국가경쟁력의 원천이며 이를
높이는 일이야말로 국가적 과제라 할 것입니다. 국가가 대학을 법으
로 보호, 육성하고 대학발전의 저해요소를 제거해 주며 행재정적 특
혜를 주는 것도 그런 의미에서 매우 타당하다 할 것입니다.

그러나 그것이 이유가 되어, 즉 국가경쟁력 향상이란 당위성에
눌려 대학이 정치권력 앞에 종속되고 학문적·교육적 주체성을 상실
하는 본말전도는 없어야 할 것입니다. 왜냐하면 대학이 먼저 주체성
을 갖고 자율적으로 자신의 경쟁력을 증대시켜 나간다면 그 결과로서
국가경쟁력이 향상될 것이기 때문입니다. 그러므로 국가는 대학에 대
해서 우선적으로 발전 지향적인 환경여건을 조성해 주고 제도보완과
재정지원을 통해서 대학들이 저마다의 능력을 극대화시킬 수 있도록
보호·육성해 주어야 할 것입니다. 그렇게 해서 대학의 경쟁력이 높아
진다면 국가경쟁력의 증대는 당연한 결과로 나타나게 될 것입니다.
그러므로 대학경쟁력을 높이는 일, 즉 대학발전을 성취하려면 어떠한
조건들을 갖추어야 할 것인가를 생각해 봐야 하겠습니다.

II. 대학발전의 조건과 전략

대학의 기능을 연구와 교육과 봉사에 있다고 보는 기본인식에는 누구도 이의가 없는 것 같습니다. 그러나 연구, 교육, 봉사 그 것은 셋이면서 동시에 하나입니다.

대학에서 연구 없는 교육도 용납될 수 없거니와 연구와 교육의 뒷받침 없는 봉사도 있을 수 없기 때문이며, 연구 또한 교육을 통해서 연구인력을 공급받고 봉사를 통해서 연구의 주제와 자료를 공급받게 되어 있기 때문입니다. 그러므로 대학이 연구와 교육과 봉사의 능력을 총체적으로 극대화시켰다면 대학이 그만큼 발전되었다 해도 좋을 것 같습니다.

그런데, 대학발전이란 하나의 집합적 개념이기 때문에 대학발전을 올바르게 접근하기 위해서는 그의 하위개념들을 분석적으로 검토할 필요가 있습니다. 그러므로 대학발전에 관해서는 변수군합방법 (Clustering method)으로 접근해야 할 것입니다.

그러한 관점에서 제가 생각하고 있는 대학발전의 조건들을 열거하면 다음과 같습니다.

① 리더십의 정통성과 도덕성
② 구성원의 의식개혁과 대학문화의 선진화
③ 자율권의 확보와 자율역량의 증대
④ 대학의 특성화와 다양화
⑤ 정부의 재정지원과 기부문화의 정착
⑥ 교육논리의 지배와 정치로부터의 독립
⑦ 구조조정과 경영합리화
⑧ 평가인정제의 도입과 활용

⑨ 국제협력과 교류의 활성화

⑩ 학문의 수월성 추구

위의 열 가지 조건들은 대학발전의 전제 조건들이면서 동시에 대학발전의 결과라고도 할 수 있습니다. 그러므로 어느 하나라도 빠지면 대학이 온전히 발전했다 할 수 없을 것이며 또 발전을 지향한다면 위의 열 가지 조건들을 모두 충족시켜야 한다는 뜻입니다. 열 가지 조건이 곧 발전 Cluster(조건군)이기 때문입니다.

그러므로 위의 열 가지 조건 중 아홉 가지 조건이 다 갖추어져 있다 하더라도 나머지 한 조건 예컨대 리더십의 정통성이 결여되었다면 대학발전을 성취시킬 수도 없거니와 설사 대학발전이 성취된 것처럼 느껴진다 할지라도 그 상태는 결코 오래가지 못할 것입니다. 대학에 있어 리더십의 정통성이 확립되지 아니한 상태에서는 학내 안정과 평화도 일시적일 뿐만 아니라 나머지 발전조건들이 연쇄적으로 넘어지고 결국에는 발전징후도 사라지게 되어 있기 때문입니다. 그럼, 여기서 위의 열 가지 조건들을 다섯 개의 범주로 묶어 하나하나 검토해 봅시다.

1. 리더십의 정통성과 도덕성

리더십의 정통성, 여기서 말하는 리더십이란 사학에 있어서 법인 이사회와 이사장(국립의 경우에는 정부당국), 총장 및 일단의 교무위원 등의 학내 지배구조를 지칭하는바, 그중에서도 특히 이사장과 총장이 문제의 핵심이라 하겠습니다. 정통성이란 이들의 선임과정과 권한행사과정에 윤리적·사회적 정당성이 확보되어 있는가의 문제로서 이는 곧 이들의 선임과정과 업무수행과정에 도덕성과 민주성과 효율성이 확보되어 있는가의 문제입니다.

그 어떤 경우에도 도덕적으로 하자가 없어야 함은 다시 말할 필요조차 없습니다. 총장이나 대학간부의 선임과정이 아무리 개방적이고 민주적이라 하더라도 그들의 업무수행과정에 투명성과 도덕성이 결여되어 있다면 리더십의 정통성은 위협을 받게 될 것이며 이는 곧 학내 갈등과 분규를 불러오게 될 것입니다. 예컨대 총장이 신입생 또는 교수와 직원을 선임하는 과정에서 금전수수를 했거나 보직교수를 임명하는 과정에서 사조직이나 혈연, 지연, 또는 학연 위주로 임명한다면 그의 정통성은 위협을 받게되고 대학의 발전은 커녕 대학의 존립조차 뿌리부터 흔들리게 될 것입니다. 그러므로 대학발전의 기본은 리더십의 정통성이며 정통성은 높은 수준의 도덕성 즉 공평무사에서 나온다고 보아야 할 것입니다.

그리하여 대학 내에 지도층에 대한 불신풍토가 만연되고 불안정과 분쟁사태가 지속된다면 결국은 앞에서 말한 대학발전의 조건 ②에서 ⑩에 이르는 나머지의 모든 조건을 불가능하게 만들거나 쇠퇴시키고 말 것입니다. 즉, 리더십의 정통성 없이는 학내 구성원의 의식개혁도, 자율역량의 신장도, 정부의 재정지원이나 기업계의 기부행위도, 경영의 합리화도, 정치로부터의 독립이나 학문의 수월성, 국제협력 그 어느 것도 불가능하게 되거나 파괴되고 말 것입니다.

다른 조직과 마찬가지로 대학도 지배구조의 정통성 이 상실되면 구성원 사이에 통합이 깨지고(Integration Crisis), 정체성이 위협을 받게 되고(Identity Crisis), 구성원들이 대학의 발전정책과 운영에 참여하기를 기피하며(Participation Crisis), 총장과 대학본부의 정책과 의지가 구성원에게 먹혀들지도 아니하는 사태(Penetration Crisis)로까지 확산될 위험이 있기 때문입니다. 그러므로 정통성의 상실은 곧 대학의 위기를 가져오게 할 것입니다. 따라서 대학발전의 열쇠는 대학지도층의 도덕성에 있다 하겠습니다.

2. 대학의 자율화와 특성화·다양화

한국에 있어서 대학의 자율화는 지난 수십년간 모든 대학들이 일관되게 주장해 온 절대적인 과제입니다. 정부와 사립대학들의 잠재적 또는 현재적 대립은 주로 대학의 자율화를 둘러싼 공방전이나 다름없었습니다. 정부의 입장에서 보면 대학이란 국가경쟁력의 원천이 되어야 하므로 정부에게 대학육성의 책임이 있다고 주장하면서 간섭과 지시를 행정지도라는 미명으로 정당화하는가 하면, 대학은 대학 측의 독자적인 판단과 역량만으로도 능히 아니 더 효율적으로 동일목적을 성취할 수 있으니 정부는 대학의 자율역량을 존중하고 부당한 개입과 억압을 철폐하라고 맞서 온 것이 사실입니다.

그러나 다행히도 최근 10여 년 전부터는 대학의 자율화를 바라보는 정부의 시각에 많은 변화가 생겨나면서 정부 스스로 대학의 자율권 신장을 위한 정책개발에 힘을 기울여 온 흔적이 나타나기 시작했습니다. 참으로 희망적인 조짐이라 아니할 수 없습니다. 그러나 한국의 대학들은 아직도 가야 할 길이 멀다고 주장하고 있는 실정입니다.

대학의 자율화란 대학발전의 기본조건으로서 대학이 정부의 간섭과 통제에서 벗어나 자신의 판단과 창의력을 최대한 발휘하고 대학 자신의 인적·물적 자원을 포함한 모든 내재적 역량을 최대한 활용함으로써 그 결과에 대한 모든 영광과 책임을 대학 스스로 감당한다는 의미입니다.

그러므로 자율화가 진행되면 모든 대학은 자기만의 얼굴과 색깔을 드러내면서 자기만의 생존전략과 발전전략을 개발하게 될 것이며 결과적으로는 대학 간의 특성화와 다양화 현상이 나타나게 될 것입니다.

대학의 특성화와 다양화는 함께 굴러가는 두 개의 수레바퀴입니다. 특성화가 없이는 다양화는 있을 수 없으며 다양화가 허용되지 않는다면 특성화 또한 시도될 수 없겠기 때문입니다. 이 모두를 가능케 해준다면 대학사회에 활발한 경쟁체제가 출현할 것이며 각 대학은 각자의 생존을 위하여 각자의 자율역량을 극대화하고 경쟁력을 극대화할 것이기 때문에 국가경쟁력은 점점 증대될 것이 분명합니다.

그러한 상황이 초래된다면 한국에 있어서 오늘날처럼 국·공·사립을 망라한 199개의 4년제 대학이 모두 일렬종대, 즉 1등에서 199등까지 「앞으로 나란히」하는 지금의 서열위주의 수직질서에서 벗어나, 일렬횡대, 즉 「우로 나란히」 하는 수평질서로 탈바꿈하게 될 것입니다. 모든 대학들이 각자가 추구하는 특성화 분야에서 모두 선두주자가 될 수 있을 것입니다. 이렇게 해서 축적된 모든 대학의 경쟁력은 국가경쟁력으로 집약되어 국가발전을 그만큼 앞당기게 될 것입니다. 대학의 자율화가 그의 시발점임은 더 말 할 필요도 없겠습니다.

어떠한 경우에도 정부와 대학은 국가발전이라는 공통의 목표에 종사하고 있으므로 서로 최고도의 협력관계를 유지해야 할 것입니다. 양자는 각자의 기능을 수행함에 있어 서로 보완관계에 있음을 깨달아야 합니다. 따라서 정부는 대학이 외부의 부당한 개별적 또는 집단적 압력으로부터 자율권을 수호할 수 있도록 법적·제도적 장치를 마련해 주어야 할 것이며 이에 따르는 재정적 지원도 아끼지 말아야 할것입니다. 반면에 대학은 자신의 자율권 위에서 정부가 추진하는 국가경쟁력 향상을 위한 정책 수립 및 집행과정에 적극 협조하면서 자율에 따르는 한계와 책임을 감당해야 할 것입니다.

3. 정부의 재정지원과 대학의 자율권의 문제

대학이 경쟁력을 높이려면 우수한 교수진을 확보하고 완벽한 교육과 연구를 뒷받침할 수 있는 인프라의 구축, 그리고 재능이 뛰어난 학생을 확보해야 합니다. 그래야만 대학이 학문적 수월성(academic excellence)을 성취할 수 있게 될 것입니다.

그러나 대학에 충분한 재원이 없으면 어느 하나도 성사될 수 없습니다. 현재 한국에는 199개의 4년제 대학이 있습니다만 그중 약 154개 교가 사립대학이며 이 중의 대부분은 재정난에 시달리고 있어 어쩔 수 없이 주로 학생의 등록금에 의존하면서 정부의 재정지원을 요청하고 있는 실정입니다. 대학의 경쟁력 강화를 위한 재정의 수요는 날로 증가하고 있으나 교육당국의 예산 확보자체가 여의치 아니하므로 정부의 고충도 이해하지 않을 수 없는 형편입니다만 선진 외국의 경우와 비교할 때 너무나 격차가 심한 것이 현실입니다.

한국의 연간 국가교육예산 중에서 고등교육비가 차지하는 비율은 불과 10% 정도입니다만, 미국은 27%, 캐나다 22%, 스웨덴 24%로서 우리는 1/2 수준에도 못 미치는 실정이며, 사립대학에 대한 정부의 국고 재정지원은 전국의 사립대학 재정규모의 4.7% 수준에 머물고 있습니다. 이나마 지난 10여 년간에 급속히 신장된 결과입니다. 즉 1990년 1.3%, 1995년 3.31%, 2000년 4.28%이었기 때문입니다. 그런데 미국이 19%, 영국이 35%, 일본이 13%임을 감안한다면 한국정부의 사립대에 대한 재정지원의 열악성이 두드러지게 나타납니다. GDP 대비 대학지원비율을 보더라도 한국의 열악성은 변명할 여지가 없습니다. OECD국가의 평균이 1%인 데 비하여 한국은 0.43%에 불과하기 때문입니다. 결과적으로 한국의 사립대학은 운영수입의 68.1%를 학생등록금에 의존하고 있는 실정입니다. 바꿔 말하면 한국의 사립대학의 총 운영수입 6조 4,557억 원 중 학부모의 등록금 부담총액은 총 4조 4,007억 원인 것에 비해서 국가지원액수는 불과 3,051억 원에 불과하다는 결론입니다.

그러므로 국가가 대학교육 육성을 위한 재정교부금법을 제정하여 대학에 대한 국고지원을 국가의 법적 의무로 규정함과 동시에 대학이 매년 일정액을 국고로부터 지원받는 것을 대학의 법적 권리로 규정해 준다면 대학의 자율권이 전혀 위협받지 않으면서 국가로부터 당당하게 재정지원을 받을 수 있을 것이라는 생각을 해 볼 수도 있습니다. 이것은 정부의 국고지원이 대학의 자율성을 침해할 우려가 있다는 생각에서 나온 발상입니다. 이 점에 대해서 반론이 없는 것은 아닙니다만 대체로 무리없이 양립할 수 있다는 것이 동북아 여러나라의 대학총장들의 일치된 견해인 것 같습니다.

지난 2001년 11월 5~6일 양일간 중국문화대학에서 개최된 "중·일·한 사학발전을 위한 국제 학술 심포지엄"을 마친 다음날 참석자 일동은 천수이볜 총통을 예방한 일이 있습니다. 이 자리에서 제가 대표로 지명되어 이틀 간에 걸친 총장단의 토론결과를 요약해서 건의했던 일이 있습니다. 이를 다시 요약하면, 첫째로 어떠한 이유로도 대학의 자율권은 침해될 수 없다. 둘째로 정부는 마땅히 사학에 대한 재정지원을 증대해야 한다. 셋째로 대학에 대한 정부의 국고지원이 이유가 되어 대학의 자주성과 자율권이 침해되어서도 아니 된다. 넷째, 위의 세 가지 기본원칙이 현재 입안 중에 있는 중화민국의 사립학교법에 명문화되어야 한다는 요지였습니다.

이상은 참석자 대부분의 공통된 의견이었기 때문에 천수이볜 총통께서도 대단히 적극적이며 긍정적인 반응을 보여주셨습니다.

대학의 재정확충을 위해서는 앞에서 말한 국가지원을 제도화하고 확대해 나가는 일 외에 대학에 대한 기업과 개인의 기부행위를 유인할 수 있는 각종의 제도적 장치를 비롯하여 대학의 자율적 수익사업확장과 산학협동프로그램 등 다각적인 세입증대방안을 강구해야 할 것입니다. 그중 대학의 수익사업 확장건에 대해서는 이미 많은 대학에서 착수하였고 성과를 올리고 있습니다. 그러나 무엇보다도 대학 스스로의 경영혁신을 통한 효율적인 재정운영에 더욱 주력해야 할 것입니다.

4. 대학의 국제화와 협력

University는 universal한 진리를 universalize하기 위해서 존재하는 인류의 지적공동체입니다. 그러므로 보편타당한 진리를 탐색하고 창출하며 전승하는 것이 대학의 사명이라 하겠습니다. 대학이 특정시기와 특정지역에 묶여서는 안되는 이유가 바로 여기에 있습니다. 대학이 시대와 국경을 넘어서 서로 협력하고 교류해야 하는 이유 또한 여기에 있습니다. 이 목적을 달성하기 위해서 대학은 그의 인식외 범위(scope)와 접촉의 범위를 넓혀야 하고 수준(level)을 높여야 합니다. 그러기 위해서 대학은 모든 시간과 모든 공간을 향해서 문을 활짝 열어야하고 금기의 담을 허물어야 합니다. 인종, 종교, 이데올로기의 차이, 그 어떤 것도 예외가 되어서는 안 됩니다.

그런 의미에서도 학문의 자유와 배움의 자유는 반드시 보장되어야 합니다. 지난 반세기 동안 공산주의 및 공산국가 특히 북한과 구 쏘련방 및 동구공산권에 대한 연구와 교류를 금지 당했던 한국의 대학들은 우물안 개구리를 겨우 면한 요즘 그 공백에 대해서 뒤늦게나마 값비싼 대가를 치르고 있습니다. 한국정부도 이 점에 대해서 심각하게 고민했던 것이 사실입니다. 한국정부가 처음으로 구 소연방(USSR)과 교육교류협정을 체결했던 것이 1991년 7월 고르바체프 정권이 무너지던 바로 그날 아침의 일이었으며, 한국측 대표단장으로서 직접 서명한 사람이 바로 본인이었음을 나는 지금도 자랑으로 여기고 있습니다 그러나 아직도 한국 대학들의 국제화는 여전히 미국과 서구권에 편향되어 있는 것이 현실입니다.

한국의 대학들은 1990년대 중반 이후에 와서야 국제교류 및 협력을 위한 담당기구의 설치등 기본 인프라 구축이 활발해졌습니다. 이에는 정부의 국제화 의지가 크게 작용했다고 보여집니다.

최근(2002.7.4.)에 한국의 이상주 부총리겸 교육인적자원부 장관은 대학의 국제화의 필요성을 역설하면서 "외국 대학과 교류를 활성화하고 국제적 기준에 맞는 교육내용과 제도를 도입해야 한다."고 주장한바 있습니다. 그는 ⓐ 우수 외국대학과의 협력 프로그램의 활성화, ⓑ 우수 외국인 교수 초빙, ⓒ 외국유학생의 유치, ⓓ 외국 우수 대학원의 유치등의 구체적인 계획까지 언급한 일이 있습니다. 그 밖에도 한국정부는 현재 대학교육체제의 국제화 종합대책을 마련하고 있는데 ⓐ 대학교육과정의 국제적 인증 활성화, ⓑ 대학학제, 교육연한, 교육과정 등의 국제화를 추진하고 있는 것으로 알려져 있습니다.

그럼에도 불구하고 한국의 교수들의 해외교류실태를 보면 증가추세에 있기는 하나 아직도 미미하기 짝이 없습니다. 즉, 해외교류 참여 교수 수를 전체 교수 수와 대비한다면 1995년 1.03%, 2000년 1.72%(국립대 1.82%, 사립대 1.69%)에 불과합니다.

한국의 대학 당국들의 국제화 노력은 어떠한가. 이에 대해서 한국 고등교육학회지(2001.12)에 보고된 바에 의하면 국제 교류 및 협력 담당기구를 설치한 대학이 설문응답 대학의 80%, 곧 설치하겠다고 대답한 대학이 12.7%, 즉 92.7%의 대학이 국제협력에 관심과 열의를 가지고 있음을 알 수 있습니다. 그러나 그중의 50%가 1996년 이후에 설치된 것으로 봐서 한국대학의 국제화는 아직 걸음마 단계에 있다 하겠습니다.

대학의 국제화는 대학이 세계화 시대를 맞아 개방과 국제경쟁에서 살아남기 위한 불가피한 방책입니다. 더욱 적극적인 입장에서 생각한다면 대학의 국제경쟁력을 높임으로써 국가의 대외경쟁력을 높이자는 의미가 더 큽니다. 그러므로 대학의 국제화는 대학이 국가 앞에서 짊어진 책무의 이행이라 할 것입니다. 장차 IT의 발전으로 지구촌의 공간이 더욱 좁아질수록 대학의 국제화는 지극히 자연스런 대학과 국가의 생존양식이 될 것입니다.

5. 구조조정과 의식개혁

대학에 있어서 구조조정은 결코 용이한 일이 아닙니다. 대학이란 보수적인 지식인들이 가장 보수적인 구조 속에서 가장 개혁적인 이론과 사상을 창출해 내는 조직이기 때문에 남에게는 과감한 개혁을 요구하지만 막상 자신들이 개혁의 대상이 되거나 이해 관련 당사자가 된다면 수구적인 입장으로 돌아서기도 하는 조직입니다.

그런 일을 저는 오랫동안 여기저기서 경험하였습니다. 그러므로 대학에서 개혁이란 참으로 조심스럽게 진행해야 하며 사전에 충분한 분위기 조성을 통해서 이해를 구하지 않으면 그 개혁은 성공하기가 어렵게 됩니다. 그래서 대학에서의 구조조정에는 반드시 구성원의 의식개혁이 선행되어야 하는 것입니다.

대학은 그 나라 최고의 지식사회이며 지성인의 합리주의적 공동체이기 때문에 억압적인 분위기 연출과 정서적 회유로는 그 약효를 거둘 수도 없거니와 설사 일시적으로 약효가 있었다 하더라도 결코 오래가지 못함을 미리 깨달아야 합니다. 합리적인 대학개혁의 추진, 그것을 위한 구조조정, 이것은 많은 구성원의 이해관계를 뒤바꿔 놓을 수 있다는 점에서 혁명적인 충격을 가할 수 있기 때문에 학내에 불합리한 반발과 저항을 불러오게 되어 있습니다. 그래서 저는 저의 경험에서 대학개혁의 TSPP 이론을 제시한 일이 있습니다. 즉, Timing(시기선택·기다림 속에 예비작업), Speed(속도조절·구성원의 적응력 조절), Process & Procedure(거쳐야 할 과정과 진행해야 할 수속절차)입니다. 군사혁명이나 정치혁명과는 달리 대학개혁은 고도의 인내력과 민주적 방식이 필요합니다. 그러므로 의식개혁은 개혁을 주도하는 총장에게 먼저 있어야 함과 동시에 모든 구성원에게도 반드시 있어야 할 구비

조건입니다.

구조조정은 대학의 학사구조, 행정구조, 재무구조가 주요대상이
되어야 할 것입니다. 한국의 경우에는 많은 대학에서 구조조정이 진
행되고 있습니다만 그 성과를 평가하기에는 아직 이른 감이 있습니다.
그로 인한 학내분규가 지금도 도처에서 지속되고 있기 때문입니다.

학사구조의 경우에는 현행구조가 과연 학생교육에 있어서 최선
의 조직편제인가, 혹시 대학경영자의 재정상의 이익과 교수단의 신분
상의 이익이 우선적으로 반영된 조직편제는 아닌지 검토해야 할 것입
니다. 한국 대학에서 근 10년 째 논란되고 있는 학부제의 도입도 그런
시각에서 이해되어야 할 것입니다. 행정구조의 경우에는 조직과 인원
과 운영이 관료제의 병리현상을 몽땅 옮겨다 놓은 것은 아닌지, 행정
직원들의 소집단 이기주의 때문에 그렇게 된 것은 아닌지, 그리하여
학사구조와 행정구조가 공히 거대한 낭비구조로 전락하지는 않았는지
심각하게 검토해야 합니다. 이러한 작업을 생략한 채로는 대학발전은
기대하기 참으로 어렵습니다. 그래서 앞에서 말한 정부의 재정지원만
이 아니라 사회로부터의 기부유치, 학교법인이 경영하는 기업체에 대
한 행재정적인 지원책 강구 등을 통해서 재무구조의 기본을 바꿔 놓
아야 할 것입니다.

이 모든 구조조정을 위해서 구성원들은 적극적인 참여의식과 무
한책임의식으로 정신무장을 해야 할 것입니다. 구성원들이 만사를 이
사장이나 총장에게 미루고 자신들은 무관심, 방관, 무책임, 무사안일
로 일관한다면, 그리고 자신들의 봉급인상과 복지혜택, 보직임명에만
주로 관심을 갖는다면, 그러한 대학은 절대로 구조조정을 할 수 없을
것이며, 해도 그 효과가 오래 지속될 수 없을 것입니다. 대학발전은
그만큼 요원한 것이 되고 말 것입니다. 구성원의 의식개혁이 선행되
지 않았기 때문입니다.

III. 맺는말

저는 앞에서 대학발전의 조건으로 열 가지를 열거한 바 있습니다. 거듭 말씀드리거니와 그 열 가지 조건들은 상호 간에 유기적인 관계를 가지고 있으면서 서로 시너지효과를 내는 조건들이기 때문에 열 가지 조건들을 따로따로 떼어서 설명한다는 것은 타당하지도 않거니와 의미도 없다고 생각합니다. 그래서 우리들의 논의와 검토에 편의를 제공하기 위해서 저는 그것들을 다섯으로 묶어서 설명을 드렸습니다만 그 안에 나머지 다섯 조건이 용해되어 내포되어 있음을 발견하셨으리라 믿습니다.

예를 들자면 이러합니다. 오늘의 대학이 목표로 삼아야 할 것이 학문의 수월성추구와 인재양성입니다. 그 역할을 통해서 대학온 국가의 대외 경쟁력 강화에 이바지하게 되어 있습니다. 이 점에 관한 대학의 역할수행을 확실하게 담보하기 위해서 한국은 대학에 대한 평가인정제(Accreditation System)를 도입하고 매 5년마다 종합평가를 받게 하고 있습니다. 이 제도는 한국사회에서 매우 긍정적으로 평가되고 있습니다. 총장단의 85.4%, 교수단의 67.7%, 전문가집단의 86%, 학생의 45.8%가 그렇게 인정하고 있습니다. 그러나 부정적인 측면이 없는 것이 아닙니다. 예컨대, 평가결과를 공개하게 됨으로써 대학 간에 서열이 매겨지고, 그 결과 여하에 따라서는 총장의 리더십이 흔들리고 대학의 안정과 평화를 해치는 경우가 있습니다. 그처럼 후유증이 염려되므로 위험부담을 가장 많이 안게 되는 총장은 어쩔 수 없이 평가기준에 맞추어 점수따기 중심으로 재정투자를 하게 되는 경우가 생겨납니다.

그렇게 되면 학문의 수월성추구와 인재양성이라는 대학의 기본목표는 사각지대로 몰리게 되고 대학행정은 전시위주, 점수위주의 행정으로 전락하는 악순환이 이어집니다. 반면에 평가결과가 대학발전을 급속도로 앞당기는 촉매역할을 하는 경우는 위에서 소개한 긍정적인 사회적 평가가 입증하고 있습니다. 다시 말하면 평가제도의 도입만 하더라도 그것이 독자적으로가 아니라 다른 발전조건과의 유기적인 연대속에서 상승작용을 일으키면서 비로소 대학발전에 기여한다는 점을 저로서는 강조하고 있는 것입니다.

03

연세대 행정대학원장 6년의 회고*
-대학의 존엄과 신군부의 권위주의

I. 신군부의 억압과 나의 원장 취임

무려 38년 전의 일이다. 1982년 8월 하순의 어느 날 나는 연세대학교 총장실 문을 두드렸다. 안세희 총장이 반갑게 맞아주었다. 나의 귀양살이 반년에 대한 위로가 이어지더니, 서랍 속에서 종이 한장을 꺼냈다. "행정대학원장 임명장"이었다. 나는 기절초풍을 하였다. 손사래를 쳤다. "총장님, 왜 이러십니까? 저는 오늘 귀국신고를 하고 있는 중입니다. 다시는 학교 보직을 안 맡을 겁니다."

그러자 안 총장 특유의 논리적 공격이 속사포처럼 튀어나왔다. "여보, 윤 박사, 이거, 이미 이사회의 의결을 거쳐 이사장 명의로 내려온 임명장입니다. 내가 윤 박사의 지난날의 억울함을 잘 알지만, 이거 내(총장) 선에서 어찌 할 수 있는 게 아닙니다." 그의 설득은 언제나와 같이 끝없이 이어졌다. 나는 결국 그 임명장을 받아들고 무거운 발걸

---

* 이 글은 「연세대학교 행정대학원 50년사」(2020.12.)에 게재된 바 있으며 약간의 수정이 있음.

음으로 나의 연구실로 돌아왔다. 이렇게 해서 원장 6년의 고역이 시작된 것이다.

여기서, 독자의 이해를 돕기 위하여 사건의 배경을 설명해야겠다. 위에 서술한 것 중 "귀양살이 반년", "귀국신고", "지난 날의 억울함" 이들 세마디의 표현에서 막연하게나마 짐작은 이미 했을 것으로 본다. 이실직고 하건대, 나는 1975년 1월 1일부터 1979년 2월 말일까지의 4년 2개월간 박정희 정권의 유신체제하에서 「학생처장」의 악역을 맡았었다. 그 기간 중 나는 언제나 대학의 존엄과 나의 모교 그리고 제자들을 위해서 십자가를 지고 골고다 산성을 올라가는 심정이었다.

그 결과 수십 명의 학생을 정부의 강압적인 제적 처분의 위기에서 살려내고 연세대학교의 설립정신, 즉 자유·진리·정의를 지켜내는 일에 내 나름의 사력을 다했고, 적지 않은 성과를 냈다고 지금도 자부하고 있다.

그 대신 나는 학생처장실에 와서 대기하고 있었던 중앙정보부(지금의 국가정보원) 요원에게 직원 모두가 보는 앞에서 연행당하기도 했고 보안사령부(지금의 기무사령부 전신)의 출두 명령을 받기도 했으며 중앙정보부(남산)에 가서 학생 지도와 관련된 각서를 여러 번 쓰기도 했다.

내가 연행되어 행방이 묘연하다는 보고를 받은 이우주 총장께서는 당시의 집권당 유력자 이만섭 의원 자택으로 달려가 야심할 때까지 나의 신상 안전을 호소했는가 하면, 심상치 않은 분위기를 파악한 나의 아내는 나의 무사귀가를 눈물의 기도로 하나님께 매달렸다.

그 후 나는 양복 안 주머니에 교수직 사표를 넣고 다니며 모교와 대학의 존엄을 지키기 위해 멸사봉공을 다짐하며 4년의 세월을 보냈다. 이우주 총장은 나의 해임을 요구하는 문교부 차관의 전화 압박을 두 번씩이나 받았다. 그러나 그는 나에게 한 임기 더 맡아줄 것을 간곡히 당부했다. 그러면 학생처장 재임 6년이 된다. 그 당시 재임기간 4년 2개월만 해도 전국 최장수 처장이다. 더 이상의 연임은 이우주 총장의 리더십에도 유해할 뿐더러 연세대학교의 발전에도 유익하지 않다는 것이 당시의 나의 판단이었다. 1979년 8월 중순 미국 하버드대학으로 떠난 것은 학생처장직으로부터의 일종의 탈출이요, 도망이라 할 수 있다.

1년간의 연구를 마치고 돌아온 것이 1980년 8월 15일이었다. 그러므로 80년 서울의 봄도, 5·18민주항쟁도 나는 이국의 하늘 아래에서 고향의 별을 쳐다보며 겪은 셈이다. 귀국 후, 이제서야 겨우 나의 학문 생활이 궤도 위에 안착되어 거작을 출판할 학문적 야심이 불붙었던 어느 날, 또다시 일방적으로 학장 발령이 떨어졌다.

1981년 3월 기존의 정법대학이 사회과학대학으로 개편되더니 1981년 8월 1일자로 나를 다시 보직자로 만든 것이다. 운명으로 알고 받아드렸다. 첫 사업으로 콘크리트 구조인 광복관을 떠나 고색창연한 석조건물 연희관으로 이전하는 일에 몰두했다.

그러던 어느 날 긴급 교무위원회가 열렸다. 그날이 나의 운명의 날이 될 줄이야. 교무처장을 통해서 정부의 방침이 시달되었다. 모두가 조용했다. 침묵은 많은 경우 동의로 간주된다. 그 순간 나는 손을 들고 반대 발언을 했다. 신군부의 권위가 대학의 존엄을 짓밟는 행위를 침묵으로 굴종할 수 없었던 것이다. 여기서 신군부의 권위란 물리적 힘을 앞세운 전두환 정권의 권위주의적 지배체제를 말함이며, 대학의 존엄이란 자유와 진리와 정의에 입각한 대학의 생존방식과 문화형태를 말한다.

학생들이 교련학점을 이수하기 위해서 집체교육을 받으러 문무대로 가는데 그 인솔을 교수들이 맡으라는 것이다. 나는 외쳤다. "학군단 장병들이 우리 학생들의 군장 검열을 끝내고 학과출장하는데 그 인솔은 당연히 학군단(학도군사 교육단) 장병들이 감당해야지 어찌 우리 민간 교수들에게 떠넘기느냐. 우리 교수들이 학군단 장병들의 조교인 줄 아느냐? 이를 말 한마디 못 하고 받아들이는게 대학이냐? 전국의 사학이 우리 연세대만을 쳐다보고 있을 텐데 스스로 최고 명문이라면서 그 책임을 어찌 질 것이냐? 연세대가 대학의 존엄을 져버린다면 전국의 사학은 어찌 하라는 것이냐? 이를 있는 그대로 우리에게 전달하는 교무처장은 문교부의 메신저냐?" 내 음성은 갈수록 높아졌다. 난처한 것은 총장이었다.

그 후 별도의 학장회의에서 총장 주제하에 내 의견이 만장일치로 채택되었기 때문이다. 그랬음에도 불구하고 모든 단과대학은 정부 지시대로 교수들이 인솔했고 우리 사회과학대학만은 대학원 학생들이 인솔했다. 관계기관의 배후공작이 주효한 것이었다.

이 사건을 두고 사후처리방안에 관하여 관계 당국간의 합의가 이루어진바, 결국 신군부 정권은 연세대 총장이 인책하거나 윤형섭 학장을 사퇴시키라는 결론이 내려졌다는 것이다. 무엇을 잘못했기에 총장이 인책하거나 학장이 사퇴해야 한단 말인가! 이것이 바로 신군부 권위주의의 작태다. 그 소식을 이만섭 법인이사를 통하여 간접으로나마 듣자마자 내가 먼저 사표를 냈다. 총장을 보호하기 위해서였다. 총장은 몹시 감격해했다.

나는 며칠이 지나자 문교부로부터 공식통보를 받았다. 이 나라를 일주일 내로 떠나라는 것이다. 일종의 추방 명령이다. 신군부의 권위가 대학의 존엄을 짓밟고 슬프게 반짝거리는 아침이었다. 당시의 이규호 장관(1980.5.~1983.10.)을 만나 강력한 항의와 충언을 남기고 이 나라를 떠났다.

일본 게이오대학 법학부에서의 객원 교수 생활 반년은 겉으로는 화려한 경력이나 속으로는 서러운 귀양살이였다. 사회과학대학장 5개월(1981.8.1.~1982.1.18.) 만에 겪는 억울함이다. 8월 중순이 되어서야 관계당국의 귀국 허가를 받고 귀국할 수 있었다. 그때는 이미 앞에서 말한 것처럼 행정대학원장 임명장이 안세희 총장 서랍 속에서 나를 기다리고 있었다.

II. 연세대 행정대학원의 실체와 꿈

아득한 그 시절, 돌이켜 보니 38년 전의 일이다. 연세대 행정대학원이 창설된 것이 1970년 3월 1일(초대원장: 박대선 총장)이었으므로 금년이 50주년이 되며 내가 원장이 되었을 때는 이미 전임 원장님들과 선배 교수님들께서 건실하게 대학원의 토대를 갖추어 놓고 모든 학사 기강을 바로 세워 놓았던 때였다. 그 덕에 나는 전무후무하게도 제8대(1982.8.20.~1984.8.19.), 제9대(1984.8.20.~1986.8.31.), 제10대(1986.9.1.~1988.8.21.) 이처럼 3대에 걸쳐 6년간 봉직할 수 있었다.

비교적 안정 속에서 대학원을 운영할 수 있었으며 연세대 행정대학원의 명성을 이어갈 수 있었다. 전공 과정과 원생수도 전국에서 가장 많은 쪽이었다. 원생들의 자존심과 만족도도 매우 높았던 것으로 기억된다. 덕분에 나는 취임 2년 후부터 전국행정대학원장 협의회장을 맡아 봉사할 수 있었고 타 대학의 정보와 정부의 관련 방침을 쉽게 입수할 수 있어 우리 대학원 발전계획에 도움을 줄 수 있었다.

내가 한국정치학회의 회장직에 선임된 것도 문교부(교육부)와 총무처(행안부)의 정책자문위원이 된 것도, 학술진흥재단 논문평가 위원과 학교법인 흥신학원의 이사장이 된 것도 모두 이 기간의 일이다. 세 번째 원장직을 마친 직후에는 한국교원단체총연합회 회장에 피선되었다.

원장 재임 기간 중 고통의 멍에가 있었다면 교과목편성과 강사선정의 일이다. 이 일은 각 과정별 주임교수가 전적으로 맡아 처리할 일이었으나 때로는 불가피한 사정으로 인해서 교내 교수를 빼고 이를 외부강사로 대체할 경우가 발생하여 어쩔 수 없이 원장이 개입하여 악역을 자청하고 조정할 수밖에 없다. 그래서 오랜 동료간의 우애에 금이 갈 때도 있다. 그때가 제일 괴로우나 공직을 맡은 이상 감내하는 수밖에 없었다.

반면에 지인이나 사회 저명인사가 석사과정 학생으로 입학 후 출석 일자 미달로 학점취득에 실패했을 경우에는 아무리 원장이라 하더라도 이를 도와줄 수 없어 안타까울 때도 있었다. 엄격한 학사규정과 존엄한 대학원 문화를 견인하다 보니 때로는 이게 연세대 행정대학원이냐, 연세고등학교냐 하는 비아냥을 받을 때도 있다. 그러나 그런 고비를 근엄한 심정으로 극복하지 않으면 대학은 명문이 될 수 없는 것이다.

나는 주로 한국정치론 또는 정치발전론을 강의했다. 중간시험과 학기말 시험은 내가 직접 감독하면서 엄격성을 강조했다. 이건 모든 교수가 다 마찬가지였을 것이다. 이미 국가사회에서 대성했다고 할만한, 그래서 누구라고 하면 누구나 알 만한 초로의 백발신사의 응시 자세와 답안지 내용을 보면 존경심이 절로 날 때도 있다. 특히 김모장군의 경우에는 그 클라스 40명 수험생 중에서 최고의 모범답안이라서 공개한 일도 있다. 특히 나의 강의내용보다 시험답안지 내용이 더 훌륭한 경우에는 눈물겹도록 보람을 느꼈다. "청출어람 청어람"(쪽에서 난 푸른 빛이 쪽보다 더 푸르다)이 바로 그것이다. 졸업한 원생 중에서 국내외 대학의 박사학위 취득자나 대학교수가 배출되었을 때에는 원장으로서만이 아니라 교수로서의 그 보람은 이루 표현할 길이 없다.

내가 수장으로 있었던 기관과의 마음의 연줄은 끝날까지 이어지나 보다. 그러나 나는 퇴임 후 그 기관에 다시는 드나들지 않는 것을 원칙으로 삼고 있다. 그래서 연세대 행정대학원도 억지로 피해 다닌

다. 그러나 행정대학원이 위치하고 있는 연희관과 나는 정서적 유대
가 남다르다. 사회과학대 학장시절 타단대와의 경합을 물리치고 연희
관 인수를 완결짓고 행정대학원장이 되어 입주해 보니 이과대학이 있
던 자리라서 역시 각종 실험기자재와 시약으로 어지럽고 불결해 내가
몇몇 선배 교수님의 원망을 듣기도 했다.

그후 행정대학원의 자체수익금으로 창살, 철창, 도색, 세척을 이
어 나갔다. 최근에 축사를 의뢰받고 발을 들여놓은 일이 있었다. 아,
이렇게 좋아질 수가 있는가, 나는 입을 못 다물었다. 학교 당국과 후
배들이 너무나 자랑스럽고 고마웠다. 금년(2020)에 정외과 김상준 교
수가 제27대 원장으로 취임했다고 한다.

이제는 행정대학원의 앞날을 그에게 기대는 수밖에 없다. 나는
그가 꿈을 가져주기를 원한다. 내가 지녔던 꿈이 그의 손에서 이루어
졌으면 하는 희망이 있다. 대학원설립의 목표와 교육과정과 내용이
더 충실해지고 현실 적용력을 더욱 높였으면 좋겠고 졸업생의 네트워
크를 동창회를 통해서라도 더 강화해 나갔으면 좋겠다.

미국 남가주대학교 행정대학원과 프랑스의 국립행정학교(ENA)를
한국형으로 적절히 배합했으면 하는 것이 나의 꿈이었다. 재임중 남
가주대 행정대학원과는 내가 직접 현지에 가서 MOU를 체결했으나
프랑스 국립행정대학교는 1985년 세계정치학회 총회를 계기로 현지
에 가기는 했으나 나는 그 당시에 한국정치학회회장 자격으로 16명의
회원과 동행하여 이홍구 부회장(후일 국무총리)이 세계정치학회(IPSA)
집행위원으로 선출되도록 몰두하는 바람에 미처 그 일에 손을 대지
못했다. 지금은 ENA가 파리를 떠나 동부의 스트라스브르로 옮겨 갔
으나(1991) 그 명성과 위력은 여전하다.

1945년 샤를 드골 대통령이 국가공직자의 자질함양과 수준 제고
를 목표로 설치했으나 아리스토크라시의 재현가능성으로 부정적인 평

가를 받기도 했다. 그러나 2년제 그랑제콜임에도 불구하고 여전히 막
강하며 오늘날 ENA출신들이 프랑스의 정·관계 상층부를 구성하고
있다. 무엇보다도 1958년 11월 프랑스 제5공화국 출범 이후 8명의 대
통령 중 4명이 ENA출신이다. 현재의 엠마뉘엘 마크롱 대통령도 그중
에 하나이다.

   ENA졸업생의 조직망은 재계와 기업계에도 막강하게 자리잡고
있다. 국가의 고위공직이 돈과 개인적인 영향력에 의해 독점되고 있
다고 비판하며 실력있고 선량한 서민층에도 기회를 제공하겠다는 것
이 ENA창설의 명분이었으나 그 결과는 주체만 변경되었을뿐이라는
비판이 있다. 그렇기 때문에 나는 신임 김상준 원장이 포용적이고 개
방화된 국가리더십의 형성과 새로운 꿈을 향하여 연세대 행정대학원
을 한 단계 더 높여주기 바라는 마음 간절하다.

III. 최고위 정책과정의 신설

   앞에서 말한 꿈의 실현을 향해 1984년 3월 새롭게 시도한 것 중
의 하나가 최고위 정책과정의 신설이었다. 이를 위해 7~8명의 교수들
로 연구위원회를 구성하여 1년 이상의 연구기간을 거쳐 학칙, 학사일
정, 교과목, 강사, 원생의 응모자격, 모집방법 등 세부적인 계획을 완
성하고 학교 당국의 승인을 받았다. 다만 과정명의 원안이 「최고정책
결정자과정」이었는데 대학본부 심의과정 때 "최고"가 "고위"로 바뀌
었을 뿐이었다. 그 후 "고위정책과정"으로 바뀌더니 요즘에는 다시 최
고위정책과정으로 정착된 것 같다.

   교과 내용과 강사는 언제나 현직자의 판단에 의존해야 된다. 서
울대학교 경영대학원에는 AMP과정이 있고 연세대학교 경영대학원에
는 최고경영자과정이 있었다. 그러나 그 당시에는 전국의 어느 행정

대학원에도 유사한 과정이 없었다. 그러므로 연세대학교 행정대학원이 그 점에 관한한 최초의 사례이다. 이것이 앞에서 말한바, 교수들이 "최고위정책과정신설"을 연구검토하고 구체적 설계안까지 만드는 데 1년 이상을 소요했던 이유라고 하겠다. 그러나 실제로 어려웠던 일은 신입생을 선발하는 일이었다. 나는 1기에서 10기까지 이 선발작업에 직접 관여했다. 왜냐하면 이 단계에서 외압이 작용하고 특히 신군부의 권위주의적 광채가 너무 위력을 발휘하기 때문이었다. 등록금이 상당히 고액인데도 불구하고 군 장성들의 응모가 의외로 많았다.

그러나 입학정원은 32명으로 제한하였다. 32명이 수지균형의 접점이기 때문이다. 이 과정만은 국가사회의 발전에 기여하고자 설립했기 때문에 수익성은 전혀 고려하지 않았다. 그래서 각 군별로 1명으로 제한했다. 국회의원의 경우에도 각 당에서 1명 이하로 제한했다. 그리고 공무원은 중앙정부의 국장급 이상으로 제한했다. 자유와 진리를 추구해야 할 강의실의 분위기가 어느 특정 권력 집단에 의해서 제압되어서는 안 되겠다고 판단했기 때문이었다.

실례를 들면 청와대에 파견되어 있다는 보안 사령부의 모 대령은 "보안부대의 대령은 일반부대의 장군에 해당된다."면서 자신의 불합격에 대해서 원장인 나에게 직접 협박한 일도 있다. 그게 원장이 입학전형에 직접 관여할 수밖에 없는 이유이기도 했지만 이런일에 대학의 존엄이 무너질 수는 없지 않은가.

이 과정을 운영하면서 무엇보다 놀란 것은 각 분야별 최고지도자들이 불과 수개월 만에 상상을 초월할 만큼 인간적으로 변한다는 사실이다. 서로가 벽을 허물고 존경하면서 속사람의 교류를 한다는 사실이다. 입학식장과 졸업식장의 분위기와 문화가 그렇게 달라질 수가 있을까, 입학 당시의 그들의 곧은 목과 어깨힘은 다 어디로 갔는가, 그것만으로도 이 과정의 사회적·국가적 기여가 지대하다고 믿는다.

이 과정은 일종의 사회적 용광로이다. 이게 국민통합이며 민주 역량의 함양이다. 이게 교육의 보람이다. 민·관을 막론하고 몇십년이 지났건만 지금까지도 그들끼리의 우정 깊은 교류를 보면서 나는 거듭 보람을 느낀다.

IV. 맺는말

사회가 더욱 발전하기를 원한다면 우리사회 전체를 하나의 체계로 보았을때 하위체계(정치계, 경제계, 법조계, 관료계, 교육계, 예술계, 종교계 등등)는 저마다 기능이 분화되고 저마다 자율권을 확보해야 한다. 하위체계가 아무리 기능분화되더라도 각각의 자율권이 확보되지 않으면 그 분화는 아무 의미가 없다. 그러므로 분화와 자율권은 동전의 앞뒤와 같다. 반드시 서로가 서로를 동반해야 한다.

그러려면 무엇보다도 하위체계의 각 분야별 지도층을 균형 있게 육성해야 하며 그들이 서로 융합과 협력을 이어가도록 해야 한다. 정치엘리트, 고급관료, 그 밖에 사회 분야의 지도층 인사들이 합동교육을 통해서 상호이해와 존중을 심화시키고 각자의 영역에서 협력하면서 책임 있게 능력을 최고도로 발휘한다면 저마다의 자율권의 확보는 물론 체계 능력은 증대하게 될 것이다.

대학을 졸업하고 각 영역의 현업 종사 경험자들이 함께 모여 6개월(최고위정책과정), 1년(연구과정), 2년 반(석사과정) 동안 공동연구와 수업을 받는 동안 군과 관은 민을 이해하고 존경하며 고위장성이나 고위관료들은 민간엘리트와 서민을 이해할 수 있다면 이는 국가사회의 민주적 발전전략의 성공이다. 지도층 인사들의 상호이해와 존중이 선행되어야 국민들의 통합이 가능하고 그 위에서 비로소 국가는 체계 능력과 대외 경쟁력을 최대한으로 높일 수 있을 것이다. 이를 가능케 하는 왕도가 교육임을 거듭 확신한다.

여기에 연세대 행정대학원의 존재 이유가 있는 것이다. 그러므로 창립 50주년을 맞는 행정대학원의 발전을 마음속 깊이 자축하면서 앞으로의 무궁한 발전을 기대한다.

04

건국대 총장 4년의 회고*
-이사장 현승종 (전)총리를 추모하며

I. 머리말

오호! 애재라. 2020년 5월 25일 현승종 (전)건국대 이사장의 서거 소식을 들었다. 온 세상이 코로나19로 위기감에 빠져 있을 때였다.

내가 현승종 이사장을 4년간 몸으로 겪은 것은 그의 총리 시절이 아니라 건국대 이사장 시절이었다. 그의 총리 시절에는 나는 서울신문사 대표이사·사장으로서 그분에 관련된 기사에 소홀함이 있을까 봐 신경을 썼을 뿐이었다. 더욱이 직전까지 환골탈태의 몸부림을 치고 있던 한국교총의 내 바로 후임 회장이었기에 더욱 그러했다.

그러나 그분이 바로 그날 101세로 서거하셨다는 언론 보도는 기사 제목에서 대부분 그를 (전)총리로 호칭하고 있음에 주목하게 되었다. 더러는 기사 내용에서 (전)한림대 총장 또는 (전)성균관대 총장 경력을 언급하고 있기는 하였으나 6년간(1993.5.~1999.7.) 재임했던 건대

---

* 이 글은 「교수신문」에 2020년 11월 16일부터 12월 21일까지 6회에 걸쳐 연재된 바 있음.

이사장 경력은 거의 언급된 바가 없었다. 총리 재임 기간은 불과 5개월(1992.10.~1993.2) 미만이었는데 말이다.

이와 같은 우리 사회의 인식 성향과 눈높이에 맞추어 나도 이 글의 부제를 그렇게 맞추기로 했다. 그래서 이 글에서는 내가 현승종 이사장의 임명을 받고 만4년간 총장으로 봉직했던 기간(1994.9.~1998.8.)을 회고하면서 내가 몸으로 겪은 인간 현승종을 추모하며 그의 리더십을 실증적으로, 분석적으로 논하려 한다.

현 총리께서 작고한 다음 날(5.26.) 아침에서야 나는 모 일간지의 관련 기획 기사를 통해서 자세한 정보를 입수할 수 있었다. 그 기사에는 "고인의 뜻을 받들어 조용히 가족장으로 모실 것이며 일체의 조문과 조의를 정중히 사절한다."라는 유족대표의 뜻이 밝혀져 있었다. 그날 점심에 약속대로 이홍구 (전)총리와의 사적 만남이 있었는데 그는 조간신문을 못 읽고 빈소에 갔더란다. 조객이 전무하고 분위기마저 썰렁하여 매우 섭섭한 감을 금할 수 없었다 했다. 7월 초에 있었던 박원순 (전)서울시장과 백선엽 장군의 장례행사에 비하면 하늘과 땅의 차이를 느끼지 않을 수 없었다. 속세의 인심 동향을 들여다볼 수 있는 대목이었다. 조간신문의 부음기사를 보고 순진하게 상주의 말씀을 따르는 바람에 현 총리 가시는 마지막 길의 배웅조차 못 한 내가 원망스럽고 도리어 신문을 안 본 덕에 문상을 다녀올 수 있었던 이 (전)총리가 부럽기조차 하였다.

그러므로 나는 지금, 뒤늦게나마 그 어른의 영전에 바치는 심정으로 나의 총장시절 4년을 회고하면서 나를 이끌어 주셨던 현승종 이사장의 리더십을 추모하고자 이 글을 쓰고 있다.

II. 의지와 정밀의 리더십

1994년 8월의 어느 날, 나는 생각지도 않았던 전화를 받았다. 건국대학교 이사장 현승종 (전)총리의 전화였다. "내일 아침을 쉐라톤 워커힐호텔에서 함께 하자."는 것이었다. 나는 놀라움과 중압감을 느끼지 않을 수 없었다. 일찍이 내가 Y 대학교 대학원 원우회장(지금의 대학원 학생회장)으로서 이 대학 저 대학을 두루 살폈을 당시에 그분은 이미 고려대학교 법과대학 로마법전공 교수로서 학생처장을 겸하고 계셨다. 학자로서만이 아니라 행정가로서도 명성을 떨치고 있음을 나는 그때 충분히 알게 되었다. 그것이 바탕이 되었음인지, 그는 성균관대학교 총장, 한림대 총장, 한국교총 회장, 국무총리를 거쳐 건국대 최고책임자인 법인 이사장을 맡게 되었고, 그로부터 이미 1년 3개월이 지났다.

말씀대로 워커힐 일식당에서 조심스럽게 조찬을 함께 들었다. 이런 사적 만남은 생전 처음 있는 일이었다. 비록 그분이 한국교총의 바로 내 후임 회장이었기는 하나, 그리고 내가 교육부 장관 재임 중 그분은 한국교총 회장으로서 나와 단체교섭을 벌인 일이 있기는 하나 이렇게 사사롭게 대화하면서 식사를 같이한 일은 전무하였다. 조심스럽지 않을 수 없었다. 드디어 현승종 이사장께서 입을 여셨다. "건국대 총장으로 와 달라."는 것이었다. 나는 즉석에서 사양하였다. 그 당시 건국대 내부사정이 몹시 어렵다는 정도는 나도 이미 알고 있었던 터였다.

여기서 잠시 나와 건국대와의 악연을 고백해야겠다. 1991년 내가 교육부 장관으로 재임 중이었을 때 건국대 교직원들에 의한 학내 비리 고발 투서가 교육부 감사관실에 쇄도했고 이미 유력일간지 사회면의 톱기사로 대서특필이 잇달았다. 나로서는 건국대에 감사반을 파견할 수밖에 없었다. 나는 그들의 출발전에 전원을 장관실에 집합시켜 놓고 신신당부하였다. 첫째, 교육부의 본분은 대학을 보호하고 지원하는 데 있음을 명심하라. 둘째, 생수 한잔일지라도 대학에 신세지지 말고 미리 준비해 가라.

근 일주일간의 감사가 무사히 끝났다. 그들은 최선을 다했다. 후속 조치를 모두 끝내고 났더니 이번에는 모 주력일간지를 필두로 "교육부 감사는 솜방망이 감사인가!"라는 제하의 비판성 대서특필이 난무했다. 참으로 난처했다. 그 무렵 건국대학교로 인한 더 고통스러운 사건이 또 하나 터졌다. 이는 집권당 영수의 부당한 압력 때문이었다. 주무장관으로서 결코 굴복해서는 안 되는 사건이었다.

강원도 속초·고성지구에 건국대학교 제3캠퍼스(동제대학)를 설립토록 만반의 준비도 되어 있고 이미 유권자에게 공약한 바도 있으니, 그리고 당정협의회에서도 합의된 바 있으니 장관은 무조건 승인해야 한다는 것이었다. 그러나 그 사안의 내용을 면밀히 살펴본즉 설립조건도 완비치 못했거니와 교육을 정치에 이용코자 하는 저의가 간파되었다. 서울장안동 캠퍼스의 땅을 팔아서 속초고성 캠퍼스를 조성하겠다니!

결국 당시의 집권당인 민자당의 김영삼 대표, 김종호 원내총무(지금의 원내대표), 최정식 의원(속초·고성 지구당 위원장)이 회동한 자리에 나를 불러 앉혀 놓고 내게 본격적인 압력을 직접적으로 가했다. 순간 "장관직은 오늘로서 끝이구나." 하는 예감이 스쳐갔다. 나는 그들이 말하는 건국대 제3캠퍼스 설립안을 조목조목 비판하면서 최종적으로 「결재거부」의사를 명백히 밝혔다.** 그 일로 인해서 나는 많은 고통을

** 이 사건에 관해서는 동아일보 1998년 3월 18일자 제7면에 전면기획 기사로 게재되어 있다. 「비화: 문민정부, 김영삼 정부, 정권 5년의 공과」라는 제목하에 나와 박종철 대검찰총장(재임6개월)과 조순 한은총재를 김영삼의 괘씸죄에 걸린 희생양으로 기술했다.

겪었다. 그 일이 내가 장관직을 내려놓는 요인이 되기도 하였다.

그런데! 2년여 만에 바로 그 건국대학교에 총장으로 오라니! 이를 어찌 내가 받아들일 수 있겠는가. 그래도 현승종 이사장은 의지를 꺾지 않고 끈기있게 나를 설득하였다. 건국대학교 설립자 상허 유석창 박사(함경남도 단천군. 1900년생)의 대학설립이념을 표현하는 상징물인 "황소"처럼 말이다. 그 황소는 옳다고 믿으면, 즉 성·신·의라고 믿으면 좀처럼 후퇴나 타협이 없다. 1986년의 저항운동 당시 대학 본관에 화재가 나고 농과대학장이 목매달아 죽고, 경비용 헬기가 출동하는 등의 사건이 이를 말해 준다. 더구나 현승종 이사장이 내게 총장직 수락을 강요하다 싶이 한 그 당시에도 건국대는 내부적으로 평안하지 않았다.

총장직은 이미 지난해부터 공석으로 되어 있고 후임 총장을 경쟁하는 양대 산맥으로 학내는 갈등이 깊어져 있었다. 거기에 나보고 총장으로 오라고? 1992년에 내가 겉으로는 전국 고등학교졸업 학력고사(지금은 수학능력시험으로 대체되어 있음) 시험지를 도난당한 사건(전날 밤 부천 소재 서울 신학교에서)으로 장관직을 인책 사임했으나 배후에는 건국대학교 건으로 인하여 김영삼 집권당대표에게 괘씸죄로 찍혀 그의 살생부에 올랐던 까닭이었다. 나는 그 사실을 노태우 대통령으로부터 내 사표를 수리하지 않을 수 없었던 진솔한 고백을 직접 듣고서야 비로서 알았다. 내 인생이 이처럼 건국대학교와 운명적으로 엮이고 있었을 줄이야!

현승종 이사장과의 아침 식사 후에도 건대 총장직 취임 여부를 두고 밀고 당기기가 꽤나 지속되었다. 나는 내가 건국대 총장으로 부적합하다는 논리를 역사적, 현실적 이유를 들어 강변하였다. 또 나의 능력 면으로 봐서도 불가하다고 아무리 설명해도 끄떡도 안하시던 현 이사장께서는 드디어 전가의 보도를 꺼내셨다. "여보시오, 윤 장관,

당신이 교총 회장 당시에 보여줬던 일들을 내가 다 알고 있소. 당신은 능히 이 어려운 건국대를 발전시킬 수 있다는 확신을 내가 갖고 하는 소리요. 건국대에 와서도 그렇게만 해주시면 되오. 아니, 그래 이 늙은 이가 첫새벽부터 이렇게 부탁해도 안 된단 말이요?" 결국 "이 늙은이 가." 하는 말에 나는 그만 굴복하고 말았다. 벌떡 일어나서 진정을 다 해 "죄송합니다." 하고 절을 올렸다. "그럼, 제가 지금 61세이니 딱 4년 한 임기만 하면 65세 정년입니다. 그때까지만 전력을 다하겠습니다."

그날 아침 나는 무거운 발걸음으로 집으로 돌아왔다. "운명이란 무엇인가? 이게 하나님의 섭리인가? 바로 그 건국대학교 때문에 그렇게도 고생하고 끝내는 장관직까지 내려놓았는데 2년 반 만에 바로 그 대학교 총장으로 나를 다시 사용하시겠다니, 아―하나님, 왜이러십니까?" 저절로 하나님의 존재를 재확인하는 순간이었다.

후일 알고 보니 현승종 이사장께서는 이미 건국대학교 총동문회 장(홍순정)과 나를 청빙하기 위한 굳은 동맹을 체결하였던 것이다. 서울고교 교사 출신인 홍회장은 이 일 때문에 서울신문에 근무하고 있는 제자들을 통해서 철저하게 내 뒷조사를 했노라고 세월이 좀 흐른 후 내게 자백한바 있다. 그러기에 내 문제가 공식적으로 결정되자마자 워커힐호텔 대연회실에서 총동문회주최 윤형섭 총장 환영만찬회를 해주지 않았던가.

그뿐만이 아니다. 후일 알게 되었지만 현 이사장은 사전에 교수협의회와도 모종의 조건부 합의를 맺었다. 모든 일을 그렇게 정밀하게 밀고 나가는 분이었다. 즉, 총동문회와 교수협의회와의 사전합의까지 얻어내는 정밀한 분이었다. 그럼에도 불구하고 며칠 후 취임식장에 입장하면서 주의 깊이 살펴보니 입구 양쪽에 많은 인파가 피켓을 들고 도열해 있었다. 나는 의례히 환영 피켓인 줄 알았다. 그러나 가까이 가서 보니 "법인이 일방적으로 임명한 밀실 총장 물러나라."는

것이 아닌가. 한복으로 우아하게 성장을 하고 행복한 얼굴로 함께 입
장했던 아내의 당황스럽고 무안해하는 얼굴을 보면서 나는 미안하기
짝이 없었다.

그러나 나는 충분히 이해할 수 있었다. 해를 넘기며 치열하게 경
쟁했던 학내의 총장후보 양대 산맥의 선두주자중의 한분이 의례히 총
장이 될 줄 알았는데 어느 날 갑자기 그렇게도 낯선 타교 출신이 나타
났으니 얼마나 허탈하고 울분이 터졌겠는가. 그럼에도 불구하고 4년
후 나의 퇴임식은 참으로 행복하고 자랑스러운 것이었다.

내가 행복해 할 만한 내용의 피켓과 현수막 그리고 학생과 교수
와 직원들의 석별을 아쉬워하는 기념품들이 내 가슴에 안겨졌으니 말
이다. 이 모든 것이 "이 늙은이가…!" 하는 바람에 내가 순간적으로 굴
복해서 비롯됐는데 그때 그 이사장의 연세가 75세였다. 지금의 내 나
이가 그때의 그 어른보다 10여세가 많건만 지금 내가 누군가에게 "…
이 늙은이가…!" 했다고 해서 26년 전의 나처럼 벌떡 일어서서 "죄송
합니다." 하고 순종하는 사람이 있을까? 이게 바로 현승종 리더십의
위력이라 하겠다.

여기서, 이사장과 교수협의회 사이에 맺어졌다는 "조건부합의"에
대해서도 언급하고 넘어가야 하겠다. 총장취임 후 1년 반쯤 되던 어느
날 "건국대 교수협의회 임원단"(회장 박홍양 교수) 여러명이 총장실에
들어섰다. 앞에서 말한 조건부 합의의 "조건"을 이행하겠다는 것이다.

즉, 약속대로 총장에 대한 중간평가를 하겠다는 것이다. 참으로
어이가 없었다. 노태우 대통령이 후보시절에 여의도광장 유세에서 내
걸었던 중간평가 공약을 그의 취임 1년 후 그의 면전에서 헌법위반이
라며 공박했던 나다. 나는 그들(교협 임원단)에게 즉석에서, 1초의 주
저도 없이 "안 된다. 두 가지 이유로 받아들일 수 없다. 첫째는 비록
현 이사장께서 약속하셨다 할지라도 이는 내가 약속하지 아니하였음

이 분명하니 내가 준수할 의무가 없다. 즉, 나의 임기에 관련된 타인의 약속은 법률상 무효이다. 둘째로, 교협이 합의했다는 그 약속내용은 결과적으로 건국대의 정관과 학칙을 정면으로 위반하게 된다. 법제화 되어 있는 총장임기 4년을 허물기 때문이다."라고 설명했다.

그랬더니 그들이 입을 모아 "아닙니다. 윤 총장님은 지금당장 중간평가를 해도 75% 이상의 지지표가 나올 겁니다."라는 것이다. 나는 다시 열을 뿜었다. "내 문제가 아니라 건국대의 문제를 말하는 것이다. 내가 4년 임기를 마치고 떠난 다음 내 후임자들은 어쩌라는 것이냐. 또 교협은 그러한 전례 있음을 깃발처럼 흔들 것 아니겠냐. 어느 총장이 언제 그만두게 될지도 모르는 건국대를 위해서 희생적으로 봉사하며 장기발전계획을 세우고 소신있게 추진하겠느냐. 그건 건국대를 침체 내지 퇴행시키는 일이 될 뿐이다. 그러므로 교협이 내말을 어기고 중간평가를 강행한다면 비록 나에 대한 지지표가 100% 나오더라도 나는 교협임원 전원을 정관파괴, 학칙위반으로 징계처분하고 학교를 떠날 것이다. 그것만이 내가 건국대를 지키는 길이다."라고 단호하게 선언했다.

다행히도 나의 재임 중 다시는 그 문제를 재론하는 일이 없었다. 이미 25년 전의 일이지만 나는 그것만으로도 임기제의 제도화를 통해서 건국대 발전에 조금은 기여했다고 자부한다.

그러나 이 일을 나는 이사장께 보고하지 않았다. 일체 없었던 일로 치부했다. 원래 나는 보고를 매우 심각하게 선별하는 사람이다. 보고라는 것이 언제나 반드시 좋은 것만은 아니기 때문이다. 보고에는 상급자의 최종결심을 구하는 일 외에 ① 차후에 발생할 수도 있는 책임소재 논쟁시에 상급자에게 떠넘기기 위함인 경우, ② 상급자에게 자기생색을 내려하는 경우, ③ 법제도적으로 보고가 의무화되어있는 경우, ④ 상급자와의 심리적·정서적 거리를 좁히는 수단으로 보고라는 형식을 남용하는 경우, ⑤ 동료 또는 부하들에게 자기와 상급자의 밀착된 거리를 과시함으로써 위세를 부리고자 하는 경우가 있다. 대체로 나는 위의 다섯까지 경우를 도처에서 체험한 바 있기 때문에 현승종 이사장께 대한 보고와 그의 사무실 접근은 지극히 신중을 기했다. 그래서 이사장이 사전 약속했다는 중간평가에 관련된 보고도 생략한 것이었다. 이처럼 이사장의 약속의 이행은 법률상 당사자인 내가 거부한 것이므로 이사장의 의지와 정밀의 리더십과는 무관하다 하겠다.

III. 원칙 고수의 리더십

대학의 자율권 확보, 이는 적어도 대학인이라면 누구나가 입을 모아 절규하는 대학발전, 학문발전의 필수조건이다. 대학의 자율권을 말할 때 사람들은 흔히 정치권력, 정부로부터의 자율권을 말한다. 누구도 여기에 이의를 제기할 사람은 없다. 그러나 아무리 대학이 권력에의 예속에서 벗어나 자율권을 확보했다 하더라도 실천적 차원에서 이를 무의미하게 만드는 병폐가 현실대학에는 차고 넘친다. 실은 나도 1988년 한국교총회장 취임 전부터 교육의 정치적 독립과 자율권을 외쳤다.

그 후 1990년 12월 말경 처음으로 국무회의에 참석했을 때 노태우 대통령께서 "윤 장관, 오늘의 대학이 안고 있는 문제가 뭐라고 생각하시오?" 하고 물었다. 모든 국무위원들이 걱정스러운 눈으로 나를 쳐다봤다. 나는 뜻밖의 공세를 받고 놀랐으나 서슴지 않고, "대학의 것은 대학에 돌려줘야 합니다. 신입생 모집 정책에서부터 교수채용 등 모든 학사 정책 결정에 국가가 관여해서는 안 될 것입니다. 우리정부도 그 방향으로 나가야 할 것입니다."라고 답했다. 의외로 노 대통령은 흡족해 했고 배석했던 권 모 안기부장(지금의 국정원장)과 김 모 감사원장도 별도로 나를 격려했다. 그 후 나는 대학 자율화에 더욱 확신을 갖고 정책을 추진해 나아갔다.

그러나 주무장관이 되어 전국의 사립대학을 들여다보았더니 진정 심각한 과제는 "대학의 법인으로부터의 독립"이었다. 심지어 어떤 대학의 경우 총장은 이사장의 수렴청정 하에 있었다. 이사장이 설립자인 경우는 더욱 심각했다. 그럼에도 불구하고 학교에 관한한 모든 책임은 법적이든 사회적이든 불문하고, 총장에게 전가하는 경우가 허다했다.

그런데 건국대 현승종 이사장은 나에게 임명장을 주는 자리에서 "윤 총장님, 총장은 대학의 총책입니다. 모든 문제를 알아서 잘 하시리라 믿습니다. 쉽지는 않을 겁니다. 나도 성균관대에서 6년, 한림대에서 6년간 총장을 해 봤지만, 그래서 이 대학에서 오랫동안 총장 자리를 비워 놓고 내가 직접 운영해 봤으나 전혀 성과가 안 납니다. 이제부터는 나는 원칙대로 법인의 고유 업무만 관리하고 학교 문제에서는 완전히 손을 뗄 겁니다. 그러니 잘 부탁합니다."

그렇게 원칙을 재천명한 이후 4년간 그분은 철저하게 그 원칙에 입각해서 인사, 재정, 건설 등 모든 학교운영에 관한 일체의 권한을 전적으로 총장에게 일임하였다. 물론 신임 총장에 대한 법인내의 일부 토착 세력의 질시와 반발이 있었던 것은 사실이었지만 그 정도는 사람 사는 곳 어디에서나 있는 일, 둔감하게 대응하면 절로 승부가 나게 되어 있다.

회고컨대 전국의 150여 개 4년제 사립대학 중에서 아마도 나처럼 총장의 고유권한을 최대한 행사하며 행복하게 봉직한 총장도 많지 않을 것이다. 실례를 들면, 내가 4년 재임하는 동안 내 책임하에 전임교원을 173명 충원했다. 그중에서 단 한 사람도 재단(법인)의 엄호나

특혜를 받은 사람은 없다. 특별히 고마운 것은 도리어 현승종 이사장
께서 외부의 부탁과 압력을 나도 모르게 차단시켜 주었다는 사실이다.

교수 채용은 학과별 인사위원회, 단과대학 인사위원회, 대학본부
인사위원회(위원장: 정길생 부총장)를 거쳐 총장에게 서열을 매겨 3배수
가 올라오는데 내 손에서 뒤집힌 일이 여러 번 있었다. 모교 출신이라
고 해서 특혜를 받았거나, 특정 대학 출신 일색으로 당해 학과 교수진
을 채워나간다거나 하는 조짐이 확실한 경우에도 이를 눈감고 싸인할
수는 없지 않은가. 후환이 두려워 눈감고 싸인한다면 이는 총장의 직
무유기, 또는 책임회피 아닌가.

역시 뒤끝이 시끄러운 일이 몇 번 있기는 했다. 예컨대 해당학과
교수 전원이 총장실로 항의차 집단 방문한다든지 하는 등의 시끄러움
이다. 그러나 4년간 현 이사장은 교수 인사건에 관한한 내게 단 한 번
도 언급한 일이 없다. 진실로 원칙의 리더십이요, 겸허의 리더십이라
아니할 수 없다.

건축 문제만 해도 마찬가지다. 내 경험으론 대학 재학생이 7,000
명만 돼도 등록금 수입만으로 학교 운영이 가능하고 초과수입으로
2~3년마다 건설투자에 충당할 수 있다.

총장 취임 초에 내가 보기엔 건국대학교는 창설자 상허 유석창
박사로부터 물려받은 정신적 자산, 동문, 교수, 직원, 학생 등 수십만
을 헤아리는 막대한 인적 자원, 그리고 서울 낙원동과 장안동, 충북
충주, 그리고 미국 L.A 등 도처에 갖고 있는 엄청난 물적 자원이 학교
의 지속적 발전 가능성을 웅변하고 있었다. 이처럼 타의 추종을 불허
할 만큼 풍부한 정신적, 인적, 물적 자원이 대학발전의 효율적, 미래
지향적 원동력으로 조직화되어 작동만 잘된다면 하는 아쉬움을 금할
수 없었다.

나는 내 책임하에 건국대 캠퍼스(서울 및 충주)의 현대화, 효율화,

미래 지향화에 착수했다. 정보화교육관, 국제화 교육관(지금의 새천년관)을 비롯하여 각종 건물의 신축과 증축·개축을 서둘렀다. 캠퍼스는 서울과 충주를 막론하고 연중무휴로 공사가 진행되었다. 그랬어도 새천년관처럼 내 임기중에 완공치 못한 건축공사가 몇 개 있었다.

이러한 물리적·공간적 변화만이 아니라 행정제도의 변혁과 학사개혁에도 박차를 가했다. 이러한 변혁의 추세에 충격을 받은 것은 역시 건국대를 누구보다 사랑하며 오랜 세월 몸 바쳐 일해 온 교직원들이었다. 그러기에 직원노조에서 대자보까지 내다 부쳤다. 그 내용의 요지는 "우리가 수십년 모아놓은 돈을 4년만 봉직하고 떠나겠다는 총장이 다 쓰고 우리에게 빚만 떠넘기고 갈 테냐?" 하는 것이었다. 참으로 어처구니없었다. 교실천정에서 비가 새고 대형선풍기를 틀어 놓고 강의하는 상황에서 누굴 위하여 거액을 비축해야 했단 말인가! 원칙적으로 말한다면 대학의 등록금은 가장 빠른 시간 내에 대학발전을 위해서 재투자되어야 한다. 대학이 장기간에 걸쳐 거액을 축적하는 것은 대학재정의 원칙에 어긋난다. 대학경영과 기업경영은 그 점에서 엄격히 구분되어야 한다.

그 노조 대자보의 배후에 누가 있는지 나는 이미 감지하고 있었다. 나는 그저 너털웃음으로 대응하였다. 나는 하늘이 내게 준 소명으로 알고 내 길을 갔다. 그때 나를 진정으로 신뢰하고 든든한 방호벽의 역할을 해 주신 분이 바로 현승종 이사장이었다. 그뿐이 아니었다. 본교 캠퍼스 한복판에 있던 상허선생(설립자)의 동상을 어렵게시리 상허기념관 앞으로 옮긴 것도 그때의 일이다. 역시 정서적인 반발이 있었다. 그것들이 지금은 건국대의 상징적 홍보물이 되어있음을 볼 때마다 나는 뿌듯하고 행복하다.

이 모든 변혁들은 건국대가 현승종 리더십의 합리적 체제하이었기 때문에 비로서 가능했던 것임을 잊어서는 안 된다. 대학발전이란 기존의 제도와 문화를 개혁하고 학문과 교육을 선진화하는 것이므로 기존의 권위와 질서에 도전하지 않으면 아니 된다. 그것은 하나의 전쟁이기도 하다.

　나는 4년의 짧은 세월 속에서 현 이사장으로부터 철저한 원칙주의를 배웠다. 한 가지만 그 실례를 든다. 어느 날 놀라운 전화 한 통을 받았다. 그 결과 그와 나는 시내 모처에서 첫 상봉을 하였다. 그는 모 재벌그룹의 주인이었으며 모 대학교의 이사장을 겸하고 있었다. 그의 그릇된 학교재정 운영행태가 1997년의 IMF 사태의 쓰나미에 걸려 형사법상 위기에 직면하게 되었다. 그래서 내게 급히 자기의 그 대학교를 인수해달라는 것이었다. 나는 즉각 학교로 돌아와 현승종 이사장실 문을 두들겼다. 사안의 전후좌우를 설명하면서 "이사장님, 저 아래에 건설 중인 저 건물(지금의 15층 새천년관이다)을 보십쇼. 건축비가 300억도 안 됩니다. 바로 저 건물 한 채 값도 안 되는 돈으로 어마어마한 물량의 대학교를 인수하자는 것입니다. 결단을 내리시죠." 강력한 나의 주장이었다. 나는 확신했다. 현 이사장께서 쾌재와 만세삼창을 부를 줄 알았다. 아뿔싸! 대답은 정반대이었다.

　"대단히 매력적인 제안임에 틀림없습니다. 그러나 오너가 아닌 고용된 이사장으로서는 그런 일은 나의 권한 영역을 벗어납니다. 그러니 수용할 수 없습니다. 미안합니다." 나는 놀랐다. 남들은 나도 대단한 원칙주의자라 하건만 현승종 이사장의 원칙선언 앞에 그만 손을 들고 말았다. 나는 지금도 그 대학 앞을 승용차로 한참을 지날 때마다 그날의 아쉬움을 지울 수 없다. 그러나 그날 현승종 이사장으로부터 받은 원칙 고수의 교훈은 평생토록 나의 공직 수행에 유익한 좌우명이 되고 있다.

IV. 인고의 리더십

앞에서 말했듯이 1994년 총장취임식장 앞에 도열해서 나의 총장 취임을 반대하던 학생들의 피켓 시위를 바라보며 한편 놀래기도 했지만 다른 한편 사랑스럽기도 했다. 그 당시의 학내 상황이 능히 그럴 만했다. 그러면서도 그들은 전혀 결례되는 일을 하지 않았다. 취임하자마자 나는 총학생회 임원들과 본관 대형 회의실에서 일문일답식의 간담회를 가졌다. 왠지 그들의 일거수 일투족이 정중하고 신중하여 보기에 좋았다. 건국대 신문 기자와의 인터뷰도 재미있게 진행했다. 아마도 내가 대학 재학 중 학부와 대학원에서 학생회장을 경험했고 육군사관학교에서 6년간 교관 생활을 했으며 Y대학 교수재임 중에는 그 난세에 학생처장을 4년 2개월 겪었던 것이 나로 하여금 그들을 그렇게 귀하고 미쁘게 보게 했는지도 모른다.

내가 존스 홉킨스대학과 하버드대학에서 그리고 일본 게이오대학과 중국문화대학에서 보고 느꼈던 사례들을 학생들에게 들려주며 건국대학교의 새로운 미래상을 그려내고 희망을 갖게 한것이 크게 주효했던 것 같다.

거기에 총동문회 홍순정 회장과 정복환 건국대 4·19민주혁명동지회장을 비롯한 동문간부들이 나를 뒷받침해 주니 나는 평상심을 갖고 학교일에 전념할 수 있었다. 어느 정도로 전념했는가. 고양시 일산에서 건국대까지 출근하는데 그 당시에는 1시간 40분이 소요되었다. 왕복을 따지면 3시간 20분! 묵과할 수 없었다. 그래서 광화문 앞에 남의 사무실을 빌려 간이침대 하나를 들여놓고 출근해보니 당시의 청계천 고가도로를 거쳐 30분이면 족하였다. 그래서 환갑노인이 4년간 주말부부 노릇을 한 것이었다.

겨울이 되면 저녁 6시에 그 건물의 난방이 일제히 꺼진다. 할 수 없이 오바위에 담요를 덮고 앉아 밤늦게까지 학교 서류를 검토하는 것이 매일 하는 일이었다. 누가 봐도 가엾은 몰골이다. 아내는 일주일에 한 번씩 음식을 실어 날랐다. 그래도 매일같이 변해가는 건국대의 모습에 나는 희망에 부풀었고 행복하기만 했다. 더군다나 내 말 한마디로 건국대의 법인정관이 만장일치로 개정될 때는 참으로 보람스러웠다.

제도 운영의 합리화를 위해서 정관, 학칙, 관련 규정 등을 세심하게 검토하던 어느 날 정관에 놀라운 조항이 있음을 발견했다. 즉 총장을 재임했던 이는 재임 기간과 업적심사도 없이 자동적으로 명예교수가 되며 평생토록 월 50만 원을 지급받게 되어 있었다. 교수는 25년을 근속하고 여러 단계의 심사를 거쳐야 함에도 불구하고 말이다. 이사회의 석상에서 그 부당성을 역설하고 당해 조항의 삭제와 50만 원 지급제도의 철폐를 호소했다. 모두가 끄덕였다. 조일문 이사(전직총장)가 입을 열었다. "그렇게 개정했을 때 손해 볼 사람은 윤 총장 오직 한사람뿐인데?" 그래서 내말이 "그러니까 저밖에 제안할 사람이 없습니다. 그러니 오늘이 이 조항 철폐의 절호의 기회입니다." 내 뜻이 관철되어 나는 연간 600만 원의 손해를 22년간 보아 왔으나 마음은 그렇게 편할 수가 없다. 그러나 법률불소급의 원칙에 의해서 기존 명예교수들의 기득권은 존중되었고 명예교수 요건 중 25년 재직조건을 20년으로 감축하였다. 그날 이후 새롭게 명예교수가 된 분과 후임 총장 중 비교수 출신들의 경제적 손실에 대해서는 참으로 죄스런 마음, 금할 수 없다.

그러나 그런 방식으로 학교 재정을 합리적으로 접근하면 그 수익이 처음은 미미하나 그 끝은 창대해지는 법이다. 이는 하나의 예에 불과하다. 총장이 법인의 정관개정까지 앞장서다니! 실로 현승종 리더십에 대한 믿음이 아니었으면 어찌 시도할 수나 있었겠는가.

그러나 현승종 이사장은 매일같이 「현퇴추」에 시달렸다. 「현퇴추」

II. 대학의 발전전략 195

란 현승종퇴출추진위원회의 약칭이다. 그들은 줄기차게 각종의 방법으로 현승종 이사장을 괴롭혔다. 그 대표자는 재학생도 아니었다. 나는 교학 책임을 진 총장으로서 좌시할 수 없었다. 더구나 1970년대의 그 난세에 Y 대학의 학생처장, 전국 최장수의 학생처장이었던 내가 어찌 그런 일을 좌시할 수 있겠는가. 이는 분명코 이사장에 대한 총장의 인책 사항이 아닌가. 그러나 "총장은 절대로 이 일에 손대지 말고 학교만 발전시켜라."는 것이 현 이사장의 기본원칙이었다. 당신께서 참고 넘기기만 하면 이 문제는 절로 사그라질 것이라는 입장이다. 현퇴추가 현 이사장에 대한 터무니없는 명예훼손 차원의 유언비어를 대자보 또는 전단의 형식으로 퍼뜨려도 현 이사장의 인고 제일주의 철학에는 변함이 없었다.

나중에 알고 보니 현 이사장께서는 현퇴추의 배후를 명백하게 파악하고 있었던 것 같다. 그들은 학생이 아니라는 것이다. 그래서 총장의 관할영역이 아니라는 것이었다. "이 일은 더 키워서는 안 된다. 오직 나 하나만 참으면 된다."는 것이 이사장의 대응철학이었다. 보통의 경우라면 으레 이사장이 총장에게 책임을 묻고 사태수습을 독촉하거나 질책할 것이건만 현승종 이사장은 사태의 본질을 꿰뚫어 보고 오직 인고의 리더십으로 이겨낸 것이었다.

심지어 이런 일도 있었다. 비서실장의 보고를 받고 나는 아연실색했다. 현승종 이사장이 서울동부지검의 출두 명령을 받았다는 것이다. "무슨 일 때문이라더냐?" "학교 건설 관계랍니다." "학교 건설이라면 모든 건설을 내 책임하에 진행하고 있는데 내가 호출을 당해야지 왜 이사장이냐." "가자!" 하고 비서실장의 안내를 받아 동부지검에 출두했다. 나로서는 일생 처음이다. 그런 일은 그 후에도 없다. 담당 검사가 나를 맞았다(전관예우인 것 같았다). 총장은 해당이 없으니 가시고 현승종 이사장이 와야 한다는 것이다. 역시 이사장에 대한 모함의 투서가 있었다.

교내 각종 공사에 대한 어마어마한 독직·수뢰 혐의 고발이었다. 그 자리에서 나의 강력한 항변이 이어졌고 상당 시간이 흘렀다. 결국 담당 검사가 자리를 뜨더니 얼마 후 돌아와서는 총장의 확인 서명으로 대체하기로 했다는 것이다. 가슴을 쓸어내렸다. 그런데 뭘 확인하라는 것인가? 읽어보니 고발 내용이 모두 무혐의임을 확인한다는 것이었다. 이사장께는 보고도 안 했다.

언젠가는 우스갯소리로 알려드리려 했는데 적기를 놓치고 말았다. 그 후에도 그의 인고의 리더십은 계속되었다. "분사난"(분하거든 그로 인해서 생겨날 환난을 생각하라. 그러니 분할수록 참아라)이란 공자의 가르침을 몸소 실천하는 모습이었다.

V. 겸허의 리더십

현 이사장의 겸허는 흔히 아랫사람을 몸 둘바 없을 만큼 당황케도 하지만 때로는 큰 과오를 예방할 수도 있었다. 예컨대, 이사장께서 어느 날 총장실로 찾아오셨다. 직접 진솔하게 나눌 안건이 있었기 때문이었다. 설사 그렇다 하더라도 다른 대학교에서는 상상도 할 수 없는 일이다. 그게 이사장과 총장의 관계다.

더군다나 현승종 이사장은 나와 비교컨대, 연령은 14세 연상(1919년생)이며 학계는 대선배이고 총장직도 나는 초임인 데 비해서 그분은 이미 성균관대 총장 6년, 한림대 총장 6년의 슈퍼 경력자이다. 나는 예비역 육군 중위임에 비하여 그는 예비역 공군 중령(정훈장교)이다. 관직도 나는 장관 경력인 데 비하여 그분은 국무총리 경력자이므로 어느 모로 봐도 그분은 나를 손쉽게 다룰만한 위치에 있다 하겠다.

그럼에도 불구하고 3층(이사장실)으로 나를 불러올리기보다는 2

층(총장실)으로 내려오셔서 환담을 나누기 일쑤였다. 그날은 심각한 안건이 있어서였다. 말씀을 들어본즉 총장으로서는 수용할 수가 없었다. 나의 전문적인 판단으로는 불법일뿐더러 불합리하기도 하기 때문이었다. 법인의 고위 실무진의 간곡한 건의가 있었음을 쉽게 간파할 수 있었다. 그러나 이사장은 고맙게도 겸허하게 나의 반대의견을 쾌히 받아들였다. 나는 덧붙였다. "앞으로는 그런 건의를 했던 바로 그 사람을 경계하십시오. 큰 변고를 당하게 됩니다."라고 충언하였다.

아니나 다를까 누군가가 겸허하고도 신중한 이사장의 이런 과정이 있었음을 모르고, 그래서 그 계획이 취소되었음에도 불구하고 의례 자기네가 제안했던 대로 시행되었거니 하는 짐작만으로 관계 당국에 불법이라고 밀고를 하는 못된 해프닝이 있었다. 이는 나의 판단과 솔직한 건의가 주효했다고 보기보다는 현승종 이사장의 겸허함과 나에 대한 신뢰가 막아낸 쾌거였다 하겠다.

만약 현 이사장이 오만한 리더십이었다면 측근의 불충과 흉모 한 건만으로도 이사장은 불행한 함정에 빠졌을 것이다. 배후의 누군가는 쾌재를 불렀을 것이다. 돌이켜 보건대 매우 평범한 일상사 속에서도 현 이사장의 지극한 겸허와 신중함이 때로는 이처럼 불운을 사전에 막을 수 있는 강력한 힘으로 작동한다.

이사장과 총장은 학교 이외의 곳에서 만나야 할 경우가 자주 있다. 약속장소에 가보면 언제나 이사장이 먼저 와 계시다가 벌떡 일어나 나를 맞는다. 그 순간의 나의 무안함을 상상해 보라. 후일 알고 보니 그분은 언제나 약속 시간 10분 전 도착을 원칙으로 삼고 있었다. 그래서 나는 15분 전 도착을 목표로 삼았으나 별로 성공치 못했다. 그때 그 일이 너무 힘겨워서 나는 요즘 나의 아랫사람과의 약속에는 정각 도착을 원칙으로 삼고 있다. 요즘에는 나의 상급자도 없거니와 연장자를 만나는 일이 거의 없다. 거의 대부분 나의 제자, 후배, 연하자와의 만남이기 때문에 그들의 마음을 편안하게 하기 위해서다.

　뿐만 아니라 언어 사용에서도 현 이사장의 겸허함은 극에 달한다. 앞에서 말한 것처럼 그분과 나와는 여러 면에서 그러한 격차가 있음에도 불구하고 언제나 내게(실은 내게 만이 아니다) 최경어를 사용하기 때문에 나는 마음 편하게 다가갈 수가 없었다. 교과서에는 없지만, 겸손 겸허 이 또한 리더십을 구성하는 주된 구성요소이기도 하고 본질이기도 하다. 나도 이를 제자나 후배들에게 적용코자 여러 차례 시도했으나 내게는 그 일이 좀처럼 쉽지 않다. 부자연스럽기도 하거니와 그들에 대한 나의 진솔한 애정이 정서적으로 전달되지 않는 것처럼 느껴지기 때문이다. 리더십 이론에는 자질이론과 환경이론이 있다. 현승종 이사장은 자질로 환경을 극복하거나 창조하는 리더십이다.

　모든 공직을 내려놓은 후에도 현 이사장은 인촌상위원회 위원장, 유니세프 한국위원장 등 주로 명예직이거나 봉사직에 종사하였다. 그 무렵부터 한국교총에서 1년 반 동안 모셨던 교총 간부들이 계절에 한 번씩 오찬을 초대했다. 나도 언제나 동석하였다. 주최자들이 승용차를 보내드리겠다고 간곡히 말씀드리지만 언제나 사양하시었다. 끝내는 "나의 걸어 다니는 자유를 박탈하지 말라."고 하셔서 차로 모시려고 했던 노력을 멈추었다. 언제나 약속장소 가까이까지 지하철로 오셔서 걷는 것이었다. 국무총리 출신 90노인의 서민적 행보에서 돋보이는 겸허한 모습이 모든 사람으로 하여금 그를 더욱 존경케 하였던 것 같다.

　그로부터 몇 년이 지났을까, 거동이 불편해지셨다 한다. 알아보니 한강 고수부지에서 운동 삼아 산책하시다가 그만 움푹 팬 곳에 빠져 고관절이 훼손되어 자리에 누우셨다는 것이다. 벼르기만 하던 병문안을 차일피일하는 동안에 그 어른은 운명을 달리하셨다.

　그리고는 나의 부득이한 사정과 유족대표의 소망에 따라 마지막 작별 인사마저 못 드렸다. 그 일이 내게는 오늘날까지 큰 빚이 되어

있다. 이 글이 그 마음의 빚을 갚는 일에 조금이나마 도움이 되었으면
하는 바람뿐이다.

VI. 맺는말

건국대 총장 4년의 세월은 나에게 있어서는 너무나 행복하고 보
람 있는 세월이었다. 학교에 관한한 나는 현승종 이사장의 원칙과 신
뢰에 따라 전권을 장악하고 건국대에 충성을 바쳤다. 그 대신 모든 책
임은 내가 자원해서 짊어졌다. 교학 정책만이 아니다. 학교 비축금을
포함한 모든 재정 운용도 마찬가지다.

현승종 이사장, 그분은 101세를 일기로 가셨으나 많은 교훈으로
여운을 남겼다. 평소의 그분답게 조용히 가셨다. 일관된 의지로, 그리
고 정밀하게 앞뒤를 가려가면서 원칙을 존중하며 인고하는 리더십을
보여줬다. 어떤 자리에 앉든지, 누구와 만나던지 몸과 마음을 낮추었
던 겸허의 지성인, 노신사의 삶이 조용히 마감된 것이다.

나는 약속대로 만 65세에 임기를 만료하고 퇴임하였다. 총장이
임기를 마치고 후임 총장과 함께 이취임식을 가졌던 것은 건국대 개
교 이래 초유의 일이라 한다.

현승종 이사장을 추모하면 마음 아픈 사연이 떠오른다. 그분이
평안남도 개천군 개천면에서 태어난 것은 1919년이었다. 그의 출생지
의 말뜻을 풀어 보면 "개천에서 용이 난다."는 뜻이다. 그의 조부와
부친은 의병과 독립운동가였다.

연합뉴스가 1999년 2월 말 3·1운동 80주년을 맞아 80세를 맞은
현승종 이사장과 인터뷰를 가졌다. 내가 학교를 떠난 지 반년 후의 일
이었다. 그 자리에서 그는 자신이 애국 투사의 혈통을 받고 태어났는
데도 불구하고 1944년 1월 학도병으로 끌려가 1945년 6월 일본국 소

위로 임관되었고 8월 15일, 즉 종전 당일 중국 팔로군과 교전한 것이 평생 가슴 아픈 기억이라고 밝혔다. 그나마 독립군과 교전한 일이 없음을 다행히 여겼다는 뜻인 것 같기도 하다.

그러나 학내의 막강한 정서적·통합적 위력을 갖고 있던 동문 교수협의회를 비롯해 학내의 여러 단체들로 구성된 비상대책위원회는 그를 친일파로 규정하고 조직적으로 비난을 가하며 퇴출을 촉구했다. 결국 인고의 리더십이었던 현승종 이사장이건만 사표를 제출하고 학교를 떠났다.

그로부터 6년 반 후인 2005년 8월 29일 민족문제연구소가 발표한 친일 인명사전에도 현승종 이름 석 자는 없다. 이것이 1999년 4월의 일이므로 현 이사장이 취임한지 6년 만의 일이었다. 고대학생처장(1960~1965), 성균관대 총장(1974~1980), 한림대 학장 및 총장(1986~1992) 등의 재임 기간이 모두 6년 전후이니 끝내 6년의 징크스를 못 깬 셈이다.

상황이 이렇게 전개됨에 건국대 이사장의 자리는 설립자 유석창 박사의 큰 자부가 맡게 되었고 지금은 그녀의 따님이 뒤를 잇고 있다. 24년의 세월이 지난 후 현승종 이사장은 이승을 떠났지만 그는 건국대 이사장 퇴임 후에도 한국유니세프 회장, 인촌기념회 이사장, 고려대학교 이사장, 국가원로회의 공동의장, 대학민국 건국 60주년 기념사업추진위원회 공동위원장 등의 직책을 맡아 사회적 기여를 계속하셨다.

그러나 그의 빈소는 코로나19의 위협 속에 그렇게 조용했고, 장례는 고인의 유훈을 받들어 가족장으로 그처럼 조촐했다니 고인의 영령 앞에 나로서는 뭐라 더 이상 할말을 잃을 뿐이다.

05

나의 대학생활*
−1950년대

I. 6 · 25전쟁의 그늘

등산을 해 본 경험이 있는 사람이라면 누구나 한번쯤은 겪어 보았을 것이다. 땀 흘리며 올라온 길을 뒤돌아보는 경관의 아름다움과 그 자리에서 내려다 보는 전경의 시원함, 그리고 거기서 맛보는 성취감이 얼마나 우리를 뿌듯하고 행복하게 하는지. 그래서 오랜 세월이 지난 다음 어쩌다 그리움 속에 피어나는 고향은 언제나 아름다운 것이며, 지난 세월도 그처럼 아름다운 것이다. 허다한 고통과 번민이 그리고 어쩌면 말 못할 불행이 그곳과 그 세월 속에 묻혀 있을 텐데도 말이다. 그래서 그런지 전쟁의 참화 속에서 그리고 그 후유증 속에서 온갖 고통을 겪으며 지내온 대학생활이었건만 지금은 도리어 보람과 긍지의 세월로 가슴속에서 꽃처럼 다시 피어나고 있다.

---

* 이 글은 필자가 이미 써 놓았거나 발표했던 글 중에서 본 주제와 직결되는 글들을 골라내어 새로운 글로 재작성한 것으로서 「우리시대 지성과의 대화⑥」(중원대학교 출판부, 2020.5.)에 게재된 바 있음.

나의 대학시절은 6·25전쟁의 절정기에 피난 수도 부산에서 시작하여 휴전을 거쳐 전쟁으로 폐허가 되어 버린 수복지 서울에서 남은 기간을 마쳤다. 몹시 춥고 배고팠던 세월이었으나 그보다 더 무서웠던 것은 개인적으로나 국가적으로나 미래에 대한 불안과 공포, 고독과 허탈에서 오는 정신적 공황이었다. 미래에 대한 아무런 청사진도 확신도 없었으며, 아무런 약속도 보장도 없었다는 뜻이다. 현대사회의 살인적이고 탐욕스런 악한들이 도처에서 쓰나미처럼 밀어붙인 침탈과 살육의 뒷자리에는 현대인의 불안과 고독 그리고 가난만이 남아 있었다.

키르케고르나 하이데거 또는 야스퍼스 등이 갈파했던 바로 그 죽음에 이르는 병을 극복하기 위해서 지식인들은 실존주의철학에서 살 길을 찾으려 하였고 사르트르의 구토를 통해서 실존을 확인하려 하였다. 더 나아가 노벨재단은 까뮈에게 노벨 문학상을 안겨주기도 하였다.

작품 「이방인」을 통해서 시대정신과 상황을 탁월하게 표현했다는 것이었다. 그러나 그 어떤 것도 인간을 죽음에 이르는 고독과 불안으로부터 해방시킬 수는 없는 것이었다. 왜냐하면 그것은 오로지 종교의 영역에 속하는 것이며 믿음의 권능에 속하는 것이기 때문이다.

1950년대 초에 인간의 근원적인 문제를 놓고 지적으로 또는 영적으로 고민했던 젊은이는 비단 나만이 아니었던 것 같다. 6·25전쟁의 막바지였기에 더욱 그러했던 것 같다. 우선 대학 입학시험에서 불합격이면 즉각 관할 병사구사령부(지금의 병무청)로 그 명단이 이첩되었다. 후기대학 입시가 끝날 때까지도 그 이름이 대학 불합격자 명단에서 지워지지 않으면 자동적으로 군 소집영장이 나왔다. 가는 곳은 이미 정해져 있었다. 강원도 북부, 피의 능선, 백마고지 등 소위 철의 삼각지대라 일컬었던 죽음의 고지가 바로 그곳이다. 하룻밤만 자고나도 그 고지가 병사들의 시체로 뒤덮여 그만큼 산이 높아진다는 곳이었다. 휴전협상이 진행되면 될수록 전쟁은 더욱 처절해졌다. 마지막 순간까지 땅 뺏어 먹기를 해야 했기 때문이다. 장훈 감독의 영화 "고지전"은 당시의 실상을 매우 리얼하게 그려내고 있다. 산자와 죽은 자의 구분이 없다. 살았다고 해서 산 것이 아니다. 그러므로 대학입학 불합격은 곧 죽음으로 생각되었다. 나 자신도 합격이 안 됐다면 아마도 악어부대의 일원이 되어 휴전 직전에 피의 능선에서 2초의 총 한 방에 피 흘리며 쓰러졌을지도 모른다. 이러한 불안과 공포는 전선의 밤에만 있는 것이 아니었다. 후방의 정신적인 공황, 탈제도적, 탈문화적 데카당스가 그것이다. 이해는 할 수 있으나 용납은 할 수 없는 수준이었다.

그럼에도 불구하고 우리는 휴전에 반대하는 관제데모에 동원되어야만 했다. 그 당시 나는 1학년 감찰부원으로서 데모 이탈자를 막는 임무를 부여 받았다. 그러나 부산 영도에서 자취하면서 오직 공부에만 전념하였었다. 그 틈에도 자취생활을 한답시고 국제시장과 자갈치시장을 드나들었고 부산시청 앞 로터리에 있는 시민극장에서 영화(쇼팽의 이별곡: Etude 46번)도 즐겼던 기억이 난다. 그 이후 나는 지금도 그 노래를 즐겨 부르고 있다. 후일 이를 회상해 보니 국가 전란의 위기 속에서 대학에 입학하여 그처럼 내 인생에만 충실했던 것이 도리어 부끄러울 만큼 염치없고 미안한 일이었다. 그나마 내가 1957년 2월 대학졸업과 동시에 군에 입대하고 1963년 2월 말까지 만 6년간을 복무했으니 하늘 아래 얼마나 다행스럽고 특히 영화 "고지전"과 "태극기 휘날리며"의 그분들에게 조금은 덜 미안하게 되었으니 이 또한 얼마나 다행인지 알 수 없다.

II. 전시 피난수도 부산에서의 신입생시절

내가 대학에 입학한 것은 1953년, 앞에서 말한 것처럼 전쟁이 최후의 발악을 하던 극한상황의 정점이었다. 3년을 끌어온 6·25전쟁은 국군과 유엔군 사상자를 무려 115만 명이나 양산했으니 이는 한반도 국지권이 아니라 또 하나의 세계대전이나 다름없었다. 특기할 것은 그처럼 국가운명이 벼랑 위에 몰려 있는 심각한 위기이었음에도 불구하고 당시의 우리 선대들은 교육개혁에 몰두하였다.

어떤 대학은 새로운 입학전형제도를 창안하고 실행에 옮겼다. 즉, 고등학교 졸업성적 100분의 5등 이내인 응시자에게는 필기시험을 면제하고 특차로 전형 하면서 내신 성적과 면접고사로만 선발하는 것이었다. 그에 응모했다가 불합격한 응시자들은 일반응시자와 합쳐 잔여정원을 메우자니 자연히 경쟁률이 더 오를 수밖에 없었다는 것이다. 여기서 내가 강조하고자 하는 것은 우리 선배세대들의 위대한 교육입국사상이다. 6·25남침에 밀려 패전을 거듭하면서 항도 부산까지 쫓겨온 정부가 어찌 대학입시제도 개혁을 통한 고등학교 교육의 정상화와 6년제 중학교의 중·고 분리를 비롯해서 국민의무교육제도의 도입과 시·도별 국립대학설치 등의 국가백년대계를 세울 수 있었느냐 하는 점이다. 특히 정부도 아닌 일개 사립대학이 어찌 평화 시에도 감행하기 어려운 대학교육의 구조 개혁에 손을 댈 수 있었느냐 하는 점이다.

그 후에도 어떤 대학은 신입생 전원을 고등학교 내신 성적만으로 모집한다던가 또는 단과대학별(학과별 구분 없이)로 모집한 다음 2학년 때 그 적성과 희망을 고려하여 학과를 지정하는 방법 등의 개혁안이 그 시대의 사립대학들에 의해서 추진되었다. 지금 생각해도 참으로 시대를 앞서가는 지도자들이었다. 참으로 자랑스럽고 존경스러운 선대이다. 그래서 정치적 민주화와 세계 10위권 안팎의 경제적 성장을 이룩한 오늘의 한국을 만들어 낼 수 있었다고 생각된다.

1951년에서 54년 여름까지 피난수도 부산에 있었던 대부분의 대학 캠퍼스는 매우 얇고 허름한 판잣집과 천막으로 이루어진 협소한

가교사이었다. 요즘의 안목으로는 이해할 수도 상상할 수도 없는 몰골을 가진 초라한 교사이었다. 그러나 그곳에도 피난민 대학생들의 학문을 향한 열정, 진리를 향한 젊은이들의 목마름이 있었고, 전황보도에 따라 일희일비 하면서도 국가존망의 위기 앞에서 우국충정과 애국의 열정이 식을 줄 몰랐다.

1953년 7월 나는 정부의 서울 수복에 한발 앞서 그렇게도 그리던 곳 서울캠퍼스에 줄달음쳐왔다. 아직은 인적이 드물었다. 본관을 포함한 모든 건물의 지붕에는 잡초가 무성했고 설립자동상과 고색창연한 교사의 화강암 굴뚝은 적의 포탄에 맞아 교정의 잡초 위에 나뒹굴고 있었다. 잔혹한 전쟁의 흔적이다.

그러나 가을 학기 시작해서 다시 와 보니 모든 잡초가 제거되고 교사는 말끔히 손질되어 고맙기 이를 데 없었으나 식당은 본관 뒤의 군용 천막 서너 개로 만족해야만 했다.

모든 대학의 53학번은 대표적인 선후배의 혼성학급이었다. 6·25 전쟁 발발과 함께 입대했던 학적보유자들이 휴전과 함께 예편되어 대거 복학했기 때문이다. 그 덕에 53학번은 대체로 48학번(6·25 당시 대학3학년) 49학번, 50학번의 선배들과 함께 수학하게 되었다. 이런 현상은 54학번, 55학번까지도 이어져 내려갔다. 그러다보니 48학번과 49학번의 복학생은 자신들의 입학동기로부터 강의를 듣고 학점을 따야만 하는 사제지간의 기연이 맺어지기도 하였다.

III. 6·25의 폐허 속에 피어오른 학생활동

1950년대의 한국은 전후의 폐허 속에서 이승만과 자유당 정권의 독재화 과정이 그 극에 달했던 한 데케이드이었다. 그런 환경적 제약 속에서 모든 대학의 학생회는 해체되고 학도호국단만이 그 자리에 서 있었다. 총장이 단장이 되고 학생대표는 운영위원장이라는 직함을 맡았다. 지금과 같은 민선 총학생회장은 제도적으로 허용될 수가 없었다. 총학생회 설립 자체가 용납되지 않았던 시대이었기 때문에 각 대학의 학생들은 변칙적인 명칭을 사용하면서 실질적으로는 단과 대학별로 학생회 활동을 이어나갔다. 예컨대 학우회나 연우회 또는 학회라는 이름이 그것이다.

내가 대학에 입학하고 나서 제일 먼저 착수한 것은 고등고시 준비였다. 그리하여 피난수도 부산의 어느 판잣집의 방을 얻어 자취를 하며 고시를 향한 강행군을 시작하였다. 내 생활에 있어서 모든 가치판단과 행동의 기준은 오직 고시합격 그것뿐이었다. 나의 자랑스러운 미래상에 나 자신이 매료되었고 도덕적으로, 인간적으로 세상을 내려다보게 되었다. 나는 당시의 부패와 부조리한 사회풍조에 정신적으로 저항하면서 후일을 기약하였다. 이는 비록 나의 외로운 저항이었으나 일상성과 대중성 속에 매몰되어 버리지 않으려는 몸짓이며 자신의 주체성을 사수하려는 실존적 자각이기도 하였다.

그러나 그로부터 1년 후 나는 우연히도 너무나 큰 충격을 받아 "과연 이것이 올바른 대학 생활인가, 이것이 내 인격형성에 필요한 정상적인 대학 생활인가?" 하는 근본적인 회의를 품게 되었고 끝내는 고시준비 일변도의 생활을 청산하고 학생회 활동에 뛰어들면서 나의 대학생활을 재조정하게 되었다.

대학은 고등학교의 단순한 연장이 아니다. 대학은 고시원도 아니거니와 취업준비소도 아니다. 대학에는 대학정신이 있고 민족의 번영과 인류의 평화를 관통하는 철학적 사명이 있다. 대학은 그를 대학답게 활용하는 자에게 한해서 비로소 대학이다. 이것이 올바른 대학생활을 꿈꾸는 나의 기본철학이었다.

나도 3학년때는 학생들의 직선으로 학생회장으로 선출되어 민주

당 대표최고위원 해공 신익희 국회의장 초청강연(제목: 민주당의 창당과
진로)을 비롯한 거교적 차원의 매머드급 행사를 이어나갔다. 학생들의
지속적인 학술발표대회와 체육활동에도 정성을 쏟아부었다.

그때부터 박모 형사가 내 뒤를 쫓게 되었다. 한동안은 박형사가
사람을 잘못 알아보고 나 대신 나와 똑같이 생긴 내 동생의 뒤를 밟은
웃지 못 할 일화도 있었다. 색다른 몇 가지 행사와 사건으로 정부측의
미움을 받았던 나, 이로 인해 학교당국과 지도교수를 난처하게 만들
었던 나, 이 모든 악연이 미안하게도 나의 후임 회장에게 퍼부어졌다.

1956년 나의 후임자는 취임하자마자 내가 내 책임하에 거의 완
벽하게 계획해 놓았던 「해롤드 라스키의 생애와 사상」이란 제목의 학
술강연과 토론회(흥사단 강당)를 실행에 옮긴 것에 불과하였건만 그는
이 일로 인해 학교 측으로부터 무기정학의 징계를 받게 되었다. 학교
당국은 라스키를 좌익이라고 규정하고 그 이유를 내세우면서 징계했
으나 그것이 학교 측의 본의가 아니라 정부당국의 부당한 압력이었음
은 누구나 쉽게 알만한 일이었다. 그는 지금 미국 이민자로 살아가고
있다.

그처럼 살벌한 경찰의 감시 속에서도 시내 각 대학의 단과대 학
생회장들(총학생회장이란 직책은 그 당시 존재할 수 없었다)끼리 비공개로
만나는 일이 자주 있었다. 여기서 나는 사람사이의 기연 한 토막을 소
개하고자 한다. 당시의 S 대학 법대의 학생회장은 L씨이었는데 세월
이 흐르다보니 그는 문교부 고등교육국장(지금의 교육부 대학국장)이 되
어 있었고 Y씨는 모대학의 학생처장이 되어 있었다. 이들의 직책상의
관계는 피차에 일촉즉발의 팽팽한 긴장관계였다. 더구나 Y씨는 전국
대학(교)학생처장 협의회장이 되어 그 들을 대변하기 위해서도 정부에
대하여 악역을 감당할 수밖에 없었다. Y씨의 오랜 친구였으나 박정희
정권하에서 정부의 담당국장이 되어있는 L씨를 상대로 그는 참으로

괴로운 머리싸움을 벌여야만 했다. 그 후 Y씨는 교육부장관이 되었고
L씨도 국회의원과 장관을 거쳐 H 대학 총장이 되었다. 다시 세월이
흘러 Y씨는 K 대학 총장이 되더니 대학교육협의회(대교협) 회장이 되
어 L씨를 대교협의 이사로 맞아들였다. 그렇게 세월이 흐르다보니 K
대학 총장을 마친 Y씨는 뜻밖에도 L씨의 H 대학 후임 총장이 되어 있
었다. 참으로 기연이라 아니할 수 없다. 인생살이의 무서운 교훈을 절
감하지 않을 수 없는 대목이다.

　　대학에 있어서 학도호국단이 폐지되고 학생회 활동이 정상적으
로 조직화되고 운용된 것은 1960년대 들어서면서부터 였는데 4·19가
그 계기가 되었다.

IV. 1950년대 초 - 한국정치학의 정체성

　　솔직히 말해서 60여 년 전의 한국정치학은 정체성에 문제가 있었
다. 독립된 학문적 영역(discipline)을 의심할 수밖에 없었기 때문이다.
정치학과 공법학의 경계가 불분명한 상태이었다. 정치학 교수 중에는
일본의 여러 제국대학과 사립대의 법문학부에서 헌법, 행정법, 국제법
등의 공법학을 전공했던 분들이 많았다.

　　그렇기 때문에 정치학이 독일의 일반국가학(Jellinek의 Allgemeine
Staatslehre) 및 공법학과 크게 다를 수가 없었다. 50년대 초에 우리가
배웠던 모 교수의 정치학개론과 유진오 교수의 저서「헌법해의」는 그
목차와 설명방법에 있어서도 대동소이하였다. 모 대학의 행정법 전공
의 L교수가 정치학과의 전공 필수과목인 비교정부론을 저술·출판해
도 당시에는 별로 기이한 일이 아니었다. 더군다나 A대학의 법학교수
가 B대학의 정치학교수로 또는 동일대학의 두 학과에 겹치기로 전임
교수가 되어도 쉽게 이해되는 상황이었다. 이는 거의 모든 대학의 일

반적인 현상이었다. 오늘의 안목으로는 상상도 용서도 될 수 없는 일이다.

실제로 많은 경우 정외과와 법학과가 합반해서 수업을 받았다. 모두 같은 맥락에서 이해되었던 일들이다. 그래서 정외과의 교과목 중 상당수가 법학과 과목이었으니 헌법, 행정법, 형법, 민법(총칙), 국제법, 등이 그것이다. 비록 1940년대에도 일본 게이오대학 법문학부에서 정치학을 전공했던 교수가 있기는 했으나 대부분의 일본 출신 교수들의 영향 하에서 형성된 법적·제도적 접근법을 채택하고 있는 정태주의 정치학이 미국 출신 학자들의 점증적 귀국으로 인해서 미국 정치학과 접목하게 되기는 했으나 정치학의 독자적 정체성은 상당기간 별로 주목받지 못하였다. 미국 편향적인 정치학이 확산되면서 국적 없는 교육이라는 일부의 비판을 받기도 하였으나 이에 대해 학자에게는 국적이 있으나 학문에는 국경이 없어야 한다는 반론도 만만치 않았다. 다만 학문의 자아준거성을 주장한 것으로 받아들여야 할 것이다. 그러나 이 땅에서 미국정치학은 참으로 놀랄 만한 속도로 확산되었다. 1960년대 후반 계량정치학의 출현은 그 확산을 더욱 가속화시켰으며 정치학의 독자적인 정체성 확보에 크게 기여하였다.

V. 대학 초년생의 비애

내가 대학에 입학한 1953년은 휴전을 앞두고 전세(戰勢)가 숨 가쁘게 돌아가던 때이었다. 이러한 급박한 전황에서 오는 심리적 불안에 설상가상으로 경제적 불안이 겹쳐 100대 1의 화폐개혁이 단행된 직후였다. 각 대학의 원서접수 마감일이 연기되기도 하였다. 당시의 사회경제 상황이 얼마나 불안정했겠으며 인플레가 얼마나 격심했겠는가를 족히 짐작할 수 있을 것이다. 정치적으로는 이승만 독재 권력의 성장기였다. 1952년의 부산 정치파동의 여운이 채 가시기 전이었고 권력의 폭력화로 테러와 관제데모가 임시수도 부산을 수시로 엄습했던 시기였다. 백골단과 땃벌떼 등의 테러단이 횡행했다. 대학은 언제나 위장적으로나마 권력 앞에 순종하지 않을 수 없었다. 대학의 독립과 학문의 자유는 헌법조문에만 존재했다. 이러한 전시상황의 사회적 환경 속에 적군의 점령지역에서 피난을 온 대학들은 임시 가교사의 형태로 부산의 대신동과 영도를 비롯하여 전국의 수복지구 각처에 존재하였다.

나의 대학생활은 그처럼 심각했던 입학경쟁과는 달리 위에서 말한 정치 · 사회 · 경제적 배경과 숨 가쁜 전시상황에 기인한 실망에서부터 시작되었다. 교수들은 헐어빠진 노트를 안고 이 대학 저 대학을 돌아다녀야 했다. 실험실은 거의 없거나 있어도 빈약하기 이를 데 없었다. 칼라일은 일찍이 대학은 도서관에 있다고 했으나 급하게 도망 온 피난대학의 도서관은 서울에서 경험했던 미국 공보원 도서실의 수준이었고, 방음장치가 전연 안 되어 있는 이웃 교실에서 흘러나오는 강의는 때때로 남성이중창이 되어 수강생을 괴롭혔다.

'서적의 가난' 또한 빼놓을 수 없다. 서적의 궁핍은 결과적으로 교수 강의노트의 독점가격을 한껏 높였고 학생의 연구태만은 "책이 없어서 통…." 하는 변명으로 충분히 양해되었다. 기본 서적만 하더라도 대부분이 번역도서이어서 내용보다는 자구와 문장이해에 기력이 소모되었다. 예컨대 국제법은 일본의 요코타 기사브로의 번역서, 민법총칙은 와가츠마 사카에의 번역서가 교재로 사용되었을 정도였다. 그러나 어설픈 번역은 원서보다 난해한 법이다. 때로는 번역이 저자에 대한 반역이 될 경우도 있다. 아마 이것은 외국 저명교수의 네임벨류를 이용함으로써 원고료와 광고료를 덜고 매상고를 올리고자 하는 출판사측의 주판알 튀김에도 그 원인이 있겠지만 우리 교수진의 약체성과 우리사회의 빈곤에도 그 원인이 있었던 것 같다.

그러나 휴전이란 형식으로나마 전쟁이 멈추고 거의 70년이라는 세월이 지나간 오늘에 와서는 앞서 말한 많은 폐단이 불식되었고 대학은 안팎으로 충실해졌으며 교수진은 강화되고 충실해졌다고 보아 요즈음 대학생의 행운을 부러워하는 마음을 지울 수 없다. 그 후 우리 대학은 한국정치의 민주화와 경제발전 속에서 실로 놀라운 고속성장을 해온 것이 사실이지만 역으로 그러한 국가발전의 지속적 가능성(Sustainability)을 담보하고 정치경제와 사회문화의 발전을 견인하기도 하였다.

VI. 나의 대학생활의 변신 - 독서와 글쓰기

대학 1학년 2학기, 서울 수복후의 대학생활은 무사분주, 문자 그대로의 숨 가쁜 생활이었다. 꿈 많은 시기이기도 하였으나 그만큼 변곡점도 많은 시기이었다. 고시준비에 몰두하던 삶의 패턴을 정비하고 나니 더 다양하고 분주한 나날이 기다리고 있었다. 나의 일상 스케줄에 학생회활동과 아르바이트(학원 영어강사)를 덧붙이고 나니 하루 24시간이 모자랐다. 나 스스로 역점을 두었던 일정은 학업 외에 독서와 글쓰기였다. 광범위한 독서를 즐겼는데 그중 초기에 우연히도 읽은 책 중에는 뜻밖에도 내 인생행로를 바꿀 만큼 감동적인, 그래서 나를 울린 책이 있었다. 글쓰기 공부를 하던 중에는 나의 인생철학을 상징적으로, 그리고 우회적으로 반영한 한편의 글이 아직도 나의 뇌리에 깊이 각인되어 있기도 하다.

1. 대학 2년생을 울린 한 권의 책

대학 2학년 시절, 어느 날 밤 나는 우연히도 이일선의 슈바이처 -그의 생애와 사상(1954, 사상계사)을 손에 쥐게 되었다. 밤을 새며 읽었다. 눈물을 흘리며 곁줄을 치며 읽었다. 정치외교학과를 다니던 나는 이제라도 슈바이처의 뒤를 따르기 위해서 우선 신학과나 의학과로 전과해야 할 것 아닌가를 고민하며 읽었다. 풀잎마다 맺힌 아침이슬처럼 비록 지금은 윤기 있게 반짝거리지만 태양이 솟아오르면 곧 사라질 인생의 허무를 슬프게 곱씹고 있었던 나는 그 책을 읽으면서 얼마나 울었는지 모른다. 그 눈물은 인생의 의미를 새롭게 찾은 감격의 눈물이요, 칠흙 같은 어둠속에서 길을 찾은 기쁨의 눈물이었다. 그 책은 그 후 내 인생의 철학과 역정에 말할 수 없는 영향을 끼쳤다. 비록 슈바이처처럼은 못될지라도, 그리고 내가 지금 이 자리에 이런 모습으로 앉아 있을지라도 나는 내가 있어야 할 마음의 자리와 가야 할 마지막, 저 높은 곳을 알게 되었기 때문이다.

알버트 슈바이처에게 있어서 그가 애써 받은 스트라스부르에서의 철학박사, 신학박사학위는 그에게 있어서 그리 커다란 의미가 없었다. 그는 학생시절에 세웠던 헌신의 결의를 새삼 다지며 기어이 의학 수업을 마쳤다. 그 후 적도 아프리카의 프랑스령 콩고의 랑바레네에서 1913년 이후 나병환자를 도우며 인생을 뜨겁게 불살랐다. 1952년 그에게 주어진 노벨 평화상은 그의 랑바레네에서의 의료봉사활동을 더욱 가열시켰고 그는 결국 그곳에서 생애를 마치었다. 그는 인류를 가림 없이 사랑하는 평화사상가이었다. 그러면서도 그는 곧 사랑과 평화의 실천가이었다. 그의 일생은 실로 「생명에의 경외」 그 자체이었다. 생명, 그것은 곧 신의 사랑 속에서 살아가는 의지이며 그렇기 때문에 이 땅위의 모든 생명은 존귀함을 받아야 마땅하다는 것이 그의 한결같은 가르침이었다.

무엇보다 그는 하나님이 곧 사랑임을 몸소 보여준 밀림 속의 휴머니스트이었다. 그의 생애와 사상은 누가 지금 어느 길을 가면서 무슨 일을 하고 있을지라도 더불어 간직해야 할 인생의 지침 바로 그것이었다.

2. 대학 3년생의 눈에 비친 낚시질

(이글은 1955년에 대학 학보「화백」창간호에 실렸던 수필 "낚시질"임)

세상은 시끄러운 곳이다. 서로 속이고 속고 하느라고 더욱 그렇다. 속인다고 미리 알려주고 나서 속이는 법도 별로 없거니와 속는 줄 알면서 속는 법도 그리 많지 않기 때문에 막상 속아 넘어간 뒤에는 말할 수 없이 뒷맛이 쓴 법이다. 사람들끼리 속이고 속고 한다면야 그도 있을법한 일이지만 상대편이 물고기이고 보면 인간으로서의 체면도 안서거니와 물고기에게 미안하기도 하다.

'낚시질'이 신사가 하는 도락이라니까 어쩐지 점잖은 도락 같기는 한데, 정작 권유를 받아 흉내라도 내보려 했건만 도무지 양심과 팔이 떨려 낚싯밥이 말을 안 듣는다. 팔에 갑자기 경련이라도 나면 그게 차라리 마음이 편하겠다. 내게 총과 말을 주고 태백산에 가서 호랑이를 잡아 오라면 오히려 그게 더 쉽겠다. 아프리카에 가서 사자를 죽여 오래도 그게 더 속이 편하겠다. 그러나 '낚시질'만은 못하겠다.

포동포동 오른 청황빛 살결이 물속에서 햇빛에 반사된 채 요리조리 경쾌하게 리듬을 맞춰서 미끄러져 다니는 그 귀여운 모습을 제 눈으로 빤히 보면서 그 놈을 잡겠다고 하는 '낚시질'의 동기부터가 비정하기 짝이 없거니와 그 수단 방법이 떳떳하지 않아 나로서는 용서가 되지 않는다. 꼭 잡아야 되겠거든 비록 법이 허락지 않을지 모르지만 차라리 투망으로 잡든지, 혹은 몽둥이나 삼지창 등 다른 수단을 쓴다면 몰라도 인간의 정신수양 또는 건강증진이라는 우아한 명분하에 실 끄트머리에 물고기가 좋아하는 미끼를 조금 물려 가지고는 흡사 자선을 베푸는 척하다가 그 유혹에 빠져 먹으려 덤비는 놈을 순간적으로 낚아채다니! 너무나 비인격적이며 비신사적이다. 애초에 "죽고 싶거든 먹어 봐라." 하고 선포를 하고 먹이를 집어넣거나 또는 물고기 자신이 먹으면 죽는 건 줄 알고서도 "에라! 죽더라도 먹고나 죽자." 하는 결의로 덤빈다면 그거야 또 모를 일이겠지만 물고기의 배고픔을 이용하여 구미를 돋우며 희망을 주어 행복하게 해놓고는 그 생명을 박탈하다니 얼마나 야비한 기만이냐. 남의 기대를 기만전술로 짓밟아 버린다는 것은 상대가 비록 인간이 아니더라도 분명히 부도덕하고 포학하다. 이 포학성이 확대되면 로마 시내에 불을 지른 네로가 되는 것이다. 본질적으로 다를 게 없다.

어쨌든 물고기고 사람이고 간에 남의 '낚시질'에 걸려든다는 건 도무지 못 견딜 노릇이다. 남이 파 놓은 유혹과 계략·모함 등의 함정에 빠져 죽는 것은 결코 유쾌한 일이 아니다. 그 낚시의 먹이가 커지면 물고기만이 아니라 사람도 기업도 국가도 걸려들게 되어 있다.

'낚시질'적 행위가 근절되지 않는 한 우리 사회는 결코 건강하고 행복한 사회가 될 수 없다. 서로 속이고 속고 하는 바람에 세상은 더욱 더 시끄러워지고 있다.

바로 몇 분 전 서울역 앞 낚시도구점 앞에서 낚싯대를 고르고 있던 선남선녀의 주말 계획이 바뀌어 지기를 빈다(1955.7.).

VII. 나를 감동시킨 네 분의 스승

앞에서 언급한대로 나는 1953년에 대학에 입학하였으므로 박사학위과정을 끝낼 때까지 8년간 학생생활을 한 셈이다. 그러므로 비교적 많은 은사를 모실 수 있었다. 그 모든 분의 학은에 대해서 나는 지금도 깊이 감사하고 있다. 그러나 인간적으로 나를 감동시켰던 네 분을 나는 이 기회에 특별히 언급하지 않을 수 없다.

첫째로, 정석해 선생님

부산 피난 교사에서의 일이다. 53년에 우리가 입학했을 때 정외과는 문과대학에 속해 있었으며 학장은 철학과의 정석해 교수님이셨다. 전쟁이 3년을 끌어왔다. 낙동강 이남의 원주민을 제외하곤 모두가 헐벗고 굶주리는 피난민이 되었다. 그런 속에서나마 대학입학의 감격은 대단한 것이었다. 신입생 모두는 부푼 가슴을 안고 입학식장에 들어섰다. 식장 내부는 지금 생각하면 가난한 시골의 교회만도 못하였다. 학장님께서 우리를 따로 모아 놓고 축사를 해 주셨다. 지금까지도 머리에 선명하게 남아 있는 그 날의 메시지는 딱 하나 "합격했다고 해서 꼭 대학을 지금 다녀야 하는 것은 아니다. 돈 없는 사람은 학교를 떠나서 돈(학자금)을 번 다음 다시 돌아와라. 비록 전쟁 중이지만 대학은 이름만 걸어 놓고 돈벌이하면서 다니는 데가 아니다. 그런 학생이 후일 발각되면 퇴교시킬 것이다." 참으로 놀랄 만큼 잔인한 축사였다. 비인간적이다. 지금 이런 전시 피난살이 통에 돈을 쌓아 놓고 대학에 들어올 수 있는 사람이 악덕모리배나 정상배 말고 누가 있단 말인가. 나는 속으로 몹시 서운했고 흥분하기까지 하였다. 후일 선배님들의 말씀을 들었더니 그 어른 별명이 석두(石頭)이며 언젠가는 학과장의 사전허가 없이 학생들이 임의로 단체 소풍을 갔다하여 철학과의 한 학급을 몽땅 처벌했다고 한다. 가히 그 성품을 짐작할 만하다.

세월이 흘러 내가 정외과 학과장이 되었을 때 나에게도 유사한 사건이 터졌다. 소풍을 가기 위한 학생들의 집단 무단결석 사건이었다. 어찌할꼬? 정석해 모델을 따를까 하고 고심해 봤으나 나로서는 도저히 그럴 수가 없었다. 전원으로부터 반성문을 받고 마무리지었다. 그만큼 나는 그 어른에 미칠 수가 없는 것이다.

1960년 4월 26일 이승만 정권의 부정선거를 규탄하는 교수단 데모의 최선두에서 플래카드를 들고 행진하던 분이 바로 그 어른이다. 그 날 아침 늦둥이 외아들에게 유서를 써놓고 나오셨음을 뒤늦게 알게 되 었다. 진정한 대학정신은 그런 분에 의해서 이어져 내려오는 것이다.

둘째로, 최현배 선생님

1956년 11월 하순, 참으로 감사하게도 당시 교무처장이셨던 조효 원 박사님의 알선으로 나는 졸업 후 입대하여 장교로 임관되면 곧 육 군 사관학교 교수부 정치학과 교관으로 임용되도록 추천 작업이 진행 되고 있었다. 그때 군에서 총장추천서를 받아 오라는 것이었다. 마침 백낙준 총장님께서 외국출장 중이시라 당시의 부총장 최현배 교수님 의 추천서를 받기로 되어있었다. 그래서 그 다음날 아홉시에 뵙기로 약속이 되어 있었는데 그만 불가피한 사정으로 15분이 늦고 말았다. 나로서는 그럴 수밖에 없는 이유가 있었으나 그 어른은 헐레벌떡 뛰 어 들어간 나를 보시자마자 불문곡직하고 일갈하셨다. "나가라! 너 같 은 녀석은 추천할 수가 없다." 하시는 것이었다. 그러면서 그 어른 특 유의 훈계가 쏟아져 나왔다. "이 나라가 일제 36년 동안 식민통치의 억압에 시달렸던 이유는 우리의 선배와 조상들이 바로 너처럼 약속을 안 지켰기 때문이다. 친구들과의 약속을 어겨도 용납될 수 없거늘 하 물며 스승과의 약속을 15분씩이나 어기다니!! 어찌 내가 너 같은 자 를 이 나라 국군의 동량을 키우는 중책을 맡는 교육자로 추천할 수 있 겠느냐." 나는 그만 눈물을 펑펑 쏟고 말았다. 너무나 감격했던 것이 다. 얼마나 고마웠는지 말로 형용할 수 없었다. 대학생활 4년의 보람 을 느끼는 순간이었다. 그 후 나는 미국 유학의 길을 떠날 때까지 매 년 그 어른께 세배를 다녔고 내가 미국에 있는 동안에 그 어른은 세상 을 떠나셨다.

또한 세월이 지나 내가 교수생활을 하면서 그 어른의 본을 따라 제자들을 엄격하고 철저하게 훈련시키고자 하였으나 그 또한 뜻 같지 않았다. 그래서 더욱 그 길을 따라 정진했건만 내가 도저히 미칠 수 없는 스승이었다.

셋째로, 김윤경 선생님

국문과 소속 국어학자이면서 학내에서는 전쟁 중에 총장 직무대행까지 맡아 수고하셨다. 그 어른이 대학원장으로 계실 때 나는 원우회장(지금의 대학원 총학생회장)을 맡고 있었다. 전교 대학원생들의 한결같은 소원을 풀어줘야 할 임무가 내게는 주어져 있었다. 다름 아닌 「국어시험철폐요구」이였다.

김윤경 원장님께서는 일제하에 홍원감옥까지 갔다 온 애국투사이며 국어를 통해서 나라를 건져야 한다고 믿는 철저한 국어학자이셨다. 그런데 대학원에서 석·박사를 받겠다는 사람들의 국어실력이 수준 이하임을 통탄하시면서 학위수여의 필수조건으로 당신께서 출제하시는 국어시험을 부과한 것이다. 의외로 이 조건에 걸려 두 학기씩이나 졸업을 못하는 학생까지 생겨났다. 학생들의 불안과 불평이 솟구침은 당연했다.

나는 이 문제의 해결을 위해 시범적으로 응시원서를 냈고 무난히 합격했다. 떳떳하게 원장실을 노크했다. 학생들의 뜻을 내 나름의 논리를 세우며 건의했다. 그러나 그 어른은 요지부동이셨다. 내가 정관과 학칙까지 거론하며 재차 국어시험부과의 부당성과 학생요구의 정당성을 대변하자 그 어른은 다 들으신 다음 조용히 입을 떼셨다. "윤군, 자네 말도 잘 알아듣겠는데 내 뜻에는 변함이 없으니 딱하지 않은가. 그래서 자네에게 묻겠네. 대학원을 운영함에 있어 대학원장의 의견과 학생회장의 의견이 다를 수 있는데 그런 때에는 누구 의견을 따라야 하나?" 나는 큰 방망이로 뒤통수를 맞은 기분이었다. 즉시, 자리에서 일어나 큰절하며 사과하고 물러났다. 얼마나 명쾌하고 지당한 말씀인가! 전교의 각 단과대학 대학원 대표(참사)를 소집하고 경과를 설명했다. 그리고 그 일을 나로서는 종결지었다(후임 대학원장 김하태 박사께서 오신 다음 다시 건의하였더니 쉽게 수락되어 그 후 오늘에 이르기까지 석·박사 자격 국어고사가 없어졌다).

　　나는 그 일이 있은 이후 그 어른의 기개와 논리와 떳떳함을 존경하게 되었고 대학의 보직과 국가·사회의 공직을 수행하면서 그 논리를 많이 활용하였다. 구조분화와 기능의 전문화, 그리고 하위체제의 자율성 보장, 민주정치의 진면목이 바로 거기에 있기 때문이었다.

네 번째로, 김명회 선생님

　　나의 재학 중 그 어른은 30대의 최연소 전임교수로서 한결같이 학생회 지도교수로서 회장인 나를 참으로 따뜻하게 이끌어 주셨다. 내가 53학번이므로 불과 46학번인 그 분과는 불과 7년차밖에 나지 않지만 워낙 만학을 하셨기 때문에 연령으로 따지면 10년차가 된다.

　　돌이켜 보면 내가 본의는 아니었으나 총장님과 학장님 앞에서 지도교수였던 그 어른을 매우 난처하게 해 드린 적이 많았을 터이고, 또한 지도교수님 뜻에 어긋나는 일을 많이 저질렀을 터인데도 학생회란 으레 그런 것이려니 하셨는지 아니면 무한 대자대비 하셨는데 단 한 번도 싫은 내색이나 언짢은 말씀이 없으셨다. 언제나 찬동과 격려와 칭찬뿐이었다. 나는 그분의 얼굴에서 온화하고 평안한 모습을 한순간도 놓친 일이 없다.

　　나는 김명회 박사님을 대표적인 외유내강의 선비라고 생각한다. 얼핏 보면 대나무처럼 바람에 흔들리는 것 같지만 알고 보면 대나무의 마디마디 속에 굳은 절개와 원칙이 강철기둥이 되어 그 중심에 자리 잡고 있다. 결코 그 어른을 외유만으로 오판해서는 안 된다. 그 분이 살아온 생애를 돌아보면 얼마나 무서운 내강의 선비인가를 알 수 있다.

1940년대 초 경북 안동에서 농림학교를 나오고 군청에 수년간 근무했던 시골청년이 해방이 되자 공들였던 생업을 버리고 단신으로 상경하여 대학 1학년 학생이 되었으며 해방정국의 혼란 속에서도 결코 좌고우면하지 아니하고 오로지 학업에만 전념하여 후일을 기약하였으니 그 어른 특유의 내강이 아니고서는 그처럼 버틸 수 없었을 것이다. 한국 국제정치학회 명예회장으로 종신하시었다.

뿐만 아니라 댁에 사모님과 어린 네 자녀를 남겨둔 채 뒤늦게 미국 유학의 길에 올라 5년 수개월의 악전고투 끝에 뉴욕 대학에서 국제정치학으로 박사학위를 취득하고 금의환향하셨으니 이를 어찌 내강의 힘이라 하지 않겠는가, 또한, 1968년에 창립한 한국 학술연구원의 「KOREA OBSERVER」지가 이미 50여 년간 지속되어 이제는 국내외적으로 공인을 받기에 이르렀으니 그 어른을 참으로 외유내강에 더하여 지구력의 화신이라 할 만하다. 바로 이 점에서 나는 그 어른을 본 따고자 하였으나 이 또한 좀처럼 쉽지 않았다. 그래서 교육은 죽는 날까지 다함이 없는 것이다.

VIII. 대학4년의 행운 - 벗을 얻다.

온 국민이 전쟁에 내몰리던 시절, 대학에 입학한다는 것은 세상을 향해 고맙기도 하고 미안하기도 한 일이다. 먼 훗날에라도 기어이 진충보국하리라 하는 스스로의 다짐 없이는 그 마음의 불편함을 극복할 수 없다. 내가 대학생의 신분을 누리려면 나의 주변에 있는 누군가의 희생이 뒷받침해야 함을 알기 때문에 더욱 그렇다. 그에 대한 마음의 빚을 갚는 길은 내가 성공적인 대학생활을 확보하고 성취하는 일,

그것 밖에 없다.

성공적인 대학생활은 4년간의 결산에서 ① 누가 더 많은 학문과 독서에 정진 하였는가, ② 누가 더 많은, 존경할 만한 교수님과 선배를 가슴속에 모시고 졸업하는가, ③ 누가 더 많은 세상을 간접적으로나마 체험하고 미래를 투시하며 창조적 역량을 갖추는가, ④ 누가 더 많은 진정한 벗을 얻고 졸업하는가에 달려 있다고 할 것이다.

진정한 벗은 누구인가. 성현의 말씀(논어)에 따르면 삼익지우(三益之友)라 하여 한결같이 정직하고 신실하며 식견을 갖춘 벗을 말한다. 그래서 증자는 글로써 벗을 만나고 벗으로써 나의 인(仁)을 더한다고 했다. 이처럼 진정한 벗은 뜻과 생각을 같이하고 서로 도우면서 같은 방향으로 나아가야 한다. 붕우(朋友)란 바로 이를 두고 생긴 갑골문자에서 나온 말이다. 사람들은 흔히 관포지교(管鮑之交)를 두고 참된 벗의 모범으로 삼는데 이는 그들 사이에 무조건적인 그리고 절대적인 호의와 신뢰와 긍정이 있기 때문에 가능했던 일이다. 그러나 알고 보면 관중(管仲)이 아니라 포숙아(鮑叔牙) 때문에 가능했던 일이라고 해야 할 것이다. 바로 여기서 우리는 벗하는 일의 비법을 알게 된다. "같은 깃털의 새끼리 한데 모인다."(Birds of a feather flock together) 즉 유유상종의 입장에서 본다면 관중도 과소평가해서는 안 될 것이다.

나에게는 다행히도 4년간 한결같이 뜻과 정을 함께하는 8~9명의 친구들이 있었다. 그것만 해도 대학생활은 크나큰 행운이며 축복이었다. 우리는 주말이면 함께 모여 일주일 전에 약속했던 책을 중심으로 독후감을 발표하면서 토론을 벌렸다. 예컨대 니콜로 마키아벨리의 군주론을 읽고 나면 마키아벨리즘에 대한 긍정적인 평가와 부정적인 평가가 밤늦도록 맞붙는다. 실용주의적 입장에서 평가하는 친구도 있었지만 언제나 도덕성을 중시하는 쪽도 있었다. 국회의장을 지냈던 이만섭 학생은 주로 그쪽이었다. 그런가 하면 박관숙 교수의 저서 국제법과 일본의 요코타 기사브로(横田喜三郎)교수의 국제법을 비교연구하고 평가하기도 했다. 의견이 일치할리가 없다. 그 끝에 박관숙 교수가 근무하는 이화여대를 찾아가 집단면담과 설명을 요구하기도 했다. 이대생들의 눈총이 따가웠다. 지금 생각하면 참으로 어이없는 짓이기는 했어도 웃음이 절로 날만큼 당돌하기도 하고 순박하기도 했다. 그러나 이만섭 학생이 수장으로 있는 소집단이 어찌 이처럼 학술토론만 할 수야 있었겠는가. 광화문 네거리의 "열차깐"이라는 이름의 대폿집은 이들 열혈청년들의 정치·시국토론으로 밤이 깊을수록 뜨거워지기 일쑤였다. 이 열정은 대학 졸업 후에도 이어졌다.

자유당의 일당독재에 대한 울분에 시달렸던 친구들이 내가 대학원에 다니던 1959년부터는 비공개 적으로 회원범위를 후배들과 타 대학으로까지 확대하여 회원이 42명에 이르렀다. 4·19혁명 후 출범한 제2공화국에 대한 기대도 물거품이 되자 이에 실망한 젊은이들이 비장한 각오를 품고 내수동 모처를 빌려 1961년 3월 1일 개진회(改進會)를 출범시켰다. 개진회라는 명칭 속에는 개혁과 진보의 이념이 담겨있다. 그래서 영어로 RAS라고 표기하기도 하였다. Reform and Advance Society의 줄임말이다. 이 나라의 정치발전과 경제발전을 위해서 우리 친구들이 당연히 해야 할 일이라고 생각했다. 당시 우리들의 머릿속에는 영국노동당의 정신적·이론적 지주였던 페이비언 협회(Fabian Society, 1884)와 조지 버나드 쇼, 시드니 웹, 베아트리스 웹, G.D.H 콜 등이 롤모델로 들어 앉아 있었다. 해롤드 라스키 교수도 빼놓을 수 없었다.

1964년 10월 10일, 계간「개진」창간호가 발행되었다. 그 후 개진회는 정보당국의 예리한 눈총을 받아오던 중 본회의 이모 조직부장이 모종의 사건에 연루되어 곤욕을 겪은 다음 나의 외국 유학기간 중이었던 1970년 강제적으로 해체되고 말았다. 그때가 바로 초대회장(이만섭)이 1969년 박정희의 삼선개헌안을 극력 반대했던 집권당 내 최후의 1인으로서 정치적으로 심한 핍박을 받았을 때이었다. 그때 2대 회장(윤형섭)은 미국 존스홉킨스에 유학 중이었고 5대 회장(김각 코리아헤럴드 논설위원)이 그 고통의 멍에를 지고 있었다.

그런 세상을 우리 친구들은 대학시절부터 함께 살아왔다. 근 70년 전 대학에 입학하면서 벗하고 지내온 삼익지우들은 이 나라 발전에 중요한 역군으로 활약하더니 지금은 겨우 약간의 친구만이 살아 움직이고 있으며 그 밖의 벗들은 이미 유명을 달리했거나 요양 중에 있다. 그래도 1950년대, 우리의 대학생활은 벗을 얻고 존경하고 사랑할 만한 선·후배를 만났으니 참으로 보람 있고 행복한 시절이었다.

06

아태지역의 평화와 번영을 위한 대학 간의 협력*

마틴 루터 킹 목사에게는 꿈이 있었습니다. 언젠가는 지난날의 노예와 노예소유주들의 아들, 딸들이 식탁에 함께 앉아 서로 우애를 나눌 날이 오리라는 꿈, 그리고 우리의 희고 검은 자손들이 손에 손잡고 자유와 정의를 노래하고 평화와 번영을 누리며 행복하게 살 날이 오고야 말 것이라는 꿈입니다. 그래서 그는 1963년 어느 여름날 Lincoln 동상 앞에서 I have a dream을 주제로 백만의 동료 흑인들 앞에서 열변을 토해 냈습니다. 그리고 그 꿈은 1968년 그가 피살된지 30여년이 지난 지금 서서히나마 실현되어 가고 있습니다.

저는 오늘 여러 인종과 민족 간의 갈등과 분쟁으로 얼룩진 20세기를 넘어 21세기의 문명사적 전환기에 서서 아시아태평양지역의 평화와 번영을 위해서 우리의 대학이 무엇을 해야 할 것인가 여러분과 함께 꿈을 꾸어 보고자 합니다. 뿐만 아니라 언젠가는 아태지역이 세계의 중심권이 될 것이라는 꿈과 이 지역 내의 인종과 언어의 차이가

---

* 이 글은 서울에서 개최되었던 아시아 · 태평양지역 총장회의(2001.10.10.)에서 있었던 필자의 발제 연설문 발췌임.

이 지역 주민들 사이에 우의를 증진시키고 평화와 번영을 가져오는
데 아무런 장애가 되지 않는다는 꿈을 꾸어 보고자 합니다. 그리고 그
꿈도 언젠가는 실현될 것이라는 믿음을 굳게 갖고 이 꿈의 실현을 위
해서 아태지역 총장들의 협력체제 구축을 제의하고자 합니다.

　21세기는 인류 문명사적 관점에서 볼 때, 획기적인 전환기임에
틀림없습니다. 십여 년 전 베를린장벽의 붕괴와 더불어 유럽에서 마
지막 냉전의 구조물이 붕괴되기 시작했을 때, 미국 조지메이슨 대학
의 프렌시스 후쿠야마 교수는 이를 "역사의 종언"에 비유했습니다만
제 생각에는 냉전구조의 붕괴는 역사의 종언만이 아니라 "새로운 역
사적 전환의 시작"(a new beginning of historical transformation)이라고
봅니다. 이제 인류는 지구촌이라는 하나의 공동체 속에서 반목과 갈
등의 시대를 넘어 화해와 협력의 시대로 이행하고 있습니다. 또한 지
구촌의 중심축이 구미제국을 중심으로 한 대서양시대로부터 아시아와
동남아를 무대로 하는 태평양시대로 이행하는 새로운 역사가 시작되
었음을 알려주는 신호가 울리고 있습니다.

　물론 세계화로 상징되는 이러한 역사적 흐름에 대해 신자유주의
적 경쟁의 격화로 인해서 제반 모순이 심화되고 있다는 비판도 존재
합니다만, 본질적으로 21세기가 화해와 협력의 시대로 진행되어야 한
다는 사실만은 누구도 부인할 수 없으리라 봅니다.

　저는 이러한 문명사적 전환기에 있어 아태지역의 중요성이 상대
적으로 부각되고 있다는 점을 우선 지적하고자 합니다.

　전통적인 지정학적(地政學的) 분석과 더불어 현대적인 지경학적
(地經學的)(Geoeconomics)의 관점에서 볼 때, 앞으로는 아태지역이 지
구촌을 주도하는 시대가 도래할 것으로 봅니다. 그리스에서 로마로,
로마에서 프랑스로, 프랑스에서 스페인·영국으로 그리고 영국에서 미
국으로 한 시대의 주도적 패권세력이 전이(transition)되었듯이, 지중해

에서 대서양으로, 이제 대서양에서 태평양으로 역사변천의 주도권이 넘어와 아시아태평양의 시대가 도래한다는 것은 필연적인 것으로 보입니다.

이러한 역사적 전환은 세계화라는 보편적인 질서의 태동 속에서도 이를 주도할 지역적 연합체가 항상 존재해 왔다는 사실에 비추어 볼 때, 유럽연합(EU), 북미자유무역협정(NAFTA) 등과 같은 지역적 불록화 현상과 더불어 아태지역에서도 그와 유사한 정치·경제 공동체, 즉 지역적 연합체의 형성이 불가피할 것으로 보입니다.

따라서 역내 국가간의 협력과 신뢰관계의 구축은 무엇보다도 시급한 일이며, 이 지역의 항구적 평화와 공동의 경제적 번영을 위해, 아태지역의 30여 개 국가가 하나의 環(rim)을 구성해야 한다고 봅니다. 이른바 환태평양국가들의 정치·경제적 협력관계 구축은 과거에도 여러 번 거론되어 왔으나, 구체적인 실천은 유럽과 미주에 비해 매우 미약한 형편입니다.

이러한 역사적 전환기에서 이 지역의 누가 무슨 일을 선도적으로 수행할 것인가? 이제는 이 지역의 대학들이 연합하여 감당해야 할 대학이 맡아야 할 구체적인 역할과 기능을 재조명해야 할 때라고 봅니다.

혼돈의 19세기가 해외시장의 확보를 위한 식민지 경쟁의 시기였고, 20세기 전반기의 국제화가 석유와 같은 경제적 희소자원을 둘러싼 경쟁이었고, 20세기 후반기의 세계화가 국제금융의 자유화를 통한 국부의 전면적 경쟁의 시기였다면, 앞으로의 경쟁은 글로벌 인재확보의 경쟁이라고 보아야 할 것입니다.

특히 현재는 기술적 진보가 매우 빠른 속도로 진행되고 있기 때문에, 기술 그 자체보다 그 기술을 창출하는 인적 자원의 역량과 학습 능력이 더욱 중요해지고 있습니다. 이는 量 위주의 인력(manpower) 개념에서 質 위주의 인적자원(human resource) 개념으로 교육의 목표가 변경되어야 함을 의미합니다.

이렇듯 지식기반경제(Knowledge-based economy)와 더불어 정보화사회로 대표되는 작금의 경제·사회적 변혁은 대학의 인적자원개발 기능에 보다 많은 기대를 보내고 있습니다. 지식 및 정보위주의 신 산업구도에 부합하는 고급 인적자원을 개발하지 않으면 국가, 기업 및 대학 모두 경쟁력을 잃고 그 존립이 위협받는 시대가 이미 도래할 것입니다. 이는 모든 대학들이 지식의 창출, 확산 및 교환에 있어 지금까지보다도 더욱 많은 역할을 수행해야 한다는 것을 의미합니다.

영국의 토니 블레어 총리가 지적했듯이 "학습은 번영의 열쇠이며, 인적 자본에 대한 투자는 21세기 지식기반 글로벌 경제에서 성공의 기초"입니다. 이제 "한 사람이 만명을 먹여 살리는" 시대에서 대학은 우수한 인재의 양성과 배출이라는 가장 핵심적인 역할을 수행해야 합니다.

물론 세계화 지구화의 시대에 있어서 대학의 인재교육은 어느 한 나라의 국경 내에서 편협하게 이루어져서는 각국간의 이해와 협력을 이끌어 낼 수 없습니다. 이 목적을 위해서 세계의 모든 인재, 적어도 아태지역의 모든 인재들에게 이 지역의 모든 대학의 문은 넓고 크게 열려야 합니다.

이러한 점에서 보았을 때 역사가 일천하고 그 문화와 규모가 가족적인 대학, 예컨대 제가 근무하고 있는 호남대학교 같은 대학들이 그 역할을 담당하기에 적합하지 않을까 생각합니다. 이것은 호남대학교가 지향하고 있는 "世方化"(Glocalization)라는 대학의 장기적 발전목표와도 일치하는 것입니다. 세방화는 세계화와 지방화를 동시에 추구한다는 의지를 표명한 복합성 언어입니다. 이는 지역화에 기초한 세계화를 의미하는 것이며 "지구적으로 생각하고 지역적으로 행동하자"(Think Globally, Act Locally)는 작금의 시대적 조류를 대학의 차원에서

구체화하려는 제반 노력을 의미합니다. 그중에서도 우리 호남대학이
벌이고 있는 世方化의 구체적인 시도 중의 하나가 바로 아태지역의
청년지도자를 한국에 초청하여 일정 기간 동안 지도자 교육을 하는 소
위 "호남대학교 아태지역 청년지도자 교육프로젝트"입니다. 이를 위해
현재 호남대학은 "아태지역청년지도자교육원"(Center for Young Leaders
in the Asia-Pacific) 설립을 추진하고 있습니다.

아태지역에는 인적자원은 많으나 아직 교육환경이 열악한 곳이
많습니다. 이들 젊은이들 가운데 인류 평화와 번영을 열망하고 능력
과 자질이 우수한 청년을 초청하여 세계화와 지역화 교육을 시켜 귀
국시키면 그 나라와 아태지역의 지도자로서 성장해 갈 것이라고 생각
합니다. 이것은 나의 꿈입니다.

이와 같은 청년지도자를 매년 한나라에서 한 명씩을 선발하여 매
년 총 30명씩 교육을 시켜 내보내면, 그들이 그 나라 또는 이 지역에
서 지도자가 되는 20년 후에는 호남대학교에서 교육을 받은 약 600명
의 지도자가 아태지역 각 국에서 활약하게 될 것입니다. 만약에 국내
의 열 개 대학이 이 프로젝트에 동참한다면 그 수는 6,000명이 될 것
입니다. 이러한 프로젝트를 아태지역의 30개국에서 일제히 시행한다
면 그 수는 180,000명이 될 것이며 호혜 평등의 원칙에도 부합되거니
와 그 규모와 성과 또한 놀라울 정도로 커질 것입니다. 이것이 이 나
라의 책임있는 교육자로서의 나의 꿈입니다.

그들 젊은이들은 장차 국가간 이해와 국제분쟁, 무역분쟁 등에
대한 평화로운 해결자 역할을 할 것이며, 특히 근린국가에 대해 애정
과 친근감을 가지고, 이 지역의 경제 교역과 발전에 지대한 영향을 미
칠 것으로 확신합니다. 이러한 점에서 한국의 많은 대학들이 이 일에
적극 참여하고 협력할 것을 제창하는 바입니다.

이들 아태지역 출신 청년지도자들은 전원 전액 장학생으로 선발

되고 국제학, 지역학, 리더쉽 그리고 주재국의 문화와 언어, 그 밖에 필요한 훈련을 전공 교수에 의해 교육받아야 할 것이며, 각종기관에서 인턴으로 활동하는 기회도 갖게 되어야 할 것입니다. 비록 교육과 정이 非학위과정(non-degree program)이기는 하지만, 향후 국내외 대학원과 연계하여 학위를 수여하는 방안도 모색될 것입니다.

저는 이 과정을 이수한 청년지도자들이 장차 각자의 모국에서 정치·경제·사회 및 문화의 각 분야에서 지도자로서 성장할 수 있는 기본적인 자질을 갖춤과 아울러 아태지역 국가 간의 우호협력관계를 증진시키고 이 지역과 지구 전역에 평화와 번영을 정착시키는 일에 선구자의 역할을 하리라고 믿습니다.

성경말씀에 "비록 시작은 미미하나 그 끝은 창대하리라."고 하셨듯이, 저는 이 작은 시도가 아태지역의 평화와 번영을 한 단계 더 성숙시키는 소중한 기회가 되리라고 확신합니다. 거듭 강조하거니와 아태지역에 평화없이 세계평화는 없습니다. 아태지역의 평화를 가장 확실하게 담보하는 길은 앞에서 말한대로 이 지역의 유망한 청년지도자들에게 국제이해와 협력 그리고 사해동포사상 교육을 강화하는 길입니다. 그래야 이 지역의 번영도 확보될 것입니다.

"I have a dream" 마틴 루터 킹 목사에게는 꿈이 있었고 이 꿈을 향한 헌신이 있었습니다. 그래서 그의 꿈은 결코 헛되지 않았습니다. "We have a dream" 우리들 아태지역의 총장들에게도 꿈이 있습니다. 우리가 성공적으로 협력하여 선을 이룰 수만 있다면 우리들의 꿈도 결코 헛되지 않을 것입니다. 언젠가는 우리의 다음 세대가 그 꽃을 보고 기뻐하며 그 열매를 거두게 될 것입니다.

III

공동체의
발전과 사람들

01

정치에 있어 문화와 역사[*]

문제의식의 제기

정치현상의 가장 주요한 변수는 무엇인가. 헌법과 정당법, 선거법, 정치자금법 등의 정치관련법규들인가. 그것이 아니면 정당, 이익단체와 시민단체 등의 집단인가. 그것도 아니면 소수의 권력자와 정치엘리트들인가. 이제는 그러한 접근들이 대중 민주주의시대의 거친 파도 속에서 분석방법으로서의 적실성을 상실하여가고 있다. 정치체계의 심리적 측면이라 할 수 있는 정치문화가 그 대안으로 등장한 것도 그 때문이다.

그러나 정치현상의 분석과 예측에 있어서 정치문화접근법의 효용성이 아무리 높다 해도 그 역시 방법론상의 문제점이 없다고는 할 수 없다. 그래도 정치현상 설명과정에서 보다 많은 도움을 얻을 수 있

---

* 이글은 필자가 일찍이 여러 대학의 최고위자과정에서 "정치와 문화"를 주제로 강연했던 녹취록을 수정·보완한 것으로서 「내나라」 제22권(내나라연구소, 2013.11.)에 게재된 바 있음.

는 것은 틀림없다. 그러한 점에서 보았을 때 무려 2300여 년 전에 제도와 문화를 결합한 아리스토텔레스의 정치체계분류이론은 대단한 선구자적 탁견이라 할 만하다.

그처럼 제도와 문화는 동전의 그것처럼 정치체계의 앞뒷면에 해당한다. 이를 양자의 상합성(Congruence)이라 한다. 선진화된 정치의식과 행태, 즉 문화를 정치제도가 따라가지 못하면 필연적으로 시민의 항거와 민란을 자초할 것이며, 역으로 문화는 답보 또는 전진하고 있는데 집권세력이 자기판단과 편의에 따라 제도만 일방적으로 바꿔나간다면 그곳에는 독재가 이미 자리잡았거나 또는 독재진행의 조짐이 있다고 보아야 할 것이다. 즉, 제도와 문화가 서로 잘 융합되고 있는가, 아니면 서로 갈등과 배척관계에 있는가가 정치현상과 역사의 모습을 좌우하게 된다. 한국과 미국의 헌법개정사, 프랑스와 영국의 정치변천사를 비교해보면 더욱 극명하게 입증된다.

인류의 정치변천사를 살펴 보건대 대체로 두 개의 유형을 발견하게 된다. 하나는 "뒤집는 역사"이고 다른 하나는 "이어받는 역사"이다. "뒤집는 역사"에서는 전통의 파괴와 역사의 단절 그리고 반복과 낭비가 따르는 데 반하여 "이어받는 역사"에서는 대중의 동참 속에서 전통과 관행을 존중하면서 선대의 역사적 경험을 소중하게 여기고 이를 축적해 나가기 때문에 문화와 제도의 상합이 역사의 안정과 발전을 담보한다.

앞에서 말한 정치변천의 유형의 차이는 바로 문화유형의 차이와 직결된다. 그 나라의 지도층과 국민들이 정치적으로 어떠한 사고방식, 가치관, 감정, 행동방식을 가지고 있는가, 즉 정치문화의 유형에 따라 그에 상응하는 정치체계의 유형이 나타나게 마련이기 때문이다. 그러나 그 반대의 경우도 있다. 즉, 특정의 권력 체계가 계획적이고 획일적인 정치사회화 과정을 통해서 자신들이 선호하는 문화를 창출할 수도 있다. 이처럼 정치체계와 문화는 서로 긴장관계에 있다 하겠다. 정치문화는 오랜 세월에 걸친 교육을 통해서, 즉 장기간의 정치사회화 과정을 통해서 형성되게 마련이므로 교육의 중요성은 아무리 강조해도 지나침이 없다할 것이다. 이에 반해서 헌법과 권력구조를 비롯한 정치 제도는 집권세력의 손안에서 쉽사리 농단될 수도 있다. 여기에 역사의 허점이 있다.

정치권과 사회가 독선과 아집으로 불타협과 결사투쟁만을 영웅시하는 문화적 바탕을 고집하면서 그러한 방향으로 국민에 대한 정치사회화교육을 지속적으로 실시한다면 그 사회는 갈등문화, 극한대결문화의 터전 위에서 매우 위태로운 전체주의사회를 지향할 뿐만 아니라 역사적 단절과 뒤엎음의 과정을 밟게 될 것이다. 이는 오만한 문화가 걷는 운명의 길이다. 반면에 상대주의적 사고방식과 양보, 관용, 타협을 미덕으로 존중하는 겸허의 문화교육을 지속적으로 실시한다면 그 나라에는 합의문화와 중간지향적 사회에 터하여 겸허한 정치, 이어받는 역사가 자리잡게 될 것이며, 그 결과 안정적 발전의 역사 속에서 모든 국민이 대를 이어가며 그 수혜자가 되고 계승자가 될 것이다.

그러므로 우리 모두는 이 나라를 어디로 끌고 가야 할 것인가 하는 물음 앞에서 이 점에 관한 냉철한 성찰이 있어야 할 것이다. 이것이야말로 내일의 이 나라 리더십의 피할 수 없는 과제라 하겠다.

진정한 리더십은 자의로 제도를 바꿔 가면서 권력의 극대화와 영구화를 획책하는 부도덕하고 오만한 집권세력이 아니라, 국민의 의식구조의 민주화와 정치의 투명화를 지향하면서 겸허한 정치문화를 육성하고, 이에 상합하는 제도개혁을 부단히 추진함으로써 국가발전의 터전을 다져 나가는 발전지향적인 합리적 리더십이어야 할 것이다. 재야세력도 그 방향에서 책임을 공유해야 한다. 아무리 생각해도 그러한 문화와 리더십을 양성하는 방법은 교육 이외에는 없는 것 같다.

학교 교육은 그중 가장 중요한 부분이 될 것이다.

I. 그럼, 왜 왔나?

1990년 말 교육부장관에 임명되던 날 취임식장에서 저는 여러 해 동안 생각해 왔던 바를 모든 직원과 기자들 앞에서 진솔하게 털어 놓았습니다. 즉, "내가 장관으로 왔다고 해서 이 나라 교육 정책이 갑작스럽게 바뀔 것은 없다. 또 그래서도 안 된다. 국가발전을 선도적으로 이끌어온 한국의 교육은 어제오늘 시작된 것이 아니다. 수십 년간 우리 선배들이 그 길을 닦아 왔고, 그 길에서 평생을 헌신하면서 국가발전의 원동력이 되어 한 발 한 발 차근하게 한국교육을 여기까지 발전시켜온 것이다. 그러므로 나는 신임 장관으로서 겸손한 마음으로 내 전임자들께서 해 놓으셨던 업적과 정책을 발전적으로 계승함이 옳다고 생각한다. 그렇게 함으로써 한국의 교육은 역사의 낭비 없이 선배의 경험을 존중학고 축적하면서 앞으로 나갈 수 있게 될 것이다." 대체로 이런 내용이었습니다.

그랬더니 그 다음날 아침의 모 일간지 정치 가십란에 '윤장관 취임사에서 전임자의 정책을 계승하겠다고 역설, 그럼 왜 왔나' 하는 두 줄짜리 제목으로 비아냥거리는 기사가 났습니다. 그 기사를 읽고 저는 참 실망을 금할 수 없었습니다. 취임사에서 제가 특별히 강조하고자 했던 것은 역사의 발전적 계승입니다. 즉, 다음 정권이 들어와서 앞의 정권이 했던 일들을 밭갈이 할 때처럼 다 뒤집어 엎어버리거나, 또는 신임장관이 전임 장관의 업적을 다 뒤집어 엎어버리는 문화가 계속되는 한 우리는 역사의 단절과 낭비만을 되풀이할 뿐이라는 평소의 나의 소신을 피력했던 것뿐인데 신문에서 "그럼 왜 왔나" 하는 기사를 보게 되니 제가 얼마나 한심스럽게 생각했겠습니까. 저는 이것이 바로 우리 역사 속에 침전되어있는 파괴적이며 전복지향적인 오만의 문화이며 그것이 이번에 그 가사를 통해서 빙산의 일각처럼 나타난 현상임을 실감했습니다.

여러분은 모두 우리나라의 각계각층에서 중요한 직책을 맡고 계신 지도자들입니다. 부디 전임자가 이룩했던 업적과 정책을 일단은 겸허한 마음으로 존중하고 발전적으로 개혁하면서 역사를 이어나가 주시기 바랍니다. 전임자들이나 조상들에게는 그들이 살았던 그 시대 그 상황에서 그럴 만한 이유가 있어서 그런 제도와 현상이 초래되었으리라는 겸허하고도 긍정적인 평가와 함께 이를 발전적으로 계승하려는 사명감과 진솔한 자세가 있어야 한다고 생각하기 때문입니다.

어제와 무관한 오늘, 선대와 무관한 후대는 있을 수 없습니다. 겸허한 문화를 토양삼아 역사발전을 안정 속에서 지속화시켜 나갈 수 있게 되기를 바랍니다. 즉, "뒤집는 역사"를 "이어받는 역사"로 바꿔야 합니다. 그것을 위하여 "오만한 문화"를 "겸허한 문화"로 개혁해야 한다는 것이 저의 주장입니다. 발전적 계승, 그것은 오늘을 사는 우리 세대 모두의 덕목이며 역사적 사명입니다.

II. 겸허한 문화 - 이어받는 역사

생각건대 인류의 역사변천에는 크게 보아 두 개의 유형이 있는 것 같습니다. 앞에서 말한바와 같이 하나는 "이어받는 역사"이고, 다른 하나는 "뒤집는 역사"입니다. 선조들 또는 전임자의 정책이나 관행을 존중하고 발전적으로 계승해 나가는 역사가 있는가 하면, 전임자를 감정적으로 비하하고 선대나 전임자의 업적을 무조건 폄훼하며 기존의 모든 것을 거부하거나 뒤집기만을 능사로 삼는 역사도 있습니다.

이어받는 역사와 뒤집는 역사를 각각 겸허한 문화와 오만한 문화

의 소산이라 한다면 전자는 개혁과 전진을 약속받으나, 후자는 역행
과 반복을 체험할 개연성이 높다 할 것입니다.

잘 아시다시피 영국은 우리나라처럼 성문헌법전이 있는 나라가 아
닙니다. 대체로 보아서 Great Documents, 즉 Magna Charta, Petition
of Right, Bill of Right 등의 역사적 대문헌들, 그리고 전임자들에 의
해 이루어진 관행, 관습들이 강력한 구속력을 갖는 헌법의 중요한 연
원이 됩니다. 그러나 시대가 바뀌고 환경이 변화함에 따라 위의 헌법
적 연원들을 보완해 나가야 하기 때문에 의회제정법률(Legislative Iaw)
의 보완을 받으며 역사가 안정 속에서 현실에 적응하면서 발전적으로
계승되어 나갈 수 있었습니다.

오늘날 우리는 영국을 민주주의의 모국, 의회주의의 모국, 정당
제도, 양원제도, 현대적인 선거제도 등의 모국으로 평가하고 있습니
다. 그러나 그 모든 제도들은 우리나라처럼 정치투쟁의 산물로 얻어
진 것이라기보다는 선대의 관습과 관행을 존중하고 이를 겸허히 수용
하려고 드는 겸허한 문화가 만들어 주는 '이어받는 역사' 속에서 타국
에 비해서 상대적으로 적은 대가와 희생을 치르면서 오늘날까지 전진
해 온 것이 아닌가 생각합니다.

영국은 내각책임제의 국가입니다. 우리나라도 내각책임제를 불과
10개월이지만 경험해 보았습니다. 그때 해위 윤보선 대통령의 지지세
력(민주당구파)과 장면 총리세력(민주당신파)과의 대결은 권력싸움이었
습니다. 그러나 국민 앞에 내놓은 대립의 명분은 내각책임제의 올바
른 운영 방안에 관한 싸움이었습니다. '군주는 군림하되 통치하지 않
는다.'라는 영국의 오랜 헌법적 수준의 정치원칙이 그 논쟁의 중심에
자리하고 있었습니다. 그러나 영국에 있어서 내각책임제는 한국처럼
정치이론의 산물도 정치투쟁의 산물도 아닙니다. 앞에서 말씀드린 대
로 겸허한 문화 속에서 이어받는 역사가 발전적으로 축적되면서 형성

된 결과입니다. 영국의 내각책임제 속에는 영국 특유의 겸허한 문화가 녹아 있기 때문에 누구도 이를 쉽사리 뒤집거나 단절하거나 변형을 시도할 수 없게 되어 있습니다. 예를 들면 이렇습니다.

1714년에 Ann 여왕이 재위 12년 만에 세상을 떠났습니다. 그녀는 Stuart 왕조의 James II 세의 둘째 딸이었으나 형부였던 윌리엄 3세의 뒤를 이어 1702년 국왕에 올랐습니다. 그러나 후사가 없었습니다. 그래서 관련 중신들이 1701년에 제정된 The Act of Settlement를 근거로 해서 적임자 탐색에 나섰습니다만 결과적으로 해당자는 지금의 독일땅 하노버 왕가에 있는 어떤 사람이었습니다. 그가 바로 조지 1세입니다. 그는 영국 James가문의 핏줄을 먼 외가 쪽으로 이어받기는 했으나 독일에서 출생하고 성장하였기 때문에 영어도, 영국에 대한 관심도 없는 독일인이었습니다. 자연히 조지1세는 즉위 후에도 일체 공식석상에 나타나지도 않거니와 국정을 돌보지 않는 겁니다.

만약에 한국이나 프랑스에서 이런 상황이 벌어졌다면 아마 초기에 뒤집혔을 것입니다. 그러나 그들은 뒤집지를 않았습니다. 영국의 문화는 주어진 상황 속에서 차선책을 강구하여 현명하게 출구를 찾아내는 겁니다. 판을 근본적으로 뒤집지는 않는다는 뜻입니다. 거기서 벽에 부딪치면 우회도로와 같은 대안을 현명하게 생각해 내는 것이 영국의 문화입니다. 즉, 각료 중의 1인이 국왕을 대신하여 국무회의를 주재한 다음, 그 결과를 문서화하여 국왕의 재가를 받는 방식이 바로 그 대안이었습니다.

1714년에 그렇게 하기 시작한 지 13년이 지난 1727년에 조지 1세가 죽을 때까지 그는 한결같이 지극히 형식적인 결재만을 계속하다가 눈을 감았습니다. 그때 국왕과 국무회의의 중간역할을 맡아서 했던 각료가 바로 당시의 Whig당 출신으로서 Lord of the Exchequer이었으며 후에 추밀원(Privy Council)의 의장이 되었던 Robert Walpole

입니다. 사람들이 그를 일컬어 primus inter pares, 즉 동렬자 중의 제
1인자로 부르기에 이르렀습니다. 라틴어의 primus가 영어의 premier
로 바뀌어 오늘의 수상(the Premier)제도를 만들어 내게 된 연유입니
다. 그때는 수상이란 명칭은 없었습니다만 영국 최초의 수상인 셈입
니다. 그리고 내각제가 자리잡게 된 계기가 된 셈입니다.

조지 1세가 죽고 난 다음 조지 2세가 1727년에 즉위했습니다. 그
도 역시 1742년에 Robert Walpole이 그 자리를 사임하는 날까지 국
정을 그에게 위탁하는 수밖에 없었습니다. 조지 2세도 1727~1760년
까지 33년간 눈감고 사인을 하다가 세상을 떴습니다. 조지 3세는 즉
위와 동시에 친정할 것을 선언하였습니다. 그러나 이미 46년간 이어
져온 전통과 관행이 만들어 낸 현 제도를 쉽사리 뒤집을 수가 없다는
여론의 힘 곧 영국적 정치문화의 저항에 부딪쳐 조지 3세는 후퇴하였
으며, 이 관행이 오늘날까지 근 300년 동안 뒤집힘 없이 이어져 내려
오게 된 겁니다. 그 후에도 어떤 세계사적인 역사의 격동 속에서도 수
상제와 내각제는 결코 뒤집어지지 않았습니다. 그러므로 군주는 정치
에 관여를 못 하는 원칙, 즉 "The king reigns, but does not govern",
"군주는 군림하되 통치하지 않는다."는 원칙이 헌법 제1조처럼 존중되
어 내려온 것입니다. 이것이 바로 정치현장에 있어서 문화가 갖는 구
속력이며 역사를 유지·결정하는 힘입니다.

양원제도도 마찬가지입니다. 결코 어제 오늘의 일이 아니며 어느
날 갑자기 생긴 것이 아닙니다. 1066년 Norman Conquest 이후 등족
회의 시대를 거쳐 1246년부터 의회가 소집되었고 1295년 Edward Ⅱ
세 때의 모범의회(Model Parliament)에서 이미 양원제의 조짐이 보이더
니 1330년경부터는 확연히 귀족과 서민의 양원제도가 자리 잡기 시작
했습니다. 무려 지금부터 680여 년 전의 일입니다. 오늘의 안목에서
볼 때 별로 합리적이라고 생각되지도 않는 영국형 양원제도가 그 긴

세월을 존중받고 계승되면서 오늘에 이르러 세계 각국의 양원제도의 모델이 되었다니 영국형 겸손문화와 이어받는 역사의 산 증거라 하겠습니다. 전통과 관행의 산물입니다. 거듭 말하거니와 영국의 정체제도는 대체로 정치이론과 투쟁의 산물이 아닙니다. 전통과 관행의 산물입니다. 양당제도나 내각 연대책임제도도 마찬가지입니다.

물론 영국에도 현실적인 상황변화 속에서 여러 차례의 제도적 위기가 있었습니다만 그때마다 의회가 Legislative law를 통해서 보완하면서 제도의 생명력과 효용성을 견지해 온 겁니다. 만약에 역사 뒤집기를 능사로 삼는 문화권이라면 지난 몇 백 년의 세월을 영국국가와 정치제도가 어떻게 견뎌왔겠습니까. 원래 보수는 부단한 개혁을 통해서만 살아남을 수 있는 겁니다. 영국이 근본을 지키며 현실적 필요를 실용주의적으로 수용하면서 정치개혁을 지속적으로 추진하였기 때문에 오늘날 세계 각국의 민주주의정치의 모델이 되고 민주정치제도의 모국이 된 것입니다.

그 긴 세월동안 그 어떤 민란이나 쿠데타의 희생 없이 영국이 이처럼 발전할 수 있었던 것은 영국형 정치문화의 힘 곧 겸허한 문화가 담보해 주는 이어받는 역사의 보수적 발전 역량의 저력 때문이었다 할 것입니다.

이번에는 선진국 중에서 그와 대립되는 모형으로서 프랑스의 경우를 살펴보기로 하겠습니다.

III. 오만한 문화 - 뒤집는 역사

역사뒤집기는 오만한 문화의 산물입니다. 프랑스는 앞에서 말씀드린 대로 오만한 문화와 뒤집는 역사 속에서 연속적인 유혈과 역사적 낭비를 치루면서 오늘에 이른 선진국 중 상징적인 대표국가입니다.

프랑스에서 대규모 시민 혁명이 일어난 것이 1789년입니다. 앙샹 레짐이 타도되었습니다. 계몽 사상가 루소, 볼테르, 몽테스키외 등의 사상적인 영향이 있었던 건 틀림없으나 실제로 부르봉(Bourbon) 왕가의 앙샹레짐을 타도한 것은 도시빈민과 농민의 집단폭력입니다. 민중의 폭력으로 바스티유 감옥이 부셔졌습니다. 폭력이 요원의 불길처럼 번졌습니다. 그 사이에 수없이 많은 사람들이 희생됐습니다. 절대 왕정 부르봉 왕가의 뒤를 이어 공화국이 들어선 것은 1792년이니까 혁명이 있은지 3년 후입니다. 혁명 기간 동안 꽁꼬르드 광장은 그 땅이 피로서 마를 날이 없었다고 합니다. Jacobin, Danton, Gironde, Robespierre 등이 당시의 주역이었습니다.

이렇게 대규모의 역사적 대가를 지불하면서 프랑스혁명은 자유· 평등·박애의 삼색기를 높이 올렸습니다. 그렇게 해서 이룩한 제1공화국은 불과 12년밖에 못 갔습니다. 1804년에 Bonaparte Napoleon의 쿠데타로 무너졌습니다. 그는 공화국을 전복하고 제국을 건설한 다음 스스로 나폴레옹 1세가 되어 황제자리에 올랐습니다만 그 또한 1815년에 무너졌으니까 10년밖에 못 갔습니다. 불과 26년 전에 붕괴되었던 부르봉 왕가가 다시 복귀했습니다. 다시 피를 흘린 겁니다. 그러나 제1제국 역시 15년 후인 1830년에 샤를르 대제가 이끄는 오를레앙 왕가에 의해서 붕괴됐습니다. 그러나 오를레앙 왕정 역시 1848년 불과 18년 만에 시민혁명으로 전복됩니다. 그렇게 해서 시민이 세운 나라가 프랑스 제2공화국입니다. 그러나 4년 후인 1852년에 루이 나폴레옹의 쿠데타로 다시 무너지면서 제2공화국의 역사가 단절되고 뒤집힙니다. 다시 제2제국이 건설되면서 나폴레옹 3세가 황제로 들어서게 됩니다.

그러나 그때는 이미 구라파 천지는 지적광명의 시대를 맞이한 터입니다. 중산층이 형성되고 자유민권사상과 사회주의 사상으로 시민들이 깨어나던 때입니다. Karl Marx와 Friedrich Engels가 공산당 선언을 발표했던 해가 오를레앙 왕권이 무너지고 제2공화국이 출범했던 1848년이었습니다만 Marx의 자본론이 발표된 것은 1867년, 바로 나폴레옹3세의 제2제정하에서였습니다. 이런 시대적 상황과 배경 속에서 루이 나폴레옹의 전제정치는 더 이상 지속될 수가 없습니다. 자유시민운동의 물결 속에서 제3제정은 궁지에 몰리고 맙니다. 독재자가 궁지에 몰리면 대체로 자살하거나 전쟁을 일으키거나 합니다. 스스로 목숨을 끊은 대표적인 독재자는 아돌프 히틀러입니다. 그러나 나폴레옹 3세가 짜낸 묘책은 프랑스 국민의 불안과 증오의 대상이었던 프러시아에게 전쟁을 도발하는 일이었습니다. 1870년의 보불전쟁이 바로 그것입니다. 그러나 불행하게도 전쟁을 일으킨 나폴레옹 3세 자신이 불과 10개월 만에 포로가 되어 버렸습니다. 그 소식이 전해지자 파리에서 혁명이 일어났으니 그것이 1871년의 파리혁명입니다. 빠리 꼼뮨이 그때 생겨납니다.

그렇게 해서 제정이 전복되고 다시 공화국창설을 향한 운동이 시작되었으나 제3공화국이 출범한 것은 그로부터 4년 후 1875년입니다.

그 사이에 있었던 시민사회의 적대행위와 살상은 능히 상상을 하고도 남음이 있겠습니다. 1789년 프랑스 혁명이 일어나서부터 제3공화국이 출범하는 1875년까지 14년 모자라는 100년입니다. 그 기간에 프랑스는 부르봉왕정 → 제1공화정 → 제1제정 → 부르봉왕정 → 오를레앙왕정 → 제2공화정 → 제2제정 → 제3공화정으로 연결되는 역사의 단절과 번복을 되풀이하면서 참혹한 유혈과 희생을 지불해 왔습니다.

1875년 제3공화국은 출범 후 66년 만에 무너졌습니다. 비교적 최장수의 공화국이었습니다만 내각의 평균 수명이 7개월 25일인 것을 보면 얼마나 불안정한 시기이었나 짐작할 수 있을 것입니다. 1941년에 Petain 원수의 Vichy 정권이 들어섰고 4년 후인 45년 노르망디 상륙 이후 프랑스에 새로운 공화국이 탄생했습니다. 그것이 제4공화국입니다. 임시 대통령은 샤를 드골입니다. 1년 만에 드골이 사임하고 고향으로 돌아갔습니다. 대통령 자리를 버리고 간 샤를 드골을 파리정가의 수뇌들이 1958년 11월에 다시 모셔와서 만든 나라가 오늘의 제5공화국입니다. 알제리아에 주둔하고 있던 살랑 장군휘하의 40만군대의 협박성 최후통첩 때문이었습니다. 제4공화국의 수명은 불과 13년입니다. 내각의 평균수명은 6개월 15일밖에 안 됩니다. 그런 위기 상황 속에서 군의 위협적인 최후통첩을 받은 파리정가의 지도자들이 드골의 요구조건을 수락하여 "드골 헌법"과 새 국민의회 새선거제도를 제정하고 신대통령제로 전환하고 제5공화국을 출범시켰습니다. 이렇게 해서 프랑스는 드골의 강력한 집권체제하에 들어가게 된 것입니다.

이상주의적이며 합리주의적인 프랑스 국민의 문화와 과격성으로 결합된 프랑스 문화의 오만함이 지난 220여 년간 프랑스로 하여금 피를 흘리면서 역사를 단절시키고 역사의 뒤집힘을 반복케 한 것입니다.

IV. 역사변천의 두 유형 - 영국과 프랑스

지금까지 우리는 구라파의 두 개의 선진국가의 역사적 변천유형을 문화와 연결시켜 비교 검토해 보았습니다. 영국을 바라보는 안목과 프랑스를 바라보는 안목이 결코 같을 수가 없습니다.

영국을 바라볼 때는 아무리 사회변화가 밀어닥친다하더라도 소반 위에 바가지가 엎어져 있는 그런 안정감을 느낍니다. 비록 보수당이 집권하여 바가지를 오른쪽으로 끌어당기면 사회 전체가 그쪽으로 어느 정도 이동할 것이며 노동당이 집권을 해서 진보세력이 영국사회를 좌측으로 잡아당기면 사회 전체가 그쪽으로 이동할 것입니다. 좌우로 부단히 밀렸다가 담겨졌다가 하면서 역사는 어느 쪽으로든지 이동 할 것입니다만 사회 전체는 결코 뒤집어지거나 역사가 단절되거나 하지 않는다는 뜻입니다.

그러나 프랑스를 바라보는 우리들의 심정은 바가지에 물을 담은 채 소반 위에 간신히 올려 놓은 그런 모습을 보는 불안 그 자체입니다. 이쪽에서든 저쪽에서든 조금만 건드리면 바가지는 엎어집니다. 저쪽 물뿐만 아니라 이쪽 물까지 한꺼번에 다 쏟아지는 겁니다. 바꿔 말하면 같이 죽는 문화입니다. 저는 이것을 공멸문화라고 부릅니다. 반면에 영국처럼 바가지를 엎어 놓은 것과 같은 안정감 있는 모습을 나는 같이 사는 문화, 즉 공생문화라고 부르고 있습니다. 공생문화는 합의문화(Consensual Culture)의 결과이며 안정감 있는 중간지향형 사회를 만들어 냅니다. 그러나 공멸문화는 갈등문화(Conflict Culture)에서 초래되는 결과물이며, 이런 문화에서는 양극사회(Bipolarized Society)를 만들어 내게 되어 있습니다.

겸손한 문화는 합의문화의 원류이며 중간지향형사회의 주춧돌입니다. 오만한 문화는 갈등 문화의 원류이며 양극사회의 주춧돌입니다. 영국형 문화권에서는 경험이 중시되며 지도자가 중간 지대에서 생산되나 프랑스형 문화권에서는 합리주의가 중시되며 지도자는 양극단에서 옹립되게 됩니다. 그래서 사회의 불안과 역사의 단절과 전복이 있게 됩니다.

V. 맺는말

끝으로 우리한국인들의 속모습 즉 의식구조 또는 문화 형태를 살펴봅니다.

우리들의 문화는 강직하고 명분제일주의적이며 도덕지상주의적이고 이상주의적인 특징을 지니면서 한국역사의 저변에서 우리역사의 존재 양식을 결정하고 있다고 생각됩니다. 그러므로 우리 사회에서 출세하거나 지도자가 되려면 무엇보다도 목숨을 걸고 입장을 선명히 밝히고 깃발을 내 걸어야 합니다. 그리하여 극한투쟁의 선봉에 서야 합니다. 이처럼 우리 문화는 합목적적(合目的的)이라기보다도 오히려 價値合理性의 문화입니다. 그래서 그만큼 이상주의적이고 관념주의적이며 도덕성을 절대적인 가치기준으로 삼는 不妥協의 문화이기 때문에 자칫 잘못되면 나는 우리 역사가 프랑스 형으로 진행될 위험성이 많다고 봅니다.

그래서 저는 영국형 유형으로 우리 문화와 역사를 전환시켜야 되겠다는 생각을 하고 있습니다. 방법을 어디에서 찾을 것인가. 해답은 교육을 통한 문화개혁밖에 없습니다. 올바른 조국을 후손들에게 물려주기 위해서는 우리는 영국형 모델을 목표모델과 함께 과정모델로 받아들여야 할 것으로 믿습니다. 당연히 영국식 문화의 도입과 그것의 정착을 위한 교육을 통해서 말입니다.

그래서 다시는 누군가가 어떤 자리에 취임했을 때, "나는 전임자가 했던 뜻을 충실히 이어받겠다. 그를 발전적으로 계승하겠다."라고 겸손하게 말할 때, "그럼, 왜 왔나." 이런 식의 신문기사가 이 땅에서는 다시 나지 않도록 하루속히 우리사회의 문화가 겸손한 문화로 개혁되고 우리 역사가 안정 속에서 발전적으로 계승되어나가기를 바랍니다. 문화개혁을 위해서 이를 가능케 하기 위한 제도와 내용을 갖춘 학교와 사회전반에 걸친 교육개혁이 절실히 요구되는 까닭입니다.

02

공동체 이론과 인체의 사회과학적 비밀*

I. 머리말

인간은 누구를 막론하고 혼자 힘만으로는 살 수 없다. 혼자 힘만으로는 이 세상에 태어날 수도 없고 마음 놓고 죽을 수도 없다. 세상 사는 동안 남과 더불어 살지 않거나 남의 힘을 빌리지 않고는 고독과, 불안, 그리고 불편과 고통에서 벗어날 수 없다.

그렇기 때문에 인간은 본능적으로 다른 사람들과 돕고 도움을 받으면서 공동체 생활을 하고 있는 것이다. 누가 고독이나 우울증에 걸리지 않고 더 행복하게 오래 사는가 하는 것은 누가 더 활발하게 공동체 생활을 하느냐에 달려 있다. 이는 인간에게만 국한된 것이 아니라 대다수의 동물의 경우에도 마찬가지인 것으로 확인되고 있다.

심리학자들의 실험결과에 따르면 쥐 한 마리가 혼자 살 때에는 그 평균수명이 500일인 데 비해서 열 마리가 함께 살 때에는 무려

---

* 이 글은 연세대학교 특수대학원 고위자과정에서 시행했던 본인의 특강내용을 후일(2016.4.27.) 글로 남겨 놓은 것임.

750일로 평균수명이 연장되었다. 그런데 다른 열 마리의 쥐들에게 똑같은 조건 속에서 주인이 지속적으로 애정을 표시하였더니 이번에는 평균수명이 950일로 연장되었다는 것이다. 혼자 사는 쥐보다 사랑받으며 모여 사는 쥐들이 거의 두 배를 더 사는 셈이다. 인간의 장수비결도 고금을 막론하고 공동체 속에서 자신의 안전과 이익을 보장받으면서 서로 돕고 사랑하며 사는 데에 있다 하겠다. 3000년 전에 썼다는 시편 133편에서도 "보라, 형제가 서로 연합하여 동거함이 어찌 그리 선하고 아름다운고!"(영어성경: pleasant) 하며 공동체 생활을 예찬하고 있다.

II. 공동체란 무엇인가

우리(울타리) 속에 함께 사는 사람들이 우리이다. 세계에서 우리나라 사람들처럼 "우리"라는 말을 애용하는 민족도 많지 않은 것 같다. 예컨대 우리 집사람, 우리 부모, 우리 아들, 우리 형, 우리 마을, 우리 회사, 우리 학교, 우리 나라, 우리 민족, 도대체 이때의 우리는 누구를 말하는 것인가? "우리 집사람"까지는 이해해 줄 수 있다할지라도 "우리 마누라"(our wife)라는 말이 어떻게 해서 가능할까. 원시공산사회에서나 있을 법한 표현이며 2400년 전 플라톤이 국가론(Politeia)에서 말하던 이상향에서나 나오는 발상이다. 그만큼 한국인에게는 자고로 공동체의식이 많은 것 같다. "나"라는 말보다는 "우리"라는 말이 한층 더 안정감과 친밀감을 주기 때문에 그랬을 것이다. 이러한 공동체 문화를 반영하는 언어 "우리"를 상업적으로 또는 정치적으로 이용함으로서 보통명사를 고유명사로 전용하여(예: 우리은행, 우리약국, **우리당) 우리들의 언어생활에 불편을 초래하고 언어 질서를 파괴하는 경우가 흔히 발생한다. 이는 언어의 독점적 횡포라 할 만하다. 언어를 보면 문화가 보인다.

위에서 거론한 "우리"는 대체로 혈연과 지연 또는 공동이익을 중심으로 결합하여 살고 있다. 이를 두고 한민족의 감정적·정서적 문화, 즉 "더불어" 문화의 표현이라 할 수 있다. 한국의 전통야당이 최근에 "더불어민주당"으로 당명을 바꾼 것도 바로 이러한 문화를 반영한 것이라 할 수 있다. 그러나 "나홀로" 문화가 강조되는 서구권에서는 주기도문만 예외일 뿐 모두 my, 즉 "나의…"로 되어 있다. 뿐만 아니라 나(I)는 대문자로 표기한다. 공동체주의와 자아중심주의의 문화현상을 대조적으로 보여주는 사례라 하겠다.

공동체 문화와 언어생활을 유용하게 활용한다면 국가 공동체 또는 민족공동체의 지도자는 그 구성원의 내부적 결속이나 외적에 대한 결사항전을 쉽게 유도할 수 있다. 히틀러가 자신의 반유태주의(Anti-Semitism) 앞에 내세운 범게르만주의(Pan-Germanism)도 이에 속한다. 그는 이것으로 폴란드를 비롯한 인접국 침략을 정당화 했다. 즉, 히틀러의 독일국가 공동체가 전 유럽에 흩어져 있는 게르만 민족공동체를 회복하고 통일한다는 것이었다. 지금도 북한은 대남선전 매체 이름을 "우리 민족끼리"라고 하고 우리의 정서적인 민족공동체 의식을 자극하면서 남남갈등을 조장하고 북한 내부적으로는 대남 결사항전을 선동하고 있다. 1917년 러시아혁명을 주도하면서 레닌은 "만국의 노동자여 단결하라."고 외치면서 전 세계의 노동자들 모두가 공통의 이해관계를 가지고 있는 노동공동체임을 강조하고 결속을 요구하면서 전 세계의 모든 국가에서 노동자계급이 총단결하여 보수·자본가계급에 결사항전할 것을 선동한 것도 그래서였다. 국내정치에서도 정치단체, 시민단체, 이익단체에 이르기까지 그런 방식으로 선동하며 설득하면서 공동체 이론이 악용되는 경우가 많다. 모든 인적결사체가 각각 자기 나름대로 공동체임을 강조하는 것도 그 때문이다.

일찍이 이러한 "인간의 사회적 결합현상"에 각별히 주목한 사회
학자가 독일의 Ferdinand Tönnies(1855~1936, Tübingen)이다. 그는 인
간이 사회적으로 결합하면서 무리를 지어 사는 현상을 집중적으로 연
구했다. 두 종류의 결합형태가 그의 눈에 띄었다. 하나는 본능에 따라
즉, 핏줄 또는 고향 따라 모여 사는 현상이다. 이것은 지극히 자연스
럽고 본능적인 결합이라고 보았다. 그 정서적, 감정적 결합체를
Tönnies는 Gemeinschaft라 불렀다. 그러므로 Gemeinschaft에는 혈연
공동체와 지연공동체가 있겠는데, 전자는 가족공동체에서 부터 민족
공동체까지 수없이 많으며 후자는 마을공동체에서부터 국가공동체까
지 수없이 많다. 이는 농경시대의 전인적 결합으로서 산업화시대의
부분적 결합과 대조된다. 그런데 현재 우리가 겪고 있는 가장 큰 고통
은 혈연을 바탕으로한 민족 공동체 안에 지연을 바탕으로한 두 개의
국가공동체가 서로 적대관계를 심화시키고 있다는 점이다.

그 밖에 Tönnies가 발견한 또 하나의 사회적 결합 형태는 공리적
입장에서, 즉 각자의 이해관계에 따라 작위적으로 결합해서 구성원
서로의 경제적 이익확대를 추구하는 타산적, 부분적 결사체이다. 중세
의 길드나 오늘의 노조에 해당하는 Gesellschaft 즉 이익중심의 사회
결사체이다. 미국의 Robert M. MacIver(1882~1970)도 인간이 모여 사
는 모습을 Community 와 Association, 즉 공동체와 연합적 결사체로
구분해서 보았다. 여기서 Association이라 함은 현대 이익사회에서 강
력하고도 유리한 영향력을 행사코자 하는 집단으로서 정당과 이익집단
등을 포함한 모든 정치적, 사회적, 경제적 결사체를 말한다. MacIver는
Tönnies의 형태적 설명에서 훨씬 더 동태적 설명으로 이동한 셈이다.
특히 Tönnies의 시대에는 오늘날처럼 개인이 자신의 이익을 희생해가
면서 공익을 추구하고 보호하려는 공익단체, 시민운동단체 예컨대 환경
보호단체나 소비자보호단체 같은 것이 극소했던 시대 상황이었음을 감

안할 필요가 있다. 그러므로 오늘에 와서는 Tönnies의 Gemeinschaft를 닫힌 공동체라 하고, 그의 Gesellschaft의 외연을 확장한 Association 을 열린 공동체라 할 수 있다. 닫힌 공동체보다는 열린 공동체가 오늘 날 시대발전과 사회변천에 영향을 주는 강력한 원동력이 되기 때문에 더욱 활발하고 긍정적인 연구 대상이 되고 있다.

그러나 다수의 사회적결합체들은 그들의 본질과는 상관없이 지 도자가 자신의 정치적 야욕을 충족시키기 위해서 자기조직을 공동체 즉, 정의로운 공동운명체라고 주장하면서 앞에서 말한바와 같이 정치 적으로 악용하는 경향을 흔히 보여주고 있다. 바꿔 말하면 대내적으 로는 조직에 대한 무조건적인 충성을 미덕으로 각인시키면서 조직에 대한 맹종과 헌신을 강요하며 내적 결속을 다지는 한편, 대외적으로 는 "우리"의 공동운명을 강조하면서 적에 대한 강력한 적대 행위와 극한투쟁을 촉구하며 자신의 강경노선을 정당화하고 지배권을 가일층 강화한다.

공동운명체란 이처럼 동일한 환경과 동일한 관심사를 공유하면서 참여자의 동질성과 결속성을 담보로 하는 사회집단을 말하는 것으로서 영어의 Community에 해당하나 그 어원은 라틴어의 Communitas에 뿌 리를 두고 있다. com은 접두사로서 함께(共)라는 뜻이며 munis는 봉사 한다는 뜻이므로 1848년 Karl Marx와 Friedrich Engels의 Communist Manifesto(1848년)나 프랑스 제2제정 말기 보불전쟁의 패전 끝에 파리 에서 발발한 시민혁명으로 만들어진 Paris Commune(1871)도 사상적 으로는 여기에 태생학적 뿌리를 두고 있다. 조직의 지도자들은 자기 조직이 어떤 성격의 조직이던지 이에 상관하지 아니하고 그 조직의 이익과 발전, 그리고 자신의 리더십의 확립과 견고화를 위해서 우선 적으로 자기 조직이 정의롭고 유익한 공동운명체임을 강조하는 것이 다. 그러므로 고전이론에서 말하는 공동체와 사회적 결사체의 구분은

오늘 날에는 거의 의미를 상실하고 있다. 그보다는 구성원들의 공동
체적 인식의 유무가 현실의 정치광장에서는 더 중요한 의미를 갖게
된다. 그러한 공동체적 인식방법을 인간의 인체에 적용하면 놀랍게도
그 속에 숨겨져 있는 사회과학적 비밀을 찾아볼 수 있다.

III. 공동체 발전의 조건-인체의 사회과학적 비밀

앞에서 말한 대로 인간사회에는 여러 가지 형태와 다양한 크기의
공동체가 있다. 사회가 변천하고 인간의 인식영역이 확대되면서 그러
한 경향은 더 심화된다. 그러나 모든 공동체를 하나의 시각, 즉 생물
학적 유기체로 보는 공통적인 시각이 있다. 근 2000년 전의 사도 바울
(St. Paul)은 그 점에서 선각자라 할 만하다. 뿐만 아니라 20세기 후반
에 비록 정태주의적 접근이라고 학계 일부의 비판을 받기는 했으나
당대의 구조기능주의와 사회체계이론(1951)의 창시자이었던 Talcott
Parsons(1902~1979)도 그와 유사한 시각으로 인간사회를 바라봤다.
또한 420여 년 전 명나라 여곤(呂坤)에게는 국가와 사회의 개념구분
도, 공동체 개념도 없었지만 그도 인체에 숨겨져 있는 사회과학적 비
밀을 설파한바 있다. 신음어 존심편(呻吟語 存心篇)에서 그는 명의 국
가발전 전략을 논하면서「手有手之道 足有足之道 耳目口鼻有 耳目口
鼻之道」, 즉 손은 손이 할 일이 있고 발은 발이 할 일이 있으며 귀·
눈·코·입은 귀·눈·코·입으로서 할 일이 따로 있다고 주장하면서,
구성체 각자의 기능분화와 전문화를 인체에 비유하여 주장한바 있다.
그들은 인체야 말로 가장 대표적인 공동체요, 사회체계와 국가의 축
소판이라 생각했기 때문이다. 따라서 공동체를 하나의 생물학적 유기
체로 본다면 공동체 발전의 조건도 인체에서 찾아봄이 효율적이라 하
겠다.

첫째, 공동체 구성원(체)들 사이의 역할분담

각자 자기자리에서 자기 역할을 충실히 감당해야 한다는 뜻이다. 구조분화이론의 당연한 귀결이다. 위에서 언급한 것처럼 코는 코의 자리에서 숨 쉬는 일과 냄새 맡는 일을 충실히 해야 하며, 눈은 눈의 자리에서 사물을 식별하는 일을, 입은 입의 자리에서 먹는 일과 말하는 일을, 마찬가지로 심장, 폐, 위장 등 모든 사지오관들도 각자 맡은 일을 자기자리에서 충실히 수행할 때 비로서 몸이라고 하는 공동체가 하나의 건강체로 살아남고 성장·발전할 수 있는 것이다. 만약에 몸 안의 어느 한 지체나 기관 하나만이라도 자기 역할을 제대로 수행하지 못하면 온몸의 능력이 저하되거나 죽게 된다. 즉, 공동체가 붕괴한다. 눈이 제 역할을 못하게 되면 온몸이 갈 길을 어찌 찾겠는가. 심장이 제 구실을 멈추면 심장이 아니라 온몸이 그 순간에 죽게 되어 있다. 다른 모든 기관이 아무리 건강해도 소용이 없다. 공동체의 모든 구성체(members)가 운명을 함께하는 것이다.

둘째, 「다워야」의 법칙이다.

심장은 심장다워야 하고, 눈은 눈다워야 온몸이 능력을 발휘하고 건재할 수 있듯이 대통령은 대통령다워야 하고, 국회는 국회다워야 한다. 대통령이 국회의장이나 장관다워서는 아니 되며 국회가 이익집단이나 시민운동단체다워서는 안 된다. 여당은 여당답고, 야당은 야당다워야 한다. 법원은 법원다워야 하며 정의구현의 최후보루다워야 한다. 법원이 권력을 의식하거나 사회여론에 좌고우면해서는 법원답지 못하다. 공무원은 공무원다워야 한다. 결코 정치인을 흉내내서는 안 된다. 교수는 교수다워야 하며, 학생은 학생다워야 한다. 두 역할이 뒤바뀌어서는 안 된다. 그렇게 된다면 대학은 더 이상 연구공동체도,

교육공동체도 될 수 없다. 2,500여 년 전 공자도 역시 그의 논어 안연편(論語 顔淵篇)에서 "임금은 임금다워야 하고 신하는 신하다워야 하며, 아비는 아비다워야 하고, 자식은 자식다워야 한다(君君臣臣父父子子). 이것이 사람으로서 지켜야 할 큰 틀이요, 정치의 근본이다."라고 역설하고 있는 것이다. 몸의 모든 지체가 그러해야 하는 것과 똑같은 이치이다.

셋째, 남의 역할을 존중할 줄 알아야 한다.

공동체는 지체 또는 구성원사이의 상호 존중과 연대의식위에 비로서 성립될 수 있다. 손은 발의 역할을 존중해야 되며 발은 손의 역할을 존중해야 된다. 눈은 귀의 역할을 그리고 귀는 코의 역할을 존중해야 된다. 그렇지 않으면 그 몸은 능력을 상실하거나 감소하게 된다. 그러므로 어느 기관도 멸시되어서는 안 된다. 공동체 이론은 "나"보다 "우리"를 앞세운다. 전체가 하나가 되어 서로 협력하면서 "우리"의 안전과 부강이 앞서가야 나의 평안과 부유도 보장된다는 의식을 전제로 한다. 그러나 바로 그것 때문에 공동체 의식은 자칫하면 전체주의 체제로의 변질이 우려되기도 한다. 그래서 구조분화, 기능의 전문화, 하위체제의 자율성의 확보가 선행적으로 담보되어야 한다는 것이다. 그래야만 공동체는 민주주의적 공동체로의 발전을 보장받게 되는 것이다. 전체주의란 바로 타구조의 역할을 최고 권력이 자의로, 일방적으로 침해하거나 박탈하고 중앙권력에 예속시키는 것이니 곧 하부구조의 기능의 전문화와 자율성을 박탈하는 결과가 된다. 구조분화 자체의 의미도 상실하게 된다.

넷째, 조건은 공생공사의식이다.

"살아도 같이 살고 죽어도 같이 죽는다는 의식", 즉 "우리공동체

가 죽으면 나도 죽고 너도 죽는다."는 의식 없이는 공동체는 발전할
수도, 유지될 수도 없다. 심장이 고동을 멈추면 몸이 살아있을 수 없
듯이 다른 이유로라도 몸이 죽으면 심장도 살아있을 수 없다. 그러므
로 몸 안의 모든 기관은 비록 따로따로 일지라도 운명은 하나다. 그래
서 공동운명체이다. 이처럼 공동체의 희로애락은 구성원(체) 모두가
공유한다. 따라서 공동체의 어느 일부분에 문제가 생기면 그것은 공
동체 전체의 문제로 확산되며, 공동체가 총체적으로 통증을 앓게 되
면 어느 지체도 평안할 수 없다. 마치 손끝에 상처가 생겨 화농이 심
해지면 손끝만이 아니라 온몸이 아프게 되는 것과 같다. 역으로, 명곡
을 감상하면서 즐거움을 느끼게 된다면 즐거운 것은 귓구멍이 아니라
온몸이다. 명화를 감상하면서 즐겁다면 즐거운 것은 눈동자가 아니라
온몸이다. 마찬가지로 체력을 보강하여 저항력이 왕성해지면 웬만한
바이러스성 질병으로부터 각 기관이나 구성원(체)들이 면역과 보호를
받을 수 있게 된다. 그래서 나는 인체와 같은 생물학적 유기체야말로
대표적인 공동운명체, 즉 공동체라고 주장 하는 것이다.

다섯째, 조건은 도덕성과 반부패의식이다.

　　모든 공동체는 도덕성이 확보되었을 때에 한해서 건강하게 존재
할 수 있다. 하나의 조직이 총체적 차원에서뿐만 아니라 부분적으로
라도 도덕성을 상실했다면 그 공동체는 존립의 위기에 빠지게 된다.
동로마제국도, 백제와 고려도, 그 밖에 많은 공동체가 그 때문에 붕괴
했다. 신앙공동체나 학문공동체를 비롯해서 시민사회단체나 가족공동
체라 할지라도 반드시 반부패의식을 고취하고 공동체의 청렴도를 높
이는 것만이 건강한 공동체 생존의 비법이다. 어떤 공동체이던 그 내
부에서 구성원(체)의 이기주의가 만연되고 타락하여 도덕과 질서가 무
너지고 부패가 심화·확산되면 그 공동체의 정통성이 위기에 직면하

게 되고 구성원들의 소속감이 동요하며 정신적 이탈자가 속출하게 되어 그 공동체는 존립할 수도 발전할 수도 없게 된다.

　　지배 권력의 형성과 획득 과정만이 아니라 권력의 행사과정에서도 정당성이 인정되어야 공동체의 정통성이 바로 설 수 있다. 공동체의 정통성이 무너지면 먼저 구성원들 사이에 분열과 갈등현상이 야기되어 공동체는 통합의 위기를 맞게 될 것이며 구성원들이 공동체와 자기와의 연대를 거부하는 일체감의 위기를 맞게 된다. 이렇게 되면 공동체의 지배 권력은 규제능력도, 염출능력도, 상징조작능력도, 반응능력도 거의 동시적으로 상실케 되어 대외적인 변화에 대한 적응능력마저 상실하게 된다. 1949년의 장개석 국민당 정권의 중화민국 말로가 바로 그것이다. 이는 마치 인간의 정신적·육체적 건전성이 인간의 건강과 장수의 비결인 것과도 같다.

여섯째, 건전한 민주시민문화를 육성하는 일이다.

　　모든 공동체의식(Community Spirit)의 핵심에는 민주시민문화가 자리잡고 있어야 한다. 그래야만 공동체의 본질을 왜곡하고 오남용하여 전체주의체재로 전환코자 하는 권력집단의 그릇된 야욕을 제도적으로 억압할 수 있을 뿐만 아니라 문화적으로도 억제할 수 있다. 즉 시민들의 강력한 민주주의 문화가 민주적 공동체의 유지와 발전을 보장하는 안전판의 역할을 할 수 있다는 뜻이다.

　　건전한 민주시민문화의 육성방법은 장기간에 걸친 교육밖에 없다. 민주적 시민문화의 기본은 질서이다. 질서유지의 기본은 준법과 양보와 타협이다. 공동체와 같은 생물학적 유기체는 내적으로 모든 구성체(원)가 인체의 내부구조가 그러하듯이 "변수 상호 간에 질서 있는 관계패턴을 유지"(Frank Sutton)해야 한다. 그것이 무너지면 인체의 건강과 생명이 위협을 받듯이 사회와 국가의 모든 공동체도 위협을 받게 된다. 그러므로 공동체가 발전하기 위해서는 최소한 위에서 말한 여섯 가지 조건을 동시에 확보해야 하는 것이다. 인류문명의 발달과정이 인간의 성장과정에 압축되어 있다고 본다면 인체는 실로 우주의 축소판이며 공동체의 표본이라 하겠다.

IV. 맺는말

공동체 구성원들이 민주시민문화를 경시하고 이기적으로 각자의 권리만 주장하며 부패와 부도덕을 능사로 삼으면서 공공이익과 사회정의를 유린한다면 그 공동체는 더 이상 생존할 수 없다. 공동체는 반드시 내부적으로 투명해야 하며, 구성원(체)들이 모든 정보를 공유하고 의사형성 과정에서 공공심을 갖고 쌍방소통을 확보하여야 한다. 그리고 그 결과에 대해서는 모든 구성원이 공동으로 책임져야 한다. 또한 모든 구성원은 크던 작던 자기의 소속공동체가 전체주의적 독재체제로 흘러가고 있는지, 또는 올바르게 자유민주주의 정치 및 시장경제체재로 전진하고 있는지 공동체의 지배 권력의 행사방식과 정책집행내용을 면밀하게 감시해야 한다. 우리가 매일 각자의 몸에 이상이 없는지 예민하게 살피고 수시로 또는 정기적으로 건강검진을 받아야하는 이치와 똑같다. 공동체가 민주화 될 수도 있지만 독재화 될 수도 있듯이 인체도 살아갈 수도 있지만 죽어갈 수도 있기 때문이다.

내가 곁에서 지켜본 해방 전후의 정치공간*

I. 머리말

한국현대사는 어디서부터일까. 일제식민통치가 종식되고 자유와 평등, 민주와 자주의 새로운 가치가 나라 안에 보편화되던 해방공간을 나는 그 기점으로 보고 있다. 나는 바로 그 공간의 증인이기도하다.

그래서 나는 70년 전의 나의 기억과 남의 기록을 더듬고 빌려서 라도 우리 현대사의 기점이 어떤 상황 속에서 솟아났으며, 그 속살이 어떠했으며, 당시 이 땅의 내적 동태와 외부환경의 영향은 어떠했는 지 실감나게 기록함으로서 후대에게 보탬을 주고자 이 글을 쓴다.

나는 일제의 식민통치 제3기에 태어나 한국 현대사의 앞자락에 걸쳐 소년기를 보냈다. 일제의 식민통치 제3기라함은 일본이 1905년

---

* 이 글은 「Journal of Contemporary Korean Studies」 창간호(대한민국 역사박물 관, 2014.12.)에 게재되었던 나의 자전적 시사에세이 "From Liberation to the Establishment of the Republic of Korea: A Personal Memory"를 크게 수정·보 완하여 중원대학교 출판부 간행, 「우리시대 지성과의 대화」 제4집(2016.10.20.) 에 게재한 것임.

과, 1910년, 대한제국의 외교주권과 통치주권을 차례로 찬탈하고 그후 줄곧 헌병과 경찰을 앞세워 이 땅을 유린하고 억압하던 1919년까지를 제1기라 한다면, 3·1운동에 자극을 받은 일제가 갑자기 억압적 식민정책을 바꿔 문화정책을 구사하면서 민족 내부의 분열을 책동하던 1931년까지를 제2기라 할 것이며, 제3기는 1931년의 만보산사건 및 만주사변을 비롯하여 아시아 대륙과 동남아 일대에 대한 저들의 확장된 제국주의적 침략야욕을 노골적으로 드러내면서 이 땅을 일본의 병참 기지화하고 한민족 말살정책을 자행했던 1931년부터 1945년의 기간을 말한다.

제3기는 특히 우리민족에 대한 일제의 억압과 인적·물적 약탈은 말할 것도 없고 우리민족의 뿌리, 즉 역사와 문화를 말살코자 하는 민족말살정책이 극에 달했던 시기였다. 그들은 이를 내선일체정책이라 기만하였다. 그렇기 때문에 엄격히 말한다면, 일제의 식민통치 1·2·3기는 한국 근·현대사의 범주에 넣기조차 부끄럽다. 왜냐하면 그 기간 중 이 땅에는 국민국가 건설도, 중상주의 정책을 통한 새로운 시민계급의 형성도, 더 나아가 민주주의 정치체제의 출현가능성이나 자유주의 시장경제로의 지향성, 그 어느 것도 용납될 수 없는 민족의 암흑기였다 할 것이며 근현대적 시대정신에 역행한 시기였다고 봐야할 것이기 때문이다.

그럼에도 불구하고 나의 소년기를 한국현대사의 기점으로 본 것은 1866년 제네랄 셔먼호 사건, 1875년 운요호사건, 1876년 강화도조약, 1882년의 한미수호통상조약 체결 등을 통해서 조선이 비로소 바깥세상의 선진문명과 문화를 받아들이고, 개방과 개혁의 신천지를 지향하며 몸부림쳤던 그 시기를 한국 근대사의 기점으로 보는 것처럼, 일제의 억압에서 해방되어 독립된 주권국가로서 민주적인 정치체제와 자유로운 시장경제체제를 지향했던 해방공간을 3년간 거쳤기 때문이다.

이 나라 근대화의 자율적 몸짓을 제압당하고 35년간 암흑의 터널 속에서 신음하다가 뜻밖에도 연합국의 전승과 민족의 광복운동으로 광명의 세월을 살게 된 오늘의 80~90대는 대부분 나와 같은 또는 더 혹독한 역사의 현장을 체험했다. 특히 그 세대는 어린 시절 전쟁을 두 번씩이나 겪으면서 세 번의 피난민 생활의 고통을 맛보았다. 태평양전쟁말기에 한 번, 6·25전쟁 중 두 번이다.

해방공간 3년을 거쳐 오늘에 이르기까지 우리 세대는 지난 70년 간 세월의 흐름에 따라 한국현대화과정의 주변에서 점차 중심으로 진입하여 조국현대화의 중심적 역할을 했으나 지금은 다시 주변으로 물러나왔다. 이제는 오직 한국현대사의 증인이 되어 어제를 돌아보고 내일을 내다보며 후세를 위하여 기록을 남기고 있을 뿐이다.

II. 일제 식민통치 제3기의 아들들과 아버지들

1945년 8월 15일 히로히토 일본천황의 라디오방송과 함께 이 나라가 일제로부터 해방된 그 날이 되어서야 비로소 나는 내가 일본의 황국신민이 아니었음을 깨닫고 그 순간 심한 충격에 빠졌다.

정신적 붕괴, 바로 그것이었다. 아! 어쩌면 나의 인생이 지금까지 이토록 철저하게 기만 당할 수 있었단 말인가 하는 울분과 황당, 그러나 주변의 열광적인 환희와 흥분의 분위기에 휩쓸려 나도 태극기를 얻어들고 피난지였던 백암장터에 나가 어른들 따라 덩달아 소리치며 흔들며 외쳤다. 비록 집집마다 들고 나온 태극기의 팔괘와 음양이 서로 뒤바뀌기는 했어도 여전히 목이 터져라 외쳐 댔다. 대한독립만세!!

온 하늘과 땅, 삼라만상이 함께 노래하며 춤추는 것 같았다. 지금 생각하니 이때만은 좌우익이 따로 없었다. 임꺽정의 작가이며 북한정권의 초기 부수상을 지냈던 벽초 홍명희도 그때 이렇게 노래 불렀다. "아이도 뛰며 만세, 어른도 뛰며 만세, 개 짖는 소리, 닭 우는 소리까지 만세 만세." 또한 보수 우익의 해위 윤보선도 그때의 감격을 이렇게 적어 놓고 있다. "몽매에도 그리던 해방을 맞았다. 이젠 민주주의의 터전을 마련하고 이에 입각한 정치를 구현하고자 최선을 다할 때가 마침내 왔다."

그러나 초등학교 6학년이었던 나는 사기당한 나의 인생 12년이 분하고 억울하였으나 어디서도 보상받을 수 없었다. 부모를 원망할 수도 없었다. 이런 일이 어찌 나 한사람뿐이랴. 그 당시 나와 함께 살았던 우리시대 아들딸들 대부분이 겪은 불행이었다.

내가 태어난 것이 1933년이었으므로 앞에서 말한 대로 일제의 식민통치 제3기가 시작된 직후였다. 조선총독부는 한국청년을 그들의 야망충족을 위한 총알받이로 삼기 위해서 황국신민화교육에 그들의 역량을 총동원했다. 국민총력조선연맹(1940.10~1945.7, 총재 조선총독)이 생겨난 것도 그 기간의 일이다. 그 시절 확성기와 라디오에서 흘러나오는 군가가 기억에 새롭다. 학교에서는 일체 한국말 사용이 금지되었으며 매일아침 전교생이 운동장에 모여 일본 천황이 있는 궁성을 향해 "동방요배"라는 명령아래 90도의 큰절을 올리고 일본의 국가인 기미가요를 제창하며 일제히 황국신민의 선서를 외쳐야만 했다. 이렇게 해서 나를 포함한 조선반도의 아들딸들은 부지불식간에 일본의 황국신민이 되어 가고 있었다. 어린 시절의 의식화교육이 얼마나 무서운가 하는 것을 나는 체험을 통해서 절감하고 있다.

그러나 이 땅의 아버지들은 일본의 그 같은 조선인 억압과 조선민족 말살정책의 저의와 술책을 어린 자식들에게 진실되게 알려 줄 수 없었다. 그것은 자칫 자식의 목숨을 담보하거나 가족의 멸망을 자초하는 일이기 때문이었다. 해방이 되고 나서야 들은 얘기지만 그 당

시 나 또래의 어떤 어린이는 도화시간(지금의 미술시간)에 자기집 안방
의 천정 뒤에 숨겨 놓은 단파수신기를 무심히 그려냈다가 일경에 끌려
가 그 집안이 곤욕을 치렀다 했다. 철들고 나서야 이 땅의 아버지들이
감내해야만 했던 죽음보다 더 고통스러웠던 심정을 이해하게 되었다.

　나는 일제하에 초등학교 6학년이 될 때까지 적지 않은 상장과 표
창뱃지를 받기도 했고 교장실 마이크를 통해서 전교생을 향하여 교과
서를 낭독하거나 또는 조회시간에 전교생 앞에서 일본어로 대표연설
을 하기도 했다. 그때마다 나는 아버지께 자랑했으나 단 한 번도 활짝
웃거나 칭찬해 주신 일이 없다. 도리어 그때마다 매우 쓰디쓴 오이를
씹은 난처한 얼굴이었다. 나는 몹시 당황했고 아버지가 원망스러웠다.
해방이 되어서야 아버지를 이해하고 동정하게 되었다.

　참으로 부끄럽게도 나는 그 시절 아버지의 일상을 까맣게 모르고
살았다. 알고 보니 그 시절 아버지는 외솔 최현배 선생과 더불어 한힌
샘 주시경 선생의 애제자이었으며 상동교회 청년회원으로서 조선어학
회와 YMCA 임원으로 활동하면서 만주 신흥무관학교를 창설한 독립
운동의 거두 우당 이회영 선생의 국내 비밀 아지트 역할을 감당하던
때였다. 그래서 지금도 서울 신교동에 있는 우당기념관에는 아버지
사진이 걸려 있고 우당에게 비밀리에 받았던 난초그림과 휘호(난이증
교)의 부채가 전시되어 있다.

　우당 이회영선생은 1911년 중국 지린성 류하현에 가문의 총재산
을 털어 넣어 신흥무관학교를 세우고 무려 3,500명의 무관을 배출하
였다. 그때 아버지는 매일 밤 우리 삼형제를 수저 하나씩 들려주고 적
선동, 지금의 경복궁 영추문 건너편 설농탕 집에 강제로 보냈다. 후에
알고 보니 그 집이 독립운동 자금제공처였던 것이다. 식대는 일괄해
서 아버지께서 월말에 후불한다 했다. 그것이 독립운동자금을 제공하
는 명분 쌓기란 것도 그때는 몰랐다. 그뿐만이 아니다. 어느 날 갑자

기 우리집 아래채에 못 보던 부인이 오셨다. 혼자 사시면서 내재봉소를 차렸다. 그 일이 우리집안으로서는 목숨을 건 일이었음도 나는 미처 몰랐다. 그 부인이 바로 우당 이회영 선생의 미망인(이종찬 전 국정원장의 조모)이며 그녀가 국내에서 독립운동에 깊이 관여하고 있었음을 안 것도 해방되고 나서였다.

우당께서도 생전에 국내에 잠입하시면 우리 집에 숨어 계셨다고 한다. 「민족운동가 아내의 수기」(1975, 정음사)를 쓴 미망인 이은숙 여사는 그 책속에서 더욱 자세하게 증언하고 있다. 우리집 주소가 해방후 그 댁의 본적지로 활용된 것도 모두 그런 연고 때문이었다 한다. 우당의 미망인께서 자손에게 "통인동 윤교장댁 재산은 우리가 독립운동하면서 다 갖다 썼다."고 했다는 것도 나는 근년에 와서야 이종찬 전 국정원장을 통해서 비로소 알게 되었다.

내 기억에 기독교 사립초등학교 교사였던 아버지는 낮에는 조선총독부의 강압에 따라 때로는 머리도 깎고 국민복차림도 가끔 하고 다니셨다. 그게 모두 위장 복종의 방책이었던 것을 깨달은 것은 세월이 훨씬 흐르고 내가 철들고 나서였다. 어쩌면 나도 아버지의 위장복종의 도구였는지도 모른다.

내 이름이 윤형섭으로부터 해평형섭으로 바뀐 것도 실은 위장 복종이었던 것 같다. 그러나 우리 집안이 본디 해평윤씨였으므로 해평 가문의 형섭을 일제의 강압에 못 이겨 해평형섭(우미히라교쇼)으로 바꿨다고 해서 본질이 변한 건 없다. 이름 석 자를 일본식으로 넉자 이름으로 바꿔줬을 뿐이다. 그렇게라도 해서 가문과 민족의 뿌리를 고수하려 했던, 그리고 이 땅에 살아야만 했던 아버지들의 내재적인 집념과 저항정신을 엿볼 수 있다. 그러나 누구나 다 그랬던 것은 아니었다.

국내외에서 노골적으로 일제에 저항하면서 조선총독부 지시를 목숨을 바쳐가며 끝까지 거부했던 우국지사와 독립투사도 있었다. 한편, 춘원 이광수가 창씨개명한 것을 보면 대조적이다. 그는 일본인으로 변신하였고 이를 창씨개명 "가야마 미쓰로"(香山光郎)로 화답하였다. 그가 청운국민학교(지금의 초등학교) 졸업식(1943?)에서 했던 축사의 친일적 내용을 나는 아직도 기억하고 있다. 지금 생각해 보니 참으로 춘원다운 천재적인 기발한 발상에서 나온 친일적 축사였다. 어쩌면 그것도 의도적이었을 가능성이 있다.

일제의 인적약탈은 날이 갈수록 극에 달했다. 주로 적령기 남자의 강제 증병·증용과 적령기 여자에 대한 "여자정신대"라는 이름의 일본군 위안부 강제동원이 그것이다. 일본의 아베내각과 극우파들이 극력부인하고 있지만 그것으로 진실이 가려지지는 않는다. 위안부 동원의 강제성을 인정한 일본의 고노담화(1993)를 비롯해 외무성 홈페이지의 "역사인식" 코너에 게재(1995.7.18.)됐던 "아시아 여성기금 동참 호소문"(2014.10.10. 삭제)도 그러하거니와 일본의 관련 학계의 연구결과에서도 위안부 강제동원은 사실로 확인되고 있다. 고노 전 일본 관방장관은 최근(2015.07.30.)에도 자민당의 역사왜곡을 질타하면서 "위안부강제연행, 있었던 일을 왜 없었다고 하나. 과거사 사죄가 새 일본의 출발점"이라고 역설하고 있다.

일본의 그러한 비인도적 행위는 한국에서만이 아니라 중국·인도네시아를 비롯한 아시아·태평양지역 22개국에 걸쳐 저질러진 범죄로 나타나고 있다. 일본이 과거에 대해 깊이 반성하고 솔직하게 사죄해야 한다는 것은 일본 내에서도 일본 전 총리 나까소네와 무라야마 전 총리를 비롯한 양심적 지식인 다수의 목소리이기도 하다.

그 당시에 내게는 16세, 18세의 누님이 있었다. 여자정신대(조시데이신따이＝위안부) 강제동원에서 두 누님을 빼내기 위해서 아버지와 어머니께서 깊은 밤 잠자는 내 머리맡에서 고민하던 현장을 나는 자는 척하며 다 들었다. 결국 아버지는 따님들의 구출작전에 성공했다.

두 누님을 각각 경기도 의정부와 충청남도 홍성의 어느 시골초등학교 교사로 각각 취직시켰다. 면제증을 받은 셈이다. 누님들은 위안부 강제동원에서 벗어나 그곳에서 해방을 맞았다. 그러나 옆집의 백씨 댁(통인동 128-1, 시라가와씨)에서는 같은 또래의 따님이 갑자기 없어져 밤늦게까지 그 가족들이 서울역을 오가며 온 골목 안이 요란했던 현장을 나는 아직도 생생하게 기억하고 있다. 그녀는 끝내 돌아오지 못했다.

또한 아버지는 당시 20세의 형을 경성약학전문학교(서울대 약대의 전신)에 진학시킴으로써 조선총독부의 강제징집에서 벗어날 수 있게 하셨다. 나는 이 땅의 뜻있는 많은 아버지들이 대체로 그런 방도를 모색하다가 더러는 성공하고 더러는 실패했으리라 생각한다.

이런 일도 있었다. 서울 통인동 우리집 근처 인왕산 중턱에 신명학교라는 작은 사립초등학교가 있었다. 그 학교 교장선생님은 운동회가 끝날 때 단상에 올라가 조선총독부의 지시대로 "일본천황폐하 만세"를 세 번 외쳐야하는데 그는 만세를 일본어로 "반자이"라 하지 않고 "망세"라 했다. 그래서 곤욕을 치렀다 한다. "망세"속에"망하세"란 저주가 숨겨있는 것을 어린 우리들이 알아차렸을 리가 없다.

그뿐 아니라 월남 이상재 선생은 YMCA 강당에서 연설직전에 일본고등계 형사들이 눈에 띄자 "웬 때 아닌 개나리가 이렇게 많이 피었는가." 하면서 일본형사들을 개로 빗대어 일갈했다는 것도 이 무렵의 일이었다. 어쩌면 그 시대의 우리 아버지들은 대체로 각자의 방식에 따라 위장 복종하던 국내잔류 난민 또는 국내 망명객이라 할 만하다.

그런 애국적 지식인이 국내에 다수 잔류하고 활동하였기 때문에 망국의 절망 속에 빠져 있는 동포들에게 그나마 계몽교육과 산업장려를 하면서 독립의식을 고취하고 독립운동 자금을 모으며 민족정기를 지키고 광복을 앞당길 수 있었던 것이 아닐까. 국내에 남아서 일제의

학정에 신음했던 이 나라의 많은 아버지들의 통한과 불안에 떨던 가슴속을 헤아려 본다면 연민과 동정과 존경을 금할 길 없다.

역지사지한다면 그들 이 땅의 아버지들은 나와 같은 어린 자식들이 나날이 충성스러운 일본국민으로 성장하고 있는 것을 지켜보면서 얼마나 연민과 불행과 절망적인 초조를 느꼈을까.

그러므로 이 시대를 사는 우리들은 지난날 우리 아버지들의 위장복종과 나 같은 아들딸들의 몰지각적 복종을 사리사욕에 눈이 어두워 조국과 민족을 배반했던 일부 반민족적 매국노들의 공리적 복종과는 확연히 구별하여야 할 것이다.

III. 해방공간에 미·소 군정이 들어서다

해방에서 정부수립까지의 3년간 이 공간을 미군정이 통치했다는 사실과 정국의 혼란이 극심했다는 사실을 모르는 이는 없을 것이다.

초등학교 6학년 때 해방을 맞은 나는 중학교 3학년 때 정부수립 국민축하회가 있다는 것을 알고 있었다. 그때만 해도 나는 해방이 곧 독립이요, 독립이 곧 건국인 줄 알았다. 그랬기 때문에 해방되던 날 대한독립만세를 외쳤던 것 아닌가. 알고 보니 해방이 진정한 독립은 아니었던 것이다. 그러나 일제의 학정의 긴 터널에서 빠져나와 자유의 빛을 보게 되었으니 비록 온전치는 못하나 한 가닥 햇빛만이라도 스며들었으니 광복이라 할 만하지 않은가.

해방공간 3년간 조선총독부 자리에 대신 들어앉은 미군정은 당시의 대부분의 한국인에게 매우 생소하고도 의외의 괴물이었다. 그러니 나 같은 열두세 살짜리 어린 소년들이 뭘 알았겠는가. 어안이 벙벙한 채 어른들의 얼굴만 쳐다보며 나름대로 짐작할 뿐이었다. 내 인생을 통해서 한번은 이미 멋모르고 속았지만 두 번 속을 생각은 없었다.

대한독립만세를 소리높이 외친게 엊그제였기 때문에 더욱 그러했다.

그러나 알고 보니 1943년 12월 1일의 카이로 선언에서 미국·영국·중국의 3개국 수뇌들은 한국이 해방에서 독립까지 일정기간의 과도기가 있어야 함을 일찌감치 암시한 바 있었다. 미국 측은 40여 년간의 필리핀의 식민 지배를 그들의 자치능력 함양을 위해서 소요된 기간이라고 생각하고 매우 유효하고 성공적이었다고 믿고 있는 것 같았다. 그러기에 미국의 루즈벨트는 그 성공모델을 한국에도 적용시켜야겠다고 생각했던 것 같다. 카이로 선언 중 "적절한 과정을 거쳐"(in due course)의 배경이 바로 그것이다.

그러나 카이로 선언 중의 한국독립 관련 사항은 중국 장제스의 끈질긴 집념과 설득으로 얻어진 결과였다고 보아야 할 것 같다. 중국의 입장에서는 전후 동북아의 세력구도와 안정을 위해서 가급적 일본을 왜소화시키기도 해야겠지만 영미의 영향력 배제를 위해서도 한국을 즉각 독립시키고자 했을 것이다. 거기에 대한민국 임시정부와의 전우적·동지적 유대가 작용했을 것이다.

그러나 전후의 즉각적인 한국독립은 동남아에 아직도 식민지(인도·버마 등)를 보유하고 있는 영국의 입장에서는 난처한 제안일 수도 있었다. 또한 미국의 입장에서는 장차 중국이 한반도에 대한 독점적·배타적 영향력을 행사하게 되면 미국의 세계전략구도에 차질을 초래할 것이라는 우려를 낳게 하기도 했을 것이다.

이러한 상황을 보고 동석했던 루즈벨트 특별보좌관 해리 홉킨스가 "즉각"이라는 말 대신에 "일본 몰락 이후 가능한 가장 이른 시기"(at the earliest possible moment)라고 막연하게 작성했었는데 그 초안이 루즈벨트와 처칠의 손을 거치면서 더 막연하게 "적절한 시기"(at the proper moment)로 바뀌었다가 다시 "적절한 절차"(in due course)로 속내를 드러내게 된 것이다.

중국의 장제스를 제외하고 연이어 개최된 미국, 영국, 소련이 테헤란 회담에서 소련의 지지를 얻어내고 발표한 것이 1943년 12월 1일의 카이로 선언이었다.

그로부터 3개월 반 후인 1944년 3월 15일 미 국방성은 이미 병사 휴대용 한국어 기초회화 교본을 발행한 일이 있다(그 원본이 대한민국 역사박물관에 소장되어 있다). 이걸 보면 미 군부는 이미 한국 진주의 가능성을 예견한 것 같다. 그러면서도 카이로 선언의 진의를 의심할 만큼 군정실시의 준비는 거의 없었던 것 같다.

카이로 선언의 기본원칙은 1945년 7월의 포츠담 회담에서 트루먼, 처칠, 장제스가 재확인한바 있으며, 그에 앞서 1945년 2월의 얄타 회담에서는 소련의 대일 참전이 공식으로 합의된바 있었으니 한국의 국토분단은 그때 이미 운명지어졌다 할 것이다.

실제로 1945년 8월 9일 일본이 어전회의에서 카이로 선언을 받아들이기로, 즉 무조건 항복하기로 결정했는데 공교롭게도 미국은 그 직전에 얄타 합의에 근거하여 소련에 참전할 것을 요구했고 이에 따라 소련은 8월 8일 대일 선전 포고와 동시에 한반도에 동북 방면부터 진주하여 해방 이틀 전인 8월 13일에는 이미 북한의 웅기, 나진을 거쳐 급속도로 남하하고 있었다. 한국의 입장에서 봤을 때 이는 참으로 안타까운 미국의 실책이라 할 것이다. 민족분단의 불운의 씨앗이 심어진 것이었다.

이에 당황한 미국은 그때서야 국무성·국방성·해군성 조정위원회(SWNCC)에서 제안한 38선 분할점령안을 8월 17일 스탈린의 동의를 얻어 9월 3일 연합군 최고사령부 포고령 제1호로 발표하였다. 이에 맞추어 태평양 미육군 총사령부 포고 제1호가 9월 7일 맥아더장군 명의로 발표되었는데 미 육군이 "38선 이남의 한국지역을 점령하고 군정을 실시할 것이며 모든 행정권을 장악한다."는 요지의 내용이었다.

이에 따라 이틀 후인 9월 9일 하지(Hodge)중장 지휘하에 미24군단이 인천에 상륙하였다.

IV. 미·소 군정은 어떻게 달랐는가

미군보다 약 한 달이나 앞서 진주한 소련 군정하의 평양시민들은 소련군(사령관 치스차코프 대장)에 의해서 흔히 시계를 약탈당했다 하며 소련군 병사의 왼팔에는 손목에서부터 팔꿈치까지 시계로 가득 채웠다는 소문과 함께 여인네들이 소련병사에 의해서 겁탈당하는 일이 자주 있었다 하여 우리 집에서도 흑인 미군병사가 두려워 얼마동안은 누님들의 외출을 금지시킨 일까지 있었다. 뒤늦게 미군이 진주했는데 소련군과 크게 비교가 될 정도였다.

껌과 초콜릿을 신기하게 바라보는 가난하고 어린 애들 앞에 그것들을 던져주던 미군 병사들의 모습이 지금도 부끄러운 기억으로 뇌리에 남아 있다. 초근목피로 끼니를 때우고 보릿고개엔 아사자가 생겨나는 당시 이 땅의 상황에서, 평균수명 45세에 일인당 국민소득 몇 십 불에 불과했던 최빈국 한국인에게 미군들이 보여준 풍요로운 모습은 오직 선망과 경이의 대상이었을 뿐이었다.

그러나 우리 입장에서 보았을 때 전승국 군대로서 미군은 소련 진주군에 비하여 세 가지 점에서 실책을 범했다. 하나는 소련군이 일찌감치 일본군 격퇴와 조선민족 해방의 명분으로 진주하였음에 반하여 미군은 한 달이나 뒤늦게 그것도 일본군이 항복하고도 여세를 부리고 있을 즈음 점령군의 명목으로 SCAP 포고령 1호를 등에 업고 통치권자로 입성했다는 사실이다. 토착인에게 각인된 첫인상의 차이다.

해방에서 미군진주까지의 권력의 공백 근 1개월간 이 땅의 청년 학도들이 치안을 맡기는 했으나 일본경찰은 여전히 말기적 저항 속에 경찰서에 포진하고 있었다. 양자 간의 충돌에서 사상자가 생겨나기도 했으며 그중에는 연세대 뒷동산에 안장된 청년들도 있다. 그들은 여운형의 건국준비위원회 산하의 건국청년치안대(그 총사령부가 안국동 네거리 풍문여고 자리에 있었다) 소속이였는데 성북경찰서 접수과정에서 일경의 총에 맞은 대학생들이었다. 관공서의 일장기가 미국성조기로 바뀐 것도 9월 9일에야 가능했으니 지각 행정이라 할 만하다. 이것은 미군의 정치 전략적 실책이다.

두 번째는 소련군은 진주와 함께 38선 이북전역에 임시 인민위원회를 설치하여 비록 수렴청정을 했을망정 해방된 현지인에 의한 자치를 표방하였다. 그러나 미군은 "당분간 군정을 실시할 것이며 어떠한 정권의 참칭도 용납할 수 없다."고 선언하면서 토착인들이 존중하고 의지하고 있던 김구의 대한민국 임시정부도, 여운형의 조선인민공화국도 모두 부인하면서 미군정 당국의 통치체제를 갖추어 나갔다. 오직 1945년 11월로 예정된 일본 본토공격만 준비하고 있다가 갑자기 한국으로 진주하게 된 하지 장군을 비롯한 미 군정 당국자들이었다.

워낙 한국사정에 어두운지라 각 부서의 통역관들이 미군정 정책과 구체적인 이익배분 특히 적산가옥 처분에 막대한 영향을 미쳤다. 그래서 그 시대를 세상에서는 통역정치의 시대로 일컫기도 했다. 그러나 군정이 정착되어 가면서 과도기적이긴 했으나 한국인에 의한 민주의원·입법의원 등이 세워졌고 안재홍 민정장관, 유억겸 문교부장 등의 현지인들이 등용되기도 했다. 당시 경기도 도지사는 루드워트 중령이었다. 세 번째는 소련군은 진주와 동시에 1937년 6월 4일 보천보전투를 이끌었다는 동북항일연군 소속 김일성을 앞세워 임시 인민위원회라는 이름으로 일사불란한 권력체제를 구축해 나아갔다. 그러나 미군정은 오로지 미군에 의한 미군의 정권을 구축하였으나 현지사정에 어두울 뿐만 아니라 토착세력들의 좌우익투쟁 속에서 우왕좌왕 하였다. 그래서 항간에는 "미국을 믿지 말고 소련에 속지 말자. 일본은 일어선다."라고 하는 유행어가 주문처럼 위력을 갖고 나돌았다. 나도 집에서 직접 들었던 기억이 난다. 정치적·사회적 불안은 날이 갈수록 증폭될 수밖에 없었다.

그러한 정치적 격랑 속에서 우왕좌왕하며 우유부단했던 미군정을 두고 시중에서는 "주한사령관 하지 중장은 아무 중심도 없이 누구의 말에나 "하지, 하지, 그렇게 하지." 하고 있고, 군정장관 러치 장군은 언제나 "그러치, 그러치, 러치." 하니 이는 그들이 군정 실시에 관한 기본 정책과 철학도 없거니와 조선에 대해서 아무것도 모른다는 것을 야유한 조선인들의 성명 철학적 비아냥거림이었다.

그도 그럴 것이 미육군 제24군단은 6·7·40사단의 3개 사단으로 구성되어 있었는데 전쟁말기에 오키나와에 상륙하여 주둔하고 있던 부대였다. 그들이 한국에 주둔하여 군정을 실시하게 된 것은 소련군의 조선반도 선제 진주에 당황한 미국정부로서 미국의 해외주둔군 중 조선반도와 거리가 제일 가까운 부대를 선발하는 것 외에는 다른 방법이 없었기 때문이었던 것 같다. 실제 한국통치의 준비가 전혀 안 되어 있었고 그만큼 무지했던 것이 사실이다.

다만 군정에 직접 참여하는 행정요원에 한해서 미군 민사훈련처에서 단 한 시간 한국에 관한 강의를 들었을 뿐이라는 것이다. 하지 사령관도 자기들을 환영하러 나온 한국인들을 저항하는 군중으로 오해하기도 했다. 식량행정처장 스탑 소령은 조선의 식량부족상태가 심각해지자 사과와 채소로 보충하라는 담화를 발표하여 한국인의 실소와 흥분을 자아내기도 했다.

뿐만 아니라 해방공간의 정치적·사회적 혼란 속에서 갈피를 못 잡은 하지 사령관은 초기에 당분간 일본의 조선총독부 기구를 존속시키고 일본 관료들의 보조를 받겠다는 뜻을 공개적으로 밝히기도 했다.

그만큼 조선인의 반일 정서에 무지한 군인이었다. 그것이 바로 하지의 9월 선언이다. 조선총독부 국기게양대에 미 성조기가 올라간 것이 1945년 9월 9일인데 다른 쪽에 태극기가 게양된 것은 1946년 1월 1일임을 봐서도 짐작할 수 있다.

미군정청 민사행정처가 이 땅에 도착한 것이 미군 진주 후 5주 만의 일이었으니 얼마나 군정실시의 사전 준비가 안 되었는지 알만하다. 소련군이 북한에서 취했던 초기의 대응책과 너무나 대조적이었다. 자그마치 종전 1년 8개월 전 카이로에서 전후문제를 논의했던 당사국의 하나였던 미합중국의 군대였다고는 믿어지지 않는다.

그 밖에도 태프트─가쓰라 밀약(1905)으로 을사늑약과 경술국치의 길을 터준 일, 한국을 미국의 극동방위선에서 제외한다고 선언(1950.1.12. 애치슨 선언)하고 미군을 철수함으로서 북의 오판과 6·25 남침의 길을 터준 일도 미국의 커다란 실책이었다고 아니할 수 없다.

그러나 소련은 공산당 우위체제이여서 군도 당의 정치 전략적 지휘를 받았던 것이 사실이다. 모든 기관에서 부지휘관은 당에서 파견된 정치장교임을 봐서도 알 수 있다. 미국 정치체제하에서는 상상도 할 수 없는 일이다. 이러한 양국의 차이가 김일성 한 사람을 앞세우고 세계 공산화 전략의 일환으로 조선반도 적화전략을 전개해 나가던 소련과는 반대로 미국 측은 국내 정치주역들을 불신하고 그들과 힘의 각축을 벌이는 큰 차이를 빚어냈다.

V. 해방정국, 좌우익 대결과 주역들

38선 이남의 해방정국엔 좌우익 세력의 대립 또한 격심했다. 피차간에 반목과 위협이 계속되었으며 테러가 자행되었다. 3·1절과 8·15 광복절에는 으레 좌익은 남산에서, 우익은 서울운동장에서 각각 기념식을 거행하면서 기세를 올렸다. 행사가 끝나면 어김없이 각각 대오를 정비하고 위세를 과시하면서 서울 시내를 누볐다. 양 시위대의 조우와 충돌은 말할 것도 없고 때로는 사상자가 발생했다. 학생들 사이에서도 좌우익 충돌과 폭력의 행사는 학교 안에서 뿐만 아니라 학교에 오가는 길목에서도 있었다. 각처에 산재해있는 우익의 전국학생총연맹(1946.1.7. 결성)과 좌익의 대학생행동통일촉성회(1946.1.9. 결성)의 지부 사무실 앞을 지나게 되면 일반 학생들은 고도로 긴장했다. 결코 즐겁지 아니한 등하교 길이었다.

내가 다니던 중학교는 서울 종로구 청운동에 있는데 집은 아득히 먼 성북구 성북동 이었다. 그 길을 5년간 거의 매일 걸어 다녔다. 물론 중간쯤(종로4가)에서 전차신세를 진일도 있었다. 나는 주로 두 개의 등하교 길을 애용했다. 하나는 중앙청, 원남동, 혜화동을 지나는 길이며, 다른 하나는 세종로, 종로통을 거쳐 종로4가에서 전차로 가는 길이다. 그러다보니 해방정국의 주요거점을 고루 눈여겨보며 지나가는 일이 흔해졌다.

우선 안국동 네거리를 지나노라면 오른쪽 모퉁이에 그 근처에서 제일 큰 고층건물(3~4층?)이 있었다. 붉은색으로 유리창을 가린 으스스한 건물의 간판은 조선인민당이었다. 조선인민당의 결성 배경은 이러하다.

원래 건국동맹(1944)의 여운형(1886~1947)위원장이 조선총독부의 엔도 정무총감과의 밀담 후 갑자기 건국동맹을 건국준비위원회(건준)로 개편하였는데 건준의 발족 선언문과 강령에는 ① 독립국가 건설, ② 민주주의 정부수립, ③ 대중생활의 확보가 그 목표로 천명되었다. 그러나 미군의 진주(1945.9.9.)가 눈앞에 닥치자 그들은 다시 급하게 건준을 중심으로 해서 조선 인민공화국(9·6)을 수립·선포하였다. 주석에 이승만, 부주석에 여운형, 국무총리에 공산당의 허헌을 앉히고

55명의 인민위원에는 김구, 김성수, 김일성, 김병로, 신익희, 조만식, 김원봉, 이강국 등 좌우익을 망라하였으며 그중에는 박헌영의 재건파 조선공산당 소속이 22명이었다. 후보위원 20명 중에는 김준연, 황태성 등, 그리고 고문에는 이시영(대한민국 초대 부통령), 홍명희, 오세창 등의 원로가 포함되어 있었다.

그러나 대부분 본인이 연락도 못 받은 상태에서 발표된 일이었다. 후일 본인들의 다수가 이를 거부하기도 했지만 미군정이 원칙적으로 이를 인정 안함(1945.10.10. 미군정장관 아놀드 소장 발표)에 따라 모두가 물거품이 되고 말았다. 그러나 여운형을 포함한 조선 인민공화국의 핵심세력이 조선인민당으로 재출발하였던 것이다.

여운형 자신이 고려공산당 상해지부에 입당(1920)한 일이 있기는 했으나 그의 주변에는 조선공산당의 세작들과 주요 인물들이 붙어있어 그를 더욱 좌클릭으로 밀어붙였던 것으로 보인다. 박헌영과 허헌이 그 대표적 인물이다. 일찍이 건준 부위원장이었던 민족진영의 민세 안재홍이 사퇴했을 때 그 자리를 즉각 허헌으로 보충한 것도 그래서였다. 박헌영은 1925년 4월 17일 비밀리에 조선공산당을 결성한 김재봉의 후속세력으로서 지하운동 끝에 1945년 8월 20일 조선공산당을 재건하고 표면에 나와 허헌과 함께 여운형의 뒤를 밀어주었다. 어쨌든 해방공간 초기에 비록 짧은 기간이기는 했으나 몽양 여운형이 안국동 네거리에 둥지를 틀고 해방공간의 한국정치를 주름잡았던 것이 사실이다. 적어도 그가 암살된 1947년까지는 그러했다.

안국동 조선인민당 당사에서 엇비슷하게 큰 길 건너를 보면 북촌으로 뚫린 골목길(지금의 윤보선로)이 있다. 그 안쪽에 해위 윤보선 댁이 있었는데 그 집이 바로 한국국민당을 거쳐 한국민주당이 만들어진 산실이라 해도 과언이 아니다.

한국민주당은 호남세력의 대표적 인물인 인촌 김성수를 맹주로

하는 보수우파의 집결체로서 송진우, 장덕수, 김준연 등의 걸출한 인
재들이 포진하고 있었다. 윤보선은 물론이고 미군정하의 경무부장 조
병옥, 문교부장 유억겸, 농상부장 이훈구 등이 함께했다. 같은 계열의
이묘묵은 가장 유력한 통역이었고 고문도 대부분 한민당 계열이었는
데 이들이 한때는 미군정의 가장 유력한 정치 파트너였다.

　한민당은 건준 중심의 좌파세력이 조기에 조선인민공화국을 세
우고 정권실세를 장악코자 했던 움직임에 제동을 걸고 나섰다. 그 작
업이 주로 이루어진 곳이 안국동 네거리 북촌길속의 해위댁 이었던
것이다. 아직도 그곳(안국동 8번지)에는 장남이 대를 이어 거주하고 있
다. 나는 등하교 길에 그 근처를 지나다니기는 했어도 그 집이 해방공
간의 역사적 현장인 것을 그때는 알지 못했다. 한민당은 친일반민족
세력을 포용하고 있다는 일부 국민의 비난을 받기도 했으나 "대한민
국 임시정부 귀국환영 국민대회 준비 위원회" 설립을 발표하면서 중
경에서 돌아올 임시정부를 거부하는 여운형, 박헌영 세력을 향하여
포문을 열었던 것이다. 이로서 임정에 대한 찬반세력의 대립구도가
형성되었다.

　왜 그런 모양의 대립 구도가 생겼을까? 태평양 전쟁의 종전 직전
조선총독부는 전후 재조선 일본인의 안전보장책의 일환으로 국내 거
주 실력자와 접촉하였다. 그 첫 대상이 고하 송진우, 그 다음이 몽양
여운형이었다. 고하는 일언지하에 거절했고 몽양은 조건부로 수락했
다. 고하(1890~1945)는 인촌 김성수 등과 함께 호남의 지주출신의 지
도급인사로서 민족 교육(중앙학교 교장)과 민족 언론(동아일보 주필·사
장·고문)에 주력하면서 서재필, 현상윤, 정인보 동과 함께 평생을 광
복의 그날에 대비했다.

　한편 몽양(1886~1947)은 1918년 상해에서 신한청년단을 조직하
고 이듬해 3월 임시정부 임시의정원 의원을 역임하고 1920년에는 소

련 공산당에 가입하더니 1924년에는 중국 국민당에 가입하였다. 1944년 가을에는 그의 고향인 경기도 양평 용문산에 농민동맹을, 그리고 서울에 건국동맹을 비밀리에 조직하였다. 불과 1년 만에 건국동맹의 비밀 맹원이 2만 명이 되었다 하니 그의 능력과 그에 대한 대중의 여망을 짐작할 만하다. 조선총독부가 가히 주목할 만한 인물이었다. 그는 정치적으로 영국노동당의 좌파노선을 지향한다고 했으나 그의 조직에는 언제나 조선공산당 극좌세력이 개입되어 보수우파 세력을 자극하였다.

그런 상황 속에서 한민당이 내세울 수 있는 유력한 대항마는 상해 임시정부 세력이었고 또한 임정에서 대통령, 주석, 국무총리, 집정관 총재 등을 역임하고 미주(하와이)대한국민회의를 장악하고 있던 우남 이승만 뿐이었다. 그래서 그들이 조직한 것이 "대한민국 임시정부 귀국환영 국민대회"이었으니 좌우 양대 세력의 각축전이 벌어질 수밖에 없었다. 거기에 미 군정이 주동하여 김규식·여운형 등을 앞세운 좌우합작운동이 있었는데 그 이후 여운형의 조선인민당에서 일부좌파가 이탈하여 조선공산당, 남조선신민당과 연합하여 남로당(남조선 노동당)을 결성하였다. 이렇게 해서 해방정국에 삼각 대결구도가 생겨났던 것이다.

그러나 찬반탁 투쟁 과정을 거치면서 이번에는 이승만이 한민당 세력권에서 이탈하여 독촉국민회를 결성하면서 해방공간의 정치권은 드디어 사각 대결구도로 바뀌게 된 것이다.

계속해서 나의 하교 길을 보자. 안국동 로터리에서 10분도 채 못 가서 좌측에 중앙학교로 올라가는 계동 골목이 있다. 그 안쪽에 앞에서 언급했던 해방 직후의 정치주역 몽양 여운형의 자택이 있었다. 나는 목격은 못했으나 들었던 바에 의하면 비록 한때나마 몽양을 따르는 시민들로 그 길이 매우 북적거렸고 떡을 만들어 머리에 이고 찾아드는 부인들도 꽤 있었다고 한다. 몽양의 카리스마는 나도 인정한다. 그의 외모와 연설에 빨려 들어간 경험을 내가 직접 했기 때문이다.

경우에 따라 나는 종로 길을 거쳐 하교한 일도 많았다. 종로네거리, 당시의 친일기업가 박흥식의 화신백화점(지금의 종로타워 자리) 건너편 건물(당시 이름: 한청빌딩)의 2층에 있는 「사회당」, 「삼균주의 학생동맹」이라는 두 간판이 자주 나의 시선을 끌었고, 그래서 지금도 선명하게 기억에 남아 있다.

삼균주의는 손문의 삼민주의에서 영감을 받은 것 같은데, 정치 · 경제 · 교육의 균등화를 주장하는 사상으로 그 창설자는 임정 요인 조소앙(1987~1958)이었다. 소앙은 그의 호요, 본명은 용은이다. 1919년 4월 10일 상해 임시의정원 구성은 조소앙의 제안이었고 내각구성에서는 이승만을 국무총리로 추대하고 자신은 국무원비서장에 취임하였다. 그는 다음날(4.11) 임시정부를 출범시킨 주역이기도 하다. 그는 우남 이승만을 철저하게 모셨다.

기록에 의하면 1925년 3월 국제연맹에 제출한 위임통치 청원 건으로 이승만이 탄핵되자 그에게 "무사 기십인을 지휘하여…" 하면서 임시정부에 대한 쿠데타를 제안하기도 했다는 설이 있다. 그날도 5월 16일이었다.

그 후에는 김구 · 이동영 · 이시영 등의 지도부를 설득시켜 1929년 한국독립당을 결성하더니 1940년에는 한독당을 재건하고 자신은 중앙집행위원회 부위원장에 취임하였다. 1946년 귀국한 후 백범 밑에서 부위원장으로 재 취임하였다. 그러면서도 우남 이승만이 대미외교 교섭차 도미할 때에는 백범 김구를 앞세우고 「이승만 박사 외교사절 후원회」를 조직하여 적극적으로 우남의 외교자금 모금에 나서는 등 우남을 추종하는 행보를 이어갔다. 그러면서도 1948년 4월 이승만의 반대를 뿌리치고 김구, 김규식 등과 함께 남북 협상차 평양의 「전조선제 정당 사회단체 대표자 연석회의」에 참석하였다. 결과는 빈손이었다. 이에 대해 그가 남긴 말은 "이번 방북 길은 완전히 실패다. 우리가 완전히 모욕당하고 들러리를 섰다."였다.

그 후 그는 김구와 결별, 한독당을 버리고 백홍균, 조시원, 양우조 등과 사회당을 창당하였다. 「삼균주의 학생동맹」은 그 직전에 창립되어 종로통 같은 건물에 나란히 두 간판이 붙어 있어 어린 나의 눈길을 끌었던 것이다.

임정요인 대부분이 그러했듯이 조소앙도 단독정부 반대라는 명분으로 1948년 5월 10일의 제헌선거를 거부했다. 그랬으나 앞에서 말한 대로 김구와 함께 평양대회에 참석한 후에는 이승만의 단독정부 노선에 동참하게 되었다. 김구와의 결정적인 결별이었다.

그가 1950년 제2대 국회의원 선거에 입후보한 것도 그래서였다. 임정에서 풀려나와 독자노선을 걷겠다는 의지였다. 지역구는 성북구였다. 이 선거전은 전 국민의 관심사라 할 만했다. 경합 상대가 한민당의 유석 조병옥이었기 때문이다. 조병옥은 미국 유학생 출신으로 삶의 모든 영역에서 조소앙과 대조적이었다. 어느 날 성북구 삼선동에 있는 한성여고(지금의 한성대학교) 교정에서 합동연설회가 열렸다. 나는 중학교 4학년 때지만 미리 가서 한복판에 자리잡고 앉았었다.

조병옥은 미군정하에서 경무부장을 지내면서 1948년의 제헌의회 선거를 성공적으로 시행할 수 있도록 치안을 확보한 공로자이다. 실제로 제헌의회 선거(1948.5.10.)에서 경찰 51명과 공무원 11명, 계 62명이 단정 반대 세력에 의해서 살해당했으며 수백의 관공서가 피습을 당했다. 이처럼 조국분단의 영속화라며 처절하게 반대하는 박헌영 휘하의 남로당 진영의 위협과 방해 그리고 임정세력의 반대에도 불구하고 전국 평균 95.5%의 투표율을 올리고 질서유지에 성공했다 하여 유엔 감시위원단의 긍정적인 평가를 받아낸 당대의 실력가였다. 반면에 경쟁자 조소앙은 1926년에 이미 대한민국 임시정부에서 외무총장, 학무총장을 지냈던 독립운동의 거목이었고 한독당 부위원장 출신의 임정 선발주자인 셈이었다.

그날 조병옥은 유세장에 검은 양복에 나비넥타이를 매고 나타났다. 세계지도를 앞에 걸어 놓고 작금의 세계정세와 소련의 적화 야욕을 주 내용으로 하는 연설을 시작했다. 대학 강의 수준이다. 그러나 조소앙은 흰 두루마기에 흰 고무신, 그리고 원고 없이 헌법조항을 들먹이며 즉석연설로 청중의 가슴에 파고들었다. 1급 수준의 정치연설이었다. 청중은 열광하였다. 박수부대의 동원과 배치전략도 대조적이었다. 지금 생각해 봐도 그건 프로와 아마추어의 대결이었다.

나는 지금도 그 내용과 현장 상황을 가끔 인용한다. 어린 나였지만 투표결과를 현장에서 예측할 수 있었다. 왜냐하면 그게 마지막 날의 유세대결이었기 때문이다. 그러나 그날 밤 돌발사태가 벌어졌다. 시간상 회복할 수도 없는 심야이었다. 조병옥 전 경무부장 측의 경찰 병력이 야밤중에 조소앙을 납치해 가는 바람에 조소앙 후보의 행방을 알 수 없다는 흑색선전이 내가 살던 성북동 일대에 나돌아 유권자를 흥분시켰다. 나는 아직 어려서 투표권은 없었으나 나도 흥분하지 않을 수 없었다. 비록 마타도어였기는 했으나 조병옥 측에서는 진실을 회복할 시간, 사실을 확인하고 유권자의 오해를 풀어줄 시간적 여유가 없었다. 절묘한 선거 전략이었다. 개표결과는 불문가지다. 조소앙이 전국의 지역구 선거에서 최다득표자로 올라섰다. 조병옥 후보와의 표차도 압도적이었다.

조소앙의 자택은 성북구 삼선교 전차 정류장(상행선) 뒷길에 있었으나 제법 큰 한옥이었다. 나는 그 당시에 그 집 앞을 여러 차례 지나다닌 일이 있었다. 언제나 조용했다. 그런데 후일 알고 보니 여러 젊은이들이 그 집에 동거하고 있었는데 그들이 공산당 프락치였던 것을 주인 조소앙은 전혀 모르고 그저 충성스런 추종자로 여겼다는 것이다. 이것이 65년 전 6 · 25 직전 내가 몸으로 겪은 해방공간 한국정치의 현실이었다.

VI. 찬반탁 투쟁과 테러리즘

미국 · 영국 · 소련의 모스크바 삼상회의(1945.12.27.) 결과를 놓고 즉각적으로 전 국민이 신탁통치 결사반대를 외쳤다. 좌우익 구분이 없었다. 정치권도 모처럼 하나가 되었다. 그러나 며칠 지나자 좌익이 신탁통치 찬성으로 돌변하였다. 우익은 여전히 반대 입장을 고수하였다. 김구 영도하의 신탁통치반대 국민총동원위원회와 이승만의 독립촉성중앙협의회가 통합하여 대한독립촉성국민회를 결성하였다. 1946년 12월 관선의원 45명과 민선(간선) 45명으로 출범한 남조선 과도 입법의원도 1947년 1월 20일 반탁결의안을 통과시켰다.

결국 1947년 10월 모스크바 삼상회의 신탁통치 안은 폐기되고 한국문제가 UN으로 이관되었다. 우리사회의 좌우익 양분법적 대결 구도는 더욱 심각하게 첨예화 되었다. 한국의 현대정치사회를 양극화, 극한대결, 폭력난무, 암살빈발의 정치풍토로 만들어나갔다. 송진우(1945.12.30.), 이승만(1946.9.12.), 조병옥(1946.10.16.), 장택상(1947.6.17.), 여운형(1947.7.19.), 장덕수(1947.12.2.), 김구(1949.6.24.) 등이 해방공간에서 암살되었거나 또는 다행히도 위기를 겨우 모면하였다.

그중에서 내가 직접 현장을 목격한 것은 몽양 여운형의 권총피살 사건이다. 1947년 7월 19일 한낮, 때마침 학기말 시험을 끝내고 일찍 귀가하면서 혜화동 로터리 전차 정류장에서 하차하는 순간이었다. 몽양은 바로 그 로터리를 검정색 승용차를 타고 도는 순간 저격당한 것이었다. 자택이 그 근처였다. 그는 좌우익이 강력히 반대하는 좌우합작을 추진했다. 그날도 그와 관련해서 미 군정 당국자를 만나러 가는 길이었던 것 같다. 저격범은 혜화동 파출소 뒤 성북동 언덕길로 도주하였고 몽양은 가장 근접한 서울대병원으로 이송되었으며 잠시 후 장택상 수도경찰청장이 현장에 도착하여 지휘하는 모습을 볼 수 있었다.

단구의 장택상은 초면이었으나 몽양을 나는 그전에도 뵌 일이 있었다. 1946년 중학교 1학년 때의 겨울방학에 창경원 연지당에서 열린 조선 전국소년 빙상대회에서 몽양의 영웅적인 외모와 명연설에 매료되었던 적이 있었다. 조선체육회장 자격으로 참석한 것 같다. 몽양의 피격현장을 거의 간발의 시차를 두고 바라보게 된 중학교 2학년의 어린 소년으로서는 큰 충격이었다.

몽양은 해방공간에서 가장 먼저 출현한 정치주역이었다. 농민동맹, 건국동맹, 건국준비위원회, 근로인민당, 조선인민당의 창시자였으며 특히 서울에서 남북한을 어우르는 조선 인민공화국을 설계하고 조각했던 인물이었다. 애당초에 몽양은 일본유학을 마치고 상해에서 고려공산당 활동에 참여했다가 상해 임정세력과의 마찰과 대립이 있었다. 일본경찰에 체포되어 강제 송환되면서 국내에서 독립운동을 조직하였다. 그는 자칭 기독교신자이면서 경제적으로는 맑시스트이었으며 독립운동에서는 민족주의 노선을 견지했다. 그가 건준을 구성하고 인공을 조각하면서 이승만을 주석 또는 대통령으로 추대했던 내용을 살펴보면 그의 좌우합작 중간노선에 대한 의욕을 확인할 수 있다.

최초의 조각 내용이 적힌 벽보를 해방 직후에 피난지였던 시골의 장터에서 본 기억이 새롭다. 조선총독부의 엔도 류사꾸 정무총감의 조선통치권 인수교섭도 수락한 그였다. 이 점에서 그는 동일한 교섭을 단호히 거부한 송진우와 대조된다. 송진우는 "타국의 주권을 찬탈한 도둑이 경찰이 온다는 소리를 들었으면 훔친 물건을 제자리에 놓고 몰래 도망갈 일이지 주인을 앞에 불러 놓고 조건을 제시하면서 인수여부를 흥정할 수는 없는 법"이라면서 엔도를 꾸짖었다. 이치상으로는 송진우의 말이 옳았다고 여겨진다. 그의 기개는 존경할 만하다.

그러나 현실은 너무나 급박했다. 그래서 몽양은 별 실속 없는 조건이나마 내걸고 이를 수락한 것 같다. 몽양은 모스크바 삼상회의 의결에 따라 조선의 신탁통치안의 구현을 위한 미소공동위원회와 협의하고 좌우합작운동까지 추진하던 꿈과 현실을 동시에 쫓는 정치인이었다. 그 점에서 현실인식 방법에서 무자비할 만큼 엄혹했던 이승만과는 거리가 멀었다.

VII. 이승만의 단독정부 수립안이 분단고착화의 원인인가

일부에서는 우남 이승만이 남한 단독정부수립을 추진하였다 하여 그를 남북분단 고착화의 원인제공자로 규탄하고 있다. 그들은 1946년 6월 3일 이승만의 정읍발언을 그런 비난의 근거로 삼고 있다.

그러나 이승만은 당시 진행 중인 국내외의 정치상황이 자칫 남북한 전체의 공산화를 초래할 것이라는 비관적 전망에서 남한만이라도 단독정부를 수립함으로서 한반도 전체의 공산화를 방지해야겠다고 판단했던 것 같다. 미군정을 불신하였기 때문에 더욱 그랬을 것 같다. 올바른 정치 비평가가 있다면 도리어 미소공동위원회의 결렬(1947.5.)을 지켜본 국제연합이 미국 조지 마셜 국무장관의 요구(1947.9.17.)를 받아들여 유엔이 총회의 결의에 따라 1948년 1월 한반도 총선거를 통한 통일국가수립을 목적으로 유엔 한국임시위원단을 파견했을 때 그들의 입북을 거부한 북한 측에 분단고착화의 책임을 물었어야 옳다.

북한이 남한처럼 유엔의 제안을 수락하고 남북한이 동시 선거를 통해서 통일 한국의 기회를 활용했더라면 하는 아쉬움을 지을 수 없다. 소련 측이 그 위원단의 입북을 거부함으로 인해 유엔은 1948년 2

월 26일 소총회를 열어 정 그렇다면 "가능한 지역에서만이라도 총선
거를 실시하여 자유롭고 민주적인 독립정부를 수립"토록 결정함으로
써 종내에는 1948년 8월 15일 남한 단독정부가 대한민국의 이름으로
탄생케 된 것이다.

그 후 대한민국은 제3차 유엔총회에서 공식적으로 승인을 받았
으며 1950년 3월까지 26개국이 추가로 승인하였다. 이로서 국가성립
의 삼요소와 국제사회의 승인을 받음으로서 대한민국 수립이 비로소
완결된 것이다.

내 기억에는 이 과정에서 유엔임시위원 단장을 맡은 인도 대표
메논 박사의 역할이 컸으며 그를 설득시킨 최대공로자는 이승만의 신
임이 두터웠던 당대의 여류시인 모윤숙이었다는 정평이 그 당시의 장
안에 자자하였다.

그로부터 24일후인 1948년 9월 9일 기다렸다는 듯이 북한에 조
선민주주의 인민공화국이 선포되었다. 그러나 북한 측은 1946년 2월
부터 철저하게 주민통치를 시행해왔기 때문에, 그리고 1947년 2월에
는 종전의 임시인민위원회에서 "임시"의 두 글자를 삭제하기는 했으
나 실제로는 1946년 2월에 이미 북한의 단독정부수립이 기정사실화
되었다고 보아야 할 것이다. 그러므로 조선민주주의 인민공화국 선포
(1948.9.9.)는 북조선 인민위원회의 통치체제를 공식적인 국가체제로
형태만 전환시켰을 뿐이다.

따라서 한반도의 분단고착화와 단독정부수립의 책임을 국내외의
진행상황과 환경적 요인을 고려함 없이 단순히 이승만의 정읍발언에
서 찾는 것은 북한의 정치 전략적 일정추진을 고려해볼 때 그 인과관
계가 성립되지 않는다.

소련군은 종전 직후부터 북조선노동당 중심의 임시인민위원회를
북조선 전역에 조직화하고 김일성의 배후에서 수렴청정에 들어갔다는

것을 이승만은 일찌감치 간파하였다. 덧붙여 그는 전후의 공산주의 세계전략을 파악하고 있었다. 그러므로 시간적으로 불안하고 초조했던 이승만은 자신의 정읍발언에서 "정 안된다면 남한만이라도…." 라는 단서를 붙인 것이었다. 유엔 총회가 남북한 동시 선거를 의결했으나 북한의 거부로 좌절되었고 부득이 유엔 소총회가 다시 남한만의 총선을 의결하고 감독자의 역할을 자임했기 때문에 대한민국 정부가 세워졌고 총회는 성공적인 정부수립을 승인하는 의결(48:6, 1948.12.12.)을 하기에 이르렀다. 따라서 이를 두고 이승만을 분단고착화의 원흉으로 비난하는 것보다는 도리어 소련 측의 전 국토 적화야욕 앞에서 이승만의 예견과 결단이 국제 사회의 판단과 결합되어 남쪽 반이나마 소련의 공산화 전략에서 구출했다고 보는 관측이 합리적이다 할 것이다.

VIII. 해방공간에 정치집단이 분출되다

해방정국의 정치적 난맥과 혼란은 이루 말로 다할 수 없었다. 해방과 함께 마치 오랜 휴화산이 갑자기 활화산이 된 것처럼 그리고 우후죽순처럼 많은 정당·단체가 생겨나기 시작했다. 1945년 9월 17일 하지 사령관은 그 수가 무려 70여 개라고 발표한바 있다. 그러나 9개월 후인 1946년 6월 미군정청 공보국과 각 도청에 등록된 정당·단체 수는 107개에 달했으며 이것이 1947년에는 344개로 늘어났다는 것이 미군정청의 공식집계이었다.

1946년 7월 미소공동위원회에 협의대상 정당·단체로 신청코자 등록한 정당·단체 중에서 미국 측이 인정한 것은 놀랍게도 422개이었다. 이때 북한 정당·단체는 불과 38개가 등록되어 있었다. 놀라운 대조다. 이것만 봐도 남북한 체제의 속성을 비교할 수 있다. 그러나 나는 이것을 당시의 한국적 특수상황이며 생태학적 현상이라고 보고 있다. 나는 이러한 현상의 원인이 과거에 있다고 보기 때문이다. 즉, 일시적 화산분출현상 일뿐이라는 것이다. 그런 현상을 놓고 한국인의 분파주의적 국민성 운운하면서 스스로 폄하할 일은 아니다. 실제로 제헌국회 선거등록 때는 48개 정당이 입후보자를 냈다. 참고로 그 당시의 정당명을 보면, 여자국민당, 건왕당, 대한신민(백성)당, 민일당, 군일당, 삼일당, 성민당 등 그리고 비정당적 명칭(구락부, 전선, 동지회 등)을 띄고 있는 정치단체가 부지기수였다.

그러나 점진적으로 그 수가 감소되고 세월이 흐름에 따라 한국에 는 양당제 현상 심지어 자유당정권 말기에는 일당 우월체제, 즉 1.5당 현상이 나타났던 것을 봐서도 정치집단의 분출은 일시적인 활화산 현 상임을 알 수 있다.

그러나 이러한 정치집단 분출현상을 보고 이승만은 귀국일성으로 "뭉치면 살고 흩어지면 죽는다."는 유명한 미국격언(United we stand, devided we fall)을 인용하면서 전 민족의 대동단결을 주창했다. 한편 장제스의 도움을 받아 상해에서 미군기로 귀국한 김구도 비록 개인자 격으로 돌아오기는 하였으나 스스로 민족분단을 극복하고 통일국가 건설을 우리가 당면한 최급선 과제로 제시하고 "이를 위해서라면 불 속이나 물속이라도 들어가겠노라."고 충정을 토로하기도 하였다. 그러 나 김규식이 지적한대로 국내정치운동의 지리멸렬함이 한반도의 열악 한 국제정치적 환경 때문에 가일층 악화되어 남북간, 그리고 정치 세 력간 대동단결의 노력을 수포로 만들고 있었다.

그 끝에 이승만은 독립촉성중앙협의회를 거쳐 대한독립촉성국민 회를 만들어 독자노선을 전개해 나갔던 것이다. 이때 이승만이 최측 근에 남긴 휘호 "병든 세상, 고치고 다스리겠다."(의치병세)가 당시의 그의 소명의식과 집념을 말해 주고 있는 것 같다(그 휘호는 대한민국역 사박물관에 소장되어 있다).

어찌하여 해방공간에 그처럼 많은 정당이 솟아났는가. 첫째로 정치적 식견과 경험부족 그리고 정치적 굶주림을 그 원인으로 들 수 있겠다. 정치인들이 대체로 정당과 이익단체 및 시민사회단체를 구분 못한 측면이 있었다. 이익표출구조와 이익통합구조의 개념조차 없었던 것이다. 개념상 애국시민 단체와 정당의 구분도 없었다. 우리 정치체제가 그만큼 정비가 안 되기도 했으나 그보다는 국민의 정치적 식견이 낮고 다양하고 미숙했음을 말해 주기도 한다. 거기에 더하여 당시에는 오늘날 같은 정당법이 없었고 다만 미군정법령 제55호가 있을 뿐이었다. 그 법에 의하면 "정당이란 동일한 정치적 의견 형성을 목적으로 하는 3인 이상의 결사체를 말한다." 하였으므로 누구나 쉽게 창당할 수 있었다. 바꿔 말하면 누구나 쉽게 당수가 될 수 있었다.

그래서 그 당시에 삼대 바보론이 항간에 나돌았던 것이다. 즉, 해방이 되자마자 이 땅에 미국 박사들의 존재가 알려지기 시작했다. 서재필, 이승만, 조병옥, 김도연 등 정계의 명사들이 그러했다. 국민들은 새삼스럽게 받아들였다. 동시에 중국에서 장군들이 나타나기 시작했다. 유동열, 이범석, 지청천, 신성모(제독), 이미 고인이 되셨지만 김좌진, 홍범도 등이 그렇다. 조선인 중에는 하나도 없는 줄 알았던 박사들이 미국에서 그리고 장군들이 중국에서 귀국하니까 국민들은 미국 갔다 오면 누구나 박사가 되고 중국 갔다 오면 누구나 장군이 되는 것처럼 생각했다는 놀라움과 비아냥거림이 섞인 농담이 있었다. 그때나 지금이나 미국 박사도 중국 장군도 하늘의 별따기다. 다만 국내에서 정당의 당수 되기란 해방공간에서는 별로 어려운 일이 아니었음을 강조하기 위한 농담일 뿐이었다. 당원 3인이면 족하기 때문이다. 그래서 미국 갔다 왔으면서 박사 아닌 사람, 중국 갔다 왔으면서 장군 아닌 사람, 국내에 있으면서 당수 안 된 사람을 일컬어 3대 바보라 했던 것이다.

나는 이를 그 당시에 어른들이 주고받는 동양적 과장표현이라고 지금까지 재미있게 기억하고 있다. 해방공간에 정당이 얼마나 난립했는지 실감케 해 주는 농담이다. 미소양국의 공동위원회 대표가 각각 인정한 정당·사회 단체수를 합치면 무려 460개가 되니 그럴 만도 하다 하겠다. 미군정 법령 55호는 최소한 2,200명의 등록당원을 요구하는 제3공화국의 정당법(1963.12.31. 제정)과는 하늘과 땅의 차이였다. 그러나 그 모든 것에 앞서서 한국정치문화에 제일 큰 원인이 있음을 부인할 수 없다.

미군정기간 우리는 미국의 정치문화와 생활문화에 전폭적으로 노출되었다. 이것이 한국민족의 가치관·사고방식에서 행동양태에 이르기까지 크게 변화를 유도했던 것이 사실이다. 현대화 열풍의 하나라 하겠다. 그럼에도 불구하고 한국인의 계층별, 지역별, 세대별, 쟁점별 대립에서 보여준 이 나라의 갈등문화는 아직도 상존하면서 우리 사회를 양극화시켜 놓고 있다.

IX. 한국 사회의 좌우분열

좌우익 양 진영은 한국을 일정기간 신탁통치 하기로한 모스크바 삼상회의(1945.12.30.)의 결정에 따라 찬탁과 반탁으로 갈라져 극한으로 대립하더니 점차 주제를 바꿔 남한 단독정부수립(이승만)과 남북통일정부수립의 양극으로 정국이 개편되었다. 남조선노동당의 박헌영을 필두로 하는 좌익세력이 찬탁으로 돌아섰기 때문이다.

그때는 내가 이미 중학교 2·3학년 때였는데 우리 학급은 물론 동네 우리 반도 좌우익으로 양분되어 있음을 실감했다. 동네반장은 좌익이었다. 그는 주로 송편 떡을 만들어 파는 떡집 주인이었다. 그는 어린 우리들에게 매우 험악한 인상을 남겼다. 술만 취하면 적기가를 불렀다. "… 높이 들어라. 붉은 깃발을. 그 밑에서 굳게 서리라. 비겁한 자는 갈 테면 가라. 우리들은 붉은 깃발 지킨다." 그래도 아무도 제지하지 못했다. 그 무렵 삼십대 취객이 밤에 적기가를 부르면서 성북동 파출소에 들어와 유리창과 기물을 파손 하는 난동을 부리다가 본 서로 이송되었다는 얘기를 동네에서 들은 기억이 있다. 그런 시대였다.

파출소 왼쪽으로 댓집건너에 당시의 상공일보사 사장(김필진, 망월회 회원)이 살고 있었는데 6·25때 바로 그 파출소 앞에서 인민재판에 회부되어 총살되었다는 소식을 후일 들었다. 그 무렵 나는 성북동 우리집 앞산의 능선에 일렬횡대로 솟아오른 인민군을 보고 "국군이 의정부 쪽에서 북조선 인민군을 물리치고 있다."는 이승만 대통령의 방송과는 달리 대한민국 수도 서울이 적에게 함락된 것을 목격했던 것이다. 그런 일이 있은 이후부터 나는 파출소 앞을 피해 다니는 버릇이 생겼다.

누가 좌익이고 누가 우익인지 어린 우리들도 쉽게 알아챌 수 있었다. 3·1절이나 광복절에 서울운동장으로 가는 사람은 우익이고 남산으로 가는 사람은 좌익이었다. 기념식이 끝나면 양측이 서울 시내를 각각 위세를 떨치며 시위행진했다. 그러다가 언젠가는 봉래동에서 서로 맞닥뜨려 우익시위대의 선두에 섰던 학생이 좌익시위대의 선두에게 맞아 죽은 일이 생겼다. 우익시위대가 극도로 흥분했다. 그때 선두를 지휘하던 고려대 이철승이 경교장 김구 주석에게 뛰어가 백범의 해산 권고를 받아 군중에게 전하고 사태를 무마한 일도 있었다. 그렇게 안 했으면 봉래동 일대가 아수라장이 됐을지도 모를 일이다.

그런데 어떻게 학생이 김구를 즉각 만나서 지시까지 받아올 수 있었는가. 그 정도가 아니다. 이철승이 병원에 입원하고 있었을 때 이승만이 문병한 기록이 있다. 그때가 그런 세상이었다. 그 밖에도 반탁 운동을 선도하는 우익의 전학련과 좌익의 찬탁행동대였던 전학통은 학교안팎에서 국립종합대학교 설치안을 비롯하여 사사건건 충돌하였다.

　해방 이듬해(1946)부터 내가 다녔던 중학교에는 "짝가다"라는 별명을 가진 강모교사가 있었다. 그는 이상하게도 평양에서 발행된 "조선역사"라는 이름의 교과서로 우리에게 국사를 가르쳤다. 그 당시에는 우리는 국사교과서가 없어서 오직 강교사의 입만 쳐다보며 받아적었다. 오늘날과 비교하면 참으로 어이없는 수업시간이었다. 중학교 1학년 때 이미 교내 독서회(비공개서클)에 입회하여 이모교사(공민과목 담당)의 좌경사상 지도를 받았던 급우들이 있었다. 비공개 조직이었지만 나는 그 멤버를 쉽게 가려 낼 수 있었다. 그 구별방법은 네 가지였다. 하나는 학급회의에서 발언하는 방식과 내용이 거의 비슷했다. 둘은 어려서 그랬겠지만 자기들끼리만 뭉쳐 다녔다. 셋은 평양에서 나온 국사 교과서를 모두 가지고 있었다(나는 살 수도 없었다). 넷은 1950년 6·25전쟁이 발발하고 나니까 전원이 갑자기 어디론가 사라졌다. 오늘까지도 안 보인다.

　6·25남침이 내가 중학교 5학년 때(지금의 고2)인 1950년에 터졌지만 이미 1948년에서 1949년 사이에 사라진 급우도 있다. 전쟁발발 전에 이미 월북했거나 모스크바로 유학간 것 같다. 한때 우리나라 언론매체에 크게 보도 되었던 모스크바대학 출신인 세계적인 수리학의 권위자라던 장학△ 박사도 그중의 하나이다. 그 외에는 상당수가 전쟁 중에 의용군으로 자원입대했거나 남북된 것 같다.

　그러나 나는 전쟁발발 사흘 만에 서울이 점령되었기 때문에 가족을 인솔하고 피난을 갈 수밖에 없었다. 나보다 생일이 이르거나 체격이 큰 친구들 중에는 피난 가던 중 또는 은신 중에 적발되어 인민군으로 끌려갔거나 국군에 입대하여 영화 "태극기 휘날리며"에서 보여주는 것처럼 혈육과 동기간에 서로 총질하면서 다수가 희생되었다.

　해방공간에서 우리는 엄청난 대가를 지불해야만 했다. 남한만의

단독정부수립을 전후해서 앞에서 말한 각종의 테러와 불상사뿐만 아
니라 제주도 4·3사건(1948.4.3.) 여수·순천 사건(1948.10.3.)이 터져 나
왔다. 중학교 3~4이었던 우리는 공개적인 토의도 할 수 없었던 분위
기 속에서 서로 입에서 귀로 전해 듣고 나라가 무너지는 위기감을 느
끼곤 하였다. 그런 극도의 불안과 혼란 속에서 마침내 백범 김구의 피
살(1949.6.29.)이 더욱 세상을 흔들어댔다. 범인은 바로 백범이 이끌던
한독당 소속의 안두희 소위였다. 참으로 미스터리다.

그런 상황 속에서 제1공화국(1948~1960) 국회는 1948년 12월 농
민들에게 토지분배를 약속하는 토지개혁법을 통과시켰다. 토지는 한
국경제와 사회구조의 기본이다. 그래서 매우 예민한 사안이었다. 동법
의 초안은 미군정하에서 이미 준비되어 있었다. 그 법에 기초하여 전
답 3정보를 상한으로 하여 그 이상의 농지를 유상 매입하여 유상 분
배한 것은 그로부터 불과 반년 후의 일(1949.6.21.)이었다. 지주층과 소
작인의 이해관계가 상충되는 사안이 있기 때문에 정치집단 간의 대립
이 치열했다. 지주로부터 농지를 무상으로 몰수하여 농민에게 무상으
로 소유권은 안 주고 경작권만을 분배했던 북한 방식과는 상반되는
토지개혁이었다.

미군정은 대한민국정부에 또 하나의 큰 과제를 남겼다. 귀속재산
처분 건이 그것이다. 이를 위해서 미군정은 1947년에 신한공사를 설
립하고 기초 작업을 마친 다음 1948년 10월에 한국정부로 이관하였
다. 그 규모는 무려 연간 정부예산의 10배에 이른다. 이것이 한국형부
패, 즉 권력형 부정의 온상이 되어 버렸다.

또 하나의 이월과제는 반민족행위자 처벌 건인데 이승만 정부의
정통성을 공격받을 정도로 실패작으로 끝났다.

X. 남북한 단독정부 수립 - 건국은 1919년인가, 1948년인가

대한민국은 이처럼 미군정 3년 동안에 많은 우여곡절을 겪었지만 1948년 8월 15일 대한민국정부가 수립되어 유엔의 승인(1948.12. 제3차 유엔총회결의)과 함께 국제적 공인을 받았다.

이때의 제헌국회는 소선거구제도로 선출된 198명으로 구성되었으며 원내에 17개의 정당단체가 포진하고 있었다. 당시의 헌법상 국회의 정원은 300명이었다. 그러나 북한이 유엔감시하의 민주적 절차에 따른 총선거를 거부하였기에 후일의 북한 측의 몫으로 100석을 비워놓고, 남한에서 200명만 충원키로 했으나 제주 4·3사태의 영향으로 그 지역의 의석이 2석 궐석되어 198명으로 출범하였다. 남북통일의 의지를 표현하고 가능성을 열어 놓은 명분 있는 방책이었다 할 수 있다.

당시의 헌법상 권력구조는 미국식 대통령제와 내각책임제의 혼합 형태였다. 헌법제정에 주도권을 장악하고 있었던 한민당은 대한민국 임시정부의 강령 및 헌법과 바이마르 공화국(1919~1933)헌법을 모델로 삼고 내각책임제로 기초(기초위원장: 서상일, 전문위원: 유진오)하였으나 이승만이 이를 거부함으로써 부득이 미국식 대통령제를 가미하게 되어 양자혼합형태의 권력구조가 될 수밖에 없었다.

이승만은 초대 국회의장을 거쳐 국회에서 간선으로 초대 대통령으로 선출되었다. 그 당시 경축식은 지상을 통해서 사진과 함께 상세히 보도된바 있다. 정면에는 「대한민국 정부수립 국민축하식」이라는 대형 플래카드가 걸려 있었다.

그렇다면 왜 이승만은 「대한민국 건국」이라 하지 않고 「대한민국 정부수립」이라 했는가. 바로 이 점이 오늘날 학계의 예민한 쟁점이 되고 있다. 학계뿐만 아니라 유관단체들도 양분되어 심각한 갈등현상

을 보이고 있다. 최근에 역사 국정교과서를 편찬하고 있는 국사편찬
위원회는 대한민국 건국과 대한민국 정부수립 사이에서 장고와 논의
를 한끝에 「대한민국 수립」으로 용어를 통일키로 결정했다 한다.

이승만은 1948년 5월 31일 제헌국회 의장으로서 행한 개원연설
에서 "오늘 이 국회에서 건설되는 정부는, 즉 기미년에 서울에서 수립
된 민국 임시정부의 계승이니 이날이 29년 만의 민국의 부활임"을 만
국에 공포한다 하였다. 여기서 말한 "서울에서 수립된 임시정부"란 블
라디보스토크의 연안 임시정부(3.17.) 상해 임시정부(4.11.)가 있지만
서울에서 다시 세운 한성 임시정부(4.23.)를 말하고 있는 것 같은데 그
후 다시 위 삼자를 통합하여 세운 대한민국 임시정부(9.6.)를 말하는
것은 아닌지 분명치 않다.

어쨌든 그는 1919년을 대한민국 1년으로 그리고 1948년을 대한
민국 30년으로 연호를 표기케 하였으며 1948년 대한민국 헌법전문에
도 그의 강력한 주장에 따라 1919년의 "기미 3·1운동으로 대한민국을
건립"하였다고 명시하였다. 그래서 이승만이 1948년을 건국이 아니라
나라의 재건으로 보았다는 주장이 일부 학자에게서 나오는 것이다.

그렇다면, 즉 1919년에 이미 건국이 되었다면 어찌하여 그는 해
방공간에서도 여전히 독립촉성중앙협의회, 대한독립촉성국민회를 만
들었으며, 또한 김구는 한국독립당을 이끌어 왔는가. 1919년에 건국
이 되었다면 국민도, 영토도, 실효적 지배권도 없었던 상태인데 어찌
건국되었다고 주장할 수 있는 건가? 옐리넥크이래의 국가 3요소 외에
국제 사회의 승인과 국가 간의 관계능력(즉, 대외주권)을 추가 조건으
로 제시한 1933년 우루과이에서의 "국가의 권리와 의무에 대한 몬테
비데오 협약"의 요구조건도 충족되지 아니한 대한민국 임시정부는 장
차 이 나라의 광복과 건국을 지향하는 임시정부일 뿐 그로서 대한민
국이 건국되었다고 주장할 수는 없다는 또 다른 학계 일각의 반론에

대해서 이승만은 어떤 대답을 내놓을 수 있을 것인가? 그들의 반론은 계속된다.

이승만의 상반되는 언행을 지적한다. 만약 1919년에 이미 건국되었다 한다면 북한의 조선민주주의 인민공화국도 그때 함께 건국했다는 주장인가? 그렇다면 1919년 이후에 김원봉의 의열단과 조선의용대 그리고 임정의 광복군은 무엇 때문에 존재하고 투쟁했으며 이승만은 무엇 때문에 조선위임통치청원서를 미국 정부에 제출하여 상해 임정에서 탄핵까지 당했는가 하고 묻는다. 그 당시에 신채호는 "이완용은 있는 나라를 팔아먹었지만 이승만은 없는 나라를 팔아먹었다."고 성토했으니 정확하게 나라가 없음 곧 아직 건국이 안 되어 있음을 단재 신채호는 역사가의 입장에서 토로한 것 아닌가? 또한 이승만 대통령 자신이 1948년 8·15기념사에서 "오늘에 거행하는 식은 우리의 해방을 기념하는 동시에 우리 민족이 새로 탄생한 것을 겸하여 경축"한다고 선언했으니 우남도 단재도 1948년 정부의 수립을 건국으로 보고 있었다는 증거 아닌가?

그러니까 결국은 임정이나 독립투쟁 단체들이 일제의 식민지배와 해방공간에서 사용했던 언어 「건국」은 본질적으로 의지미래형이며 목표선언형이며 독립의 당위성(Sollen)을 주장했던 언어인 데 반해서 정부수립 이후에 사용했던 언어 「건국」은 그 의지와 목표가 이미 성취되어 나라가 세워져 있음을 말하는, 즉 존재성(Sein)을 주장하는 언어라는 이론이 높은 설득력을 갖는다. 1941년 11월 임시정부에서 발표한 건국강령을 검토하면 그 설득력은 더욱 높아진다.

건국강령은 제3장 제27조로 구성되어 있는데 제3장 건국 편에서 장차 있어야 할 건국에 대비한 행동방략을 규정하고 있다. 여기서 말하는 건국은 분명히 Sollen이다. 거기에는 조소앙의 삼균주의 사상이 정책 전반의 저변에 흐르고 있었다. 이는 1944.4.22.의 임정 제5차 임시헌장 그리고 1948년의 제헌 헌법에 크게 영향을 미쳤던 것으로 보인다. 결과적으로 이승만의 상해임정과 연결된 개인적인 정서와 대내외겸용의 정치 전략적 판단이 그로 하여금 위에서 말한 이중적 행보를 걷게 하지 않았나 생각된다.

북한은 이로부터 불과 25일 후인 1948년 9월 9일 공식적으로 조선민주주의인민공화국 건립을 선포하였다. 각료명단을 보면 수상 김일성, 부수상 박헌영, 홍명희, 김책, 외무상 박헌영(겸임), 산업상 김책(겸임), 교육상 백남운, 국가검열상 김원봉, 문화선전상 허정숙 등 남한 출신 10명, 북한 출신 12명으로 구성되어있으나 기존 인민위원회 정권형태를 그대로 계속 유지하였다.

앞에서 언급한 것처럼 소련 군정이 앞에 세운 김일성이라는 권위 있는 권력실체의 배타적 지배체제는 비록 북조선 임시인민위원회라는 이름으로이기는 하지만 이미 1946년 2월부터 존재하여 실효적 지배를 하고 있었기 때문에 한국의 25일 앞선 단독 정부수립이 북한의 단독 정부수립을 불가피하게 만들었다고 보는 것은 그릇된 판단이다. 이러한 판단은 그 당시의 공산국가에 있어서 당의 권위는 국가의 공식적 지배구조의 권위를 초월한다는 상식에서도 충분히 유추할 수 있다.

결과적으로 한반도에는 두 개의 국가가 존재하게 됐다. 남북한 국민들은 각각의 국가공동체와 민족공동체의 불일치 현상 앞에서 정신적 갈등과 불안정을 겪어야 했다. 남북한 국가공동체의 권위당국과 구성원들이 화합하여 민족공동체=국가공동체라는 등식을 성립시키고자하는 운동에너지를 축적시키고 지속시켜나가야 했다. 이것이 이 민족의 통일운동이라 할 것이다. 그러나 안타깝게도 북한 도발의 6·25전쟁으로 더욱 심각해진 남북의 적대관계는 어느 쪽이 민족공동체 내에서 배타적 지배권을 장악하느냐의 문제가 되어 버렸다. 최소한 평화공존의 가능성마저 배척해 버렸다. 6·25남침과 같은 북한의 대남

침공은 용서할 수 없는 민족적 자해행위이었다. 결코 재발되어서는 안 되겠으나 그 악몽은 최근 더욱 확대 재생산되고 있다.

평화통일은 더 이상 우리 민족의 선택사항이 아니다. 피할 수 없는 운명적 과제라는 인식 하에 민족의 동질성 회복부터 급히 서둘러야 할 것이다. 다만 새롭게 태어날 통일한국의 사상적 기초는 인류 보편적 가치라 할 자유 민주주의와 시장경제이어야 한다. 그것이 결코 흥정꺼리가 될 수 없는 오늘의 시대정신이기 때문이다.

이것이 내가 해방공간을 한국 현대사의 기점이라 믿는 이유이기도 하다.

XI. 맺는말 - 광복의 삼단계 이론

지난 2015년에는 정부와 민간부분을 막론하고 온 나라가 광복 70주년기념행사로 뜨거웠다. 당연히 그럴만했다. 그러나 우리사회와 정치권의 일각에서는 여전히 이러한 기류를 거부하는 경향이 있었다. 1945년 8월 15일의 해방이 결코 광복이 될 수 없다는 주장이 바로 그것이다. 우리를 통치하는 주체가 일본에서 미국과 소련으로 각각 바뀌었을 뿐이라고 생각한다면 그러한 주장이 나올 법도 하다. 더구나 이 땅이 남북으로 분단되었으니 더 말할 나위가 없다. 그러나 일본제국의 우리 주권찬탈에서 비롯한 기약 없는 우리민족말살정책, 그리고 억압과 착취에서 벗어났으니 해방이 아니고 광복이 아닌가. 그리고 전승국으로서 일본군의 무장해제와 카이로·얄타·포츠담 선언의 구체화를 위해서 한시적임을 국제적으로 공약하고 진주한 전승국 미소 군정을 일제의 조선총독부 체제와 동일시하는 것은 이론상 상당한 모순이 있다.

우리에게 8·15해방은 일본제국주의 식민지라는 이름의 긴 터널 속에서 견뎌야했던 흑암 같은 인고의 세월에 비쳐진 한 가닥의 광명이었으므로 불완전하나마 이를 두고 광복이라 해서 잘못될 것은 없다. 해방이 곧 독립도 아니면서 민족은 분단되었으나 주권회복과 동시에 통일에 대한 주체적인 희망과 의욕의 불빛이 이 땅에 비추어졌다는 낙관주의로 8·15해방을 광복으로 받아들이면서 더욱 밝은 미래를 기약했다 해서 잘못될 것은 더욱 없다. 역사는 꿈이 있는 민족에게 희망의 미래를 안겨준다.

광복에는 광의의 광복과 협의의 광복이 있다고 본다. 광의의 광복에는 3단계가 있겠는데 그중 제1단계가 협의의 광복이라 하겠다. 이것이 곧 해방이다. 제1단계를 앞에서 말한 일제억압으로 부터의 해방 곧 환희의 단계라 한다면 제2단계는 독립 국가를 건설하는 주권회복과 긍지의 단계이며, 제3단계는 한민족통일국가를 수립하는 소망과 다짐의 완결 단계이다. 이때가 되어야 비로소 민족공동체와 국가공동체의 일치가 이루어지고 민족내적 평화가 기약될 것이다.

그러므로 위의 제1단계를 협의의 광복이라 했다면 1, 2, 3단계는 통틀어 광의의 광복이라 할 것이다. 그러므로 제1단계는 해방광복, 제2단계는 건국광복, 미완의 제3단계는 통일광복이 되는 셈이다. 해방·건국·통일 어느 것도 광복 아닌 것이 없다. 그러나 미완의 통일이 이루어지는 날 광의의 광복이 비로소 완성되는 것이다. 따라서 2015년을 그냥 광복70주년이라 했다고 해서 잘못된 것은 아니라는 뜻이다. 광복70주년의 공식 영어번역이 The 70th Anniversary of Liberation으로 되어 있는 것을 보더라도 해방은 곧 광복이라는 인식이 우리사회의 보편적 인식이라고 이해되어야 할 것이다. 그럼에도 불구하고 해방이라는 단어에 이념적 색깔을 덧씌워 소련군은 해방군이지만 미군은 점령군이라는 인식에서 1945년 8월 15일을 한국의 광복일이 아니라는 편향된 주장은 학문적으로 용인될 수 없다. 2차 세계대전의 종전과 함께 미군은 우리에게 있어 일본 식민통치로부터의 해방군이었음이 틀림없기 때문이다.

19세기 초 영국의 계관시인 조지 고든 바이런은 당시의 그리스 독립전쟁에 자원해서 참전(1822)하면서 "영국이여, 나 그대를 사랑한다. 온갖 흠이 있는 그대로의 너"를 사랑한다면서 삶의 마지막 길을 떠났다. 대한민국도 오늘 여기까지 오는 동안 실로 많은 흠을 남겼다. 그러나 그 많은 흠 위에서나마 세계에 떳떳하게 내보일 수 있는 한국 민주정치와 경제발전의 꽃을 피웠다. 대표적인 의회주의국가의 하나가 오늘의 대한민국이다. GDP는 지나간 60여 년 사이에 470억 대에서 1,500조 원, 즉 무려 3만 수천 배의 기적적 성장을 이루어 냈고 1인당 국민소득은 같은 기간 불과 몇 십 달러에서 28,000달러(2015년 현재), 즉 420여 배로, 수출은 1964년 1억 불에서 지난 2014년에는 5,727억 불로 세계 6위의 규모를 이루어 냈다. 이는 전 세계 유일의 사례다. 온갖 상처와 흠결이 있는 그대로의 대한민국을 사랑하고 헌신적인 희생을 감내한 이 땅의 아버지들과 아들딸들이 이룩한 업적이다. 우리의 선배세대들은 암울했던 일제 식민지시대의 악몽과 미군정 출현의 허망함을, 그들은 해방공간의 정치적 혼미와 국토분단 및 동족상잔의 비극을 겪었다. 그 모든 장애물을 극복하고 끝내 오늘의 대한민국을 만들어 냈다. 즉, 광복 제2단계까지는 성공하였다 해야 할 것이다.

그러나 진정한 광복을 위해서는 아직 제3단계가 남아 있다. 그러므로 우리에게 있어서 광복은 진행형 작동개념이다. 즉, "되어 있는 개념"이 아니라 "만들어 나가는 개념"이다. 그것이 완벽한 광복을 찾아나가는 정신적 기조이어야 한다. "한민족 통일국가의 건설"이라는 광복 제3단계의 완수를 위해서 평화, 자유, 평등의 인류 보편적 가치의 구현에 전 국가적, 국민적 역량을 집결해야 할 것이다. 그때 비로

소 이 땅의 아버지들과 아들딸들은 한국현대사의 기점에서 진정한 주
인공이 될 것이다.

04

1963년, 한국정치의 갈림길*

I. 1963년의 정치사적 의미

1963년은 대한민국의 정치발전과정에서 어떠한 역사적 의미를 갖고 있는가. 거시적으로 보면 ① 대한민국 정부수립 15주년을 맞는 해이다.

혹자는 이승만의 남한 단독정부 수립 주장을 폄하하면서 이때문에 남북 분단이 고착화되었고 민족과 국가의 반을 잃게 되었다고 비난하고 있다. 그러나 이승만에 대한 단독정부 수립 비난은 정당성이 없다. 왜냐하면 북한이 이미 1945년 소련군 진주와 함께 김일성을 앞세우고 설치한 조선인민위원회부터 북한의 단독정부가 우리보다 훨씬 앞서서 수립되었다고 보아야 하기 때문이다.

통일을 열망하고 분단고착화를 우려하면서 평양 인민대회에 참

---

* 이 글은 2013년 10월 25일 대한민국 역사박물관에서 있었던 한국정치외교사학회와 해위학술연구원이 공동주최한 윤보선기념 학술심포지엄에서 발표한 본인의 기조강연을 문장화하면서 구성과 내용을 대폭 수정·보완하여 「우리시대 지성과의 대화」(중원원로담론 제3집, 2015.4.)에 게재한 바 있음.

석했던 백범 김구가 빈손으로 돌아왔을 때 우남 이승만은 그 결과를 이미 비관적으로 전망하고 있었다. 한반도에서의 자유롭고 민주적인 절차에 따른 투표를 거쳐 정부를 수립키로 했던 UN총회결의를 북한이 거부한 것도 그 때문이었다. 남북 분단의 고착화와 대결 국면의 지속화는 피할 수 없는 남북한의 운명이 되어 버렸다.

그러므로 가능한 지역에서만이라도 투표를 통한 정부수립을 결의했던 UN과 남한 단독정부수립을 주장했던 이승만의 정치적 판단은 남북 분단을 고착화시켜서 민족과 국가의 반을 잃은 것이 아니라 도리어 반이나마 구출해 낸 올바른 결단이었다고 보는 것이 옳을 것이다.

② 1963년은 6·25한국전에 대한 휴전협정을 체결함과 동시에 한미상호방위조약을 체결한지 꼭 10주년이 되는 해이기도 하다. 휴전을 강력하게 반대하고 북진통일을 고집했던 이승만은 유엔군 사령관 지휘하에 있던 거제도 포로수용소에서 소위 반공포로를 독단적으로 석방했다. 이는 한미 간에 심각한 갈등을 야기했으나 이승만으로서는 전쟁 당사국의 대통령으로서 유용한 전략이라고 판단했던 것으로 이해된다. 결국 한국은 휴전협정에 끝내 참여하지 않는 대신 미국으로부터 상호방위조약을 받아냈다. 이 사건은 이승만이 자주국가의 진면목을 보여주고 얻어낸 전략적 수확이라 해야 할 것이다.

③ 한국전 휴전으로부터 만 10년이 경과한 1963년은 5·16군사혁명이 발발한 지 만 2주년이며 군사혁명 주체세력이 민정이양을 약속했던 해이기도 하다. 그런 만큼 국내정치는 민군대결의 격랑 속에서 여야의 극한대결이 프랑스 혁명기의 공포정치를 방불케 하였다. 이때 민간정치인 중에서 선봉장이 있었다면 그가 바로 해위 윤보선이었다.

해위는 1963년 10월의 제5대 대통령 선거에서 박정희와 격돌하기에 이르렀고 유효투표총수의 1.5%인 15만 7,000표차로 분패하였으나 해위는 공화당 박정희 후보 측의 사전선거 운동과 관제선거의 결과였음을 규탄하면서 스스로 정신적 대통령임을 선포하였다. 이 시점을 전후해서 군사혁명주체세력의 집권체제에 정면으로 저항하는 일부 지식인들의 반체제운동과 이를 제압하는 중앙정보부(부장: 김종필)의 탄압은 실로 가공할 만한 것이었다. 1964년 3·24데모와 6·3데모 끝에 결국 계엄령이 선포되고 말았으나 쟁점은 한일 국교정상화 회담의 굴욕적인 내용과 회담추진과정의 비민주성에 있었던 것이었다.

II. 1963년의 정치 발전론적 의미

1. 국가재건 최고회의의 군사통치 마지막 해

국가재건이란 마치 아파트 재건축처럼 이미 있는 것을 없애고 새로 짓겠다는 의지의 표명이다. 1961년 5월 16일 박정희 소장은 쿠데타를 수단으로 삼아 4·19학생·시민 혁명으로 세운 민주헌정체제인 제2공화국을 무력으로 타도한 다음 쿠데타 주체세력을 주축으로 하여 새로운 통치구조로 국가재건 최고회의를 신설하고 그것을 통해서 혁명공약을 완수한다는 명분하에 기약 없는 군사 통치를 시행하였다.

제1공화국과 제2공화국이 각각 비정상적인 방법, 즉 전자는 시민혁명, 그리고 후자는 군사쿠데타로 붕괴되었다. 프랑스 부르봉 왕정은 1789년 시민혁명으로 그러나 프랑스 제2공화국은 1852년 루이 나폴레옹의 쿠데타로 붕괴된 것과 흡사하다. 한국과 프랑스의 제1공화국은 각각 12년(한국 1948~1960, 프랑스 1792~1804)밖에 존속되지 못하였으며 제2공화국은 양국 공히 역대 최단명의 체제였다.

그러나 독일의 바이마르 공화국(1919~1933)은 국민투표로 그의 민주헌정체제를 국민투표의 결과로 히틀러에게 찬탈당하고 총통의 제3제국을 맞게 되었으니 한국의 제3공화국 출범의 경우와 사뭇 유사하다 하겠다. 박정희 장군의 쿠데타 세력이 국가재건 최고회의에 의한 군사통치 2년 반의 막을 내리고 민정으로 복귀하는 역사적인 해가 1963년이다.

2. 민정복귀에 대비한 제도 개혁과 박정희 재집권의 해

국가재건회의 주체세력은 1962년 말부터 헌법을 비롯하여 각종의 국가기본조직 관련법을 개정 또는 제정 공포하기 시작했다. 국가재건이란 이름하에 국가건설(State Building)의 개념을 구체화한 것이었다. 문제는 군부세력이 새로운 국가기구(State Apparatus)의 창설을 국민과의 공개논의 없이 그들만의 밀실에서 단독으로 결정하고 집행했다는데 있다. 더구나 그것들은 심각한 쟁점을 안고 있는 예민한 문제이기 때문에 폭넓은 여론 수렴과 거국적 차원에서 진지한 토론이 필수적인 것이었다. 왜냐하면 장차 한국정치에 심대하고도 지속적인 영향을 미칠 사안들이었기 때문이다.

예컨대, 국가재건 최고회의는 1962년 12월 26일 제5차 개헌을 공포함으로써 제2공화국의 양원제와 내각책임제를 단원제와 대통령 중심제로 환원 하였다. 그러나 국민의 기본권 보장과 확대에 대해서는 전면 도외시한 채 오직 권력구조 개편과 장기집권에만 전념한 헌법개정이라 하겠다.

그로부터 닷새 후인 12월 31일에는 한국최초의 정당법이 제정·공포되었다. 그 이전에는 미 군정 법령 제55호가 있을 뿐이었다. 이는 매우 발전적 행보라 할 만하다. 그 시행령이 바로 그 다음날인 1963년 1월 1일 공포되면서 정치활동금지령이 해제되었다. 오늘의 국회의 입법 활동 속도와 비교할 때 상상조차 할 수 없는 초고속 입법이라 하겠다. 이 법에 의하면 정당설립은 131개 지역구중 44개 이상의 지역구를 확보해야 하며 1개 지역구는 당원이 50명 이상이어야 하므로 정당을 설립하기 위해서는 최소 2,200명 이상의 당원을 확보해야 했다. 정당의 우후죽순식의 출현과 난립을 방지하기 위한 제도적 장치라 하겠다. 앞서 말한 미 군정 법령 제55호에 의하면 정치적 의견을 같이 하는 3인 이상이면 정당설립이 가능했던 것에 비하면 혁명적 변화가 있었다 하겠다.

이처럼 정당설립요건이 엄격해졌고 거의 동시에 정치활동금지령이 갑자기 해제되었는데도 그 직후(2월 26일)에 집권여당격인 민주공화당이 돌연 창당되었으므로 이를 두고 불법으로 사전에 조직된 창당이란 비판과 대선 및 총선을 앞둔 상황에서 불공정 경쟁이라는 국민적 저항이 폭발했다. 야당 측은 정치해금 이후 전속력으로 창당 작업에 돌입하였건만 민정당이 창당대회를 개최한 것은 그로부터 2개월 반 뒤처진 5월 14일이었음이 이를 입증한다.

그로부터 불과 15일 후에 국회의원 선거법과 선거관리위원회법이, 그리고 다시 15일 후인 2월 1일 대통령선거법이 제정·공포되었으니 군부세력의 속전속결과 국가재건 최고회의의 높은 입법생산성에 놀라지 않을 수 없다.

그에 반해서 입법내용은 매우 전향적인 점도 있었다. 그러므로 상당한 수준의 전문 학자들이 일찍부터 동원되어 압축적인 작업과 사전준비가 있었다고 판단된다. 우리나라 국회의원 선거에서 전통적인 소선거구제도에 비례대표제를 배합한 것도 이때가 처음이며 책임정치 구현이라는 명분하에 무소속의 출마를 금지시킨 것도 이때가 처음이었다. 이는 독일식 선거제도를 절묘하게 왜곡해서 도입한 것으로서 지역구선거결과에서 제1당이 된 정당에 비례의석 배분상의 특혜를 갖게 한 것으로서 민주공화당이 소선거구제도에서 제1당이 될 것이란 전제위에서 제1당의 원내안정 세력 확보라는 명분하에 프리미엄을 주는 정치적 계산의 결과이었다고 보인다.

이러한 제도변혁은 한국의 정치제도가 새로운 경험세계로 물꼬를 트는 전기가 되었다 할 것이다. 그 후 11월에 국회법이, 12월 13일에는 법원조직법이 그리고 14일에는 정부조직법이 개정·공포되기에 이르렀다. 그리고 10월에 제5대 대통령선거, 11월에 제6대 국회의원 선거가 완료되었으므로 이로써 민정복귀와 제3공화국 출범은 구체화되기 시작하였다.

그러나 이 기간 중 여야는 각각 격심한 내홍을 겪어야만 했다. 2월 18일 박정희 국가재건최고회의 의장의 「민정이양과 불출마선언」(2·18성명)이 그 신호탄의 구실을 하였다. 이는 미국 측의 역할이 주효했던 것으로 판단된다. 이에 따라 5·16 주체세력 내부의 강온 양기류의 격돌과 지역적 분파가 더욱 난기류를 형성하더니 박정희 의장은 번의에 번의를 거듭한 끝에 결국은 기존의 약속(2·18성명)을 뒤집고 「민정참여」를 선언하였고 4월 29일 공화당 총재직을, 8월 31일에는 대통령 후보직 수락을 선언하기에 이르렀다.

그에 앞서 공화당 창당 직후인 3월 11일 집권층 내부에서 세칭 반혁명사건이 노출되면서 김동하, 박창암을 비롯한 40여 명의 장군을 포함하여 2,000여 명이 제거되었고 그 여세를 몰아 공화당은 일사불란하게 전력을 가다듬고 대야 공격태세를 취하면서 정권연장에 집중하였다. 그러나 야권은 윤보선, 허정, 변영태, 송요찬, 오재영, 장이석 등 7명이 난립하여 패배를 자초하였다. 변영태 후보의 득표수가 224,000표인 데 비해 해위 윤보선후보와 박정희 후보의 득표 차는 157,000에 불과했던 것만으로도 그러한 단정이 가능하다. 결국 박정희 후보는 야당후보 난립의 반사이익으로 선거에서 승리한 셈이었다.

1963년 대통령 선거의 결과를 분석해 보건대 득표수의 남북 편재현상이 처음으로 뚜렷하게 나타났다. 즉, 박정희 후보는 전남, 전북, 경남, 경북, 부산, 제주에서 그리고 윤보선 후보는 서울, 경기, 강원,

충남, 충북에서 우세한 현상을 보여 표가 남북으로 확연히 갈라짐을
보였다. 윤보선 후보의 정치적 모체인 한민당의 텃밭이라 할 수 있는
전남, 전북이 뜻밖에도 영남 출신후보인 박정희 후보에게 보다 많은
표를 던진 것은 윤재술의 여수 유세 시(1963.9.23.) 발단한 사상논쟁이
가져온 역작용인 것으로 해석된다.

　　이 선거에서 4,702,640표를 얻어 정권을 재창출한 박정희 후보의
집권이 1961년 5월 16일부터 1969년의 삼선개헌과 1972년의 유신계
엄령을 거치면서 1979년 10월 26일 그가 시해당할 때까지 무려 18년
5개월의 장기집권을 가능케 했던 것이다. 이처럼 1963년은 박정희 장
기집권의 초석을 놓아준 해였다.

3. 한국정치에서 이념논쟁이 본격화한 해

　　1945년 해방이후 우리 정치권에서는 사상적인 논쟁과 대결이 도
처에서 발견되면서 오늘에 이르고 있다. 그러나 대통령 선거전에서
본격적으로 색깔논쟁을 벌인 것은 1963년이 처음이다. 그 결과는 윤
보선 후보 측이 도리어 역풍을 맞아 패배의 고배를 마셔야 했다. 사상
논쟁만 펴지 않았더라면 변영태 후보의 득표수(224,443표)를 감안하지
않더라도 윤보선 후보가 무난히 당선됐을 것이라는 것이 전문가들의
유력한 분석이다. 윤후보가 박후보를 상대로 편 사상논쟁은 박후보가
남로당 당원이었으며 여순 반란사건에 관여했음을 폭로하면서 그를
용공 종북 위험인물로 낙인을 찍은 데서 비롯되었다.

　　이로 인해 1945년 이후 이범석 장군의 민족청년단과 한민당 출
신 조병옥 경무부장의 전남, 전북 특히 여수, 순천과 지리산 주변에
사는 주민들에 대한 공산당관련자 색출 때문에 고생과 희생을 당했던
유가족들의 지난날의 악몽이 되살아나면서 한민당 출신이었던 윤보선
후보에 대한 전남북 유권자들의 고도의 불안감과 공포심이 표의 향방

에 결정적인 영향을 미쳤다고 보는 것이다. 그렇지 않고서는 전남, 전
북에서 윤보선 후보가 82만 표, 박정희 후보가 117만 표를 얻는 기현
상을 설명할 방법이 없다. 그래서 윤후보가 사상논쟁의 역풍을 맞았
다는 것이다.

　그렇다고 해서 사상논쟁을 색깔논쟁이라고 폄하하고 금기시하는
것은 옳지 않다. 사상논쟁은 선거 전략상 위험하거나 불리할 수는 있
어도 도덕적으로 하자는 없다. 색깔논쟁을 금기시하는 것이야말로 부
당하며 부도덕하다. 그것은 자신에게 불리한 신원상의 비밀에 대한
공격을 원천적으로 봉쇄하는 전략이며 결과적으로는 정적의 입에 자
갈을 물리는 것과 같은 비민주적 함구령과 다름없기 때문이다.

　그러나 1963년 당시 한국 사회와 정치권에 만연되어 있던 이념논
쟁의 본질적인 영역과 테마는 반공과 용공보다는 자유냐 빵이냐의 문
제였다. 필자는 1963년 8월호 사상계(월간)에서 「복지국가와 병영국가」
라는 제목으로 이 문제를 본격적으로 다룬 일이 있다.

　자유를 자유민주주의적 이념의 최고 가치라고 한다면 빵은 사회
주의 이념체계가 추구하는 선행 가치이다. 빵을 군부집권세력이 주장
하는 당면과업이라 한다면 자유는 일부 자유주의 지식인과 민정당 세
력의 주장이었고 양자택일을 강요하는 한국의 정치문화 속에서 우리
사회는 더욱 양극화의 길을 가게 되었다. 그러나 「자유와 빵」은 결코
양자택일의 대상이 아니다. 도리어 양자양택이어야 한다. 왜냐하면 빵
과 자유, 어느 것도 놓칠 수 없는 헌법적 가치이기 때문이다. 그러므
로 시민사회와 민주세력은 자유민주적 법치질서 속에서 빵을 달라는
것이었다. 그들은 배부른 돼지도, 굶주린 소크라테스도 거부한다. 오
로지 배부른 소크라테스, 그것이 그들이 원하는 것이다. 그래야만 인
간적 존엄이 균형 있게 보장되는 것이기 때문이다. 그럼에도 불구하
고 박정희 의장은 굶주림에서 벗어나기 위해서는 우선적으로 일부 자

유의 유보를 감수하라는 것이었고 야권에서는 어떠한 이유로도 자유
는 양보될 수 없다. 즉, 복지를 빙자한 병영국가는 단호히 배격한다는
것이었다. 이것이 1963년 정치담론의 초점이었고 이념논쟁의 본격적
인 출발이었다.

4. 정통성시비가 심각했던 해

정통성이란 국가 또는 체제의 구성원들이 그들의 지배체제 또는
권력에 대해서 이를 긍정적으로 인정하고 수용하는 마음, 즉 마음의
승복이 있을 때 비로소 확보된다. 그러려면 그 지배 권력이 윤리적으
로 사회적으로 정치적으로 정당성을 인정받아야 한다. 그리고 이것은
ⓐ 권력의 형성과정만이 아니라 ⓑ 권력의 행사과정에 있어서도 정당
성이 인정되어야 하거니와 ⓒ 권력행사의 효능성이 입증되어야 한다.
그러나 1963년 현재로 박정희의 군부지배체제는 위의 ⓐ, ⓑ, ⓒ에서
모두 하자가 있다고 판단되어 정치권뿐만 아니라 시민사회에서 심각
하게 정통성시비가 제기되고 있었다.

첫째로 권력의 형성과정을 보면 박정희 장군이 이끄는 3,600명의
혁명군이 60만 대군과 주한미군을 눈앞에 두고 5·16쿠데타를 일으켜
윤보선 대통령과 장면 국무총리가 이끄는 합법적이며 민주적인 정부
를 무력으로 붕괴시켰으니 권력의 형성과정에 정치적 정당성이 전혀
없었다 할 것이다. 다만 장면 체제의 무위무능에서 오는 정권의 비생
산성과 비효능성을 쿠데타의 명분으로 삼았는데 그것만으로는 정통성
의 요건을 충족시킬 수가 없었다.

둘째로 군사혁명정부의 권력행사방식과 그 과정이 국민의 민주
적 열망을 역행하는 것이었다. 혁명정부는 중앙정보부를 앞세우고 일
방적으로 독재체제를 구축하고 정보정치와 공포정치를 이어 나갔다.

민주당 정권이 독일의 바이마르 공화국의 민주제도를 벤치마킹

했던 한국의 제2공화국의 정치제도는 군사정부에 의해 침탈당했으나 한국의 민주시민문화(Civic Culture)는 이를 전혀 용납하거나 승복할 수 없었으므로 양측 간에 마찰과 갈등은 날이 갈수록 심화될 뿐이었다. 박정희 의장의 혁명공약 불이행과 군 복귀선언의 거듭된 번복이 권력에 대한 불신을 가중시켰다. 국민이 염원하는 것은 문민자유국가이나 목전에서 심화·전개되는 것은 군사독재국가이니 심각한 체제 내 양극화와 극한대결을 피할 수 없었다. 그러므로 1963년은 한국정치에 있어서 갈등문화와 양극사회의 체질화에 깊은 자국을 남긴 해이었다고 하겠다.

셋째, 그러나 참으로 다행인 것은 군사혁명정권이 그나마 농업육성과 경제성장면에서 높은 효능성을 보여줬다는 것이다. 물론 많은 난관이 있었다. 예컨대 1962년 제1차 경제개발 5개년 계획을 발표했으나 그 진행이 순조로울 수 없었다. 당시의 1인당 국민소득은 미화로 87불에 불과했다. 같은 해 6월의 화폐개혁이 실패하고 흉작이 들면서 쌀값 파동이 심각하게 나타났다. 쌀값은 2.5배로 뛰었고 일반 소비자 물가지수는 1963년 3월부터 6개월 사이에 무려 23.2배가 뛰었다. 외자도입은 부진을 면치 못하였다. 군사정부는 중농주의정책을 공업화로 전환하였고 1차적으로 경공업중심의 수출산업을 육성하였다. 그 결과 1963년의 GNP 성장률 8.8%(한은통계)를 기록하면서 지속적 경제성장의 가능성을 보여주었다. 경제성장은 정통성확보의 충분조건은 아닐지라도 체제유지의 중요한 보루임에 틀림없다.

실제로 3년 후(1966)에는 12.4%, 다시 3년이 지난 1969년에는 15.0% 그 후 3년간 평균 8%의 경제성장률을 보였다. 같은 기간 중 농업성장은 상대적으로 미미했으나 광산업과 제조업은 1963년 15.7%, 1968년 24.8%의 성장을 기록했으며 3차 산업은 1963년 7.4%, 1968년 15.4%로 약진하였다(모두 한은통계).

한편 군사 정부는 적대관계이었던 재벌과의 관계를 전략적 동반자관계로 전환하고 이 기조를 유지하여 1965년 9월에는 외자도입법 제정, 환율의 현실화, 금리 현실화(16.8% → 30%) 등의 혁명적인 조치를 취하는 한편 울산정유공장에 Gulf 투자를 유치하는 등 영역확대에 눈을 돌렸다. 바로 이 경제영역의 확장과 성공이 군사정부가 장차 권력의 정통성을 확보할 수 있는 유일한 통로로서의 가능성을 보여준 것이다.

III. 한국정치 외연의 확장(포스트 1963)

1963년의 정치적 혼란과 사회적 불안정, 그리고 민군의 갈등과 극한 대결은 군사혁명통치 체제와 박정희 권력의 정통성 위기가 초래한 불가피한 현상이었다. 1969년의 삼선개헌파동, 1972년 10월의 계엄령선포와 유신개헌, 1979년의 박정희 대통령 시해사건과 전두환 장군의 국보위 출현 그리고 1987년 6월의 민주항쟁은 모두 정통성의 위기를 극복하지 못한 1963년 사태의 연장선상에서 벌어진 사건들이었다. 같은 기간 중 한국정부는 지속적인 경제성장을 위해서 한국정치의 외연을 넓혀 나갔다. 한일국교정상화, 베트남 파병, 해외인력수출, 대미 의존의 심화 등이 그것이다.

① 한일 국교 정상화를 위한 양국 협상은 박정희 정부로서는 경제건설에 필요한 자금조달책으로 가장 요긴한 재원이기는 했으나 한국인의 민족적 정서가 이를 쉽사리 수용하기 어려웠다. 1905년의 을사늑약과 1910년의 한일 병합과 35년간의 일제 식민통치의 트라우마가 모든 국민에게 상존하기 때문이었다. 한국인은 굴욕적인 저자세 대일외교, 밀실흥정, 정치자금 수수의혹에 흥분하고 국교 정상화 자체에 저항하였다. 윤보선 전 대통령은 국회 정당대표연설에서 한일간의

국교 정상화에 반대하는 것이 아니라 회담의 진행방식과 내용에 반대하는 것임을 명백히 했다. 저항의 물결은 점차 확대되어 1964년 3월 24일 전국주요 대학생들의 한일 국교 정상화 반대데모가 벌어졌다.

필자는 그 당시에 뿌려진 100개의 데모 구호를 수집하여 분석하고 아래와 같이 5개 유형으로 정리하여 "구호로 본 3·24데모의 본질"이라는 제목으로 사상계(월간) 1964년 5월호에 발표한바 있다. 이에 따르면 ⓐ 한일회담 반대와 평화선사수, ⓑ 김종필을 소환할 것, ⓒ 일본의 매판자본을 축출하고 일본제국주의 한국 진출을 배격한다. ⓓ 정부불신과 민생문제해결 촉구, ⓔ 경찰에 대한 반발 등이 그것이다. 이에 대한 박정희 정권의 반응은 부정적이었고 사태는 점차 악화되어 결국 6·3사태로 진전됐고 계엄령이 선포되었으며 박동민(동국대) 김지하(서울대)를 비롯한 15,000여 명의 대학생들이 거리로 뛰쳐나왔고 김종필은 두 번째 외유를 자의반 타의반으로 떠났다. 1964년 6월 3일의 데모에서 대학생들은 한일 국교 정상화를 대일종속경제의 길이라고 비난하고 경고했으나 정부의 대일경제의존도는 더욱 심화되었고 일본의 자본이 국내에 정치자금으로 유입되고 있다는 정보가 세간에 유포되기도 했다. 외자도입은 1964년 말 목표액의 30%만이 성취되었고, 1966년부터 1972년 사이에는 35억 불의 외자가 도입되었을 뿐이었다.

② 베트남 파병

이는 한국이 외국에 자국 군대를 파견한 최초의 사례이다. 그만큼 한국의 대외 지평이 넓어진 것이다. 1961년 11월 박정희 최고회의 의장은 경제발전의 타결책으로 미국의 케네디 대통령에게 파병의도를 제시했으나 거부당했고 그 후 미국 측의 More Flags Campaign에 힘입어 존슨 행정부에 다시 제의하여 그 뜻을 이루었다.

1973년 철수할 때까지 연인원 320,000명이 참전하여 4,960명이

사망하고 16,000명이 부상을 당했으나 한국군에게 있어서는 상당한 수준의 실전경험을 얻는 기회가 되었으며 국가적으로는 재정적 소득과 민족적 자존심과 자신감을 고취하는 계기가 되었고 한미관계를 혈맹관계로 굳히는 계기가 되었다. 그곳에서 철수한 인력과 장비는 그후 서독과 중동으로 진출하여 한국 경제성장의 밑거름이 되었다. 서독에는 광부와 간호사가 파견되었으며 브라질에는 이민선이 출발했다. 그 밖에도 선원을 해외에 수출하였고 원양어업이 개척되었다. 경제외연의 적극적 확장정책이라 하겠다. 경제만이 아니라 한국의 대외정치의 외연이 넓어진 것은 물론이다.

③ 미국에 대한 의존도는 1963년에 경제적으로, 정치적으로 더욱 심화되었다. 5·16 군사 쿠데타에 처음부터 부정적이었던 미국은 박정희 의장에게 하루속히 혁명공약대로 군 본연의 자세로 복귀토록 압박하였다. 1963년 2월 14일 Samuel David Berger 대사가 박정희 최고회의 의장을 면담한 나흘 후인 2월 18일 박정희 의장은 민정이양과 대선 불출마를 선언하면서 시국수습 9개방안을 제시하였다. 이에 대하여 군 내부 특히 최고회의 내부의 반발에 영향을 받은 박의장은 자신의 불출마선언을 여러 차례 번복하면서 군정연장의 의혹을 받게 되었다. 3월 25일 미 국무성 대변인 Lincoln White가 전해온 통보는 미국은 한국의 군정연장을 반대하며 민정이양을 촉구한다는 내용이었다. 같은 내용의 J.F. Kennedy 대통령의 친서도 전달되었다. 4월 8일 박정희 의장은 이후락 대변인을 통하여 미국 측 뜻을 수용할 것을 밝힌 다음 7월 7일 민정이양을 선언하였다. 한국정치의 갈림길이었다 하겠다.

미국 측은 박정희 의장을 국수적 민족주의자, 국가주의자, 특히 김종필을 반미 민족주의자로 낙인을 찍었다. 박정희 후보의 승리로 제5대 대통령선거가 끝난 1963년 10월 15일에도 Berger 대사는 본국에 "윤보선 후보의 도덕적 승리"로 보고하였으니 당시의 상황을 짐작할 수 있다. 그러나 한국정부의 대미의존도는 이런 양상으로 더욱 깊어졌다.

IV. 1963년의 평가와 반성

1. 평가

한국의 정치발전과정에서 보았을 때 1963년은 실로 한국 민주정치의 발전과 쇠퇴의 갈림길이었다. 이승만 통치하의 제1공화국 12년과 장면 정권의 제2공화국 10개월을 거치면서 국가건설(State Building)의 측면에서 미비했던 여러 제도와 장치를 보완했다는 점에서는 군사혁명정부가 긍정적인 평가를 받을 만하다. 헌법, 정당법, 선거법, 국회법, 법원조직법, 정부조직법 등을 제정 또는 개정한 것은 국가의 기본조직을 완비코자 했다는 점에서 높이 평가할 만하다. 그러나 그 작업과정 속에 특정집단의 일당독재와 장기집권의 길을 열어 놓았다는 점과 국민의 기본권이 소홀히 취급되었다는 점은 부정적인 평가를 받아마땅하다.

1963년의 부정적인 유산은 1987년의 6월 항쟁과 제9차 개헌과 관련 법 개정을 통해서 많은 청산이 이루어지기는 했으나 아직까지도 많은 부정적인 흔적을 남겨 놓고 있다. 1963년 당시의 박정희 의장의 권위주의적 권력행사방식은 5·16쿠데타의 권력형성과정에서 비롯되는 당연한 결과이기는 하지만 제5대 대통령에 당선되어 정권을 재창출하면서 정치쇠퇴와 불안정으로 이어졌다.

그러나 1963년은 박정희 정권의 경제발전과 대외진출이 국가경쟁력 확장의 가능성을 보여준 해였다.

2. 반성

1963년의 한국정치를 반성하는 입장에서 볼 때 제도와 문화의 간극과 마찰을 좁히지 못했다는 점이 아쉽다. 정치발전의 요체 중의 하나가 정치제도와 정치 문화의 상합성(Congruence)을 추구하는 일이다. 국민의 정치문화는 제자리에서 답보하고 있는데 집권자의 의도에 따라 제도만 변경해 나간다면 거기에는 독재가 자리하게 될 것이며, 역으로 정치문화는 선진화되어 가는데 제도가 요지부동한다면 거기에는 다분히 시민혁명이 일어나게 된다.

미국의 경우 230여 년의 헌정체험을 살펴보면 언제나 국민의 정치문화가 변화하면 그것이 신속히 제도변혁으로 반영되었기 때문에 미국정치는 언제나 안정 속에서 변화를 거듭해왔다.

그러나 한국의 경우는 1963년의 제도변혁만 보더라도 국민의 의식변화와는 전혀 관계없이 집권세력에 의해서 일방적으로 섬세한 정치계산하에 강행되었다. 그러므로 박정희 정권은 독단적인 제도 변혁 속에 스스로 정치적 불안정을 잉태한 셈이었다. 그 후유증이 오늘 날까지도 앙금처럼 남아있는 것이며 그 원죄가 1963년에 잉태되었다 할 것이다. 이처럼 권력형성과정과 행사 방식에 있어서 정통성의 흠결이 있으면 그것이 정치 불안정의 씨가 되는 것임을 주목할 필요가 있다.

1961년의 5 · 16군사쿠데타는 이 나라에 민군갈등을 야기했으며 1963년의 대통령선거는 지역갈등을 야기하였다. 지역갈등은 박정희 정권이 지속되면서 권력배분과 인사 · 재정의 불균형정책으로 인해 동서갈등으로 변형되면서 오늘날까지도 국민통합의 저해요인이 되고 있다. 여기에 1963년 이후에 나타난 이념갈등과 계층갈등이 중첩되어 더욱 심화되고 있다.

한국형 갈등은 그 요인과 내용이 비교적 단순하지만 북한이란 변수가 있어 쉽사리 사회의 양극화로 확장된다. 그것은 지금도 여전히, 국가의 기본요건인 국민형성(Nation Building)을 저해하며 국민적 정체성과 통합을 저해하고 있다.

<참조>
① 윤형섭, "한국정치의 비논리성", 사상계(월간), 1963년 3월호.
② 윤형섭, "복지국가와 병영국가", 사상계(월간), 1963년 8월호.
③ 윤형섭, "경찰·정부·국민"(누구를 위한 경찰인가), 사상계(월간), 1963년 9월호.
④ 윤형섭, "구호로 본 3·24데모의 본질", 사상계(월간), 1964년 5월호.

05

해위 윤보선, 뿌리 깊은 나무*

I.

해위 윤보선 전 대통령은 우리 국민이 오래도록 기억해야 할 국가지도자이다. 국가지도자에는 두 가지 유형이 있다. 하나는 뿌리 깊은 나무형이요, 다른 하나는 평지돌출형이다. 그중에서 해위는 전자에 속한다 하겠다. 왜냐하면 800년 이상의 긴 세월 동안 그의 가문은 이 나라의 통치계급으로 뿌리를 뻗어 내려왔고 그 DNA가 해위에게까지 전승되었다고 보기 때문이다. 뿐만 아니라 해위 자신이 조선조말의 개화파 일색이었던 집안 어른들의 권고에 따라 17세 때부터 나라를 떠나 일본의 게이오대학 중등부, 중국 상해의 임시정부 그리고 에든버러대학 등지를 거치면서 조국의 개화, 독립, 민주화의 신념을 굳히면서 삶을 바쳐 가며 국가지도자가 되기 위한 「뿌리 깊은 나무」로 성장했기 때문이다. 그리하여 해위는 개혁적 보수정치의 철학적 기반과

---

* 이 글은 윤보선민주주의연구원에서 간행한 「해위」 제16호(2020.3.)에 실린 글을 후일 수정·보완한 것임.

가문의 정신적 전통에 따라 「개혁과 책임」을 자신의 정치신념의 뿌리로 삼았으며 영국식 문민정치와 의회정치를 신봉하였다. 광복 후에는 자택인 안국동 8번지를 중심으로 하여 한국 정당정치의 산파역을 맡았다.

그러나 다른 한편으로는 가난을 씹으며 자수성가하여 어느 날 갑자기 난세의 바람을 타고 출현하여 군중심리를 업고 국가지도자급의 반열에 오른 「평지돌출형」이 있다. 우리 헌정사 속에서 몇 분은 이에 해당된다 하겠다.

II.

그럼에도 불구하고 우리 사회에는 해위에게 덧붙여진 몇 가지 정치적 오해가 있었다. 우선 이것부터 바로잡고 나아가야 하겠다.

첫째, 해위가 5.16 군사혁명을 환영했다는 오해:

실로 당시의 정적들의 악의에 의해서 또는 혁명주체 세력의 아전인수에 의해서 왜곡되고 유포된 오해다. 1960년 5.16 군사혁명을 당하면서 불현듯 제2공화국(내각책임제) 대통령이었던 해위가 토해낸 말 한마디 "올 것이 왔구나"를 탄식이 아니라 환영사로 왜곡하여 유포시켜 버린 것이다. 당시의 국내 상황을 지극히 한심스럽고 우려스럽게 지켜봤던 국민이라면 누구나 그 말 한마디쯤은 내뱉었을 법한 한탄스러운 상황이었던 것이다. 이만섭 전 국회의장도 자신의 저서 「5.16과 10.26.」(2009)에서 자신도 그렇게 같은 말로 분개와 통탄을 표현했노라고 고백하고 있다.

그 당시의 상황을 돌아보건대, 장면정권 10개월에 1,835회(하루평균 7.3회)의 가두시위를 기록하더니 물가는 하루가 다르게 치솟고 환율은 650:1에서 1,000:1로 뛰었다(1961.1.2.). 민생은 도탄에 빠졌고 사회질서는 붕괴된 지 오래건만 집권당은 신구파 간의 대립으로 나라는 파국으로 치닫고 있었다. 심지어는 데모대가 개원 중인 국회 본회의장으로 난입하여 사회를 보고 있던 곽상훈 의장석에 목발을 짚고 올라서서 의원들에게 대성일갈하는 괴현상이 벌어지기도 하였다. 아돌프 히틀러의 독재체재를 불러들인 바이마르 공화국 말기현상과 너무나 흡사하였다. 그러니 민주적 절차에 따라 국회에서 선출된 내각책임제하의 대통령으로서 어찌 그러한 애통과 탄식의 소리를 안지를 수 있었겠는가.

둘째, 미국의 반혁명 군사동원요청을 해위가 거부했다고 해서 군사혁명을 옹호했다는 오해:

군사혁명이 발발하자 매그루더 주한 미8군 사령관과 마샬 그린 미국 대리대사가 청와대로 해위를 찾아와 혁명군을 제압하기 위한 병력동원을 요청했다는 것은 사실이다. 그리고 원주 1군사령관 이한림 장군이 사태를 주시하면서 고민하고 있던 것도 사실이다. 당시 혁명군은 3,600명이었다. 그들은 모두 죽음을 각오하고 출동한 병력이었다. 해위께서는 이 순간 자기가 자칫 잘못 판단했다간 동족 간의 유혈을 자초하게 될 것이 불을 보듯 뻔할뿐더러 다시 한번 북한의 남침야욕을 유발하는 비극적 결과가 우려되었던 것이다. 그는 그처럼 숨 가쁜 국가위난의 순간에도 동족 간의 유혈방지를 위하여 미국측의 압력을 배척한 책임 있는 국가지도자였다. 그러나 며칠 후(1961.6.3.) 해위는 특별기자회견에서 "군사정권은 하루 바삐 정권을 민간에게 이양하라."고 촉구했다. 그 내용을 동아일보만이 1면에 대서특필했기 때문에 현장을 취재했던 동아일보 이만섭 기자가 구속 수감되었으니 우리는 이 사건을 통해서도 해위의 속마음을 알 수 있을 것 같다.

그 후에도 해위는 한결같이 문민통치체재의 복원을 위해서 최선을 다하여 불굴의 저항을 지속하였다. 군사정권을 향해 YS와 DJ의 석방을 외쳤고 야당을 창당하여 저항세력을 구축하고 조직적으로 저항하였다. 그 힘을 갖고 1987년에는 전두환 대통령을 찾아가 계획 중인 것으로 알려졌던 군병력 동원을 제지할 수 있었던 것이다. 오직 소통을 통해서 문제를 풀어 나가고자 하는 영국식 개혁적 보수정치의 행태가 그의 몸에 배어있음을 알 수 있다. 그러나 문제가 있다면 사생결단과 극한대결을 안 했다는 그 이유 하나만으로 그를 적과 협력한 것이나 다름이 없다고 단죄하고 그를 정략적으로 비난하는 한국적 정치문화와 정치인들의 행태에 도리어 문제가 있다고 봐야 옳을 것이다.

셋째, 해위에게 친일적 성향이 있다는 오해:

조선조말의 해위 가문의 어르신들의 정치적 성향은 개화에 있었다. 그 분들은 그 개혁의 모델을 일본에서 구했다. 그들에게 있어서 일본식 국가발전전략 외에는 대안이 없었다. 청나라도 아니었고 중화민국도 아니었다. 러시아도 아니었고 소련도 아니었다. 오직 일본만이 국가발전의 목표모델이며 과정모델이라고 생각했다. 일본을 보면서 그들이 세워야 할 조선의 미래상을 그렸고 일본이 성공해 온 과정을 살피면서 우리도 그대로 접근하면 될 것으로 믿었다. 이것이 가문의 어르신들이 해위를 일본인들의 일신초등학교를 거쳐 도쿄 게이오대학 예비학교(중등부)로 유학을 보낸 정신적 배경이었다. 지금부터 60년 전만 하더라도 우리 사회에 "항일 아니면 친일"이라는 양분법만이 존재했던 양극화된 문화가 지배하고 있었기 때문에 정적들에 대한 악의적 비판이 우리사회에 가속적으로 퍼졌던 것 같다.

III.

다시 해위의 『뿌리 깊은 나무』로 돌아와서 그 DNA의 뿌리를 살펴보자. 그에게는 원시조 · 시조 · 중시조 · 근시조라 할 만한 조상이 계셨다.

원시조는 흔히 윤신준(尹莘俊)이라고 하나 더 이상의 객관적 기록이 없을 뿐만 아니라 그분의 후손에 관한 기록도 전혀 없기 때문에 원시조로만 모시고 계보를 단절시킬 수밖에 없다는 것이 문중의 의견이었다(그분은 고려 인종 때의 문하시중이었다. 지금의 수상 또는 국무총리에 해당된다).

그러므로 해위 가문의 시조(1세)는 윤군정(尹君正) 사공공(司空公)이라 해야 할 것이다. 그분은 1200년경 경상북도 선산군 해평에서 태어났다. 1264년 상서(6부장관)를 거쳐 문무를 겸비한 대장군으로서 1273년 삼별초의 난을 수습했고 1274년 고종(高宗)의 최고 고문격인 삼사삼공(三師三公)에 이르렀다.

해위의 중시조는 오음 윤두수(梧陰 尹斗壽)이다. 사공공의 12세손이며 해위는 이분의 10세손이다. 문무를 겸비했던 대정치가, 대문학가로 명성이 높았으며 임진왜란 때 아우님, 즉 홍문관, 예문관 양 대제학을 거쳐 예조판서를 지낸 해평부원군 월정공(月汀公 · 尹根壽)과 함께 선조를 모시고 의주(義州)로 몽진을 가서 성공적으로 귀환한 것으로도 유명하다. 오음(梧陰)은 형조와 호조판서를 거쳐 우의정, 좌의정, 영의정에 이르렀다. 해원(海原) 부원군으로 책봉되기도 하였다. 오음과 월정의 지극한 형제간 우애는 묘지사건을 비롯해서 지금도 전설처럼 내려오고 있다.

해위의 근시조는 해위의 조부로서 윤영렬 · 경제공(尹英烈 · 敬齊公)이시다. 25세에 무과에 급제하였다. 1896년에 안성군수 겸 삼남토포사(三南討捕使)로 한말 무신(武臣)으로서 명성을 떨쳤다. 기골이 장대하고 청렴결백하기로 유명했다. 사리(事理)가 분명하여 개화파에 동참하면서도 정변에는 반대하는 입장을 취했다. 그처럼 철저했던 개혁과 책임을 중시하는 가문의 정신적 전통이 해위에게 전수되었고 그로 인해 해위는 때로는 앞에서 언급한바와 같은 정적들에 의해서 뜻밖의 음해를 받기도 하였던 것이다. 역시 해위는 어느 날 갑자기 평지에서 영웅처럼 돌출한 대통령이 아니었다. 해평 윤문 800년의 뿌리 깊은 나무에서 돋아난 또 하나의 거목이었던 것이다.

IV.

그래서 더욱 해위 윤보선은 1963년 대선을 통하여 자신의 민주주의 철학에 따라 공평하고 정의로운 국민의 심판으로 박정희의 군사집권세력을 제압하려 하였다. 그러나 불행히도 해위는 여촌야도(興村野都)와 남북분산의 투표성향에 타격을 입어 불과 156,000표의 표차로 뜻을 이루지 못했다. 변영태(정민회) 오재영(추풍회) 장이석(신흥회) 후보들의 득표수를 모두 합치면 831,935표에 이르며 그들이 모두 반 박정희 후보임을 감안한다면, 그리고 박정희의 현직자 프레미엄을 감안한다면 결과가 더욱 아이로니칼 하다 아니할 수 없다. 해위가 스스로를 정신적 대통령이라고 강변한 것도 그래서였던 것 같다.

해위는 그 후 반 박정희 투쟁을 이끄는 재야의 선봉장으로서 조국의 민주화를 위해서 평생을 헌신하였다. 1980년 정치 일선에서 은퇴하여 1990년 서거하실 때까지 자신을 안국동 고택의 정원사로 일컬으면서 삶의 여운을 남겼다.

그는 갔어도 그의 가문이 신봉했던 개혁과 책임의 원칙과 해위께서 언제나 강조했던 문민우위사상, 개혁적 보수주의와 민생경제 제1

주의 그리고 정당과 선거의 민주화로 이룩해 내야 할 영국식 의회민주의의 완성은 뒤에 남아 있는 사람들의 몫이 되고 말았다.

뿌리 깊은 나무는 좀처럼 바람에 흔들리지 아니하고 언제나 꽃이 좋고 열매가 많은 법이다. 뿌리 깊은 나무에서 돋아난 또 하나의 뿌리 깊은 나무, 이것이 내가 보는 해위이다.

V.

해위 윤보선은 시조 사공공(윤군정)의 22세손이며 필자 윤형섭은 25세손이다. 사공공의 묘와 단비는 현재 충북 괴산군 사리면 소매리에 있다.

해평 윤문의 중흥 시조는 오음공(1533~1601)과 월정공(1537~1616)의 두 형제 분인데 해위는 오음의 10대 직계 세손이며, 필자는 아우님 되시는 월정의 13대 직계 세손이다.

오음과 월정의 품성과 행태는 서로 같으면서 다르고 다르면서 같았던 것 같다. 그러나 두 분의 형제간 우애는 하늘을 찌를 만큼 대단하여 세인의 칭송이 자자하였다 한다.

오음은 워낙 성품이 호방하고 도량이 넓으며 시야가 깊고 넓은 대 정치가형으로서 임금의 사랑과 신뢰를 받았다. 그에 비해서 아우님 월정은 고지식하고 엄격한 학자형으로서 당대 제1의 문장가였으며 형의 사랑과 만인의 존경을 받았다 하며, 월정의 학자와 문장가로서의 업적과 생애는 최근에 한국고전번역원의 번역거점연구소로 지정된 단국대학교 동양학연구원에서 2014년 5월에 12편의 연구논문을 엮어서 펴낸 「월정 윤근수 연구」(간행: 학자원)와 4권의 시 번역서가 이를 입증하고 있다.

오음의 묘소는 경기도 장단군 장도면 오음리에 있으며 월정의 묘소는 경기도 장단군 강상면 임강리에 있으나 북한 땅 임진강 북쪽에 있기 때문에 판문점 망향단에서만 바라볼 수 있을 뿐이다. 현재 오음의 사당은 경기도 성남시 수정구 복정동 소재 모덕재에 있고, 월정의 사당은 경기도 양주시 옥정동에 월정사란 이름으로 모셔져 있으며 향토 유적 제16호로 지정되어 있다.

근 500여 년 전의 일이지만 오늘날까지 내려오는 가족 전래의 일화가 있기에 이를 소개한다.

원래 학문이 깊은 월정은 풍수지리에도 능통했다. 일찌감치 자신의 묘터를 잡아 놓고 매우 흡족해했다. 좌청룡 우백호가 감싸고 있고 저 멀리 눈을 편안히 걸칠 수 있는 안대가 좋았으며 들어오는 물은 보여도 나가는 물은 안 보였다. 어느 날 자랑스럽게 이를 형 오음에게 보여드렸다. 오음은 한참을 보더니 "천하제일의 명당이로다!"를 세 번씩이나 연발하였다. 월정은 이를 형 오음에게 양보할 수밖에 없었다. 실은 형이 보기에 그 묘터에는 왕기가 서려 있었다. 이로 인해 아우가 장차 감당치도 못할 화를 당할 것을 우려해서 일부러 그리했다는 설이 있다. 형제간의 우애와 의리가 그만큼 깊었다는 것이다.

그로부터 수백 년이 흘렀으므로 지금은 헤아릴 길 없으나 조선조 말의 자료에 따르면 오음의 산소를 중심으로 수십 명의 직계존비속이 가족묘지로 한 마을을 형성하고 있을 정도였으며, 오음의 묘터에 왕기가 서린다더니 그의 직계 11세손에 가서 대한민국 대통령(해위 윤보선)을 배출하였다. 반면에 그 명당 터를 양보하였던 월정의 직계후손 중에서는 대체로 학자(선비)가 주류를 이루고 있으며 다수의 후손이 교육에 종사하고 있다.

또 하나의 일화는 오음, 월정 두 분의 성향에 관한 것이다. 워낙 융통성과 포용성이 큰 오음은 예물이라는 이름의 뇌물이 들어오면 즐겨 접수하여 광에 쌓아둔다. 그러나 이를 용납지 못하는 것은 아우 월정의 강직함과 외골수의 청렴결백함이다. 아우의 비난에 대해서 형은 정색하며 말하기를 "넌 아직 학문이 부족하구나. 내게 갖다 바치는 그 자들은 하나같이 탐관오리들이다. 가엾은 백성들을 가렴주구 하여 가져오는 것이니 차라리 내가 받아뒀다가 후일 가난하고 가엾은 백성들에게 나눠주는 것이 도리어 정의로운 일 아니겠냐?

내가 이를 거절하면 저 귀물들은 틀림없이 부패하고 타락한 고관대작들 손에 들어가 그들의 배를 불릴 것이니 그를 두고 볼 순 없지 아니하냐! 다시 네게 묻노니 길바닥에 금괴가 떨어져 있다면 너는 어쩌겠느냐? 아마도 못 본 척하고 지나가겠지만 나는 얼른 집어와서 양식으로 바꿔 주변의 가난한 백성들에게 나눠줄 것이니라. 어느 쪽이 진정한 정의구현이냐? 이래서 내가 네게 학문이 부족하다 한 것이다." 라고 훈계했다고 전해져 오고 있다.

그러나 알고 보면 월정도 당대 제일의 학자와 문장가로만 그친 게 아니라 경기도 관찰사, 경상도 관찰사, 대사성, 대사간, 대사헌, 대제학, 예조판서를 거쳐 좌찬성을 지내고 영의정을 추증받았으며 형의 사후에도 15년을 더 생존하여 1616년까지 향년 80의 장수를 누렸다.

월정(윤근수·해평부원군)에 비하면 오음(윤두수·해원부원군)은 사간원 대사간, 성균관 대사성, 도승지, 관찰사(황해, 전라, 평안) 한성부윤, 형조·호조판서, 우의정, 좌의정을 거쳐 드디어 1599년에 영의정에 올랐으나 지난날에도 당쟁에 휘말려 귀양살이를 하더니 이번에도 역시 논란을 당하고는 스스로 사임하고 남파에서 여생을 보내고 1601년 청파별장에서 향년 67세로 삶을 마감했다. 그러나 그의 후손들이 줄을 이어 영의정을 비롯한 크고 높은 갖가지 국가 공직을 맡아 「헌신과 책임의 거목」을 만들어 냈으니 실로 그 뿌리는 오음이라 할 것이며 해위 윤보선 대통령도 그 뿌리에서 나왔다 해야 할 것이다.

06

내가 몸으로 겪은 대통령 노태우*
-그는 물태우도 군사독재도 아니었다

I. 머리말

나의 인생의 주체는 나다. 따라서 나야말로 나의 인생의 책임자라는 주장은 실존주의적 입장에서 볼 때 틀림없는 철학적 명제이다. 그러나 누구나 마찬가지이겠지만 나의 인생이라고 해서 내가 생각하는 대로 전개되지는 않는다.

내가 노태우 정권의 초대 교육부 장관이 된 것도 나의 의사와는 전혀 무관하다. 도리어 나는 그 제의를 잠시나마 정중히 사양했다. 그러나 결과적으로는 1990년 12월 27일부터 1992년 1월 22일까지 내각의 일원으로 남아 있었다.

내가 입각제의를 잠시나마 사양했던 것은 노 정권에 대한 협조의사가 없어서가 아니다. 첫째로 나의 평생의 소원이 교수로 생을 마치

---

* 이 글은 노재봉(외), 「노태우를 말한다」, 2011년 동아출판사에 게재되었던 졸저, "물도 군사독재도 아니었다"를 후일 대폭적으로 수정·증보하여 중원원로담론 제5집 「우리 시대 지성과의 대화」(2017.12.)에 게재한바 있음.

는것이기 때문이었다. 그럼에도 불구하고 나는 장관취임과 동시에 교수직 사표를 제출했다. 당시 연세대의 박영식 총장은 관례에 따라 휴직함이 옳다면서 사표수리를 마다했다. 할 수 없이 나는 나의 비서실장을 박영식 총장에게 보내 나의 사표가 수리되기 전에는 돌아올 생각을 말라했다. 사람들은 나를 어리석다 했다. 그러나 내 생각엔 그게 옳은 걸 어찌하랴. 그럴 수밖에 없는 상황을 미리 내다보고 나는 그 자리를 사양코자 했던 것이다. 결과적으로 돌아다 보니 나는 불과 1년여 간의 장관직을 위해서 8년이 넘게 남아 있는 교수직을 버려야 했던 것이다.

내가 장관직을 즉각 수락할 수 없었던 두 번째 이유는 내가 존중하는 가치, 사회적 의리 때문이었다. 대한교련을 한국교총으로 탈바꿈하고 전국대의원대회에서 만장일치로 3년 임기의 회장으로 재추대 된 지 불과 한 달도 안 되었는데 어찌 회원들의 기대와 약속을 저버리고 장관자리로 옮겨 탈 수 있단 말인가. 그러나 결국은 설득을 당하고 말았다. 이렇게 되면 나는 절로 「운명」이라는 것을 생각하게 된다.

1980년대 초, 나는 한때 교육대학원에서 사회교육을 전공하고 있는 김 모 교사의 논문지도 교수를 맡은 일이 있었다. 그의 논문 "대한교련과 교원간의 일체성에 관한 연구"(1974)는 한국유일의 합법적인 교원단체이었던 대한교육연합회에 대한 교사들의 인식 내용을 조사·분석하는 것이었다. 그런데 그 논문의 결론이 밝힌 교련에 대한 교사들의 인식은 지극히 부정적이었다. 그것이 이유가 되어 김 교사는 그 후 교육 당국으로부터 신분상의 불이익처분을 받았다. 그의 지도교수로서 이에 격분한 나는 그의 후속 논문을 썼다.

그것이 "대한교육연합회의 이익표출구조와 기능에 관한 연구"였다. 김 교사보다 더 신랄하게 비판하면서 교련의 개혁을 요구하는 논문이었다. 우연한 결과인지는 몰라도 김 교사는 그 후 교감으로 승진하는 데 아무 지장이 없었다. 그 일이 계기가 되어 환골탈태의 자체개혁을 모색하던 교련당국은 나를 새 시대의 회장 적임자로 주목하게 되었다. 결국 나는 1988년 11월 대한교련회장으로 선출되긴 했으나 앞에서 말한 대로 결단코 내가 그 자리를 원했거나 계획했던 것은 아니었다.

이런 일이 되풀이됨에 따라 나는 어떤 각별한 "보이지 않는 손"이 내 운명을 지배하고 있는 것처럼 느낄 때가 많았다는 얘기다. 서울신문사 사장자리도, 건국대 총장직도, 호남대학교 총장직도, 대통령직속 반부패 특별 위원장직 그 어느 것도 단 한순간도 내가 희망했던 일이 없다. 모두 내 의사와는 무관하였다. 거의 강제로 끌려가다시피 했다. 이것을 하나님의 뜻 또는 「운명」말고 무슨 말로 설명할 수 있을까. 나는 이것을 하나님의 택하심 또는 부르심이라 믿고 어디를 가나, 어떤 일을 맡거나 충실한 청지기의 심정으로 맡은 일에 충성을 바쳤을 뿐이다.

이 글은 위와 같은 나의 공직 생활 중에서 1990년 12월부터 1992년 1월까지의 장관 재직기간을 중심으로 해서 내가 노태우 대통령을 직접 체험했던 사건들을 바탕으로 그와 그 정권의 성격을 규명해 보고자 하는 것이다. 그러므로 이 글의 취급범위는 당연히 교육부 업무에 국한될 것임을 밝혀둔다.

II. 정치권력의 정통성

정통성이란 권력존립의 심리적 기반이다. 그것은 권력의 형성과정과 행사과정에서 공히 정치적·사회적·윤리적 정당성이 있기를 요구한다. 권력이 정통성을 못가지면 부단히 정치적·사회적 저항에 부딪히게 된다. 더군다나 권력의 효율성 즉 정치·경제적 생산성이 후퇴하면 더욱 그렇게 된다. 그러한 상태에서는 국가의 안정과 평화, 그리고 그 바탕위에서의 지속적 발전은 기대할 수 없다.

그런 점에서 볼 때 무력으로 일시에 권력을 찬탈하거나 또는 체육관에서, 선택된 자파 대의원들끼리 모여서 사전각본에 따라 창출한 권력은 국민 앞에서의 공정한 경쟁과 심판을 거쳐 탄생한 권력과 처음부터 같을 수가 없다. 이러한 관점에서 보았을 때 1987년 야권의 민주화 요구와 대통령직선제 개헌안을 수용한 6·29선언에 따라 출범한 제6공화국의 첫 번째 정부인 노태우 정권은 그 이전의 다른 어떤 정권과도 구별되어야 한다. 노태우 정권은 권력의 형성과정에서만이 아니라 권력의 행사과정에서도 그러한 구별이 존재했다고 나는 믿고 있다. 전두환 정권하에서 반정부 비협조 교수란 죄목으로 대학의 학장직을 하루아침에 박탈당하고 국외로 추방당한 경험이 있는 나로서는 그렇게 확신한다.

나는 이글을 통해서 내가 입각 전에 체험했던 노태우 대통령과의 두 번의 공개적인 대면과 입각 후에 체험했던 세 번의 독대를 진솔하게 기록함으로서 앞에서 말한 나의 이론을 논증하고 대통령 노태우와 그 정권의 성격을 이해하는 데 도움을 주고자 한다.

III. 나와 전혀 인연이 없었던 노대통령

교육전문 월간잡지 교육포럼 기자가 내게 물었다(2011년 4월호 참조). 1990년 입각 시에 일각에서는 윤장관과 노대통령사이의 특별한 인연이 화제였는데 그 진실을 말해 달라는 것이었다. 그들이 말한 특별한 인연이란 내가 대통령과 육사11기 동기생이라는 설과, 심지어는 내가 육사에서 노대통령을 가르쳤다는 설이었다. 그 어느 것도 진실일 수 없다. 아마도 내가 젊은 시절 육사 교수부 정치학과 교관으로 거의 6년간 근무한 일이 있었기 때문에 그렇게 와전된 것 같다.

우선 나는 육사 졸업생도 아니거니와 내가 육군중위 계급장을 달고 육사교관으로 부임한 때가 1957년이었으므로 1955년에 이미 졸업한 노대통령과는 사제 간의 인연이 맺어질 수가 없었다. 나의 이러한 답변에도 기자는 여전히 수긍이 가지 않는 눈치였다. 그 밖에 학연, 지연, 혈연, 군연, 어떤 사적인 연고관계도 없다. 나는 본디 고향이 서울이니 지연이 없는 것은 물론이거니와 민법 제777조가 규정한 친인척 범위에도 해당이 없으니 혈연도 없다. 그렇다면 어떻게 나를 알고 그처럼 막중한 책임을 맡겼을까?

IV. 첫 번째 대면 – 중간평가

생각해 보니 희미하게나마 두건의 회상이 떠올랐다. 하나는 1988년 대통령 취임 얼마 후 어느 날 밤의 일이다. 대통령께서 한국정치학회 역대 회장을 한자리에 불러 모으셨다. 저녁이나 함께하자는 것이었다. 온 세상이 대통령에 대한 중간평가문제로 술렁거리고 압박을 가하고 있을 때였으므로 우리 모두는 그날 밤의 화두를 대충 그렇게 짐작하고 있었다.

그 당시에 나는 연세대 행정대학원장이기는 했으나 한국정치학회 제15대 회장을 지낸 한국정치학회 고문단의 일원이었으므로 당연히 참석해야 했다. 저녁식사가 끝나기가 무섭게 예상했던 과제가 화두로 튀어 올랐다. 대통령께서는 10여명의 참석자에게 솔직한 의견을 구했다. 모두가 열심히 발언했다. "공약은 지켜져야 한다." 즉 "Pacta Sund Servanda"가 참석자 모두의 발언 요지였다.

드디어 대통령께서 나를 가리키면서 "어째서 윤회장만은 입을 다물고 계시오?" 그래서 할 수 없이 나도 마음에도 없는 입을 열었다.

"저는 오늘날 우리사회의 지배적 여론뿐만 아니라 여기 있는 모든 분들과도 의견을 달리합니다. 중간평가란 대통령의 자의적 선택사항이 아닙니다. 명백한 위헌이기 때문입니다. 비록 공약을 했다하나 그것자체가 위헌이므로 원인무효가 되는 겁니다. 따라서 아무리 하고 싶다하더라도 할 수 없는 사항입니다. 그래서 반대입니다." 대충 그런 내용의 발언이었다. 이것이 그분과 나와의 첫 대면이었다. 말하자면 첫 인연인 셈이었다. 그때 받은 나에 대한 인상이 그분으로 하여금 나를 오래도록 기억하게 했을까?

다음 날 아침 출근하자마자 어젯밤에 동석했던 S 대학의 Y 교수로부터 목멘 소리의 전화를 받았다. 중앙일보(조간)에 어젯밤의 일이 전면기사로 실렸는데 오직 Y 교수 한 사람이 반대 발언했다는 기사 때문에 얼토당토않게 자기가 시민의 항의전화에 시달리고 있다는 것이었다. 나는 진심으로 미안하다고 사과하고 위로했다. 그러나 지금도 그 소신에는 변함이 없다.

내가 1994년 건국대 총장에 취임하고 2년이 지난 96년 어느 날, 교수협의회 P 의장이 찾아왔다. 나에 대한 중간평가를 하겠다는 것이었다. 나를 임명하기 전에 이사장이 그렇게 약속했다는 것이다. 나는 즉석에서 내가 약속한 것이 아니므로 내가 그 약속을 지킬 의무가 없다. 비록 75% 이상의 교수들이 나를 지지할 것이라 하나 정관위반인데 어찌 그것을 내가 수용할 수 있겠는가? 내가 그런 전례를 남겨 놓으면 장차 내 후임자는 어찌될 것인가. 그렇다면 장차 정관상의 총장 임기는 무의미하게 된다. 지난날 노태우 대통령의 중간평가 약속이 결국 취소된 것도 모르는가. 그럼에도 불구하고 당신네 교수협의회가 굳이 나에 대한 중간평가를 강행한다면 나는 관련 교수들을 전원 정관위반과 학칙위반으로 징계 처분하고 이 학교를 떠날 것이다. 나는 자리를 걸고 강경하게 맞섰다. 그 후 건국대학교는 안정과 평화 속에서 장기발전의 기틀을 놓을 수 있게 되었다. 위에서 말한 노태우 대통령의 중간평가파동으로부터 한 수 배운 셈이었다.

V. 두 번째 대면 - 교총회관 건축비 국고보조

노태우 정권은 안정기조위에 올랐고 나는 연세대 행정대학원장 임기를 마치고 한국교총회장으로 변신되어 있었던 어느 날이었다. 전국의 교총 이사 60여 명이 교총회관 내의 대회의실에 모였다. 이윽고 대통령께서 조순 부총리, 정원식 문교장관, 함종한 국회 문공위원회 간사, 이연택 행정수석, 그 밖에 정해창 비서실장과 관련 수석들 그리고 경호 실장을 이끌고 입장하셨다. 이는 1945년 대한교련(교총의 전신)이 창설된 이래 초유의 일이며 누구도 예상도, 상상도 할 수 없는 사건이었다. 아마도 전교조의 위협적인 공격 앞에서 위기에 몰려있는 교총의 위상을 높이고 한국교육을 위기에서 구하기 위한 속 깊은 배려가 아니었나싶다. 그것이 나와 대통령과의 두 번째 만남이었다. 나는 한국교육계의 위급한 현황, 교원의 복지증진, 교원지위향상법 제정, 교총회관(교원복지회관) 건설을 위한 국고보조 등에 관해서 약20분간 열변을 토했다. 결국 그 모든 요구가 받아들여졌다. 어쩌면 그때 나로부터 받은 인상 때문에 나를 기억하고 계셨을까? 그 답을 나는 오늘날까지 누구로부터도 들은 일이 없다. 세월이 제법 지난다음 언젠가는 노대통령께 나를 어떻게 알고 "장관으로 발탁하셨습니까?" 하고 여쭤볼 예정이었었는데 그분의 건강이 그럴 수 없게 되었으니 안타깝기만 하다.

만약에 두 번의 대면 때문도 아니라면, 내가 교총회장에 재선된 것이 나를 장관으로 발탁키로 결심하게 된 직접적인 계기가 된 것일까?

VI. 입각 - 교육부장관

1990년 12월 26일 밤 11시 50분, 노재봉 대통령비서실장(후일 국무총리가 됨)으로부터 뜻밖의 전화를 받았다. 문교부장관을 맡게 되었으니 내일 아침 청와대에 와서 임명장을 받으라는 것이었다. 신문에 내 이름이 자주 거명되는 것은 보았어도 나는 전혀 믿지 않았을 뿐만 아니라 누구로부터도 사전에 귀띔조차 받은 일이 없었다. 그런데 설마 했던 그것이 현실이 되어 버린 것이다. 나는 당황한 나머지 "불과 한 달 전에 교총의 전국 대의원 대회에서 만장일치로, 그것도 기립박수를 받으면서 3년 임기의 회장에 재추대되었는데 이제 와서 어떻게 그 자리를 버리고 입각하란 말이냐? 나는 갈 수 없다."고 거절하였다. 그랬더니 노총리께서 특유의 바리톤으로 버럭 소리를 질렀다. "각하의 결심이 이미 끝났습니다. 교총이 더 중요합니까? 나라가 더 중요합니까?" 그 논리 앞에 나는 그만 할 말을 잃었다. 다음날 새벽 교총에 가서 회장직무대행 지명절차를 마치고 회장직 사표를 썼다. 지금도 그때 일을 생각하면 당시의 26만 교총회원에게 미안하기 짝이 없다. 마치 내가 세상적인 감투에 눈이 어두워 교총을 배신한 것처럼 되었으니 내가 얼마나 괴로웠겠는가. 그러나 천만다행인 것은 현승종 총리, 이영덕 총리 같은 존경받는 거인들이 내 후임이 되셨고, 또 전국 교원의 나에 대한 사랑 또한 한결같다 해서 겨우 위안을 얻었다.

VII. 첫 국무회의 - 대학정책

내가 장관임명장을 받던 바로 그날 청와대에서 대통령 주제 하에 나로서는 첫 번째 국무회의가 열렸다. 그 자리에서 대통령께서 느닷없이 "윤장관, 대학문제에 대해서 어떤 생각을 하고 계시오?" 하는 돌발적인 질문을 하셨다. 전혀 준비가 안 되어 있는 상태이어서 나는 원칙적인 답변을 할 수 밖에 없었다. "대학의 것은 대학에 돌려주어야 합니다. 즉, 대학의 자율화정책이 이 나라 교육정책의 기본이 되어야 할 것입니다. 그러면 대학은 다양화되고 국가는 다양한 인재를 얻게 될 것입니다. 예컨대 대학입학시험만 하더라도 정부가 간여할 문제가 아니라고 생각합니다. 각 대학이 각자 자기 식으로 자기 책임 하에 자율적으로 운용해야 할 일입니다. 다만 거기까지 가는 절차와 방법이 이제부터 현명하게 강구되어야 할 것입니다." 그 자리에 동석했던 모든 국무위원들 즉 대통령을 비롯해서 모든 장관들, 그 밖에 서동권 안기부장관, 김영준 감사원장에 이르기까지 전원이 수긍하는 분위기였으며 누구도 이의를 제기한 사람이 없었다. 그래서 나는 모영기 대학정책실장과 송봉섭 대학국장을 앞세우고 노태우 정부의 대학정책이 자율화와 다양화라는 믿음위에서 펼쳐 나갔다. 이런 정부를 두고 누가 군사독재정권이라 했는가.

그 밖에도 나는 몇 차례에 걸쳐 대통령과 정책을 논한 일이 있었다. 그때마다 나는 그분의 수용력과 민주적이며 합리적인 사고방식에 대해서 감탄하곤 했다. 나로서는 새로운 발견이었다. 누가 그를 두고 '물대통령'이라 하였는가. 누가 노태우 리더십을 '우유부단, 무소신, 무원칙, 예측불능'이라 하였는가. 만약 그 말이 맞는다면 어찌 그 정권을 '군사독재정권'이라고 정반대로 규정할 수 있단 말인가. 만약 직업군인 출신이라서 그렇게 규정해 버린다면 미국의 조지 워싱턴을 비롯해서 아이젠하워 대통령이나 프랑스의 드골 대통령도 그들이 직업군인 출신이었다 하여 그의 정부를 군사독재정권이라 하겠는가.

VIII. 첫 번째 독대 - 유아교육의 진흥

장관과 대통령과의 독대는 그리 흔한 일이 아니다. 불려가서 하는 독대도 있고 찾아가서 하는 독대도 있다. 어느 날 나도 호출을 받아 독대하게 된 일이 있었다. 알고 보니 모종의 특별한 지시를 하기 위함이었다. 아니나 다를까 "윤장관, 이제는 읍·면 단위에서부터 고교 무상교육을 실시하도록 하시오."라는 지시이었다. 틀림없이 비선계통에서 누군가가 그런 환상적이고 무지개 같은 정책건의를 올렸던 것 같다. 듣기에 따라서는 매우 멋있고 농민 대중들의 가슴이 뛸 만한 정책이다. 그러나 나의 대답은 그럴 수 가 없었다. "각하, 그건 곤란합니다. 재고해 주십시오. 만약에 이 나라에 고등학교까지 무상으로 교육시킬만한 재정적 여유가 있다면 차라리 그 돈을 유아교육진흥을 위하여 투자해야 할 것입니다." 하면서 북한과 선진국의 유아교육 현황을 예로 들면서 반론을 펼쳤다. 감히 일개 장관이 대통령의 특별지시를 즉석에서 거부한다는 게 있을 수 있는 일인가. 그러나 대통령께서는 도리어 "윤장관의 말을 듣고 보니 그 말이 옳소. 소신을 갖고 그쪽으로 추진해 보쇼." 흔쾌히 내말을 수용했다. 그 순간 나는 내가 그분 앞에서 갑자기 작아지는 것을 느꼈다. 그가 한껏 커 보였다. 그럼에도 불구하고 이 말을 전해 듣는 야당이나 일부 국민이 "보아라. 저렇게 물렁물렁한 소신 없는 물 대통령이다."라고 또다시 폄하 할 것이 염려되어 나는 끝까지 이 독대 내용을 비밀에 부치고 일만 추진했다. 그리하여 초고속으로 교육부에 유아교육 전담장학관제도를 신설하고 이를 민간 신문광고를 통해서 공모했는가하면 관련 교육법규의 유아교육관련규정을 개정하고 이정환 교수(이화여대)를 비롯한 민간의 유아교육 전문가들로 유아교육 진흥위원회를 구성하는 등 정책집행의 기틀마련에 전속력을 냈다.

IX. 두 번째 독대 – 한소 교육교류협력각서 체결

그런가 하면 내가 독대를 요청해서 단 둘이 만난 일도 있다. 그 기회를 이용해서 나는 대통령께 직간할 수 있었다. "각하의 공산권 수교와 북방정책은 역사적으로 의미 있는 일로서 한반도뿐만 아니라 동북아국제정치에 커다란 발자국을 남기게 될 것입니다. 그러나 아직은 그 실체가 부족합니다. 그러므로 범 정부차원에서 실적을 축적해 나가야 합니다. 우선 비정치적 분야에서부터 접근해야 할 것 같습니다. 그래서 제가 먼저 소연방 국가교육위원장을 만나 교육교류협력각서를 체결토록 하겠습니다. 그러면 양국 간의 학술정보, 교수, 학생 등등의 교류가 활발해지면서 문화교류가 뒤따르게 될 것입니다. 이것이 성공되면 중국과도 같은 방식의 관계를 맺을 것이며, 그 다음에 가서 북한에 대하여 같은 내용의 각서체결을 제안할 것입니다. 진정한 평화통일을 위해서는 무엇보다도 남북한 간의 교육과 문화의 교류를 통해서 민족의 동질화작업이 선행되어야 합니다. 그러나 북한을 자극하지 않고 주변 환경을 유리하게 조성해 주기 위해서 소련과 중국을 우회해서 북한으로 들어가고자 하는 것입니다. 제 건의를 허락해 주신다면 바로 소련과 협의하여 결실을 도모하겠습니다." 대통령께서는 즉석에서 이를 흔쾌히 수락하셨다.

이에 따라 그해 여름 금승호 국제교육국장(현 한림성심대 총장)일행을 대동하고 모스크바에 가서 양국 간에 계획했던 각서를 체결하였다. 그리하여 같은 날, 카자흐스탄 알마아타에 첫 번째 한국교육원이 문을 열었다. 그러나 공교롭게도 바로 그날 소련에 군사쿠데타가 발발하였고 고르바초프가 실각하면서 소연방이 해체되었다. 만약에 노태우 대통령이 진정 세상에서 폄하하는 대로 '물'이었다면 6·29선언은 말할 것도 없고 어찌 남북한 유엔 동시가입과 북방정책을 추진할 수 있었겠으며, 어찌 남북한 비핵화 공동선언을 할 수 있었겠는가. 뿐만 아니라 어찌 나의 정책건의를 외무부, 통일부, 안기부 등을 제치고 즉석에서 승인할 수 있었겠는가. 그 밖에도 그가 진정 물이었다면 오늘날 분당도 일산도 있을 수 없다.

X. 세 번째 독대 - 퇴임

드디어 1992년 1월 22일, 나는 경기도 부천에 있는 서울신학교에서 후기대학입시 학력고사 문제지를 도난당했다. 나는 그 책임을 지고 물러났다. 그로부터 불과 며칠 후 노태우 대통령의 오찬초대가 있었다. 뜻밖에도 독대이었다. 그날이 나로서는 그분과의 마지막 독대이었다. 건국대학교를 탐욕스런 정치적 이용으로부터 보호해야겠다는 교육책임자로서의 나의 고집이 끝내는 나와 김영삼 당대표와의 악연(이 악연에 관하여는 1998.3.18. 동아일보에 괘씸죄란 제목으로 상세히 보도된바 있음)을 만들었고 1992년 대선을 눈앞에 둔 김영삼 당대표의 위세와 정치적 압박이 그와 악연관계에 있던 나로 하여금 노태우 정부를 떠나게 하는 결정타가 되었다.

노대통령은 떠나는 나를 보고 너무 미안하고 애석하다했다. 잠시 쉬고 있으라 했다. 그러나 그로부터 2년 7개월 후 내가 김영삼 대통령과의 악연의 씨였던 건국대학교 총장으로 부임하게 될 줄이야 누가 알았겠는가. 이 점에서도 노태우 대통령은 인간적으로 다른 대통령과 차별화된다.

XI. 맺는 말

누구나 정권 내부에 들어가 보면 밖에서 보았던 것과는 사뭇 다르게 느낄 수 있다. 특히 나는 평생을 정치학 교수로서 언제나 비판적 시각에서 한국정치를 바라보고 비판했던 사람이지만 나 역시 마찬가지였다.

대통령 노태우 그는 전두환 대통령과 떼어 놓고 생각할 수 없었다. 그러나 엄밀히 말한다면 대통령 취임 이전의 노태우와 그 이후의 노태우는 구별해야 한다. 전자의 경우, 그는 육사11기 입학에서부터 오성회, 하나회등 TK그룹으로 전두환 대통령과 엮이면서 사단장, 보안사령관, 당 총재, 대통령 후보에 이르기까지 마치 친구 전두환과 2인3각 뛰기를 하듯 했다. 그러므로 1979년 12·12사건, 신군부의 정권장악, 국보위, 5·17광주항쟁 등의 일련의 그늘진 역사의 평가에서 결코 자유로울 수 없을 것이다.

그러나 1987년의 직선제 신헌법 하에서 시행된 대통령 선거를 통해서 김영삼, 김대중 두 후보가 스스로 패배를 인정하는 과정을 연출하는 속에서 대한민국 제13대 대통령에 취임하였다. 말하자면 권력 형성과정에 정당성이 주어졌다. 나는 그 이후 임기 후반기의 정권 내부를 드려다 보았을 뿐이다. 그래도 이는 곧 권력 행사과정에 참여했다는 의미가 된다. 불법비자금 문제를 포함해서 그 평가는 역사와 국민의 몫이다.

결론적으로 말한다면 대통령 취임이후의 노태우 대통령, 자세히 들여다보니 그는 결코 물태우도 아니었고 군사독재권력도 아니었다는 이야기다.

07

내가 대학에서 만난 젊은 날의 이만섭*

I. 프롤로그 - 그와 나

나에게 있어 이만섭은 누구인가. 내가 그를 처음 만난 것은 1953년 9월, 즉 대학 1학년 2학기 때의 일이다. 그가 이 세상을 떠난 것이 2015년 12월이므로 우리의 만남은 무려 62년간 지속된 셈이다. 겉으로만 스치면서 만난 것이 아니라 젊음의 열정과 영혼의 뜨거움으로 교류했던 만남이었기 때문에 평생을 한결같이 이어갈 수 있었던 것 같다.

우린 서로에게 허튼 존재가 아니었기 때문에 외우(畏友)라 함이 마땅하다. 우린 32년생과 33년생, 한 살 차이었지만 서로 형이라 불렀다. 나도 그를, 그도 나를 직함으로 부른 일이 없다. 그가 운명하던 그날도 나는 그를 문병하고 "이형, 이제 그만 털고 일어나시오."라고 당토 않은 주문을 했다. 집으로 돌아오는 길에 버스 속에서 그가 방금

---

* 이 글은 그의 서거 3주기에 간행된 「용기와 양심의 정치인, 청강 이만섭」(박영사, 2018.12.)에 게재된 "내가 몸으로 겪은 젊은 날의 이만섭"을 크게 수정·보완한 것임.

운명했단 소식을 들었다. 그날 나는 동문 조덕행(전 한국농어촌진흥공사 기획관리담당 이사)과 함께였다.

후일 담당 의료진에게 들었더니 환자가 일체의 치료와 식음을 거부하는 바람에 의료진이 곤욕을 겪었다는 것이다. 이쯤에서 생을 마감하겠다는 이만섭 환자의 결단과 확고한 의지력 앞에 의료진도 무릎을 꿇을 수밖에 없었던 것 같다. 결국 그는 살려고 병원에 들어온 것이 아니라 죽으려고 들어 온 것 같았다.

그가 집에서 와병중이라는 소식은 부인 한윤복 여사 또는 권중태 보좌관을 통해서 들어오던 터이었다. 그러던 어느 날 뜻밖에도 그가 직접 전화를 걸어왔다. "윤형, 점심이나 같이합시다." 예감이 불길했다. 생전 그런 일이 없었는데 웬일일까? 늙어서 사람이 갑자기 안하던 짓을 하면 죽는다는 속설이 있는데! 나는 심사숙고 끝에 대한민국 역사박물관 초대 관장 김왕식 박사를 대동했다. 약속장소에 당도해 보니 그는 식사도 제대로 못하면서 우리를 위해서 와인까지 준비해 놓았다. 그가 오찬을 마치고 권중태 보좌관의 부축을 받으며 집으로 향한 후, 나는 그가 집에 도착하기 전에 급하게 그의 부인에게 전화를 걸고 "내가 본 이형의 건강의 심각성"을 설명했다. 부인의 대답은 이러했다. "절대로 병원에 안가겠다는 남편의 의지를 저도 꺾을 수 없어요. 오시면 전화로 연결시켜드릴 테니 제발 윤 박사께서 설득하여 입원토록 해 주세요."라는 부탁이었다. 모든 일이 그대로 됐다. 그러나 그는 얼마 안 있고 바로 퇴원했다. 내가 보기에는 완치된 것이 아니었다. 애초에 완치될 수도 없는 증세였던 것 같다. 이는 그가 사망하기 두 달 전인 10월 하순에서 11월 초 사이의 일이다.

그 직전까지만 해도 우리 국민들은 그를 쉽게 만나볼 수 있었다. 그가 여러 TV채널의 시사토론 프로그램이나 단독 인터뷰에 자주 출연했기 때문이다. 그러나 나는 여러 차례 전화를 걸어 출연을 말렸다.

그는 막무가내였다. 심지어는 TV에서 자신의 정치적 소신과 나라사랑의 열정을 유감없이 토로하다 그 자리에 엎드려 죽으면 이 나이에 그보다 더 영광스러운 죽음이 어디 있겠느냐는 것이다. 그의 우국충정이 그만큼 뜨거웠다. 그러나 나는 TV영상에 나타난 그의 얼굴과 괴로워하는 몸짓에서 죽음의 그림자를 봤는데 어찌 침묵만 지키고 있겠는가. "이형, 이형이 방송 도중 죽는다면 이형은 영광스럽다지만 그 가슴 아픈 장면을 우리 국민들이 본의 아니게 목격을 하게 되지 않습니까. 우리 국민들이 겪을 목격의 고통은 왜 생각해 주지 않습니까. 또 방송국이 그 일로 겪을 피해와 사후처리의 고통은 왜 감안하지 않습니까. 다시는 출연하지 마시오." 거의 협박하듯 했다. 그 후 TV출연을 끊었다. 그와 나는 그런 사이였다.

그로부터 한 달 남짓 지났을 12월 초의 어느 날, 그는 또 다 죽어가는 모습의 숨찬 음성으로 내게 전화를 걸어왔다. 점심을 같이하자는 것이었다. 역시 예감이 좋지 않았다. 그래서 나는 이번에는 연세대 연희관(사회과학대학과 행정대학원이 위치하고 있는 건물)에 「이만섭 기념홀」을 만들어 낸 양승함 행정대학원장을 대동했다. 역시 이번에도 자기는 입에도 못 대는 와인까지 준비해 놓았다. 보좌관의 부축을 받으며 걸어 들어오는 모습은 눈뜨고 볼 수 없을 만큼 고통스러워 보였다. 한번에 10m도 못 걸으면서 참으로 먼 길을 왔다. 생전에 볼 수 있는 마지막 순간 같았다.

그가 말하고자 했던 요지는 세 가지였다. 첫째, 나는 병원에 들어간다. 죽어서 나올 것이다. 둘째, 내가 죽으면 병원 측의 계산서(청구서)가 나올 텐데 윤형 알다시피 나는 돈이 없다. 뒤처리를 부탁한다. 셋째, 내가 죽으면 세브란스 장례식장에서 닷새 있다가 국회법에 따라 의원회관에서 국회장을 지낼 것이다. 세브란스 장례식장에 있는 닷새만이라도 호상 역할을 해 달라는 것이었다. 그가 얼마나 치밀하고 사려 깊고 청빈했는지 실감케 하는 대목이다. 나로서는 그 모든 부탁에 최선을 다했다. 나는 12월 18일 국회장을 끝내고 난 다음날부터 약 한 달 반 몸살로 자리에 누워야만 했다.

유가족과 국회 측에서 내게 국회장 때 연세대학교 대표로 조사를 해 달라고 부탁해 왔다. 심정적으로는 그 제의를 받아들이고 싶었다. 그러나 내가 연세대학교 대표일수는 없지 않은가. 그래서 당시의 연세대학교 정갑영 총장에게 경위 설명과 함께 간곡한 부탁을 드렸다. 그는 훌륭히 해 줬다. 뜻밖에도 그날이 그의 총장임기 마지막 날이었다. 나는 총장에게 고인 이만섭을 대신해서 심심한 감사와 경의를 표했다. 그와 나는 죽는 날까지 이런 사이였다.

이 기회에 그와 나 사이에 있었던 비밀스런 얘기 한 토막을 털어놓아야겠다. 제3공화국이 출범했던 1964년 봄의 어느 날, 그가 신촌 모처로 나를 찾아왔다. 요는 나에게 청와대로 들어와 자기와 함께 박정희 대통령을 돕자는 것이었다. 그 당시 그는 6대 국회의 민주공화당 소속 32세의 최연소의원으로서 박 대통령의 각별한 신뢰와 사랑을 받고 있던 때였다. 나는 그 제안을 즉석에서 사양하고 대신 나보다 모든 면에서 뛰어난 C 선배를 추천했다. 그때 내 나이 31살, 대학교수의 길에 갓 들어선 초년병이었다. 교육계에서 평생을 사는 것을 운명처럼 여겼던 때이었다. 실제로 아버지, 숙부들, 형님들, 누님들, 매부들, 동생, 나의 처와 계수에 이르기까지뿐만 아니다. 처남들, 처형, 동서들(지금은 내 자식들과 사위 며느리에 이르기까지)까지도 교직자 아닌 사람이 거의 없다. 모든 가족들 몸 안에 교원 DNA가 흐르고 있는 것 같았다.

내가 1988년에 대한교육연합회(지금의 교총전신) 회장에 취임했더니 어떤 일간지가 1면에 우리 집을 소개할 때 제목으로 교원만 27명이라고 표기했던 기억이 난다. 어쨌든 나는 가까운 친구가 제공하는 정치권 진입의 절호의 기회를 마다하고 교육의 길에서 삶을 불살랐다.

전혀 후회가 없다. 비록 가난하다 할지라도 오히려 내게는 자부심이 넘칠 뿐이다. 어쩌면 사람들이 "그렇다면 어째서 노태우 대통령 밑에서 교육부장관을 하고 김대중 대통령 밑에서 대통령 직속 초대 반부패 특별위원장을 했느냐."고 반론을 제기할 것이다. 나의 대답은 지극히 간단할 것이다. "아니요, 그 두 직책은 정치가 아니라 행정이며, 교육의 대상이 확대되었을 뿐이다."라고.

이러한 나의 정신을 평생토록 제일 잘 이해해 준 사람이 바로 청강 이만섭이다. 그만큼 나는 교육자로서 정치와 거리를 두고자 노력했다. 그런 일이 있은 이후 그가 세상을 떠나는 그날까지 단 한 번도 그런 제안을 다시는 해 온 일이 없었고 나 또한 단 한 번도 그의 정치적 업무를 수행하는 사무실(예컨대 14대 국회 의장실, 16대 국회의장실, 한국국민당 총재실, 국민신당 총재실, 새천년 국민회의 총재권한대행실, 새천년민주당 창당위원장실 등) 어디에도 발을 들여놓은 일이 없다.

그뿐만이 아니다. 나는 교육의 정치적 독립과 교육을 포함한 사권분립을 주장했던 사람이다. 새해 첫 아침이 되면 국무총리이하 모든 국무위원들은 동작동 국립묘지에 단체로 참배한다. 그리고는 바로 집권당 단배식에 참석한다. 그 행렬에서 이탈하고 차를 옆으로 뺀 사람은 나 하나뿐이었다. 나는 집권당보다는 아웅산에서 희생당한 분들의 묘소를 참배해야겠다고 생각했던 것이다. 특히 그 속에는 내가 추모시를 써서 새긴 농수산부차관 강인희가 있었다. 진정코 나는 교육부장관으로서 새해아침에 집권당에 발을 들여놓는 것이 마땅치 않았던 것이다. 1991년 1월 1일에도 그랬고 1992년 1월 1일에도 그랬다. 그랬으나 그는 나를 더욱 깊이 이해해 주었고 그와 나의 우정은 60여 년간 변함없이 이어져 갔다.

II. 1950년대 대학가의 영웅

"사랑하는 학생 여러분, 오랜만에 돌아와 보니 우리 연희동산에 초목들이 훨씬 더 우거지고 아름다워졌는데 이만섭 군의 수염도 많이 자랐겠지요?" 연대 노천강당에 모인 전교생 앞에서 미국 출장을 마치고 오랜만에 돌아오신 백낙준 총장의 인사말 첫마디이다. 이만섭 학생이 손을 번쩍 들고 "여기 있습니다!" 하고 일어서는 바람에 전교생의 폭소와 환호가 터져 나왔다. 백낙준 총장에 대한 정감과 이만섭 학생에 대한 애정이 연희 숲을 뒤덮는 순간이었다. "연대 털보"의 위상이 거교적으로 공인받는 동시에 그의 카리스마가 돋보이는 순간이었다. 그러나 "연대 털보"는 일부의 이화여대생들에게는 비호감의 대상이었다. 적지 않은 이화여대생들이 버스 안에서 또는 노상에서 그로부터 가혹한 꾸지람을 들었기 때문이다. "지금이 어느 때인데 학생들의 화장과 옷치장이 그 따위냐. 너희들이 학생이냐." 이러한 일갈 속에서 그가 탄 버스는 대체로 살벌해지기 일쑤였다. 그러나 아무도 항변하는 이가 없었다. 그의 나라사랑의 순수함을 이해하기 때문이었다.

그 무렵 소위 "상이군인 사건"이 발생하면서 그를 그토록 사랑했던 백낙준 총장으로부터 무기정학의 징계를 받아야만 했다. 이 때문에 그는 나의 입학 3년 선배였음에도 불구하고 결국은 나보다 한 학기 졸업후배가 되어 버렸다. 그래서 나는 졸업 후엔 가끔 "대학 선후배는 입학이 아니라 졸업으로 따집시다."하고 짓궂게 굴기도 하였다. 이 사건에 관한 소문이 번져 나가면서 그는 온 대학가에서 의기와 용맹이 넘치는 영웅으로 부상하였다. 휴전직후의 군 우위적 사회적 분위기 속에서 가뜩이나 기세등등한 상이군인 집단과 일개 학생이 단독으로 육체적 충돌을 벌인다는 것은 상상할 수 없는 일이었다. 그러나 그는 연대의 후배가 상이군인들에게 집단적으로 폭행을 당하고 있다는 소식을 듣고 즉각 혼자서 현장으로 뛰어간 것이었다. 불문곡직하고 후배 구출작전을 벌리다가 물리적 충돌이 격렬해지면서 피차간에 심한 육체적 상해를 입게 된 사건이 "상이군인사건"이다. 그 다음 날 서대문지구 상이군인회는 트럭을 타고 집단으로 몰려와 연대 본관을 포위하고 대학 측의 사과와 이만섭 학생에 대한 징계를 요구했다. 결국 의혈남 이만섭은 무기정학을 받았다. 이에 격분한 학생들은 그의 징계 해제를 요구하는 서명운동을 벌였다. 이러는 사이에 그의 영웅적 이미지와 후배사랑의 카리스마는 대학가에 더욱 빠른 속도로 번져 나갔다.

이런 일이 그에게 있어서는 처음이 아니다. 1954년 대학복교 직전에도 본질적으로 궤를 같이하는 사건이 발생했다. 그는 연세대 정외과에 입학했던 1950년에 6·25전쟁이 발발하자 공군사관학교에 입학했다. 그가 4년 과정의 공군사관학교 졸업과 임관을 눈앞에 둔 때이었다. 그들은 졸업 전 반드시 규정에 따라 실기훈련을 받아야 한다. 그래서 대전에 위치한 교육사령부에 와서 야영하며 집체 교육을 받는 것이다. 그런데 때마침 공군간부후보생들이 같은 영내에서 야영하게 되어 있던 중 양 진영 간에 물리적 충돌이 벌어지는 대형사고가 발생했던 것이다. 관련 생도들과 후보생들은 결코 징계를 면할 수 없는 상황이었다. 공사 측의 생도대표(생도회장)는 이 사건에 전혀 관여하지 않았으면서도 스스로 징계를 자청하고 그 댓가로 동기생들을 구제하는 데 성공했다. 그가 바로 이만섭 생도였다.

그는 군법 회의에 회부되어 중형이 선고되었으나 당시 공군 제2대 공군참모총장 최용덕 장군의 거부권 행사와 사면으로 인해 영창에 투옥되는 일도 없이 공군 1등병으로 강등되고, 예편되어 공사를 퇴교하는 데 그쳤다. 그러나 2001년에 그는 공사 최초의 명예졸업장을 받았다. 그것이 그가 1953년 9월 헐벗은 모양새로 연대 정외과 1학년에 복교하게 된 사연이다. 그는 세월이 흐를수록 최용덕 장군에 대한 흠모와 존경을 더해 나갔다. 이 사건과 연대복교후의 상이군인사건의 처리과정에서 들어난 이만섭의 희생적 리더십은 서로 상통하는 바 크다. 그는 그런 사람이었다. 그의 정치인생 반세기 속에도 유사한 사건이 많았다.

매년 9월이면 연고전이 벌어진다. 지금과는 사뭇 다른 민족 대표적인 스포츠 행사였으며 일제시대에 시행했던 항일정신과 민족불멸의 신화를 옹축했던 향수어린 행사로서 서울 시민의 사랑을 받았던 전통적인 행사였다. 그러기에 시합종료와 함께 양교는 서울 시내를 종횡으로 누비며 가두행진을 했고 도중에서 또는 명동에서 양 교생이 만나면 서로 얼싸안고 길 한복판에서 춤을 추었다. 시민들은 웃으며 박수를 쳐주었다. 그러니 그날의 응원단장의 위상이 얼마나 대단했겠는가. 연대 측 응원단장이 바로 이만섭 학생이었다.

그의 카리스마적 리더십은 응원 연습 시에 더욱 화려하게 들어났다. 응원연습은 흔히 방과 후에 시행한다. 그날의 일과에 지친 학생들을 한곳에 모아 놓고 연습시키기란 결코 쉬운 일이 아니었다. 그러면 그는 의도된 실언을 연발하면서 폭소를 자아내어 분위기를 일신한다. 예컨대 "여러분, 왜 이렇게 슬프게 응원가를 부릅니까? 우리학교 응원가가 체코슬로바키아의 비창인줄 아십니까?" 지도자의 이런 실수가 대중에게 청량음료 같은 효과가 있음을 그는 이미 알고 있는 것이었다. 그가 차이코프스키를 몰라서 저지른 실언이 아니었다. 이미 60여년 전(1893) 표트르 차이코프스키가 교향곡 6번으로 비창을 써 놓고 자살한 것까지 알고 슬퍼했던 그였다.

그의 늘씬한 몸매에 화려한 응원단장복은 그의 영웅적 이미지를 한층 드높였다. 모두가 그를 사랑했다.

이처럼 유머 감각이 있고 친화력과 대중성이 있는가하면 그에게는 남다른 의혈과 인류애가 있었다. 1956년 대학 4학년 때의 일이다. 헝가리 의용군 사건이 바로 그것이다.

1956년이면 동·서 양진영의 냉전이 극을 향해 달리고 있을 때였다. 소련은 세계 적화통일 전략을 확장시켜 나가는 과정에서 탱크를 앞세우고 헝가리를 침공했다. 헝가리 국민은 결사 항전했다. 지구의 반대쪽에서 이를 지켜보던 열혈청년 이만섭은 헝가리의 자유수호전사로 지원했다. 연대 안에 헝가리 학도의용군을 조직했다. 의외의 거사에 놀란 언론은 일제히 이를 대서특필했다. 서울 신촌의 대학가의 영웅이 전국적인 영웅으로 등장하여 전 국민의 입에 올랐다. 19세기 초 영국의 낭만주의 시인 조지 바이론은 그리스의 독립전쟁에 동참했다가 결국 말라리아 병에 걸려 사망했으나 한국의 대학생 이만섭은 헝가리 독립전쟁에의 참여 의지를 밝히고 학도의용군을 조직했으나 정부 측의 제지로 현장에 동참하지 못했다.

그러나 40여 년이 지난 2002년에 그는 대한민국 국회의장이 되어 헝가리 마들(Madl)대통령으로부터 그곳의 국회의사당에서 "소련의 군사점령과 독재에 항거하는 헝가리 국민과 뜻을 함께 함으로써 세계적인 여론 형성에 도움을 주었다."는 공로가 인정되어 헝가리 십자대훈장을 받았다. 이로써 그는 서울 신촌의 영웅이 국가적인 영웅을 거쳐 바야흐로 국제적인 영웅으로 부상한 셈이다.

여기서 특기할 것은 1956년 헝가리 혁명이 발발했을 당시 선도적인 역할을 했던 부다페스트 공대학생들을 지원했던 세력은 1950년 6·25한국전쟁 때에 북한의 인민군으로서 참전경험이 있던 북한 유학생들이었다는 사실이다. 그들도 당시의 스탈린주의와 사회주의 체제에 염증과 저항을 품고 있었다는 것이다. 그러므로 만약에 이만섭을 선두로 하여 편성된 한국학도의용군이 북한유학생들과 함께 남북한 연합군을 형성하여 헝가리 혁명에 실제로 동참하고 대소 항전을 벌렸더라면 그들은 일찍이 한국과 세계의 역사의 물줄기를 바꿔 놓았을지도 모른다.

대한민국 정부는 헝가리가 6·25전쟁 때 북한을 지원한 적성국일 뿐만 아니라 소련의 동구 공산체제의 일원이라는 이유로 이를 불허하였던 것이다. 1950년 한강에서 죽임을 당한 소녀와 1956년 부다페스트에서 죽임을 당한 13세 소녀를 눈물로 노래한 김춘수 시인의 인간애와 직접 참전을 외쳤던 이만섭의 인류애는 자유로운 영혼 앞에서 상통하는 바 크다. 동서진영, 어디를 막론하고 국적에 상관없이 자유의 억압 앞에는 피의 저항이 있을 뿐이다. 자유와 정의는 이데올로기를 타고 넘는다.

III. 보수와 진보 - 그는 어느 쪽인가

위에서 설명한 바를 예리하게 살펴본다면 분명히 이만섭 그는 맑시스트도 아니며, 용공종북도 아니다. 보수와 진보, 두 프레임 속에서 어디에 그를 위치시켜야 할 것인가 하는 물음은 참으로 한심한 한국적 문제 제기이다.

오늘날 한국의 정치사회는 유난히도 보수와 진보의 틀에 묶이어 있다. 누가 무슨 말을 했느냐 하는 물음 앞에서 말의 내용이 무엇이냐보다 그런 말을 어느 진영의 누가 했느냐에 따라 각자 찬반의 입장을 드러낸다. 그래서 진영논리가 무성해진다. 진영 논리가 무성해지면 패거리 정치가 왕성해진다. 그러나 알고 보면 진영자체도 유동적이며 변화무쌍한 것이다. 보수와 진보는 특정의 공간과 시간 속에서 특정의 경향을 말할 수 있을 뿐 백 퍼센트 엄밀하거나 영구불변한 것이 아니다. 시공간을 초월하는 구분은 현실적으로 불가능하다. 피차간에 구성비의 차이가 있을 뿐이기 때문이며 낡고 묵은 변수가 사라지고 낮

설고 새로운 변수가 나타나게 마련이기 때문이다.

19세기 영국에서 진보로 평가받았던 자유당의 정책 내용이 21세기 노동당의 진보적 정책 앞에서는 보수로 평가받을 수도 있다. 자유, 복지, 인권 등의 시대정신은 대중사회의 활성화와 시민의식의 향상에 따라 날로 강력한 역사변동의 동력이 되어 가고 있다. 동시에 전통적인 이데올로기 대결은 정치사회에서 점차 퇴색해 가는 상황이 전개되고 있다. 그럼에도 불구하고 보수와 진보의 양 카테고리를 만들어 놓고 그가 어느 진영에 속해 있느냐에 기초하여 정쟁을 벌인다면 그것은 정책논쟁이 아니라 진영 간의 세력 투쟁이며 조직대결일 뿐이다. 여기에서 진실이 왜곡되고 감정이 정치사회를 지배하게 된다. 이것이 바로 정치쇠퇴의 입구이며 민주정치의 말로이다. 이 점을 이미 2,400년 전에 아리스토텔레스는 정확하고 설득력 있게 설파한 일이 있다.

이만섭 그는 대학시절 참으로 모범적인 학생이었다. 우리 학과에서 최장신의 "털보형"은 강의 시간에 늦거나 빠지는 일이 없었다. 언제나 어울리지 않게도 강의실의 제일 앞자리, 교수님의 턱밑은 그의 자리였다. 그의 성적은 항상 우수 급이다. 흔히 있었던 커닝행위도 그는 혐오한다. 담배도 술도 거부한다. 전쟁 직후에는 보기 드문 모범생이다. 자가용을 타고 등교하는 학생은 교문근처에서 우선 그의 제지를 당해야 했다. 조국의 불행한 현 실정에 비추어 대학생답지 않은 등교방식이라는 것이었다. 그의 애교심과 애국심은 하늘을 찌른다. 그가 6·25전쟁 발발직후 공군사관학교 제3기생으로 입교한 것도 그의 그런 품성 즉 애국·애족하는 마음과 결기의 결과이다.

그는 항상 정치개혁과 사회혁신을 주장했다. 그가 말하는 정치개혁은 자유민주주의 체제와 정의로운 시장경제의 확립에 반하는 정치제도, 정책, 행태를 모두 타파해야 한다는 것이었다. 그가 말하는 사회개혁은 부정부패의 근절과 공동체 의식으로 충만한 시민교육, 그리

고 도덕지상주의의 구현이다. 이처럼 그에게는 합리적이며 책임감 있
는 보수정신이 내장되어 있다. 동시에 부단한 혁신과 진보를 요구했
다. 학교생활에서도 마찬가지였다. 보수와 진보의 틀 속에서 그를 어
떻게 규정할 것인가? 그 틀(프레임)의 적실성에 의문을 제기하지 않을
수 없다.

그에게는 대학 4년간 한결같이 뜻을 함께하는 8~9명의 친구들이
있었다. 그들은 주말이면 함께 모여 일주일전에 약속했던 책을 중심
으로 독후감을 발표하면서 토론을 벌렸다. 예컨대 니콜로 마키아벨리
의 군주론, 마카아벨리즘에 대한 긍정적인 평가와 부정적인 평가가
밤늦도록 맞붙는다. 실용주의적 입장에서 평가하는 친구도 있었지만
언제나 도덕성을 중시하는 쪽은 이만섭 학생이었다. 그런가하면 박관
숙 교수의 저서 국제법과 일본의 요꼬다 키자부로(橫田喜三郞)교수의
국제법을 비교연구하고 평가하기도 했다. 의견이 일치할리가 없다. 그
끝에 박관숙 교수가 근무하는 이화여대를 찾아가 집단면담과 해명을
요구하기도 했다. 이대생들의 눈총이 따가웠다. 지금 생각하면 참으로
어이없는 짓이기는 했어도 웃음이 절로 날만큼 당돌하기도 하고 신통
하기도 했다. 그러나 이만섭 학생이 수장으로 있는 소집단이 어찌 이
처럼 학술토론만 할 수야 있었겠는가. 광화문 네거리의 "열차깐"이라
는 이름의 대폿집은 이들 열혈청년들의 정치·시국토론으로 밤이 깊
을수록 뜨거워지기 일쑤였다. 이 열정은 대학 졸업 후에도 이어졌다.

자유당의 일당독재에 대한 울분에 시달렸던 이만섭과 친구들이
1959년부터는 회원범위를 후배들과 타 대학으로까지 확대하여 회원
이 42명에 이르렀다. 4·19혁명 후 출범한 제2공화국에 대한 기대도
물거품이 되자 이에 실망한 젊은이들이 비장한 각오를 품고 내수동
모처를 빌려 1961년 3월 1일 개진회(改進會)를 출범시켰다. 개진회라
는 명칭 속에는 개혁과 진보의 이념이 담겨있다. 그래서 영어로 RAS

라고 표기하기도 하였다. Reform and Advance Society의 줄임말이다. 이 나라의 정치발전과 경제발전을 위해서 우리 젊은이가 당연히 해야 할 일이라고 생각했다. 당시 우리들의 머릿속에는 영국노동당의 정신적·이론적 지주였던 페이비언 협회(Fabian Society, 1884)와 조지 버나드 쇼, 시드니 웹, 베아트리스 웹, G.D.H 콜 등이 롤모델로 들어 앉아 있었다. 후일의 노동당 집행위원장까지 맡았던 해롤드 라스키 교수도 빼놓을 수 없다. 개진회는 초대 회장으로 이만섭을 선임하였다. 제2대 회장은 필자인 윤형섭, 제3대 회장은 성균관대학교 출신으로서 후일 전국금융노조위원장이었던 조흥은행 소속 조용연, 그리고 4대 회장은 최두선·정일권 총리시절 총리실의 정무비서관과 과기처 연구조정국장을 지냈던 고려대 정외과 출신 김진휴이었다.

　　1964년 10월 10일에 발행된 계간 「개진」 창간호의 권두언에서 이만섭 초대 회장은 불길한 먹구름이 이 나라 이 강산을 뒤덮어 짓누르고 떠날 줄을 모른다고 개탄하면서 "4·19에 걸었던 희망도 5·16에 걸었던 기대도, 그리고 제3공화국에 걸었던 염원도 한갓 무지개 같은 환각이었을 뿐 점점 가중되어 가는 악의 순환에 몸부림치고 있을 뿐이다."라고 토로하고 있다. 나는 그 뒤를 이어 창간사에서 "개진회는 조국의 답보와 후퇴를 거부한다. 전통세력의 위압과 복고적인 향수를 거부한다. 오직 개혁과 진보만이 우리와 함께 있을 뿐이다."라고 주창하였다. 개진회는 정보당국의 예리한 눈총을 받아 오던 중 본회의 이모 조직부장이 모종의 사건에 연루되어 곤욕을 겪은 다음 나의 외국 유학기간 중이었던 1970년(5대 회장 코리아 헤럴드 김각 논설위원)공식적으로 해체되고 말았다. 그런 세상을 우리 세대는 살아왔다.

　　이만섭의 젊은 시절의 정치적·개혁적 스탠스를 입증할 수 있는 거증 자료가 많이 있다. 그중의 하나만 더 예시한다면 1964년 11월의 "남북가족면회소" 설치안 제안 건이다. 무려 54년 전의 일이다. 공화당 소속 초선의원이었던 그는 이 일로 당시의 중앙정보부장 김형욱으로부터 반공법위반이라는 구실로 생명의 위협까지 받을 만큼 심한 억압을 받았다. 그런 분위기 속에서 그 제안은 결국 상정도 못해보고 회기불계속의 원칙에 따라 폐기되고 말았다. 그럼에도 불구하고 그는 자기의 소신을 굽히지 않고 1971년 「혈육을 만나게 하자」라는 소책자로 출판하여 배포하였다. 이 제안이 "남북이산가족의 조속한 상봉을 위한 결의안"으로 채택된 것은 무려 그로부터 36년 후인 2000년 6월의 일이다.

그가 한반도의 평화정착과 공동번영을 위해서 남북 국회 회담을 북한에 제안한 것도 바로 그 직후의 일이었다. 그의 이와 같은 살얼음판 연설에는 어김없이 자유민주주의와 시장경제에 대한 깊은 신앙이 깔려 있었다. 그러면서도 이처럼 중앙정보부장의 증오와 협박을 받으면서 개혁과 진보적 정책을 주장하는 정치노선을 뭐라고 규정해야 할 것인가. 보수는 수구와 구분되어야 하고 진보는 전복과 구분되어야 한다. 참된 보수는 진정한 진보를 수용할 수 있어야만 비로서 그의 생존과 기여가 가능하며, 진보는 합리적 보수의 밑받침이 있어야만 실효를 거둘 수 있다.

IV. 에필로그 - 청강의 청빈

이만섭 그의 아호는 청강이다. 한자로는 靑江이다. 그러나 그는 평생을 맑고 깨끗한 淸江으로 살았다. 그래서 나는 그의 호를 淸江으로 이해하고자 한다. 그가 국회의원 8선에 국회의장을 두 번씩이나 감당했으면 그의 계파가 거대하게 존재하고 있거나 대권도전의 제1 유력 후보자가 됨직하다. 그러나 실제는 거리가 멀었다. 그는 생전에 흔히 "대통령은 하늘이 찍어줘야 한다."고 말해 왔지만 진실은 그의 가

난에 있다. 淸江의 지나친 결백은 청빈(淸貧)을 가져왔다. 청빈보다는
청부(淸富)가 그에게 더 바람직했건만 그는 학생시절부터 가난을 겪었
으면서 끝내 그 올가미를 벗어나지 못하는 것이었다. 대학시절에는
점심시간에 그와 함께 지낸 사람은 거의 없다. 혼자서 학교 뒷산에 누
웠다가 오후수업시간에 맞추어 내려와 수돗물로 배를 채웠다. 그에게
있어 자존심은 생명이었다. 어쩌면 그것이 그의 자부심이었는지도 모
른다. 그래서 더욱 세상을 향해 당당하고 담대하게 외칠 수 있었는지
도 모른다. 50여 년간 정치에 몸담고 있었으면서 그처럼 스캔들이 없
고 부정과 비리에 연루되지 않기란 결코 쉬운 일이 아니었을 것이다.
그 점에서 그는 존경받을 만한 정치인이라 할만하다.

　재학 중 그를 존경하고 따르던 직계 후배가 내게 자신의 속마음
을 털어놓은 일이 있다. 자기가 대형 재벌그룹의 재무담당 부회장이
고 보니 얼마든지 재정적으로 후원할 수 있었건만 이 선배는 몇 번을
만났어도 단 한 번도 아쉬운 소리를 하는 일이 없어서 수십 년간 단
한 푼도 돕지를 못했다는 것이다. 결례가 될까 봐 임의로 도울 수도
없었다는 것이다. 주고 싶지 않은 사람은 안 줄 수 없게 만드는데 반
하여, 주고 싶은 사람은 역으로 본인이 줄 수 없게 만든다는 것이었
다. 원래 그런 분이니까 충분히 이해가 간다고 했다.

　누군가가 그를 만나기로 하고 롯데호텔 37층 모모야마(桃山)의
룸에 예약했는데 막상 의장님이 오시더니 방에 들어가면 경비가 더
나와서 싫다며 굳이 홀의 통로 옆자리 6번 테이블에 앉더라는 것이다.
그런 청강이니 아무리 가까운 후배라도 어찌 함부로 돈 봉투를 내밀
수 있겠는가. 그의 청빈과 근검절약의 일상생활은 41년간 그를 기사
로 모셨던 권중태 보좌관이 TV를 통해서 공개적으로 그렇게 증언한
적도 있다. 한국의 정치권에서 계파를 거느리려면 1인당 최하 소요액
이 얼마라는 속설이 있다. 그는 체질적으로 그런 행태를 거부한다. 그

러니 정치적 손발, 즉 헌신적 추종 정치인이 없는 상황에서 어떻게 대통령 후보로 발돋움할 수 있었겠는가. 그러나 나는 한때 그보다 더 적절한 대통령감이 어디 있겠는가 하는 판단에서 몹시 안타까웠던 때가 있었다. "자녀 삼남매를 혼인시키면서도, 또한 저서를 여덟 권씩이나 출판하면서도 우선 나부터도 초청장을 받은 일이 한 번밖에 없으니 이건 아무리 청강이라도 친구지간에 너무 한 것 아니냐." 하고 따져 물었다. "폐 끼치기 싫어서 그랬다."는 게 그 답이었다.

그게 언제였던가. 계동골목의 대중식당 향가에서 그를 만났다. "물이 지극히 맑으면 고기가 없고 사람이 지극히 맑으면 무리가 안 따른다(水至淸則無魚 人至淸則無徒)."라고 쓰인 액자가 그 방에 걸려 있어 청(淸)을 화두로 삼았는데 그는 끄떡도 하지 않았다. 수청무대어(水淸無大魚) "물이 맑으면 큰 고기가 없다."라는 옛말도 있다. 그의 청교도 적인 깊은 자존심과 예리한 정의감을 뉘라서 꺾을 수 있겠는가. 체질적으로 청강은 청빈일 수밖에 없었고 대권에의 야망은 한국정치의 풍토와 환경 속에서는 꽃피울 수가 없는 것이었다. 안타깝게도 한국의 정치권에서 그는 어울릴 수 없는 대어이었다. 나는 지금 여기서 돈 문제만을 얘기하고 있는 것이 아니다.

그는 성격상 한국적 당인(黨人)이 될 수 없다. 그래서 항상 고독과 고통의 멍에를 짊어져야만 했다. 1969년의 삼선개헌안 반대투쟁만 해도 그렇다. 박정희 대통령과 집권세력이 사생결단의 작심 끝에 내놓은 개헌안이다. 그는 당시의 집권여당 공화당에서 마지막까지 저항한 단 한명의 국회의원이었다. 그런데 그는 여기에 덧붙여 공화당 의원총회에서 권력의 최고실세라 할 청와대 비서실장 이후락과 중앙정보부장 김형욱을 권력형 부정부패의 핵심으로 규정하고 그들의 해임을 강력하게 요구했다. 범부로서는 상상도 할 수 없는 발언이다. 이 일로 인해 그는 결국 1978년까지 무려 8년간 여당에서 정치적으로 퇴출당하는 고통을 겪어야만 했다.

　그뿐만 아니다. 일본 사카린 밀수사건이 터져 나왔을 때에는 삼성 이병철 회장을 구속하고 법정 최고형 등으로 엄중 처벌할 것을 주장한 국회연설로 인해 삼성세력으로부터 냉혹한 보복을 당했던 일도 있었다. 사카린 밀수사건이란 1966년 9월 삼성그룹의 계열사인 한국비료공업주식회사가 울산에 요소비료공장을 건설할 계획하에 사카린을 건축자재라고 속이고 양변기속에 숨겨 밀수입하려다 적발된 사건이다. 문제는 일본 미쯔이와 공모하고 한국정부가 관여한 권력형 부정부패사건이라는 데 그 심각성이 있었다.

　이 사건으로 인해 국민들은 몹시 격분했고 정부를 불신했다. 결국 이병철 회장은 삼성에서 손을 뗐고 집안에는 왕자의 난이 벌어졌다. 김두한 의원의 국회오물(인분)투척사건도 이날의 일이다. 그날 이만섭 의원이 대정부 질문 제1순위 발언자로 나와서 이병철 회장을 광화문에서 포살해야한다고 과도하게 주장했다 하여 여론의 비판과 수난을 겪었으나 그것은 과장된 오보로 밝혀졌다. 그러나 삼성측의 박해는 여전했다. 그러므로 그가 만에 하나라도 청강의 청빈에서 한 발자국이라도 이탈했다면 정치적 퇴출만이 아니라 그의 생은 보다 일찍이 마감되었을 것이다. 그의 수명이 결코 2015년 12월 14일까지 연장될 수가 없었을 것이라는 것이 나의 판단이다.

　그는 평생토록 가난을 디디고 불의에 맞서 자유와 민주, 정의로운 국가, 그리고 민족의 평화와 공동번영을 위해서 싸웠다. 온갖 독재와 압박에 항거하여 부정한 권력과 부패에 맞서 싸웠다. 참으로 힘겹게 감당해왔던 그 소임을 내려놓고 우리 곁을 떠나 천국으로 불려간 지 어언 3년이 되었다. 오늘날 그가 후배들의 영원한 귀감이 되고 있음을 나는 한 시대를 그와 함께 살았던 사람으로서 진심으로 기뻐하고 존경하며 지금도 자랑스럽게 생각하고 있다.

08

교과서를 쓰고 교과서대로 살아온
우리시대의 진정한 선비: 초하 유성종*

초하 유성종 박사, 내가 그 어른을 우리 시대의 가장 대표적이며 진정한 선비라고 생각하는 데는 내 나름대로 그럴만한 이유가 있다.

그분의 자제(유승원)가 조심스럽게 보내온 원고청탁서만 보더라도 쉽게 알 수 있다. 그 편지에는 이렇게 적혀 있다. "가친은 2008년 2월에 꽃동네대학교 총장직을 임기만료로 떠납니다. 현직에서 50년을 넘긴 일을 자식들은 자랑스럽게 여기고 고마워하고 있는데 본인은 늘 민망하고 죄송스럽다 하여 취임 때와 같이 퇴임식도 하지 않겠다 합니다. 이런 성품이니 남이 무던히도 권하여 온 자신에 관한 저술도 계속 거부하여 온 터입니다." 그러나 자기는 자식 된 도리로서 아버지 모르게 더러는 아버지의 뜻을 거역하면서 초하평전(初河評傳)을 엮겠다는 것이다. 참으로 가상한 일이 아닌가. 건국대학교와 호남대학교에서 총장 취임식과 퇴임식을 모두 거창하게(비록 내 뜻은 아니었지만) 치르고 떠난 나로서는 부끄럽기 짝이 없다. 바로 이 점에서도 나는 그

---

* 이 글은 유승원(편), 「벽돌 한 장의 철학: 초하평전」(서울: 선일문화사, 2010)에 실렸던 글에 약간의 수정을 가한 것임(2022.11.).

어른을 따라 갈 수 없다.

내가 초하선생을 알게 된 것도 비슷한 연유에서이다. 1991년 내가 현직(교육부장관)에 있을 때의 일이다. 교육부 장학편수실의 이준해(후일 서울시 교육감)실장을 EBS 원장으로 보내고 그 후임을 선임해야 할 일이 생겼다. 모두들 내부에서 승진·보임 할 것으로 믿었던 것 같다. 그래야만 교육부 내의 인사숨통이 트이고 6~7명이 승진의 기회를 갖게 된다. 그러나 내 생각은 전국에서 가장 교육적으로 존경받고 행정적으로 유능한 교사 출신을 밖에서 모셔 와야 한다고 믿었다. 왜냐하면 당시의 장학편수 실장은 초중고교 교과서 편찬의 총 책임자이며 전국의 현장 교사에 대한 장학지도의 총책임자이기 때문에 그 직책에 부합하는 권위와 능력과 인격이 갖추어져 있어야 하는 것이다.

그래서 나로서는 전국에 걸쳐 나의 안테나를 펼쳐 놓고 적임자를 물색하지 않을 수 없었던 것이다. 물론 자천 타천이 많았다. 결국 나는 유성종 전 충북교육감을 낙점하고 그 후속조치를 조규향 당시 차관에게 부탁하였다. 조차관의 설득이 주효하여 나로서는 소원을 성취하게 되었다. 이것이 초하 선생과 나의 인연의 시작이다.

솔직하게 말한다면 나는 한국교총회장 출신이기 때문에 우리나라 교육계의 거물급 명사들을 대충 아는 입장이다. 그러나 어찌된 영문인지 유성종 충북교육감과는 별로 접촉이 없었다. 교총회장 때도 그랬고 장관 때도 그랬다. 물론 전국교육감 회의 같은 공식적인 회합에서는 몇 번 정도 악수를 나누었겠지만 기억도 안 나거니와 개인적인 만남, 더더군다나 사적인 접촉은 전혀 없었다. 그럼에도 불구하고 나는 그의 품격과 능력에 확신이 있었다.

1957년 이후 1991년까지 34년간에 걸친 그의 교육 및 행정경력이 이를 말해 주고 있기 때문이다. 고교교사, 연구사, 장학사, 중학교 교감, 장학관, 중등교육과장, 고교교장, 학무국장, 그리고 교육감, 한결같이 교육과 교육행정으로 일관했다. 그 모두 한결같이 충북교육위 원회 관내에서의 일이었다. 특히 그는 교육감(6·7대)을 성공적으로 마 친바 있으며 삼선의 여망을 물리치고 그럴 뜻이 없음을 일찌감치 선 언해 버렸다. 교육자로서의 정체성과 진정성이 없었다면, 그리하여 가 는 곳마다 그처럼 능력을 높이 인정받지 못했다면 그의 경력이 그렇 게 질서정연하게 정석대로 전개될 수 있었겠는가. 교육외길에서 한 발자국도 옆길로 샌 일이 없다.

내가 1992년에 교육부를 떠난 후에도 그는 장학편수 실장으로 반 년간 더 근무하더니 교육부 국립 교육평가원장(차관급)으로 영전한 바 있다. 1993년 그는 중앙정부의 고위관직을 미련 없이 버리고 다시 고향으로 내려갔다. 그곳에서 그는 다시 10년간 교직에 몸을 담았는 데 그 직책의 전개 과정이 역시 존경할 만하다. 즉, 중앙정부차관급 경력자가 청주 모처에 있다는 전문대학의 사회교육원장으로 취임했다 니 말이다. 그 후 주성대 학장, 주성대학 이사장, 다시 주성대 학장을 맡아 고향의 고등교육발전에 이바지하였으니 그의 발자취는 참으로 귀하고도 거룩하다.

초하께서 진정 우리를 놀라게 한 것은 1999년도에 있었던 사건 이다. 일찍이 1969년에 연세대학교에서 교육학석사 학위를 받았던 분 이 어느 날 갑자기 꽃동네현도사회복지대학 1학년 학생으로 입학하였 으니 듣는 이 마다 충격이 아닐 수 없었다. 그는 당연히 우수학생 모 범학생으로 교수들의 칭송을 받으면서 2003년 또다시 두 번째의 학사 모를 썼다. 그때의 그의 나이 71세이었으니 하늘 아래 다시 있기 어려 운 감동적인 사건이라 하겠다.

그런데 이번에는 참으로 감격적인 사건이 또 벌어졌다. 그 이듬 해인 2004년의 일이다. 바로 1년 전의 그 졸업생이 바로 그 대학의 총 장으로 취임했다는 사실이다. 그는 2008년 2월에 4년의 임기를 성공적으로 마치고 76세의 나이로 은퇴했다. 앞으로 그가 또 무슨 일로 우리를 감격케 하거나 감동시킬는지 알 수 없다. 왜냐하면 그는 스스로 말하기를 앞으로는 노인 복지기관에 나가서 심부름하면서 여생을 보내고 싶다고 다짐하고 있기 때문이다. 어느 모로 보나 나 같은 범부는 감히 따라갈 수가 없다. 이쯤 되면 그를 신선이나 도인의 경지에 이르렀다 해야 할 것이다.

　그 밖에도 그는 정기적으로 나를 감동시킨다. 정월대보름이 되면 어김없이 도시락 크기의 오곡쌀(840g)이 배달된다. 단양 소백 농업협동조합의 이름으로 나오는 단양 소백산 찹쌀 오곡밥이 그것이다. 온달과 평강의 단양 잡곡이란다. 그의 고향사랑은 이처럼 눈물겹다. 그리고 그것은 실로 우리 집 식구들에게 내가 가장 자랑하는 선물이기도하다. 그 잡곡밥을 먹을 때마다 나는 그의 애틋한 고향사랑만이 아니라 그의 삶의 철학을 들여다보는 것 같으며 명절을 맞아 그가 온 국민에게 보내고 싶은 교육적 메시지가 내 가슴에 와 닿는 것 같아 머리를 숙이지 않을 수 없게 된다. 그러므로 그의 오곡밥이야말로 그의 삶의 철학을 들여다볼 수 있는 상징성 높은 창구라 하겠다.

　사람이 한 세상 살면서 가장 어려운 일이 있다면 아마도 자기 자신을 자기답게 지키는 일일 것이다. 나라와 사회의 격랑기일수록 더욱 그러하다. 외압에 의한 본의 아닌 굴절도, 공리타산에 의한 자의적인 변절도 우리 눈에는 전혀 생소하지 않다. 우리 시대의 많은 선비들이 그렇게 살아왔기 때문이다.

　그러나 초하선생의 일생은 마치 땅위에 떨어진 씨앗 하나가 수직으로 선을 그으면서 하늘을 향하여 기세 있게 뻗어 올라가고 있는 모습과도 같다. 그만큼 초하는 자신이 공생애의 출발점에서 다짐했던 초심을 끝까지 뻗어나갔다. 고향(충북 청주)에서 대학을 마치고 청주상고 교사로 첫발을 내디뎠던 1957년부터 오늘날까지 참으로 험난했던 조국과 자신의 역사 속을 뚫고 나오면서 그는 전혀 아무런 굴절도 변절도 없이 오로지 교육자의 길에서 50년을 견뎌 왔다. 32세 되던 해에 검인정 고교교과서를 펴내더니 40세 되던 해에 다시 두 권을 더 추가하였고 끝내는 전국의 초중고교 교과서를 책임지는 교육부 장학편수실장에 올랐다. 말하자면 교과서를 쓰면서 교과서처럼 살아온 우리 시대의 가장 모범적인 진정한 선비라 하겠다.

그의 살아온 발자국을 살펴보면 또 하나의 특징이 눈에 띤다. 그가 얼마나 상사로부터는 신임을, 부하로부터는 존경을, 그리고 동료로부터는 사랑을 받았는지 한눈에 짐작할 수 있다. 그렇지 않고는 그의 경력이 그렇게 이어질 수 없다. 비결이 있다면 그가 자기 자신을 정확하고 견고하게 지켜 왔기 때문일 것이다. 원체 그에게는 아무런 사심이나 야심이 없었기 때문에 그가 가는 곳에는 우애와 화합이 꽃피게 되어있다. 그러니 그를 두고 어찌 군자라 아니할 수 있겠는가.

논어에 일렀으되 "군자는 남과 화합하나 똑같이 되지는 아니하고 (君子和而不同) 소인은 남과 똑같으면서도 화합하지 못하느니라."(小人同而不和) 하였다. 실제로 나는 한동안 그와 함께 교육부에 근무하면서 그의 그러한 성품을 자주 실감할 수 있었다. 그처럼 나는 언제나 그로부터 많은 깨달음을 얻는다.

IV

일민 윤형섭을 말한다

허주(虛舟)냐, 일민(一民)이냐*

어제 저녁의 일이다. 일찍이 집에 돌아와 보니 아내가 재미있는 얼굴로 백지 한 장을 내 코앞에 내미는 것이 아닌가. 들여다보니 붓으로 정중하게 쓰여진 네 글자가 있었다.

虛舟, 一民 생전 그런 일이 없었는데 어디 가서 부적(符籍)을 얻어왔단 말인가. 아니면 자기 몸이 편치 않으니 나더러 이러한 약재(藥材)를 구해 오란 말인가. 나는 그저 어리둥절할 수밖에 없었다. 그러나 다음 순간 그것이 장인어른께서 지어 보내신 나의 호(號)임을 깨닫고 나는 불현듯 노인들의 깊이 있는 애정 표현 방식과 동양적인 멋에 가슴이 멍해오는 것을 금할 길이 없었다. 虛舟와 一民, 아내는 그중에서 하나를 택하라는 장인어른의 분부를 전해 주었다.

나는 아내에게 설명을 요구했다. 고등학교 국어 교사를 지낸 그녀였으나 글자의 뜻풀이에 그칠 뿐, 관련된 고사(故事)나 고전적(古典的) 출처(出處)는 알아낼 수 없었다. 이쯤 되면 虛舟와 一民에게 나대로의 창의적 의미를 부여하면서 하나를 택하는 수밖에 없었다.

---

* 이 글은 「연세」(1973.5, 연세대학보사)에 실렸던 바 있음.

어느 쪽으로 할 것인가, 한 가지 분명한 것이 있다면 나의 호를 장인어른으로부터 받고 싶다는 평소의 소망과 오늘 밤 안으로 결심해야겠다고 하는 다짐뿐이다.

나의 선친께서는 일농(一儂)이라는 호를 가지고 계셨다. 내가 철이 들기 시작했을 무렵부터 휴일이 되면 으레 대문간에서 "일로로옹"하고 부르는 초로신사(初老紳士)들의 점잖은 음성에 정이 들었다. 그중에는 사학의 대가이신 서울대학교 대학원장이었던 국사학자 이병도 선생님, 경향신문사장이셨던 이관구 선생님, 또는 민속학의 대가 김하진옹의 음성도 섞여 있다. 그때 그분들이 부르던 "일농", 동네가 떠내려갈 정도의 큰 목소리로 길게 내뽑으면서 낭랑하게 그리고 거침없이 부르던 "일로오옹"은 지금 와서 아무리 생각해도 당당하면서도 품위가 있고, 호연한 기상이 있으면서도 낭만이 있었던 것 같다.

일단 사랑채로 모셔 들이면 주안상 심부름은 으레 내 차지였고 덕분에 귀여움을 독차지했다. 때로는 몇 순배 돌면서 거나해들 하시면 "일농"이 "이놈"으로 바뀌면서 깔깔대소가 터져 나오는 흥겨움이 심각하기만 한 정담(政談)위를 수놓기도 했다. 그러나 오늘날 유난히 궁금한 것은 어느 분이 어떤 의미로 그런 호를 나의 선친께 지어드렸을까 하는 점이다.

나는 지금도 "일농"의 참뜻을 잘 알지 못한다. 다만 나대로 해석한다면 농(儂)이 나(自我)라는 뜻을 가지고 있는 것으로 미루어 「一儂」은 일상성(日常性) 또는 대중성(大衆性)에의 매몰로부터 자아를 구하려고 하는 실존주의적 자각의 절규이었거나 또는 홍진으로 덮인 세속, 부정부패가 만연된, 구역질나는 세상에서 홀로 의(義)롭게 서 보겠다고 하는 독야청청의 자세를 선언한 것이었거나, 그것도 아니라면 일제치하에서의 전체주의사상에 도전하여 개아(個我)의 존귀함을 주장한 개인주의 내지 자유주의 사상의 선포이었던 것으로 짐작된다. 어쩌면 위에서 말한 실존주의, 독야청청주의, 개인주의, 세 염원이 함께 혼합되어 一儂으로 나타났을런지도 모른다. 따지고 보면 그 셋은 셋이면서도 하나인 것이다.

나는 이 세상에서 누구보다도 나의 선친을 존경한다. 그 어른은 이 세상을 헤쳐나가는데 그렇게 적합한 위인은 아니었다. 그래도 자신의 틀을 허뜨리려고 하지 않았다. 그야말로 一儂, 즉 "오로지 하나의 나"를 지키면서 세상을 마치셨다.

내가 나이 들어 장가를 가서 보니 장인어른 역시 공교롭게도 나의 선친과 꼭 같은 유형의 위인이 아닌가. 나는 몇 번이고 나 스스로의 착각에 소스라쳐 놀란 일이 있다. 그 어른 역시 이 세상을 즐기기에는 심히 부적합한 인격의 소유자이다. 그러기에 자신의 높은 교육배경과 뛰어난 재능을 사장(死藏)한채 조상 전래의 농토를 모조리 조선어학회에 바치고 일찍이 은퇴하시고 말았다. 이제 그 어른이 당신의 모든 철학과 경륜과 염원을 한 가닥 지필록에 담아 나에게 호를 내리신 거다.

虛舟냐, 一民이냐, 虛舟에는 그 나름대로의 깊은 뜻이 있는 것으로 짐작된다. 배가 비어 있으니 누구나 탈 수 있다. 장마가 지어 다리가 떠내려갔을 때 강가에 매어 있는 빈 배를 만난 나그네의 기쁨이 오죽할까? 남의 위기를 구해 주는 것, 그것은 빈 배다. 그러나 일단 사람을 태운 다음에는 虛舟가 아닌 實舟는 책임을 져야 한다. 그들을 안전하게 목적지까지 데려다 줄 의무가 있기 때문이다.

그리고 보면 虛舟에는 봉사정신(奉仕精神)과 책임감(責任感)이 합축되어 있다. 뿐만 아니라 虛舟에는 사심이나 의심이 없다. 항상 허심탄회한 상태이다. 그러므로 사물을 올바르게 볼 수 있지 않겠는가. 虛舟는 또한 남을 노(怒)하게 하는 일이 별로 없다. 설사 그 배가 자기가 탄 배에 와서 부딪쳐도 빈 배를 바라보고 욕지거리를 할 사람이 없다.

虛舟觸舟人不怒란 말이 있지 않은가. 자기에게 사심(邪心)이 없고 허심탄회한데 누가 자기 때문에 피해를 입고 원한을 품으랴.

인생(人生)이 도시 빈 배로 왔다가 빈 배로 돌아가는 것인데 굳이 무슨 욕심을 품고 남을 해치며 노하게 하랴. 그렇다고 해서 虛舟는 항상 무위자연(無爲自然)의 일환(一環)으로만 남아 있는 것은 아니다. 무한한 가능성을 안고 대기상태에 있는 虛虛實實의 예비단계가 아닌가. 이렇게 해서 내 마음은 虛舟로 몹시 끌린다. 그러나 一民이 품은 뜻 또한 심상치 아니하니 선택의 고민은 더욱 지속될 수밖에 없다.

一民도 虛舟와 통하는 교훈을 안고 있다. 모든 세속적(世俗的) 야욕(野慾)을 버리고, 더욱이 一君이 될 생각은 아예 말고 오로지 선량하고 평범한 시민을 지향하는 것이다. 그러고 보면 一民은 곧 虛舟이다. 그러나 虛舟의 뜻이 깊고 깊은 데 반해서 一民은 크디 크다. 도시 一이 한없이 큰 뜻을 품고 있다. 天下一色이나 天下一味의 一이 바로 그러하다. 따라서 一民은 선량하고 평범한 시민일 뿐만 아니라 천하에 제일가는 훌륭한 시민이요, 어떤 의미에서든지 크디 큰 시민이다. 虛舟에 비해서 훨씬 더 초라한 듯하면서 다이나믹하고, 겸허한 듯하면서 민중의 잠재력을 위압적으로 과시하고 있다.

뿐만 아니라 나의 선친의 號「一儂」이 지닌 실존주의적 철학과 민주주의적 시민철학을 고스란히 합축하고 있지 아니한가. 그렇다 一民으로 하자, 一儂의 아들은 一民이다. '나를 오늘부터 一民이라 불러주오.' 죽는 날까지 크고 깨끗하고 선량한 一民을 지향할 것이니.

02

내가 만든 가훈*

　내 생애에서 잊을 수 없는 한 해를 꼽으라고 한다면 생각 나는 해가 여럿이지만 1993년도 그중에 포함시켜야 할 것 같다. 내가 1933년생이므로 회갑년 곧 만 60세가 되는 해이기도 하지만 내가 노년기에 폐과오종(Pulmonary Hamartoma)으로 인한 대수술을 받고 겨우 살아나 새로운 인생을 시작했던 해이기도 하기 때문이다. 그에 앞서 교육부 장관으로서 크게 곤욕을 겪고 사퇴한 다음 서울신문사장으로 언론계에 자리를 굳히던 때이기도 하다.

　지금쯤은 누구에게서나 잊혀진 사건이 되어 버렸겠지만 내가 교육부 장관 재임 중 경기도 부천의 어떤 신학교에서 전국 후기 대학입시를 위한 학력고사 문제지를 도난당하면서 전국의 하늘과 땅이 뒤집히듯 격앙되었다. 전국적으로 일제히 시행키로 예정되어 있던 학력고사(요즘의 대입수능)이었기 때문에 이를 일단 취소하고 연기·시행하지 않을 수 없었다. 나는 관계관들과 함께 철야 작업을 하면서 긴급 대응

---

* 나의 가훈은 1993.1.1. 새벽에 작성하여 자녀손에게 나누어 준 바 있으나, 지난 30년간 세상에 공개된 일은 없음.

책과 후속 조치를 마련하고 이를 사과문과 함께 서울 시내 8개 일간
지에 공표함과 동시에 장관직을 사퇴하였다.

그날이 1992년 1월 22일이다. 그 날짜의 한국일보 1면 상단을 보면
「대입 시험지 관리 대폭 강화」라는 큰 제목 옆에 "교육부－경찰, 경비·
배포까지 관계자 입회", 다시 작은 제목으로 "내달 후기대입시부터
인쇄장소, 발송일자 비공개"라는 대형기사가 실려 있다. 뿐만 아니라
그 대형 톱기사 옆에는 다시 대형박스 기사를 나의 사진과 함께 실었
다. 가로 제목으로 "대입 시험지 도난 충격 윤형섭 장관" 또 세로 제
목으로 "총리 폭행이어 두 번째 사표－수습 결과 주목"이 달려 있으
니 내용은 불문가지다. 그리고 도합 8개 신문의 하단에는 "교육부 장
관 윤형섭" 명의의 사과문이 실려 있다. 상세한 경과와 향후 대책을
국민께 보고하고 진정성 어린 사과를 드렸다.

그후 근 반년의 세월이 지난 어느 날 나는 뜻밖에도 서울신문 사
장으로 임명되었다. 그때부터 나는 두 가지의 경영 철학을 마음속 깊
이 다짐했다. 하나는 파사현정(破邪顯正)의 정론입국(正論立國)이다. 바
꿔말하면 언론의 사명을 수행하는 일로서 특히 서울신문의 정치적 중
립이다. 두 번째는 서울신문의 재정건전성을 확보하고 독립적으로 경
영하는 일이다. 나는 취임과 동시에 이를 고집스럽게 추진했다. 혼신
의 정력을 쏟아부었다. 비록 대통령 선거를 향한 김영삼 김대중 두 분
의 격돌이 눈앞에 다가온 숨 가쁜 초긴장의 나날이었지만, 그래서 두
김 씨 측으로부터 내가 협공을 당하던 기간이었지만 나는 서울신문의
정치적·재정적 독립성 확보를 위해서 양보나 후퇴는 생각할 수조차
없었다.

그랬던 나를 후일 김영삼 후보는 내가 염려했던 대로 대통령 당
선과 동시에 나를 해임했고, 김대중 후보는 그 후임 대통령으로 취임
하더니 도리어 나를 대통령 직속 반부패특별위원회 초대위원장으로

임명했다.

이러한 국가적, 개인적 소용돌이 속에서 1992년 섣달그믐을 맞아 나는 아내와 함께 우리의 연희동 자택을 비우고 양재동에 있는 서울교육문화회관에서 새해를 맞기로 했다. 심신의 새로움을 갈구했기 때문이었다.

바로 그 건너편 즉 교육문화회관의 지척지간에는 내가 회장으로서 심혈을 기울여 간신히 완공한 한국교총회관이 우뚝 서 있다. 그리고 서울교육문화회관(지금의 The-K호텔)은 내가 장관으로서 한국교직원공제회가 주관하는 건립과정을 지켜보기도 했으며 작명도 내가 직접했고 개관 기념식수까지 했던 인연이 있기에 나는 그날만은 그곳에서 아내와 함께 송구영신 해야겠다는 명분과 의욕이 솟구쳤던 것이다.

나는 그날 아내에게 미안할 정도로 밤새도록 홀로 정신적으로 노동을 했으며 이른 새벽에 일어나 앉아 60평생을 돌이켜 보며 그 사이에 내가 겪었던 고진감래의 체험과 마음을 정리하여 자녀손들을 위한 가훈을 써 내려갔다. 그것이 바로 이것이다. 나의 회갑년을 맞아 내가 자식들에게 주는 선물이었다. 그러나 그것이 누구에게나 도움이 될 것이라는 믿음으로, 또 그렇게 되기를 희망하면서 여기에 공개한다.

해평윤문 월정14세손
일민형섭 가훈10개조

1. 비록 가난할지라도 가문의 명예를 더럽히지 말라.
2. 하나님을 경외하고 이웃을 사랑하며 맡은 일에 충성하라. 남 보기에 보잘 것 없고 작은 일일수록 더욱 충성을 바쳐라. 한평생 살기에는 그것만으로도 족하니라. 작은 일이 모여 큰일이

되는 만큼 큰일은 작은 일로 망가지기도 하느니라.

3. 무슨 자리에 올라 한평생을 편안히 살 것인가 마음 졸이지 말라. 도리어 무슨 일을 하면서 한평생을 뜻있게 사느냐가 더 중요하니라.

4. 가난은 자랑거리가 될 수 없다. 부정한 방법으로 부유하게 됐다면 그 또한 자랑거리가 될 수 없다. 그러므로 청빈보다는 청부(淸富)에 힘쓸 지니라. 그 길은 남보다 더 열심히 일하고 바로 처신하며 더 검소하게 사는 데 있느니라.

5. 아무리 물자가 풍부하더라도 근검절약은 미덕이다. 허영은 정신을 병들게 하고 호화·사치는 패가망신과 망국의 원인이 된다. 범사에 감사하고 기뻐하라. 행복은 너의 마음속에서 만들어 내는 것이니라.

6. 교양과 식견이 나보다 높은 이를 따르고 나만 못한 이에 휘말리지 말라. 남 앞에는 겸허하되 스스로는 강직하라. 일은 남보다 앞서고 자리는 한 자리 물러앉으라. 화가 났을 때는 먼저 심호흡을 세 번 하고 가급적 말을 삼갈지며 아무런 결정도 내리지 말라. 화났을 때 뱉은 말과 결정은 화근이 되며 후회하게 되느니라. 어리석은 이는 언제나 이기기를 원하되 참으로 어진 사람은 지는 법을 잘 아느니라.

7. 항상 나보다 불행한 사람을 생각하고 베푸는 일에 인색하지 말지며, 나보다 잘사는 사람을 미워하지 말고 그로부터 배울 점을 찾아내라. 남에게 은혜를 베풀었거든 바로 잊어버리고 남에게 은혜를 받았거든 끝까지 잊지 말라.

8. 세상에는 어리석고 비뚤어진 이가 있는가 하면 어질고 올바른 사람도 있다. 그러므로 내가 무슨 일을 하든지 어느 한쪽으로부터 비난을 받는 것이 당연하니라. 어느 쪽이 비난하느냐에

따라 더욱 확신을 갖고 밀거나 또는 반성하고 행동을 멈춰야 한다. 양쪽 모두로부터 칭찬을 받고자 한다면 그것은 차라리 속임수이니라.

9. 늙은 어버이는 공경하여 받들되 보살피고 거두기를 어린애 같이 하며, 형제 부부간에는 서로 웃으며 사랑하되 경우와 잘잘못을 따지지 말라. 어린애는 사랑하되 엄하게 기르고 귀여워하되 검박하게 기르라.

10. 세상이 다 기뻐서 날뛸 때 뒷일을 염려하고, 세상이 다 절망을 느낄 때 희망을 잃지 않고 길을 밝히는 것이 지성이다. 위급할 때일수록 침착하고 실패했을 때일수록 강인해야만 큰 사람이니라. 참으로 큰 사람은 경사가 있을 땐 그 공을 남에게 돌리고, 일이 실패했을 땐 그 허물과 책임을 스스로 지느니라.

1993 계유회갑년 원단

일민 형섭 지음

03

곁에서 본 윤형섭

근 40년 곁에서 지켜본 윤형섭 교수*

김풍삼, 교육학 박사(전 한국교육신문사장)

여기서는 윤 교수로 호칭하고자 한다. 교수가 그의 평생 직업이고 교수 시절 필자와 만났기 때문이다.

필자와 윤 교수와의 인연은 38년여 전인 1984년, 우연히 그의 논문 「한국교직단체의 이익표출에 관한 연구」를 읽은 후부터다. 당시 국내 정치학자들 중 교직단체 활동에 관하여 관심을 가진 학자는 드물었고 더더욱 여기에 관한 논문은 윤 교수가 유일했다.

이 논문은 교직단체가 주로 행정부만을 상대로 하는 활동의 관행에서 벗어나 국회를 통하여 입법 활동도 활발하게 벌여야 한다는 내용이었다. 필자는 당시 대한교육연합회(교총 전신)에서 발행하는 새한신문(현 한국교육신문)에서 편집국장을 맡고 있었다.

윤 교수를 교련 사무국 직원연수회에 연사로 초빙했다. 이날 윤 교수의 강의를 그대로 받아쓰면 신문기사가 될 정도로 군더더기가 없

---

* 김풍삼, 「민주화를 외칠 때 홍익과 가난의 아픔도 기억하라」(지식과 감성, 2022. 8.), pp.127 – 135에서 발췌.

었다.

그리고 1985년 1월 1일자 한국교육신문에 필자 사회로 신년 특집 "정치와 교육"을 주제로 윤 교수와 서울대 이한빈(경제부총리) 교수를 초청해 대담을 가졌다.

윤 교수를 대한교련 회장에 추천한 것도 필자다. 1988년 5공화국의 집권기간이 끝날 무렵 사회는 민주화의 요구 열기가 넘쳐흘렀다. 6·29선언 이후는 더욱 그랬다. 이 무렵 대한교련 정범석(鄭範錫) 회장이 시대에 걸맞은 회장을 뽑도록 자리를 비켜주어 교련은 새 회장을 찾고 있었다.

필자는 그때 교련을 떠나 대구 신일대학에 전임교수로 있었다. 어느 날 교련 하용도 사무총장은 전화로 필자에게 "소신 있고 매사 당당한 교수 중 교련 회장을 맡을 만한 분이 없겠느냐."고 했다. 지금까지 교련 회장은 대학 총장급에서 맡아 왔다. 그러나 지금은 평교수가 교련을 맡아야 한다는 하 사무총장의 내심을 금방 알 수 있었다.

나는 문득 윤 교수가 머리에 떠올랐다. 그는 정치학 교수다. 특히 그는 교직단체활동에 관한 논문을 썼고 정치학회 회장도 지낸 바 있다. 만약 그가 교련 회장이 된다면 교직단체를 이끄는 안목이 여느 회장들과는 다를 것이라고 생각되었다.

필자는 윤 교수를 추천했다. 그러자 하용도 사무총장은 윤 교수의 회장 영입 교섭을 필자에게 맡겼다.

1988년 9월 연희동 스위스 그랜드 호텔에서 박용암 당시 교련사무차장과 함께 윤 교수를 만나 교련 회장 출마를 권했다. 윤 교수는 웬 밤중에 홍두깨냐는 식의 반응이었다.

필자는 경위를 차근차근 설명했다. 조용히 듣고 난 윤 교수는 강의시간이 다 되었다고 일어서면서 "교련의 입장이 그렇다면 내 이름은 빌려주겠으니 알아서 하시라."고 했다. 승낙을 한 셈이다.

그의 말대로 그는 교련 회장 선거기간 중 별도의 선거운동을 전혀 하지 않았고 대의원들에게 커피 한 잔도 사지 않았다. 그가 교련 회장에 당선된 것은 당시 시·도 교련 회장들의 자발적이고 적극적인 지원이 있었기 때문이다.

윤 교수는 교련 회장 재임 중 교련이 안고 있는 많은 난제를 해결했다. 우선 양재동 신축교련회관 건립에 따른 건설비부족액 46억여 원을 노태우 대통령으로부터 특별한 관심을 얻어 국고보조로 해결했다.

1989년 민주화 바람으로 당시 전교조가 교련회관을 접수하겠다고 회장실을 불법 점거하여 농성하는 그 와중에 교련사무국 노조 또한 매일 아침 출근시간 회관 입구에서 꽹과리를 치면서 30일간 파업하여 그야말로 교련 조직 자체가 근본적으로 흔들렸다. 그러나 윤 회장은 단호하고 조용하게 이를 잘 수습하여 교련을 안정시켰다.

특히 윤 회장은 그해 5월 잠실체육관에 1만 3천 명이 참석한 전국교육자대회를 열고 "교육자는 장사꾼이 아니다.", "교육자는 막노동꾼이 아니다.", "교육자는 정치꾼이 아니다."라고 삼불(三不) 주장을 하면서 "교직은 전문직임"을 천명하여 언론과 학부모들로부터 크게 환영을 받았다.

1990년 11월 개최된 대한교련대의원 대회에서 전임 회장 잔여 임기를 마친 후 만장일치로 재선되었다.

윤 회장은 이 대의원 대회에서 1948년에 설립한 대한교육연합회를 40년 만에 한국교원단체총연합회로 재탄생시켰다. 따라서 종전의 대한교련에서 한국교총으로 호칭이 바뀌었다.

그리고 각급학교에서만 구독하던 7천 부(발행부수)의 한국교육신문을 30만 부 발행 체제로 개혁하고 회원들의 자택으로 직접 우송케 하는 한편, 신문사 운영을 독립채산제로 바꾸었다.

이와 같은 결정은 한국교육신문을 명실공히 교육전문지로서 자리를 확고히 하기 위함이었다. 교총 운영에서 가히 혁명적 결단이라고 할 수 있다.

윤 회장은 한국교육신문 운영을 독립채산제로 바꾼 직후 1990년 12월 초 초대교육부 장관으로 입각했고, 필자는 1991년 1월 1일 대구 신일대학 교수직을 휴직하고 한국교육신문사 초대 편집인 겸 사장으로 취임했다.

윤 교수는 교총 회장 2년의 짧은 재임 중 교총 역사에 남을 큼직큼직한 실적을 남긴 것이다.

필자가 윤 교수에게 특별한 관심을 가진 이유가 몇 가지가 있다.

그는 교육부 장관으로 입각하자마자 재직 중이던 연세대학 교수직을 사임했다. 역대 교육부 장관은 모두 자신이 몸담고 있던 대학에 휴직을 하고 부임했다가 장관을 그만두면 대학으로 다시 돌아갔다.

그러나 윤 장관은 "모든 대학이 교육부 장관의 감독 지시를 받는다면 장관이 특정 대학 교수 신분을 갖고 있다는 것은 옳지 못하다."고 생각했다.

당시 연세대 총장은 적극 만류했다. 그러나 윤 장관은 그 뜻을 굽히지 않고 기어코 교수직을 사임했다.

따라서 윤 교수는 교육부 장관을 마친 후 연세대학으로 돌아가지 못하고 얼마 있다가 서울신문 사장, 건국대학, 호남대학 총장을 거친 후 현재 연세대학 명예교수와 여러 대학의 석좌교수를 거쳐 학교법인 홍신학원 이사장으로 계신다.

또한 윤 교수는 교육부 장관 재임 중 강원도 속초에 대학 설립인가를 부탁한 당시 김영삼 민정당 대표의 제의를 받아들이지 않았다.

동 대학은 건국대 설립자의 아들이 건국대 예산으로 무리하게 대학설립을 추진하고 있다는 것을 윤 장관은 알았기 때문이다. 다음 대통령으로 유력한 여당 대표의 부탁을 거절한다는 것은 쉽지 않은 일이었다.

이것이 김영삼 당 대표에게 괘씸죄(?)가 되어 두고두고 보복이 돌아왔다.

장관 재임 중 후기대학입학 시험지 도난사건이 일어났다. 엄격히 따지면 시험지 도난사건의 책임은 행자부 장관에게 있다. 그러나 김영삼 당 대표는 교육부 장관에게 책임을 지워 물러나도록 노태우 대통령에게 강력히 요구했다.

노 대통령은 김영삼 당 대표의 집요한 요구를 물리칠 수가 없어 하는 수 없이 윤 장관의 사표를 수리한 후 3개월이 지나 당시 정부기관지인 서울신문 사장에 임명했다. 그러나 서울신문 사장직도 김영삼 정부 출범 직후 사임시키고야 말았다.

윤 사장이 퇴임하던 날 서울신문 노조는 대자보를 통해 "적자에서 허덕이던 신문사가 8개월 만에 겨우 흑자로 돌아섰는데 갑자기 사장을 갈아 치우는 정부 인사는 도무지 알 수 없다."고 비난했다.

윤 장관과 필자는 일 때문에 만난 인연으로 40여 년이 지난 지금까지 정기 오찬 모임을 함께하고 있다. 곰곰이 생각해 보면 윤 교수와의 오랜 만남은 결코 일 때문만은 아닌 것 같다.

윤 교수의 해박한 이론과 깔끔한 성품, 매사 반듯한 몸가짐을 필자가 본받고자 그를 따른 것이라고 하는 것이 더 정확할 것 같다.

윤 교수는 이 책에서 소개된 저명한 분들 중에 유일하게 생존하고 계시는 분이다.

윤 교수가 필자를 몹시 추켜세운 경우도 있다. 필자가 2007년 5월 교육계 지인들의 권유로 한국교총 회장에 출마한 적이 있다.

그때 고향 친구가 뒤늦게 교총 회장에 출마하는 바람에 지역의 표가 분산되어 둘 다가 어렵게 되었다. 할 수 없이 필자가 부득이 양보했다.

필자는 그때 교총 회장 선거에서 완주하지 못한 점을 두고두고 아쉽게 생각한다.

그것은 교총 회장 자리가 탐나서가 아니다. 전교조가 학교 교육을 이념으로 몰아가는 것을 볼 때마다 "그때 교총 회장에 당선되어 교총의 운영 틀을 바꿔 교총의 힘을 길러야 했는데…" 하는 아쉬움이 아직도 남아있기 때문이다.

필자가 교총 회장에 입후보 등록을 마치고 선거 유인물을 만들 때 윤 교수가 내게 추천장을 써줬다. 전직 교총 회장이 후임 회장 선거에 추천장을 쓴다는 것은 쉽지 않은 결정이다.

필자를 과분하게 칭찬한 윤 교수의 귀한 추천서를 묵힐 수 없어 여기에 소개한다.

추천서

나는 평소에 한국교총 회장이 되고자 하는 분은 반드시 다음의 조건을 구비해야 된다고 믿어 왔다.

첫째, 뚜렷한 교직관이 있어야 한다. 교직을 인재 양성을 통해서 국가발전에 이바지하는 천직으로 알고 헌신하겠다는 소명감이 있어야 한다. 교직을 부득이한 밥벌이로 생각하는 막일꾼의 의식 수준이어서는 안 된다는 뜻이다.

둘째, 한국교총을 전문직 이익집단으로 의식할 줄 아는 이론적 정신적 무장이 갖추어져 있어야 한다. 교총은 스스로 교사들의 자질 함양에 힘써야 하며, 교사들의 사회적 경제적 지위 향상에 기여하여야 한다. 교총이 왜 노동조합 되기를 거부해왔는지에 대한 깊은 이해와 굳은 신념이 있어야 한다.

셋째, 회장이 되고자 하는 자는 반드시 위에서 말한 교직관과 교

총관을 갖추어야 하겠거니와 그에 덧붙여 조직 장악 능력이 있어야
한다.

한국교총은 초·중·고 대학교원 28만 명을 포용하고 있는 이 나
라 최대의 교직단체이다. 전국의 16개 시도에 교총이 있으며 1만 2천
여개 분회가 있다. 특별히 뛰어난 조직 장악 능력이 아니고서는 제대
로 운영할 수 없을 만큼 거대한 조직임을 알아야 한다.

넷째, 대외적으로 폭넓고 강력한 교섭 능력을 갖추고 있어야 한
다. 왜냐하면 교총이 소기의 목적을 성취하기 위해서 교총을 둘러싸
고 있는 환경, 즉 정치·경제·문화·사회의 각계각층의 협력을 얻을
수 있어야 하며 국가적 지도자들을 설득하고 때로는 맞대응을 할 수
있는 설득력과 저력을 지니고 있어야 한다.

다섯째, 인격적으로 하자가 없어야 한다. 청렴결백해야 한다. 스
스로도 그러해야 하겠으나 조직의 재정 운용이 투명해야 하며 모든
업무처리와 정책 결정이 사회정의와 명분에 부합되어야 한다.

이상과 같은 조건을 살펴보건대, 나는 김풍삼 박사와의 지난 22
년에 걸친 교류를 통해서 알게 된 그의 경력과 경륜 그리고 인품이 한
국교총의 회장이 되기에 가장 적합하다고 판단되어 그를 이번에 선출
하는 한국교총 회장으로 강력하게 추천한다.

윤형섭 장관의 리더십 분석*

김경은, 행정학박사(한국학중앙연구원)

I. 개인적 요인: 윤형섭의 생애

윤형섭은 1933년에 서울 종로구 통인동에서 4남 4녀 중 일곱째
로 태어났다. 청운국민학교 6학년에 재학 중이던 1945년 6월, 일제의
소개령으로 경기도 용인군 백암국민학교로 전학하였고, 광복 후 다시
서울로 돌아와 혜화국민학교를 졸업하였다. 이후 경복중학교를 거쳐
경복고등학교에 입학하였지만 6·25를 맞아 피란 생활을 하던 중 막
노동판을 전전하면서 갖은 고생을 하였다. 기독교 계열 학교의 교사
였던 아버지 윤복영은 독립운동가를 숨겨주고 자금을 지원하는 활동
을 하였는데, 윤형섭은 공부를 독려하고 꿈을 키우게끔 격려하는 부
친의 사랑 덕분에 학업을 이어가 1953년에 연세대학교 정치외교학과

---

* "민주주의 전환기의 장관 리더십에 관한 생애사적 접근: 윤형섭·이명현 장관 사
례 분석", 「한국행정학회보」 제56권 제3호(2022, 가을호)에서 발췌한 것임.

에 입학하였고, 정법대 학생회장을 하면서 지도력을 발휘하였다. 이곳에서 석사·박사를 마쳤고, 대학원 재학 시에도 초대 학생회장을 맡았다. 모교에서 강의하던 1963년 3월호 <사상계>에 "한국정치의 비논리성"을 비롯하여 네 차례에 걸쳐 연속적으로 박정희 장군의 군사쿠데타를 비판하는 글을 썼다는 이유로 중앙정보부가 신변의 위협을 가하자 지도교수였던 김명회 선생의 엄명을 받아 펜을 꺾었다.

그는 1963년부터 연세대 정외과 강사를 거쳐 교수로 재직하면서 각종 보직을 맡았다. 1975년부터 1979년까지 4년간 학생처장을, 1981년에는 사회과학대학장으로 봉직한 데 이어 1982년부터 1988년까지 행정대학원장을 맡는 등 교내 주요 행정을 담당하였다. 특히 학생처장을 하면서 전국대학 학생처(과)장 협의회장(1977~1979)을, 행정대학원장 시절에는 전국행정대학원장 협의회장(1984~1988)을 맡으면서 대외적 활동의 폭을 넓혔다. 학장 재임 중에는 교권을 침해하는 전두환 정권의 지시를 거부하였다는 죄목으로 학장직을 박탈당하고 국외로 쫓겨나는 수난을 겪었지만, 권위주의에 대항하는 올곧은 스승으로서 학생들의 존경을 받았다.

한편 가족 중 23명이 교직에 복무한 집안 특성상 '훈장이 가업', '친척이 모이면 소교련(小教聯)'이라고 불렸는데, 윤형섭 자신도 "우리 집안 잔칫상에서 한국 교육계를 훤히 조망할 수 있었다."라고 했다(새한신문, 1979; 한국일보, 1990).

이러한 집안 배경 때문인지 중앙교육심의회 위원(1988~1989)으로 활동하였고, 대한교육연합회(대한교련)의 회장으로 선출된 데 이어 한국교원단체총연합회(교총)회장으로 활약하였다. 그는 1990년 12월 27일, 초대 교육부 장관으로 취임한 후 제6차 교육과정 개정안 통과를 비롯해 구 소련과의 교육협력 관계 체결, 남북한 교류 협력방안 수립 등의 성과를 달성하였지만, 후기 대학입시 시험지 도난 사건에 대한 책임을 지고 1992년 1월 22일에 장관직에서 물러났다.

어린 시절의 윤형섭은 선생님 말씀을 100% 수용하는 착실한 학생이었고, 두뇌 회전이 빠르며 외향적이어서 항상 대장노릇을 하였다. 6·25가 발발하였을 때 눈 내리는 피난길에 조병화의 '낙엽'이라는 시를 읊으며 괴로워했다. 그러나 전쟁은 소년 윤형섭의 밝은 성격을 강직함으로 숙성시켰고, 난국을 극복하기 위한 기지를 개발하는 계기가 되었다. 1·4후퇴 때 일가권속이 대전으로 쫓겨 가는 피난길 중간 중간에 미군 캠프가 설치된 것을 보고 "다 큰 처녀"인 누나들을 보호한답시고 옷을 남루하게 입히고 얼굴에 검정칠을 하며 머리를 산발로 만든 채 이끌고 다녔다.

연세대 동창들은 그를 두고 "모든 일에 최선을 다하고 대인관계도 원만하며 남의 말을 경청할 줄 아는 합리주의자"(이만섭 전 국회의장), "분석력과 의사 표현력이 뛰어난 달변가"(이영호 전 체육부 장관)로 묘사하고 그의 제자(67학번)는 "화통한 성격을 가진, 학생들과 잘 놀아주는 교수님"으로 기억한다.

윤형섭은 군부 집권기에는 사학(私學)의 전통과 명예를 살리고 권위를 지키는 데 주력하였으며, 특히 유신 정권 때 4년간 학생처장을 하면서 학사 처벌토록 정부에서 지시한 운동권 학생들을 보호하고, 학내에 정치권력이 투입되는 것을 막기 위해 순간순간 기지를 발휘하였다. 또한 중앙정보부 기관원들의 프락치가 되어 장학금 혜택을 누리던 특정 재학생들의 부당한 특혜를 없애고, 외부 정보기관원들은 반드시 사전에 학생과장을 통해 면담을 신청하여야만 학생처장을 만날 수 있도록 공식적인 소통 채널을 조성하는 등 학내 개혁을 단행하였다.

그는 정치학 교수로서 발전이론을 강의하였던 경력과 교육 현장을 누비면서 쌓은 관록이 교육정책의 수립과 집행 과정에서 유감없이 역량을 발휘할 수 있는 기반이 되었다. 또한 대한교련 회장 및 교총 회장, 교육정책 자문위원을 거친 덕분에 담당 부처의 업무를 개략적으로나마 미리 알고 있어 장관 적응 기간을 크게 단축할 수 있었다(김호균, 2004, pp.240).

II. 상황요인: 노태우 정권기와 장관 임명배경

윤형섭 장관의 재임기는 명지대 강경대군 사망 사건을 기점으로 이어진 1991년 5월 투쟁, 전교조 해직교사들의 복직 요구 파동 등 대학가의 갈등이 첨예한 때로, 내무부 장관이 8번이나 경질될 정도로 불안한 시국이 조성되었다. 1991년 4월 26일 강경대 사망 직후 안응모 내무부 장관이 경질되고 시위 현장을 지휘한 경찰서장이 직위해제 되었으며, 노태우 대통령은 대국민 사과를 하였다. 하지만 전남대 박승희가 분신자살하고, 5월에 들어와 안동대 김영균, 경원대 천세용, 전민련 사회부장 김기설이 분신하였으며, 광주에서 윤용하와 정상순, 서울에서 이정순의 분신이 이어지는 등 이른바 분신정국이 조성되면서 학생시위 현장의 무질서와 시위 진압 과정에서 초래된 과잉·과격의 공권력 행사의 폐단으로 인하여 사회적 갈등의 골이 깊어지고 있었다.

언론에서는 이때를 학생과 시민단체, 근로자들이 시위로 밤낮을 지새우던 가로정치(街路政治)의 시대라고 불렀고 당시 내무부 장관이 었던 안응모는 "보통사람의 시대"에 공권력의 권위가 떨어졌음을 지적하였으며(안응모, 2014), 노태우 대통령도 집권기의 상황을 두고 "그동안 규제에 묶여 있던 여러 분야가 민주화라는 역사적 과제 속에서 일시에 용수철처럼 튀어나온 것"이라고 술회하였다(노태우, 2011, 460).

윤형섭은 한국교총 회장직을 연임하게 된 지 겨우 한 달이 된 무렵인 1990년 12월 26일, "교육부 장관으로 내정되었으니 내일 아침 9

시 반까지 청와대에 들어오시오."라는 노재봉 비서실장(후일 국무총리)의 전화를 받았다. 다음 날 "언행일치하는 지성인다운 교수로 남겠다."라는 포부를 안은 채 내각에 참여하였다. 교육부 장관은 교육계로부터 두터운 신임을 받아야 하는 자리이기 때문에 언론에서는 회원 28만 명의 교총을 이끌었던 윤형섭이 교육계의 난제를 해결할 것이라는 기대감을 표출하였다(한국일보, 1991).

그는 1988년, 노태우 대통령이 한국정치학회 역대 회장들을 청와대 만찬에 초청하여 대통령에 대한 중간평가 공약의 이행 여부에 대한 의견을 구하였을 때, 중간평가는 결과적으로 헌법상 규정된 대통령 임기 조항을 훼손하는 일이라는 의견을 오직 혼자서 강력하게 개진해 눈에 띄었던 것 같다.

노태우 정부의 가장 큰 관심은 학원 안정이었기 때문에 교육부 장관의 핵심 역할 중 하나는 교육계가 정권에 반발하지 않도록 하는 것이었다(박남기·임수진, 2019, 298). 윤형섭이 조선일보 칼럼 <아침논단>의 필진으로 참여하면서 대학과 정계의 화합, 자제가 있는 자율, 대학이 정치 공간이 되어서는 안 된다는 논리, 양극을 거부하는 합리문화 등을 거론하면서 내세운 균형과 합리의 원리가 당시 학원계의 혼란을 해결하는 데 필요한 대안으로 인식되어 장관으로 발탁되었을 것이라 짐작해 볼 수 있다. 그러나 그는 전교조 교사들의 대량 해직으로 인한 후유증을 앓고 있는 상황에서 교사는 장사꾼, 막일꾼, 정치꾼이 아니므로 정치 세력화를 위하여 교육을 이용해서는 안 된다는 '교사 3불론'을 주장했다. 그래서 장관 자리에 오른 것이라는 일부의 비판도 있었다(한국교육신문, 1990; 김병옥, 2014).

III. 윤형섭의 민주화 인식

윤형섭은 '하나의 백성'을 뜻하는 '일민'(一民)이라는 용어가 민주주의를 가르치는 정치학 교수에게 어울린다고 생각해 아호로 택하였을 정도로 민주주의 신봉자임을 자처한다. 그는 민주적 사고방식과 절차를 중요시하였기 때문에 비민주적 사고와 폭력적 방법은 어떤 이유로도 정당화될 수 없다고 여겼고, 이러한 신념에 기대어 사회 각계에서 점화된 반정부 시위가 실정법의 한계를 넘어설 경우, 묵인할 수 없는 불법으로 간주하였다. 또한 자유롭고 민주적인 사회 건설은 참된 교육에 달려있다는 신조에 따라 교육의 자율성을 민주주의 발전의 선결 조건으로 꼽았다.

윤형섭 장관은 첫 국무회의 석상에서 대학입시 정책에 대한 의견을 구하는 대통령의 물음에 "대학의 것은 대학에게 돌려줘야 한다.", "대학의 자율화가 교육정책의 기본이 되어야 한다."라고 답하였는데, 대통령을 비롯해 서동권 안기부장, 김영준 감사원장 등 모두가 이 견해에 동조하는 모습을 보면서 노태우 정권이 상당히 민주 지향적이라는 인상을 갖게 되었다고 한다. 노태우 정부의 모든 정책과 행정의 밑바탕에는 민주화라는 헌법적 가치가 깔려 있었기 때문이라고 보았다.

대학의 자율화는 6·29 민주화 선언에 포함된 조치 중 하나였다. 윤형섭은 장관 재임 중 각 대학이 자율적으로 본고사를 부활시킬 수 있도록 하는 내용의 대입제도 개선안을 확정·발표하고, 30년 만에 15개 시도교육위원회를 부활시켰으며, 교육감을 민선으로 선출하도록 하여 충청북도에서 처음으로 민선 교육감이 탄생하는 등 교육자치의 원리를 정책 현장에서 구현하였다.

윤형섭은 장관으로 부임하기 전까지 군 장성 출신인 노태우를 필두로 하는 6공화국을 군사정권과 시민정권의 중간 체제라고 인식하였지만, 입각 이후 노태우 대통령으로부터 권력 행사에 관한 한 상당히 신중한 면모를 발견할 수 있었다고 한다. 노태우는 장관의 의사를 존중하였고, 부처 간 의견이 불일치하면 국무회의와는 별도로 관계 장관끼리의 토론의 기회를 별도로 만들어 합의할 수 있도록 이끌었다.

　　한국·소련 간 교육 교류 협력, 유아교육 진흥에 관한 아이디어를 가지고 독대하였을 때도 노태우 대통령은 총선이 임박한 상황이나 청와대 참모들의 주장보다는 장관의 의견에 우선적으로 힘을 실어주었다. 윤형섭은 노태우의 수용력과 합리적인 사고방식, 합의 문화를 조성하는 태도가 민주화 시대에 어울리는 리더십이라고 밝힌 바 있다 (윤형섭, 2011, pp.289-292). 또한 권력은 형성과정과 행사과정에서 정당성이 요구된다는 기본원칙에 입각하였을 때, 노태우 정부는 직선제 헌법하에 치러진 선거를 통해 정권을 획득하였고, 권력 행사 과정에서도 민주적 정책 결정이 이루어지는 현장을 직접 경험하였기 때문에 민주성과 정치적 정당성을 갖추었다고 보았다.

IV. 윤형섭 장관의 리더십 전략

1. 교육신념에 입각한 결단

　　윤형섭은 일제 침략과 6·25전쟁의 국난 속에서 어린 시절을 보냈지만, 정규교육 과정을 완수하면서 교육에 대한 긍정적 태도를 형성하였다. 또한 교수가 되어 학내 보직을 두루 거쳤던 경력은 군부 정권의 감시와 통제 속에서 대학의 자율을 수호하기 위한 지략을 계발하는 계기가 되었다. 윤형섭은 입법권·행정권·사법권과 더불어 교육권을 독립적인 영역에 두는 4권 분립을 주장할 정도로 교육의 자율성을 중요시하였다. 또한 그는 오래전부터 교육의 자율화가 이루어지기 위하여 정부의 간섭이 배제되어야 한다고 주장해 왔기 때문에 장관

취임식을 마치자마자 대학에 휴직원을 제출하는 대학가의 관행을 따르지 않고 교수직 사퇴서를 제출하였으며, 대학에 감사목적으로 교육부 직원을 파견할 때마다 교육부의 본분은 대학을 보호하고 지원하는데 있음을 명심케 하고, 대학에서 물 한 모금이라도 얻어 마시지 말것을 당부하였다.

그러나 교육의 자율성을 수호하는 과정에서 정치적 보복을 당하기도 하였다. 일례로 강원도 속초·고성 지역에 건국대학교 분교 설립안(동제대학)을 승인하라는 김영삼 민자당 대표의 압력을 거부해 YS의 눈 밖에 난 이후 김영삼과 운명적인 악연을 맺게 되었다. 설립안의 내용은 서울 장안동 건국대캠퍼스의 땅 일부를 팔아서 속초·고성에 새로운 캠퍼스를 조성하겠다는 것이었다. 집권당인 민자당의 김영삼 대표, 김종호 원내총무, 최정식 의원(속초·고성 지구당위원장)이 회동한자리에 윤 장관을 불러 앉혀 놓고 본격적인 압력을 가했다. 그는 그자리에서 그들이 말하는 건국대 제3캠퍼스 설립안을 조목조목 비판하면서 최종적으로는 결재 거부 의사를 명백히 밝혔다(윤형섭, 2020; 동아일보 1998.3.28.).

1992년 1월 21일, 후기 대학입시 문제지 도난 사건에 대한 책임을 지고 그가 장관직 사표를 제출하였을 때 노태우 대통령은 14대 총선을 앞둔 시점에서 집권당 대표였던 YS의 압력에 못 이겨 사표를 수리했다(한국대학신문, 2021(b)). 그후에도 서울신문 사장으로 재임하던중 김영삼 정부가 출범하자마자 사장직에서 물러나게 하는 등 "괘씸죄의 희생양"이 되었던 것이다(동아일보, 1998).

교육과 정치가 올바른 관계를 유지하려면 교육자의 신분보장이이루어져야 한다는 평소의 지론(윤형섭, 1985)은 교원단체의 대표를 거쳐 장관으로 부임한 이후에도 이어져, 교육부 장관 재임 중「교원지위향상을 위한 특별법」이 국회에서 통과되었고, 교원징계재심위원회가 신설되었으며, 사립학교 교원 퇴직 수당의 전액 국고 충당을 비롯한 교원 처우개선비 예산을 편성함으로써 교원 복지 등의 당면 이슈를 해결하였다.

2. 일의 본질을 포착하여 합리적으로 접근

　　장관은 제한된 시간 속에서 축약된 실천력을 보여야 하는 숙명을 안고 일을 시작하기 때문에 주어진 과업의 본질을 파악해 처리하는 선택과 집중 전략을 꾀하여야 한다. 윤형섭은 교수시절, 학내에 정치 권력이 투입되는 것을 막는 대학 수호자로서의 역할을 자처하였지만, 이와 동시에 정부 자문위원으로 활동하면서 학자로서의 전문성을 국정에 보태는 입장에 섰고, 정치학 전공자이지만 교육의 정치적 독립을 주장하는 등 중첩된 지위와 역할 속에서 어느 편에 치우치지 않고 합리적으로 문제를 풀고자 애썼다.

　　교육의 자율성에 대한 확고한 신념은 일을 처리하는 기본원칙이 되었다. 윤형섭이 장관직에 취임한 직후 건국대 음대와 서울대 미대의 입시부정이 밝혀진 데 이어 이화여대 무용과 실기시험에서도 비리가 발각돼 사회적 지탄이 거세졌다. 그는 진퇴양난의 처지에서 사퇴를 결심한 윤후정 총장과의 면담에서 "총장이라면 누구든지 리스크를 안고 간다."라는 말을 건네면서 퇴임하기보다는 당면한 문제의 해결이 선행되어야 함을 강조하였고, 교육부의 주요 보호·육성 대상인 대학이 여론의 집중포화를 맞는 가운데서도 대학이 스스로 상황을 수습할 수 있게끔 장관이 앞장서 방패막이 노릇을 자임했다.

　　한편 강경대 사망 사건이 발생하였을 때 33개 주요 대학 총장들을 긴급히 소집한 자리에 관계부처 장관인 이종남 법무부 장관과 이상연 내무부 장관을 동석하게끔 하여 문제의 초점을 정확하게 인식하고, 책임을 명확하게 배분하며, 부처 간의 연대를 토대로 한 합리적인 문제 해결을 도모하였다. 또한 한국외대에서 발생한 정원식 국무총리 서리 집단폭행 사건 직후 국회 교육위원회에 불려가 "폭행 주체가 좌경 용공세력이냐."라는 질문을 받자 그것은 사직당국에 의해 실체가 파악된 이후에야 논의 될 수 있다고 대답하고 교육부는 그 결과를 기초로 하여 대응책을 펼쳐 나갈 것이라는 입장을 밝히는 등 부처의 업무 범위에서 벗어난 정치전략적 책임 추궁에 단호하게 맞섰다.

흔히 국무회의의 형식적 운영 행태를 꼬집어 "통과회의" 또는 "요식절차"라고 폄하하지만, 윤형섭은 국무회의에서도 형식과 규제에 매몰돼 국가적으로 손해와 불필요한 비용이 발생하는 일을 막고자 노력하였다. 일례로 국민대의 도서관 신축에 있어서 설계상 뒷부분 모퉁이의 지극히 미세한 부분이 그린벨트 구역을 침범했다고 지적되면서 해당 안건이 부결될 위기에 처하자 작은 실수 때문에 대학에 막대한 손실이 초래되는 것은 국가적으로도 손실이라고 판단하였고, 국무위원들 앞에서 이를 특례사항으로 인정·승인해야 한다는 내용의 일장연설을 하면서 분위기를 전환시켰다. 정원식 총리는 이를 전례로 삼지 않겠다는 윤 장관의 약속을 받고 본 안건을 통과시켰다.

3. 내부 및 부처간 협력을 통한 문제 해결

8남매를 정성스럽게 키운 부모님의 보살핌 가운데 성장한 윤형섭은 밝고 구김살 없는 성격 덕분에 어느 집단에서건 제 역할을 충실하게 해내는 사람으로 눈에 띄었고, 그의 온화한 성품은 장관으로 부임한 이후에도 교육부 직원 및 다른 기관과의 원만한 관계 맺기에 유용한 기반이 되었다. 예컨대, 한국예술종합학교의 창설도 바로 타부처 (문화부 이어령 장관)와의 협업성과라 하겠다.

윤형섭은 하루가 멀다 하고 터지는 학원가의 사건, 사고에 직면하여 교육부 장관이라는 총책임자로서, 국무위원이라는 공익 수호자로서, 대학교수라는 교육자로서 지혜로운 처신이 요구되었다. 그는 국시(國是)와 상반되는 입장에 선 집단과도 타협의 여지를 남겨 두고자 귀추를 살피는 온건한 태도를 취하였고, 연쇄 분신 정국이 조성되자 외부의 영향력이 있음을 지적하면서 "학생들의 시위만을 막는 것만이 문제해결책이 되지는 못한다."라는 견해를 밝히기도 하였다(서울신문, 1991). 정부의 강경진압이 미봉책에 불과할 수 있음을 시사한것이었다. 또한 정원식 국무총리서리에 대한 한국외대 집단폭행 사건을 두고 국회 상임위원회에 출석해 도덕성 실추, 교권의 실추를 보여주는 한국사회의 상징적인 사건이라는 입장을 소신껏 표명하는 등 다수의 이해관계자 사이에서 첨예한 줄다리기를 감행하였다.

한편 통합의 원리가 제대로 구현되지 못하는 관료제 시스템의 한계를 보완하기 위하여 정책 결정 과정에서는 언제나 장시간 토론을 거듭하였고, 교육부 고위관료 들을 앞세워 교육의 자율성을 구체화하는 정책 설계를 독려하였다. 그러나 기존의 정책과 질서를 존중하는 데 주저하지 않았다.

교육부는 교육정책의 복합적 특성상 여러 기관 틈에서 좌충우돌하거나 사면초가에 놓일 수 있기 때문에 조직 내부에서의 포용적 자세, 다른 부처 장관들과의 정서적 결속 등 핵심행정부 내부에서의 단합이 일을 추진하는 데 긴요하다. 윤형섭은 밤샘 시위가 계속돼 내무부 장관이 퇴근하지 못할 때 "의리상" 장관실에 찾아가 공동 철야 근무를 자청하거나 함께 고충을 나누는 등 다른 부처 장관들과 공동체 의식을 형성하기 위하여 노력하였다.

또한 후기 대학입시 시험지 도난 직후 조규향 교육부 차관과 모영기 대학정책실장이 인책사임의 뜻을 표명하자 이를 반려하고 스스로 장관직 사퇴를 결심함으로써 조직보호 임무를 끝으로 장관 업무를 마무리하였다.

절제, 양보, 관용, 감사
-윤형섭 전 장관의 건강비결*

박현수, 정보관리학 박사(문화일보)

"이프 유 레스트, 유 러스트(If you rest, you rust)"

쉬면 녹이 슬고 늙는다. 건강을 위해 많이 움직이라는 얘기다. 지난달 30일 경기 고양시 일산호수공원에서 만난 윤형섭(90) 전 교육부 장관에게 건강 비결을 묻자 나온 대답이다.

윤 전 장관은 타고난 건강 체질이다. 지금도 특별히 아픈 곳이 없다. 음식도 가리는 것 없이 잘 먹는 편이다. "어릴 때부터 많이 움직여서 그런 것 같다."고 했다. 서울 종로구 통인동에서 나고 자란 그는 소년 시절 인왕산이 놀이터였다. 성북구 성북동으로 이사한 이후 종로구 자하문로에 있는 청운초와 경복중·고까지 왕복 10km 이상을 걷고 달리며 통학했다. 중·고등학교 때는 "기계체조에 미쳤을 정도로 빠졌다"고 한다. 점심시간 때는 식사도 않고 운동에 매진했을 정도다.

---

* "100세시대 名士의 건강법", 「문화일보」, (2022.10.6.)에서 발췌함.

공부도 소홀히 하지 않아 연세대 정치외교학과 입학 이후 정법대 학생회장을 했을 정도로 학교생활에도 열심이었다. 대학 1학년 때부터 저녁엔 학원 강사로 영어와 함께 인성 교육에 온 힘을 쏟았다. 연세대 명예교수, 건국대·호남대 총장, 단국대·명지대·건국대 석좌교수, 대한교육연합회 회장, 한국교원단체총연합회 회장 등 한평생 학자와 교육 행정가로 지낸 단초가 됐다. 이 무렵 술과 담배를 배웠다. "너무 힘들어서 술·담배를 하면 피곤이 풀릴 것 같아서"였다고 했다. 그러나 담배는 30년 전에 끊었고, 술도 3잔 이상은 마시지 않는다. 육사 교관으로 있던 5년 6개월 동안은 합기도로 체력을 단련했다. 그는 "교육자의 길을 걷지 않았더라면 아마도 운동선수가 됐을 것"이라고 한다.

윤 전 장관의 제자들은 요즘 '윤형섭 박사 구순 기념 문집' 제작을 위한 막바지 작업이 한창이다. 간행위원장을 맡고 있는 김영래 전 동덕여대 총장을 비롯해 18명의 제자가 작업하고 있다. 이들 대부분은 30년 전 회갑 기념 문집에도 참여한 멤버들이다. 30년이 지났는데도 스승에 대한 존경과 애정에 변함이 없다. 그만큼 윤 전 장관은 이들과 지금까지 정기모임을 가질 정도로 관계가 돈독하다. 그는 남들로부터 "제자 복이 많다."는 소리를 듣는다고 한다.

윤 전 장관은 고양시 일산에 선산이 있었다. 춘부장 호가 흰돌이다. 현재 일산 백석동에 흰돌마을이 있다. 그런 연유로 1994년 일산으로 이사를 왔다. 집 앞 도로 하나 사이로 약 33만㎡의 인공호수를 포함해 약 99만㎡의 호수공원이 있다. 매일 그가 즐기는 산책 코스다. 그는 호수공원을 집 앞마당이라고 부른다. "세계 어디를 가봐도 이렇게 살기 좋은 곳은 못봤다."고 할 정도로 일산에 남다른 애정을 가지고 있다.

사회적 관계를 활발하게 유지하는 것이 건강하게 장수하는 비결이다. 그런 점에서 윤 전 장관은 소모임이 10여 개에 달할 정도로 지인들과 자주 만나 소통한다. 많이 걷기 위해 거의 매일 서울에 모임을 갈 때는 차를 두고 대중교통을 이용한다. 이것만으로도 대략 3,000보는 걷는다고 한다. 5,000보 걷기는 무난하다고 했다. 최근 운전면허증도 새로 발급받았다. 오로지 부인의 운전기사를 하기 위해서다. 끔찍한 애처가다. "아내 손에 물 묻히는 것이 보기 싫어 없는 명분을 만들어서라도 외식을 자주 한다."고 들려줬다. 메뉴도 부인이 좋아하는 것으로 정한다. 결혼 전부터 약한 체질인 데다 그동안 공직과 연구 활동을 하면서 가정에 소홀히 한 것에 대한 미안한 마음도 그 배경이다.

그의 침대 머리에는 필기도구가 있다. 자다가도 무슨 아이디어나 시구가 떠오르면 바로 메모를 한다. 그렇게 쓴 시가 여러 편이 된다. 구순기념문집에도 몇 편이 수록될 예정이다. 그는 늦게 자서 늦게 일어나는 편이다. 보통 12시 넘어서 잠자리에 들고 아침 8시쯤 일어나면 침대 위에서 우선적으로 스트레칭을 한다. 그는 독실한 기독교 신자이기도 하다. 장로로 오랫동안 봉사 활동을 했고 지금은 원로장로로 있다.

그는 평생 3가지를 생활철학으로 삼고 살았다. '절제'와 '양보' 그리고 '관용'이다. 여기에다 '모든 일에 감사하는 마음을 더한다.' 지금처럼 건강하게 장수하는 비결로 보였다.

윤 전 장관을 독일 태생의 유명한 교육가이자 시인인 사무엘 울만의 시 '청춘'(Youth)을 평소 즐겨 애송한다.

'청춘이란 인생의 어느 기간을 말하는 것이 아니라 마음의 상태를 말한다. 때로는 20대 청년보다 80대 노인에게 청춘이 있다. 나이를 먹는다고 늙는 것은 아니다. 꿈과 열정을 잃어버릴 때 비로소 늙는다. 이상과 희망을 간직하고 있는 한 그대는 언제까지나 젊음을 유지할 것이다.

일민 윤형섭: 살아온 길(연보)

생년월일   1933년 10월 4일
본   적   서울특별시 종로구 내수동
출 생 지   서울특별시 종로구 통인동
현 주 소   경기도 고양시 일산동구 장항동

○ 학력

1953   경복고등학교 졸업

1957   연세대학교 정치외교학과(정치학사)

1961   연세대학교 대학원 정치학과(정치학석사)

1971   미국 존스 홉킨스대학교 대학원 정치학과(정치학석사)

1974   연세대학교 대학원 정치학과(정치학박사)

1979   미국 하버드대 옌칭연구소 객원연구원

2003   중국문화대학(명예법학박사)

○ 경력

1957－1963   육사 교수부 정치학과 교관

1961－1963   국민대·서울여대 정치학 강사

1963 – 1965	연세대, 이화여대, 건국대 강사
1966 – 1967	연세대 정치외교학과 전임강사(대우)
1967 – 1971	연세대 조교수
1971 – 1974	연세대 부교수
1971 – 1974	(사)한국정치학회 상임이사
1972 – 1974	연세대 정치외교학과 학과장
1973 – 1975	연세대 교양학부 사회과학 주임교수(겸직)
	연세대 행정대학원 외교안보 주임교수(겸직)
1974 – 1991	연세대 정교수
1975 – 1979	연세대 학생처 처장
1975 – 1979	연세대 제23대 신문방송 편집인
1976 – 1977	제18회 사법고시위원, 제19회 행정고시위원
1977 – 1979	전국학생처장협의회 회장
1981 – 1982	연세대 사회과학대 학장
1982	일본 慶應大 객원교수
1982 –	[現] 학교법인 홍신학원 이사장
1982 – 1988	연세대 행정대학원 원장
1983	문교부정책자문위원
1983 – 1989	총무처(행안부) 정책자문위원
1984 – 1988	전국행정대학원장협의회 회장
1984 – 1985	제15대 한국정치학회 회장
1986	대통령직속 교육개혁심의위원
	학술진흥재단 연구논문 평가위원
1988 – 1989	제22대 대한교육연합회 회장
1989 – 1990	한국교원단체총연합회(교총) 초대 회장
1990 – 1992	교육부 장관
	제13대 한국교육개발원 이사장
	UNESCO한국위원회 위원장
1991 – 2001	미국 존스 홉킨스대 한국총동문회장

1992 – 1993	서울신문사 대표이사 사장
1993 – 1994	연세대 정치외교학과 객원교수
1994 – 1999	사단법인 안중근의사 숭모회 이사
1994 – 1998	제14대 건국대 총장
1994 – 2000	학교법인 건국학원 이사
1994	연세대 총동문회 수석부회장
1996	[現] 연세대 명예교수
1997 – 1998	제8대 한국대학교육협의회 회장
1997	정부공직자윤리위원회 위원
1999 – 2018	명지대 석좌교수
1999	대학평가인정위원장(대교협)
1999	연세대 동문회 감사
1999 – 2000	대통령직속 반부패특별위원회 위원장
2000 – 2006	호암상위원회 위원
2001 – 2003	제6대 호남대 총장
2001 – 2003	한국대학교육협의회 이사
2003	사단법인 한국정치학회 학술상 위원장
2003 – 2005	호남대 명예교수
2003 – 2012	재단법인 한국의학원 이사
2004 – 2006	학교법인 연세대 감사
2005 – 2014	호암재단 이사
2006 – 2013	학교법인 연세대 이사
2008 – 2012	재단법인 우정교육문화재단 이사장
2011 – 2014	건국대 석좌교수
2011	사단법인 한국현대사학회 고문
2011 –	[現] 한국정치학회 고문
2011 –	[現] 연세대 총동문회 고문
2014	한국언론인연합회 참교육대상 심사위원장
2015 – 2019	학교법인 단국대 이사

2015 –   [現] 윤보선민주주의연구원 고문
2019 – 2021   단국대 석좌교수
2019 – 2021   사단법인 우당 이회영 기념사업회 회장
2021 –   [現] 사단법인 우당 이회영 기념사업회 고문

○ 상훈
－ 육군사관학교 공로표창, 1959. 1961.
－ 대한민국 국민훈장 동백장, 1979.12.
－ 대한교육연합회 교육특별공로표창, 1983.5.16.
－ 연세대 창립기념 학술상, 1988.
－ 대한민국 청조근정훈장, 1992.3.
－ 연세대 정치외교학과 창립50주년 기념 자랑스런 연정인 상, 1996.1.
－ 한국교원단체총연합회 공로패, 1997.10.22.
－ 대한민국 국민훈장 모란장, 1999.
－ 연세대 총동문회 자랑스런 연세인 상, 2001.1.
－ 경복고 동창회 경복동문대상, 2007.1.15.
－ 한국교육신문 특별공로상, 2011.5.13. (제1회 자랑스러운 한국교육신문인상)
－ 학교법인 단국대 이사장, 감사패, 2019.11.8.
－ 연세대 행정대학원 창립 50주년 기념 감사패, 2020.12.9.

○ 저서
－ 「사회과학」(공편저), 연세대학교 출판부, 1975
－ 「현대각국정치론」(공저), 법문사, 1975
－ 「한국정치론」, 박영사, 1976
－ 「현대정치과정론」(공저), 법문사, 1978
－ 「정치와 교육」, 박영사, 1988
－ 「한국정치과정론」(공저), 법문사, 1988
－ 「정치와 교육」(증보판), 박영사, 1992
－ 「한국정치론」(증보판), 박영사, 1992

- 「한국정치 어떻게 볼 것인가」(공저), 박영사, 2003
- 「한국의 정치문화와 교육, 어디로 갈 것인가」, 오름, 2004
- 「한국정치 어떻게 볼 것인가」(증보판), 박영사, 2006
- 「우리시대 지성과의 대화」, Ⅰ(2013), Ⅱ(2014), Ⅲ(2015), Ⅳ(2016),
  Ⅴ(2017), Ⅵ(2020), (중원원로담론), 중원대학교 출판부.

○ 논문
- "미군정의 정치적 충원에 관한 발전론적 연구,"「성곡논총」제4집, (성곡
  학술문화재단, 1973) 외 다수

편집후기

    이 책은 일민(一民) 윤형섭 선생님의 구순(九旬)기념문집이다. 지금까지 당신께서 살아온 길, 지금까지 당신께서 겪은 경험, 지금까지 당신께서 일군 생각을 이야기하듯이 술술 풀어쓴 일종의 회고록이다. 이런 개인 문집의 발간이 가능한 것은 무엇보다 당신 특유의 비상한 기억력과 지칠 줄 모르는 필력 덕분이다. 이 책에 실린 내용은 거의 전부 당신께서 직접 쓰셨다. 그 가운데는 바로 어제 쓰신 것도 있다. 구순기념문집이 여느 헌정(獻呈) 문집이 아니라 자신의 개인 문집이라니, 이것부터 놀랍도록 존경스러울 따름이다.

    일민을 지칭할 수 있는 직함과 직책, 지위는 실로 다양하고 다채롭다. 삶의 보폭과 사회적 활동량(活動量)이 확실히 보통사람 이상이라는 사실의 방증일 것이다. 당신께서는 박사이고 교수이셨다, 당신께서는 대학 총장이시고 신문사 사장이시고 한 나라의 장관이셨다. 원장, 회장, 이사장, 이사, 감사, 고문, 위원장, 위원 등 그동안 당신께서 맡아 왔던 공직은 일일이 나열조차 힘들 정도다. 하지만 우리 제자들에게는 무엇보다 '선생님'이셨다. 그냥 선생님 정도가 아니라 한번 인연을 맺으면 평생 품에서 벗어날 수도 없고 벗어나기도 싫은, 말하자면 '담임 선생님' 같은 존재이셨다.

이 책은 우리들의 '선생님'이 어떤 분이신지를 재발견하고 재인식하게 되는 소중한 기회를 제공한다. 첫째로 선생님께서는 대한민국을 사랑하는 애국자이시다. 태생부터가 우국지사 가문인 탓이었는지, 해방 이후 독립국가 건설에 대한 기대가 각별했다. 정치학도를 거쳐 정치학자가 된 것도, 남들보다 아주 길게 장교 생활을 한 것도, 훗날 교육부 장관의 대임을 맡은 것도 궁극적으로는 남다른 애국심의 소산이었다. 선생님의 나라 사랑은 유별난 한글 사랑으로 이어진다. 한글에 관련된 개인적 일화가 참으로 많은데 그래서 아마 선생님은 당대를 대표하는 문장가가 되셨나 보다.

둘째는 민주주의 신봉자로서의 선생님 면모다. 4·19혁명 현장에서 당시 군인 신분의 제복 차림으로 그저 발만 동동거릴 수밖에 없었던 당신의 처지를 늘 안타깝게 회고하는 선생님은 한국현대사가 경험한 두 차례의 군사쿠데타 모두를 비판한다. 선생님께서는 전두환 정권하에서 국외로 추방되기도 했다. 선생님께서 볼 때 민주주의의 파괴는 다양한 분야에 종사하는 지도자들이 자신에게 주어진 역할을 넘어 남의 일을 흉내내기 때문이다. 쿠데타를 통해 군인들이 정치하는 경우도 이에 해당한다. 이에 선생님께서는 '다워야주의'를 제안한다. 정치인은 정치인다워야 하고, 군인은 군인다워야 하며, 공직자는 공직자다워야 하고, 교육자는 교육자다워야 한다는 식이다. 서양식 '다원주의' 개념에 필적할 법한 기발한 이론이자 조어(造語)가 아닐 수 없다.

셋째, 선생님께서는 학자이자 교육자이시면서 동시에 교육행정가이시다. 대학교수로서 당신께서는 당연히 학자이자 교육자이셨다. 선생님께서 가르친 '비교정치론'과 '한국정치론'은 명강 중에서도 최고였다. 이에 덧붙여 당신께서는 교육행정가로서의 진가를 유감없이 발휘했다. 한국교원단체총연합회 회장으로서 교육자의 지위 향상에 큰 업적을 남겼을 뿐 아니라 건국대, 호남대 총장으로 재직하실 때마다 해당 대학은 발전의 획기적인 모멘텀을 맞이했다. 특히 교육부 수장으로서 선생님께서는 우리나라 교육 전반의 미래지향적 개혁에 박차를 가했다. 개혁은 추구하되 혁명을 멀리하고, 제도개혁을 문화개혁과 동반시켰으며, 개혁 에너지를 교육계 내부에서 유도하려 했다는 점에서 당신께서 활용한 교육개혁 방법론은 통상적인 교육전문가와 달랐다. 정치학 배경의 교육자 출신이기 때문이었을 것이다.

끝으로 선생님께서는 '사랑으로 충만한' 분이다. 당신께서는 삶을 긍정하고 인생을 즐기는 낙천적인 성품의 소유자이시다. 또한 남녀노소, 직업귀천 불문하고 주변의 모든 사람을 아끼고 챙기는 타입이시다. 어느 자리에서나 분위기를 유쾌하게 만드는 능력을 발휘하시는데, 화수분이라도 가지신 것처럼 늘 무궁무진한 화제를 특유의 달변 속에 녹여 내신다. 사람을 사랑하는 선생님의 힘은 당신이 독실한 신앙인이라는 사실에서 유래하는지도 모른다. 하지만 모든 사람을 사랑하는 선생님의 힘은 아무래도 열린 신앙인이시기 때문일 것이다. 선생님께서는 자신 때문에 남들이 불편해지는 것을 매우 경계하며 살아오셨다.

이처럼 나라에 대한 사랑, 민주주의에 대한 사랑, 학문에 대한 사랑, 교육에 대한 사랑, 그리고 그 무엇보다 사람에 대한 사랑으로 살아오신 일민 윤형섭 선생님이 올해 계묘년에 구순을 맞이하신다.

특히 우리 간행위원 대부분은 30년 전인 1993년 선생님의 화갑을 맞이하여 화갑기념논문집 「韓國政治의 爭點과 理解」, 「世界政治의 爭點과 理解」(博英社)라는 제하로 2권의 책을 발간한 데 참여한 바가 있다. 따라서 제자들이 30년 후인 지금까지도 선생님을 모시고 매년 정기적으로 모임을 갖고 있음은 물론 이번 구순을 맞이하신 선생님에게 구순기념문집을 발간, 헌정하게 된 것은 참으로 제자들로서 큰 기쁨이 아닐 수 없다.

그동안 선생님께서 베푸신 사랑을 비교적 가장 가까이, 어쩌면 가장 많이 받았던 문하(門下) 제자들은 지금까지 받은 사랑의 백분의 일, 천분의 일, 만분의 일도 돌려 드리지 못하고 있다고 생각한다. 앞으로나마 그런 기회를 만들 수 있도록 그저 만수무강하시기를 축원 드릴 뿐이다. "저희 선생님이 되어 주셔서 참으로 행복했습니다."

2023년 1월
일민(一民) 윤형섭 박사 구순기념문집
간행위원회 위원 일동

일민 윤형섭 박사 구순기념문집 간행위원회

김영래, 이명남, 신명순, 김세중, 김왕식, 이인성, 전상인, 최대석, 김용철,
이정욱, 최진우, 이완범, 정종필, 황종성, 서성교, 최승근, 이명재, 유진석

일민 윤형섭 박사 구순기념문집

살며 생각하며: 인생 구십의 보람과 아쉬움

초판발행	2023년 2월 1일
지은이	윤형섭
엮은이	일민 윤형섭 박사 구순기념문집 간행위원회
펴낸이	안종만
편 집	윤혜경
기획/마케팅	조성호
표지디자인	이수빈
제 작	고철민·조영환
펴낸곳	도서출판 박영사
	경기도 파주시 회동길 37-9(문발동)
	등록 1952. 11. 18. 제406-3000002510019520000002호(倫)
전 화	02)733-6771
f a x	02)736-4818
e-mail	pys@pybook.co.kr
homepage	www.pybook.co.kr
ISBN	978-89-10-98017-9 93340

정 가   28,000원